Gudrun Koeniger, Nikolaus Koeniger
Friedrich-Karl Tiesler

Paarungsbiologie und Paarungskontrolle bei der Honigbiene

221 Abbildungen

IMPRESSUM

Originalausgabe:
1. Auflage

© 2014 Gudrun Koeniger, Nikolaus Koeniger und Friedrich-Karl Tiesler

Layout-Satz: boesing-design.de
Buschhausen Druck und Verlagshaus – Herten
Printed in Germany

ISBN: 978-3-9815547-4-8

Alle Rechte vorbehalten, insbesondere das Recht der mechanischen, elektronischen oder fotografischen Vervielfältigung, der Einspeicherung und Verarbeitung in elektronischen Systemen, des Nachdrucks in Zeitschriften, des öffentlichen Vortrags, der Verfilmung oder Dramatisierung, der Übertragung durch Rundfunk, Fernsehen oder Video, auch einzelner Text - und Bildteile.

Titelfotos: G. und N. KOENIGER, F.-K. TIESLER
Fotos Bienen einzeln: © peter_waters, © Alekss-© guy-Fotolia.com

3

4

Widmung

Wo findet die natürliche Paarung von Königin und Drohnen statt? Eine für die Bienenzucht wichtige Frage, die seit den Tagen von Anton Janscha (1775!) auf eine Antwort wartete. Erst in den sechziger Jahren des vorigen Jahrhunderts wurden dann von Friedrich und Hans Ruttner in Lunz experimentelle Freilanduntersuchungen begonnen und die Suche nach den Paarungsplätzen erfolgreich aufgenommen. Ein solches Unterfangen kann nur gelingen, wenn sich eine große Gruppe von eifrigen Helfern für diese Untersuchungen begeistert. Wir hatten das große Glück, über einige Jahre an diesen Forschungsarbeiten teilzunehmen und dabei zu erfahren, wie ein wissenschaftlich exakt durchgeführter Versuch Antworten auf viele Fragen geben kann.

Friedrich und Hans Ruttner besaßen die große Gabe, komplizierte wissenschaftliche Zusammenhänge verständlich darzustellen. So begeisterten sie viele Imker für ihre Forschungsarbeiten auf dem Gebiet der Paarungsbiologie und führten eine „neue", wissenschaftlich begründete Zuchtarbeit in die Praxis ein. Die von den Brüdern Ruttner geprägte Leistungsprüfung und Auslese waren und sind bis heute erfolgreich. „Sanftmütige" und leistungsfähige Bienenvölker als Ergebnis einer gut organisierten Bienenzucht haben europaweit die Imkerei beflügelt und zu einer bemerkenswerten Zunahme der Bienenhaltung in den letzten Jahren beigetragen.

In diesem Sinne widmen wir unser Buch dem Andenken an unsere Lehrer und Freunde Friedrich und Hans Ruttner.

Oberursel im November 2013
Elsfleth im November 2013

Gudrun Koeniger, Nikolaus Koeniger und Friedrich-Karl Tiesler

Paarungsbiologie und Paarungskontrolle bei der Honigbiene

Inhaltsverzeichnis

Vorwort		10
Einleitung		12
Überblick über die Kapitel		15

Teil I Paarungsbiologie

1	**Soziale Kooperation und sexuelle Konkurrenz**	26
2	**Sozialer Aufbau des Bienenvolks**	30
2.1	Die Königin, die Mutter aller Volksmitglieder	31
2.2	Die gestorbenen Väter	33
2.3	Steuerung der Befruchtung der Eier	34
2.4	Drohnen	35
2.5	Ungleiches Geschlechterverhältnis: Auf eine Jungkönigin kommen mehr als 1000 Drohnen	38
3	**Paarungsverhalten zur Vermeidung von Inzucht**	40
3.1	Entstehung der Drohnen aus unbefruchteten Eiern (Dzierzon's Regel)	40
3.2	Mechanismus der Geschlechtsbestimmung über Befruchtung oder Nichtbefruchtung des Eies (haplo-diploide Geschlechtsbestimmung)	41
3.3	Inzuchtwirkung aufgrund der Geschlechtsbestimmung bei der Honigbiene	43
3.4	Verminderung des Inzuchtrisikos durch Partnersuche weit entfernt vom Volk	45
3.5	Verminderung des Inzuchtrisikos durch die Anwesenheit von Drohnen aus vielen verschiedenen Völkern auf dem Drohnensammelplatz	46
3.6	Verminderung von Inzucht durch Mehrfachpaarung der Königin	46
3.7	Verminderung von Inzucht durch unterschiedliche Auswahl des Drohnensammelplatzes von Königin und den Bruderdrohnen	46
4	**Aufzucht und sexuelle Reifung von Königinnen**	49
4.1	Aufzucht der Königin	49
4.2	Sexuelle Reifung der Königin	54

INHALT

5	**Aufzucht und sexuelle Reifung der Drohnen**	**56**
5.1	Vom Ei bis zum Schlupf (Spermiogenese)	57
5.2	Vom Schlupf bis zur sexuellen Reife	58
6	**Hochzeitsflug: Zeit- und Treffpunkt der Königin mit Drohnen**	**64**
6.1	Zeitpunkt der Paarungsflüge	64
6.2	Treffpunkt zur Paarung	68
7	**Eigenschaften des Drohnensammelplatzes**	**79**
7.1	Orientierung der Drohnen zum Sammelplatz	79
7.2	Verweildauer auf dem Drohnensammelplatz	82
7.3	Das Finden einer Königin	83
7.4	Wie viele Drohnen besuchen einen Drohnensammelplatz?	84
7.5	Versuch zur Bestimmung der Zahl der Bienenvölker, die auf einem Drohnensammelplatz vertreten sind	88
7.6	Wie viele Drohnen sind erforderlich, um einen Drohnensammelplatz zu stabilisieren?	89
7.7	Wahlverhalten der Drohnen zwischen zwei Drohnensammelplätzen	92
7.8	Drohnenverteilung im strukturarmen und ebenen Gelände	95
7.9	Unterschiede bei Bienenrassen in der Drohnenverteilung	96
8	**Paarung hoch in der Luft – auch ein technisches Problem**	**97**
8.1	Das Andocken der Drohnen an die Königin	98
8.2	Innere Verbindung von Drohn und Königin	99
8.3	Spermaübertragung, Begattungszeichen und Trennung vom Drohn	101
8.4	Vergleich: Gewinnung von Sperma für die künstliche Besamung mit der natürlichen Paarung	105
9	**Monogamie des Drohns, mehrfache Paarung der Königin, Begattungszeichen und Rückkehr ins Volk**	**107**
9.1	Monogamie der Drohnen	107
9.2	Mehrfache Paarung der Bienenkönigin	107
9.3	Die Funktion des Begattungszeichens	108

10	**Der Weg der Spermien und ihre Mischung in der Königin**	**118**
10.1	Eileiter als Zwischenspeicher für das Sperma	118
10.2	Transfer von Spermien in die Spermatheka	122
10.3	Zusammensetzung der Spermien in der Spermatheka	124
10.4	Spermaspeicherung	125
10.5	Mischung der Spermien in der Spermatheka nach Beginn der Eiablage	127
11	**Verwandtschaft im Bienenvolk**	**129**
11.1	Erkennen von Verwandtschaft zwischen Arbeiterinnen im Bienenvolk	132
11.2	Spezialisierung auf seltene Aufgaben ist genetisch beeinflusst	134
12	**Das Maßsystem der jungen Königin für ihren Paarungserfolg**	**136**
12.1	Welche Reize induzieren den Beginn der Eiablage bei der Königin?	137
13	**Die „Qualität" der Gatten beeinflusst die Fruchtbarkeit der Königin**	**142**
13.1	Einfluss der Anzahl Spermien pro Drohn auf Anzahl der Nachkommen	143
13.2	Einfluss von Aufzuchtbedingungen auf die Spermienzahl	144
13.3	Mögliche Schädigung der Drohnen durch imkerliche Eingriffe	147

Teil II Paarungskontrolle

14	**Entwicklung einer erfolgreichen Bienenzüchtung durch Paarungskontrolle**	**149**
15	**Standbegattung**	**158**
16	**Belegstellen**	**161**
16.1	Verschiedene Arten von Belegstellen	163
16.2	Einrichtung und Anerkennung von Belegstellen	172
16.3	Gesetzlicher Belegstellenschutz	175
16.4	Organisation des Belegstellenbetriebes	177
16.5	Drohnenvölker	180
16.6	Anlieferung und Betreuung der Begattungsvölkchen	205
16.7	Dokumentation	229
16.8	Erlöschen der Anerkennung von Belegstellen	233

INHALT

16.9	Überprüfung von Belegstellen	234
16.10	Einsatzmöglichkeiten und Maßnahmen zur Verbesserung der Landbelegstellen	240
17	**Künstliche Besamung**	**244**
17.1	Vorbereitung des Tiermaterials	245
17.2	Arbeitsplatz und Geräte	253
17.3	Spermaaufnahme	259
17.4	Spermamischung	262
17.5	Besamungsvorgang	265
17.6	Nach der Besamung	
17.7	Möglichkeiten und Grenzen der künstlichen Besamung	270
17.8	Organisation von Besamungsaktionen	274
17.9	Besamte und natürlich gepaarte Königinnen im Vergleich	285
17.10	Besamungsstellen nach den Zuchtrichtlinien des D.I.B.	288
18	**Standbegattung, Beleg- und Besamungsstellen in der imkerlichen Praxis**	**293**

Anhang

Richtlinien für das Zuchtwesen des Deutschen Imkerbundes (ZRL)	298
Belegstellentagebuch (Kopiervorlage)	312
Besamungsbuch (Kopiervorlage)	313
Leitfaden für die Belegstellenarbeit (Kopiervorlage)	314
Merkblatt über die Beschickung von Belegstellen (Kopiervorlage)	319
Beanstandungsliste für Belegstellenbeschicker (Kopiervorlage)	323
Gesetzliche Bestimmungen zum Belegstellenschutz in den verschiedenen Bundesländern	324
Erläuterung wichtiger Fachbegriffe	361
Stichwortverzeichnis	373
Namensverzeichnis	380
Danksagung	382

Vorwort

„Paarungsbiologie und Paarungskontrolle bei der Honigbiene"

Kein anderes Insekt findet soviel Beachtung wie die Honigbiene. Weil es so kostbare, gesunde Lebensmittel liefert? Weil es in seiner Biologie und seiner Einpassung in die Umwelt höchstes Erstaunen weckt? Die Bienen durchbrechen die Regel „fressen und gefressen werden". Die Biene nutzt, was die Pflanze anbietet und sichert dabei durch Bestäubung die Bildung der Früchte und Samen. Auf diese Weise tragen Bienen zur Erhaltung einer artenreichen Flora bei.

So verwundert es nicht, dass die Honigbiene weit über den Kreis der Imker hinaus öffentliche Beachtung findet. Der Verlust von Bienenvölkern weltweit wird beklagt und findet sich – vielfach sensationell aufgemacht – in Zeitungen und anderen Medien. Damit rückt die Bienenhaltung ganz zu Recht in den Mittelpunkt der Interessen von Naturfreunden und vieler Menschen, die sich für die Wahrung der Umwelt und für eine nachhaltige Nutzung der natürlichen Ressourcen einsetzen. Doch der Schutz der Bienen und die erfolgreiche Förderung der Bienenhaltung erfordert, wie bei jeder auf Naturschutz ausgerichteten Maßnahme, ausreichende und fundierte Sachkenntnis. Gerade bei den Honigbienen, die mit ihrem schmerzhaften Stachel über ein wohlorganisiertes Verteidigungsverhalten verfügen, kann eine wohlgemeinte, aber falsche Unterstützung den Ruf der Honigbiene als wichtigen Nützling des Hausgartens und der menschennahen Umgebung erheblich schädigen. Hinzu kommt, dass die in der Vergangenheit vorhandene Naturnähe vieler Menschen abgenommen hat und gleichzeitig die „Ballungsräume" in Mitteleuropa sich drastisch ausgedehnt haben. Die Anforderungen an die Imkerei sind gewachsen. Wo früher Bienenvölker versteckt und weit entfernt von Siedlungen gehalten wurden, ist heute meist der Garten eines Nachbarn in der Nähe. Bienenhaltung und Bienenvölker können vielerorts nur gehalten werden, wenn die Bienen an diese „neue" Umgebung angepasst sind und sich durch „Sanftmütigkeit" und „Menschenfreundlichkeit" auszeichnen. Hier steht die Zuchtarbeit der Imker weiterhin vor großen Herausforderungen!

Doch erfolgreiche Bienenzucht und die Auslese von sanften und ertragreichen Bienen erfordert neben ausgezeichneten praktischen Erfahrungen vor allem auch ein hohes Maß an Wissen. Detaillierte Kenntnisse der Paarungsbiologie und deren Anwen-

VORWORT

dung im Rahmen einer effektiven Paarungskontrolle haben eine Schlüsselfunktion in der modernen Zuchtarbeit sowie für den Schutz von bedrohten Bienenarten und ihren Unterarten (Rassen). In diesem Sinn schließt dieses Buch eine seit langem bestehende Lücke; denn eine umfassende Darstellung über das Paarungsverhalten der Honigbiene und deren Bedeutung für die imkerliche Praxis haben wir stets schmerzlich vermisst. Die wissenschaftlichen Arbeiten von Hans und Friedrich Ruttner sowie die ihrer Schüler in Lunz am See (Österreich) und in Oberursel (Deutschland) über Mehrfachpaarung, Drohnensammelplätze, Paarungsverhalten, Paarungsdistanzen sind in wissenschaftlichen Zeitschriften weit verstreut und nur schwer zugänglich. Die Brüder Hans und Friedrich Ruttner schufen Grundlagen mit vielen Hinweisen auf die praktische Umsetzung, die heute noch uneingeschränkt gelten. Es ist den Autoren zu danken, dass mit diesem Buch diese wichtigen experimentellen Arbeiten zusammengefasst und nun in allgemein verständlicher Form für eine breite Öffentlichkeit verfügbar sind. Darüber hinaus wird der Bogen bis zu der aktuellen Forschung über Honigbienen und deren Fortpflanzung gespannt. Damit wird dieses Buch sicher auch im Kreis aller an der Biologie der Honigbiene Interessierten seine Leser finden.

Besonderer Dank gebührt den Autoren, dass sie die Ergebnisse über das Paarungsverhalten und deren praktische Bedeutung (Belegstellenwesen) zusammenfassten. Die wissenschaftlich interessierten Imker und auch die praktizierenden Züchter der Honigbiene werden dieses Buch schätzen, kurz: es ist ein Handbuch für den züchterisch ambitionierten Imker. Für den an der Biologie der Honigbiene interessierten Leser ist es eine wertvolle Fundgrube.

Lunz im November 2013
Hermann Pechhacker
(Schüler, Freund und Verehrer der Brüder Ruttner)

Einleitung

Heute sind etwa 1,4 Millionen Insektenarten bekannt, die sicherlich mehr als Zweidrittel der gesamten Arten des Tierreichs ausmachen. Unter diesen vielen Arten nimmt eine einzige Art, „die Honigbiene" *Apis mellifera*, eine besonders herausragende Stellung ein. Mit keinem anderen Insekt war der Mensch je so verbunden wie mit der Honigbiene, kein anderes hat ihn so fasziniert und interessiert. Schon auf den Felsengalerien der Steinzeit zeigen Bilder von bienenumschwärmten Figuren unsere Urahnen beim Ernten von Honig, dem einzigen Süßungsmittel der Vorzeit (1). Heute sind Honigbienen vor allem als Bestäuber von Obstbäumen und Feldfrüchten unverzichtbar. Honigbienen sind aber auch gefürchtet als todesmutige Kämpferinnen mit ihrem Giftstachel und gleichzeitig hoch bewundert wegen der einzigartigen sozialen Organisation ihrer Völker.

(1) Honigernte in der Steinzeit (Ausschnitt aus Höhlenmalerei aus La Aranas, Provinz Valencia, Spanien).

So haben diese Tiere seit je auch das Interesse der Naturforscher auf sich gezogen. Welche wunderbaren und unerwarteten Entdeckungen wurden gemacht! Der exakte Bau ihrer Waben, deren Maße deshalb sogar als Grundlage für einen Urmeter vorgeschlagen wurden; die auf ein halbes Grad genaue Heizung oder Kühlung ihrer Brut, die die Völker bei klirrender Kälte oder glühender Hitze überdauern lassen; die Orientierung im Gelände durch abstrahierende Symbole, die Tanzsprache der Honigbienen; das Lernen in Minutenschnelle; die soziale Organisation, die ohne jede hierarchische Kommandozentrale reibungslos funktioniert! All dies erscheint bewundernswert und hat dazu beigetragen, dass die Honigbiene heute zu einem der am besten untersuchten Tiere gezählt werden kann.

EINLEITUNG

Doch ein genauerer Blick ins Bienenvolk zwingt zu einer Präzisierung. Unsere Kenntnisse und viele wissenschaftliche Ergebnisse sind in erster Linie auf die Arbeiterinnen beschränkt, die zeitweise mit mehr als 50.000 Tieren den überwiegenden Anteil des Bienenvolks ausmachen. Über die einzige Königin im Bienenvolk, die Mutter aller Mitglieder des Volkes, wissen wir weitaus weniger. Auch die männlichen Tiere, die Drohnen, sind in vielerlei Hinsicht noch recht wenig untersucht. Das liegt zum einen daran, dass die Paarungsbiologie ein kompliziertes Kapitel der Bienenbiologie ist. Das Verhalten der Geschlechtstiere wird zum einen von der sozialen Leistung des Bienenvolkes bestimmt. Zugleich aber spielt auch die individuelle Leistungsfähigkeit der jungen Königin und der einzelnen Drohnen eine oft entscheidende Rolle. Diese Überlappung von der Volksleistung (bzw. von der Konkurrenz auf der Ebene der Bienenvölker) mit der individuellen Leistung der Geschlechtstiere hat zu einem sehr „bizarren" Verhalten geführt, das – wenn wir von Verhältnissen bei wenigen tropischen Ameisenarten absehen – als einzigartig im Tierreich gelten kann.

Die Paarung findet außerhalb des Volkes hoch oben in der Luft statt. Bis heute ist es nicht gelungen, die natürliche Paarung zwischen einer frei fliegenden jungen Königin und dem Drohn zu dokumentieren und zu analysieren. Daher sind wir in vielen Bereichen des Paarungsverhaltens auf indirekte Folgerungen aus Experimenten mit fixierten Königinnen und funktionellen Interpretationen der Anatomie des komplexen Genitalapparats angewiesen. Trotz der wichtigen Untersuchungen der letzten Jahrzehnte sind unsere Kenntnisse immer noch sehr lückerhaft.

Auch ist es bisher nicht gelungen, Paarungen zwischen Königin und Drohnen in Käfigen unter kontrollierten Versuchsbedingungen zu erreichen. So sind viele Fragen nur unter sehr aufwendigen Freilandversuchen zu klären. Ein weiterer erschwerender Faktor ist die Abhängigkeit der natürlichen Paarungsflüge von warmen, sonnigen Nachmittagen, die bei den sehr variablen Witterungsbedingungen im mitteleuropäischen Sommer schwer vorhersagbar sind. Auch die weite Verbreitung der Bienenhaltung, die vielerorts große (unkontrollierbare!) Mengen von Drohnen „freisetzt", ist für viele Fragestellungen hinderlich und führt dazu, dass oft weite Wege zurückgelegt werden müssen, um isolierte Gebiete (wie z.B. Gebirgstäler in den Alpen oder Inseln) zu erreichen, in denen der Zuflug von Königinnen und Drohnen experimentell kontrolliert werden kann.

Dabei hat die Paarungsbiologie der Honigbiene über das wissenschaftliche Interesse hinaus eine praktische Bedeutung für die Bienenhaltung. Letztlich werden die Erbanlagen der kommenden Generation von Bienenvölkern durch die Partnerwahl bei der Paarung bestimmt. Die Kenntnisse der Paarungsbiologie und des Paarungsverhaltens sind eine unabdingbare Voraussetzung für jede planmäßige Zuchtarbeit. Ohne eine den lokalen Verhältnissen gut angepasste, erfolgreiche Paarungskontrolle ist eine langfristige Verbesserung unserer Honigbienen nicht möglich.

In den letzten Jahren haben neben den traditionellen Zuchtzielen wie Honigertrag und Sanftmut neue, wichtige Auslesekriterien Eingang in die moderne Zuchtarbeit gefunden. Nachdem die Nachteile und Gefahren einer langfristigen medikamentösen Kontrolle der Varroa destructor immer offensichtlicher sind, ist die Suche nach biologischen Auswegen aus dem Varroose - Dilemma intensiviert worden. Viele Hoffnungen richten sich dabei auf eine züchterische Verbesserung der Widerstandsfähigkeit der Bienenvölker gegen die Varroose. Vor diesem Hintergrund sind im Rahmen einer breit angelegten Toleranzzucht aktuelle Programme initiiert worden, deren Erfolg nicht zuletzt auf einer effektiven und breit angelegten Paarungskontrolle beruht. Weitere Erkenntnisse zur Aufzucht von Königinnen und Drohnen und ihrem Paarungsverhalten sind daher erforderlich.

ÜBERBLICK

Überblick über die Kapitel

Teil I Paarungsbiologie

1 Soziale Kooperation und sexuelle Konkurrenz

(2) Tödlicher Kampf zwischen zwei jungen Königinnen (Foto: J. PFLUGFELDER).

Der Kontrast zwischen dem fein abgestimmten sozialen Leben im Bienenvolk und einem an Dramatik kaum zu überbietenden Paarungsgeschehen macht deutlich, dass das Paarungsverhalten von selbstständig handelnden Einzeltieren, der Königin und den Drohnen, bestimmt wird. An Stelle der sozialen Verständigung und Kooperation, die wir bei den Arbeiterinnen bewundern, herrscht zwischen den Geschlechtstieren eine harte Konkurrenz. Der immer auf den Tod der unterlegenen Schwester ausgerichtete Kampf der jungen Königinnen sowie der Wettflug vieler Drohnen mit dem tödlichen Preis für den Sieger sind zwei Beispiele, die in diesem Kapitel kurz skizziert werden.

2 Sozialer Aufbau des Bienenvolks

In der Saison besteht ein Bienenvolk aus einer Königin, bis zu 50.000 Arbeitsbienen und etwa 2000 Männchen, den Drohnen. Alle Arbeiterinnen und die Königin sind weiblichen Geschlechts, aber die Königin ist das einzige Weibchen, das befruchtete Eier legen kann. Die Königin spielt über ihre Aufgabe als „Eilegemaschine" hinaus durch ihre Pheromone (chemische Botenstoffe) eine wichtige Rolle bei der Regelung des Arbeitsablaufes im Bienenvolk. Die Drohnen dagegen haben nur eine einzige Aufgabe: die Begattung von Königinnen auf dem Hochzeitsflug. Sie treten nur saisonal auf und ihre Aufzucht wird von der Königin durch die Produktion von unbefruchteten Eiern gesteuert. Durch Fütterung, Pflege der Drohnenlarven und der erwachsenen Drohnen regulieren auch die Arbeiterinnen die Anzahl der Drohnen im Bienenvolk.

(3) Drohn und Königin mit 2 Arbeiterinnen.

3 Paarungsbiologie als Strategie zur Vermeidung von Inzucht

Mit den vielen Paarungen der Königin hoch in der Luft wird die genetische Zusammensetzung des neuen Bienenvolkes bestimmt, das sich zukünftig in einer komplizierten Umwelt und in Konkurrenz mit anderen Völkern bewähren muss. Dieser Ansatz, nämlich die Frage nach den Auswirkungen der Paarung für die Lebensfähigkeit des neuen Bienenvolkes spielt eine Schlüsselrolle für unser Verständnis und damit auch für die folgenden Abschnitte und Kapitel dieses Buches!

(4) Lückiges Brutnest als Folge von Inzucht.

Die Frage, warum die Paarungen weit ab vom Bienenvolk hoch in der Luft stattfinden, wird nur selten diskutiert. Wäre nicht eine Paarung im Schutz des warmen Bienennestes wesentlich sicherer, bequemer und vor allem weniger aufwendig? Der Hochzeitsflug und das komplizierte Paarungsgeschehen konnte sich im Verlauf der Entwicklungsgeschichte der Honigbienen nur „durchsetzen", weil damit große Vorteile verbunden waren. Wir stecken in diesem Kapitel einen allgemeinen Rahmen ab und diskutieren, ausgehend von der haplo-diploiden Geschlechtsbestimmung, die Paarung als eine Strategie zur Vermeidung von Inzucht

4 und 5 Aufzucht und sexuelle Reifung von Königinnen und Drohnen

Nur wenn ein Bienenvolk über eine große Anzahl Arbeiterinnen zur Bildung eines Schwarms verfügt, werden junge Königinnen aufgezogen. Denn für jede „neue" Königin muss eine beträchtliche Anzahl von Arbeiterinnen zur Verfügung stehen. Im Gegensatz dazu erfordert die Produktion von Drohnen nicht mehr als die Aufzucht und den Unterhalt des einzelnen Drohns. Die „Kosten" (Aufwendungen des Volkes) pro Drohn sind daher wesentlich geringer als die Kosten für eine Königin einschließlich der von ihr benötigten Arbeiterinnen. Die Vermehrung der Bienenvölker über Schwärme hat auf diese Weise zu einem extremen Ungleichgewicht zwischen Männchen und Weibchen geführt und die Anzahl der er-

(5) Eine Königin und 200 Drohnen. Unter der Voraussetzung, dass sich eine Königin mit 10 Drohnen paart, hat nur ein Drohn von 200 die Chance zur Begattung.

ÜBERBLICK

zeugten Drohnen übertrifft die wenigen jungen Königinnen um ein Tausendfaches. Weiter findet sich eine ausführliche Darstellung der Aufzucht von Königinnen und von Drohnen, sowie deren sexueller Reifung in diesen Kapiteln.

6 Hochzeitsflug: Zeit- und Treffpunkt der Königin mit Drohnen

(6) Drohnen starten bei guten Wetterbedingungen stets am frühen Nachmittag.

Die Paarungsaktivität der Honigbienen ist auf den Nachmittag und auf gute Wetterbedingungen beschränkt. Zuerst starten die Drohnen und fliegen zu den Drohnensammelplätzen. Dort kreisen sie zu mehr als 5000 hoch in der Luft und „warten" auf eintreffende junge Königinnen. Die jungfräulichen Königinnen fliegen meist später los – etwa zur Zeit der Hauptaktivität der Drohnen. Nach einigen Orientierungsflügen fliegen sie direkt zum Drohnensammelplatz. Die Frage nach der Wahrnehmung der Tageszeit und der Synchronisation der Drohnen und der Königin wird besprochen.

Es wurde nachgewiesen, dass sich Drohnen im bergigen Gelände auf ihren Paarungsflügen nicht gleichmäßig um die Bienenstände verteilen. Vielmehr wurden einige Plätze gefunden, über denen der typische Flugton der Drohnen deutlich zu hören war. Dort sammelten sich Hunderte von Drohnen in dichten Wolken um eine Königin, die an einem Ballon in die Paarungshöhe gebracht wurde. Drohnen versammeln sich über Jahrzehnte hinweg jedes Jahr immer über den gleichen Plätzen, den sogenannten Drohnensammelplätzen. Die Drohnensammelplätze und die erstaunliche Ortsabhängigkeit des Paarungsverhaltens werden ausführlich beschrieben.

7 Eigenschaften des Drohnensammelplatzes

Geschlechtsreife Drohnen und Königinnen finden nach der Neuaufstellung ihrer Völker innerhalb kurzer Zeit zum Sammelplatz. Das spricht für eine angeborene Orientierung. Allerdings ist bis heute nicht bekannt, welche Eigenschaften einen Ort auszeichnen, um als Sammelplatz Königin und Drohnen zusammenzuführen.

(7) Nur auf einem Drohnensammelplatz sammeln sich zahlreiche Drohnen an einer Königinnenattrappe, die mit einem Ballon in ca. 20 m Höhe gebracht wurde.

(8) Im Zentrum eines Sammelplatzes ist eine fixierte Königin auf einem bewegten Karussell in einer Höhe von 12 m angebracht. Drohnen verfolgen die Königin und konkurrieren um die beste Position im „Geschwader". Hier hat der erste Drohn die Königin gerade erreicht. (Beachte die Manövrier-fähigkeit der Drohnen).

Bei ihrer Ankunft über dem Sammelplatz wird die Königin aufgrund ihrer Sexuallockstoffe von vielen Drohnen wahrgenommen. Sie nehmen die Verfolgung der schnell fliegenden Königin auf. Zur Ergreifung der Königin verlassen sich die Drohnen auf ihre speziell für diese Aufgabe entwickelten Augen. Wir beschreiben und diskutieren, wie die Königin im Fluge erkannt wird und wie das Wettfliegen der Drohnen entschieden wird.

8 Paarung hoch in der Luft – auch ein technisches Problem.

Der Vergleich der Paarung mit einem Transportvorgang zu einer um die Erde kreisenden Weltraumstation ermöglicht es, anschaulich den Ablauf der Kopulation zwischen Drohn und Königin hoch in der Luft in einzelne Abschnitte zu untergliedern. Allerdings gibt es auch wesentliche Abweichungen. Während Raumfähren meist zu ihrer Startstation zurückkehren und mehrfach eingesetzt werden können, entspricht der Drohn einer „Einwegfähre", die nach erfüllter Mission zwangsläufig abgewrackt wird.

(9) Nachdem der Drohn nach gelungener Verankerung bewegungslos ist, sorgt die Königin durch Aktivitäten der Stachelkammer für den Spermatransfer und die Trennung vom Drohn.

9 Monogamie der Drohnen und mehrfache Paarung der Königin, Begattungszeichen und Rückkehr ins Volk

Es gibt eine hohe Überzahl von Drohnen im Vergleich zu paarungsbereiten Königinnen. Im Volk kommen im Mittel auf eine Jungkönigin mehr als 1.000 Drohnen. Deshalb ist die Wahrscheinlichkeit für einen Drohn, eine Königin zu paaren, sehr

ÜBERBLICK

(10) Das Begattungszeichen besteht aus hellem Schleim, einer braunen Chitinspange und einem oberflächlich verteilten, orangefarbenen Sekret.

gering, auch wenn sich die Königin von mehreren Drohnen begatten lässt. Die Chance für eine zweite Paarung ist für einen Drohn extrem unwahrscheinlich. Also hätten Drohnen, die bei ihrer ersten Paarung Spermien und männliche Sekrete für eine weitere Paarung sparen, kaum eine Gelegenheit, diese Reserven sinnvoll zu nutzen. Die Monogamie des Drohns kann also als eine Folge des ungleichen Verhältnisses von Drohnen zu jungen Königinnen gesehen werden.

Bei der Trennung von der Königin hinterlässt der Drohn zusätzlich zu den Spermien das Begattungszeichen. Es besteht aus Sekreten von 3 Drüsen: einem weißen Schleimpfropf, der von Chitinspangen (braun) und weiteren Sekreten aus dem Bulbus zusammengehalten wird. Das Sekret der 3. Drüse (orange) überzieht einen Teil des Begattungszeichens als obere dünne Schicht. Das Begattungszeichen füllt die Stachelkammer der Königin aus und hält sie offen.

Der nächste Drohn ergreift Sekunden später die Königin und leitet die eigene Kopulation ein, wobei er das Begattungszeichen seines Vorgängers entfernt. Die Dauer der Paarung ist sehr kurz, wahrscheinlich kürzer als 2 Sekunden. In dieser schnellen Folge paart sich die Königin mit sehr vielen Drohnen und fliegt nach wenigen Minuten Aufenthalt auf dem Drohnensammelplatz in ihr Volk zurück. Das Begattungszeichen dient demnach nicht der Behinderung weiterer Paarungen. Seine Funktion wird in Kap. 9.3 diskutiert.

10 Der Weg der Spermien und ihre Vermischung in der Königin

Die Spermien von vielen Drohnen werden zunächst in die Eileiter aufgenommen. Das können mehr als 100 Millionen sein. In der Spermatheka (Samenbehälter) können nur 6-7 Millionen Spermien gespeichert werden. Wie gelingt es der Königin, nicht nur die Spermien des letzten Drohns sondern einen gewissen Prozentsatz von allen Drohnen in die Spermatheka zu überführen? Auch über die lange Speicherung der lebendigen Spermien in der Königin berichten wir.

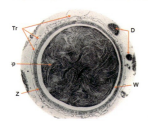

(11) Querschnitt durch eine Samenblase (Spermatheka), gefüllt mit Spermien. (Foto: W. FYG)

11 Verwandtschaften im Bienenvolk

Die Mehrfachpaarung der Bienenkönigin führt dazu, dass die Arbeiterinnen viele verschiedene Väter haben. Das führt zu einer genetischen Vielfalt. Mit anderen Worten: die Mehrfachpaarung führt zu unterschiedlichen „Begabungen" und Reaktionsnormen der Arbeiterinnen im Bienenvolk, deren große Bedeutung für die Lebensfähigkeit besprochen wird.

(12) Im Volk sind viele Vaterlinien gleichzeitig vertreten. Im Foto ist jeder Vaterdrohn durch eine Farbe symbolisiert. K - Königin, D – Bruder der Arbeiterinnen.

12 Das Maßsystem der jungen Königin für ihren Paarungserfolg

Natürlich gepaarte Königinnen beginnen bereits 24 bis 48 Stunden nach dem letzten erfolgreichen Hochzeitsflug mit der Eiablage. Verhindert man dagegen ihre Ausflüge, beginnen Königinnen der Carnica Rasse erst nach 5-6 Wochen Eier zu legen. Welche Reize informieren die Königin im Verlauf der natürlichen Paarung darüber, ob sie sich mit ausreichend vielen Drohnen gepaart hat und nun Eier legen kann? Zu dieser Fragestellung werden viele Versuche geschildert. Alle Ergebnisse weisen darauf hin, dass eine Königin während des Hochzeitsfluges die Anzahl der Paarungen wahrnimmt, sie kann offensichtlich nicht messen, wie viele der aufgenommenen Spermien in die Spermatheka gelangen. Es ist noch fraglich, ob sie die Spermamenge in den Eileitern oder die Einführung des Endophallus misst.

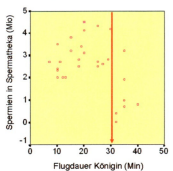

(13) Bei verminderter Drohnenanzahl hatten Königinnen, die einen Paarungsflug von weniger als 30 Minuten absolviert hatten, signifikant mehr Spermien in ihrer Spermatheka als Königinnen die länger geflogen waren.

ÜBERBLICK

13 Die Qualität der Gatten beeinflusst die Fruchtbarkeit der Königin

Die Paarung mit „minderwertigen" Drohnen, die aufgrund schlechter Pflege, Überhitzung, Varroabefall oder anderer ungünstiger Bedingungen keine oder nur wenige Spermien bilden können, führt oft dazu, dass Königinnen zwar normal mit der Eiablage beginnen, aber nur oder überwiegend Drohnenbrut erzeugen. Eine Königin misst – wie bereits beschrieben – nicht die Menge der aufgenommenen Spermien, sondern sie „zählt" – wie wir hier berichten – die Anzahl der Paarungen.

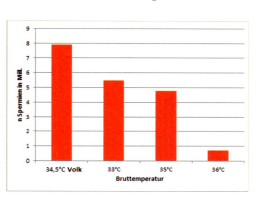

(14) Durchschnittliche Anzahl der Spermien pro Drohn nach Unterkühlung von 1,5 °C und Erwärmung um 0,5 °C und 1,5 °C während der gesamten Puppenphase. Sie zeigen jeweils eine Verminderung der Spermienzahlen in den Samenvesikeln um etwa 2 Millionen. Nach einer Erwärmung um 1,5 °C sind nur einige 100 Spermien vorhanden.

Teil II Paarungskontrolle

14 Entwicklung einer erfolgreichen Bienenzüchtung durch Paarungskontrolle

Voraussetzung für eine erfolgreiche Imkerei sind ausgeglichene Völkerbestände, die eine hohe Honigleistung bringen, sich gut bearbeiten lassen und widerstandsfähig gegenüber Krankheiten sind. Gerade die Verhaltenseigenschaften – wie Friedfertigkeit – sind nicht nur in Deutschland sondern auch in vielen anderen Ländern, wo die Imkerei vielfach als Freizeitbeschäftigung und in dicht besiedelten Gebieten betrieben wird, von großer Bedeutung. Die zuvor genannten Eigenschaften sind nur durch eine gezielte Zuchtarbeit, wie sie in Deutschland aber auch in anderen Ländern seit Jahrzehnten betrieben wird, zu erreichen. Voraussetzung für jegliche Zuchtarbeit sind kontrollierte Paarungen. Gerade bei der Biene sind dazu umfangreiche Kenntnisse über die Paarungsbiologie – wie sie im ersten Teil dieses Buches beschrieben wird – erforderlich.

(15) Friedfertigkeit ist eines der wichtigsten Zuchtziele. Nur mit friedfertigen Bienen kann man junge Menschen für die Imkerei begeistern.

(16) Friedfertige, gesunde Völker mit hoher Honigleistung sind heute der Stolz eines jeden Imkers.

In der imkerlichen Züchtungspraxis werden Königinnen nach Art der Paarung unterschieden:
- Standbegattung,
- Begattung auf Belegstellen,
- künstliche Besamung.

15 Standbegattung

Unter Standbegattung wird die freie Paarung von Königinnen mit Drohnen aus ihrer Umgebung verstanden. Diese Art der Paarung spielt bei der Züchtung der Biene eine nur untergeordnete Rolle. Auf Grund der Tatsache, dass Drohnen aus unbefruchteten Eiern hervorgehen, erzeugen die standbegatteten Königinnen jedoch Drohnen, die das Erbgut der selektierten Mütter aufweisen. Daher beeinflussen diese Völker über ihre Drohnen auch die nicht unter Selektion stehende Population in einer Region.

16 Belegstellen

Unter Belegstellen versteht man Einrichtungen in einer mehr oder weniger großen bienenfreien Umgebung oder einer isolierten Lage (Gebirge, Inseln), die der Paarung von Königinnen und Drohnen dienen und so die gewünschten Paarungen sicherstellen sollen. In dem Regelwerk für die Zuchtarbeit des Deutschen Imkerbundes, den »Zuchtrichtlinien« des D.I.B. werden die Anforderungen an verschiedene Arten von Belegstellen und an einen qualifizierten Belegstellenbetrieb beschrieben. Darüber hinaus gibt es gesetzliche Bestimmungen, die zur Förderung einer gezielten Zuchtarbeit die Umgebung einer Belegstelle unter Schutz stellen und die Haltung im bzw. die Zuwanderung von Bienenvölkern in den Schutzbereich untersagen.

ÜBERBLICK

Die Belegstellen werden jährlich mit vielen tausenden Königinnen beschickt. Die hier aufgestellten Drohnenvölker haben damit einen besonders großen Einfluss auf die Landesbienenzucht. Daher ist auf die Auswahl der Drohnenvölker besonderes Augenmerk zu richten. Aber auch die Haltung und Pflege der Drohnenvölker erfordern besondere Sorgfalt. Es muss dafür Sorge getragen werden, dass über die ganze Belegstellensaison genügend geschlechtsreife Drohnen auf den Belegstellen vorhanden sind und bei Trachtmangel oder gegen Ende der Saison die Drohnenpflege nicht vernachlässigt oder die Drohnen sogar vorzeitig „abgetrieben" werden.

Die hier beschriebenen Verfahren zur Aufzucht und Haltung von Drohnen beruhen auf jahrelangen Belegstellenerfahrungen und sollen dazu dienen, einen erfolgreichen Belegstellenbetrieb sicherzustellen.

Bei der Beschickung von Belegstellen sind besondere Regeln einzuhalten, begonnen bei der Auswahl der Belegstelle über die Vorbereitung der Begattungsvölkchen bis hin zum Versand der Königinnen. Auch hier haben sich aus jahrzehntelanger Erfahrung Praktiken entwickelt, die dem Züchter als Handwerkszeug an die Hand gegeben werden.

(17) Blick auf die Inselbelegstelle Juist.

Bezüglich der Sicherheit, ob oder in welchem Umfang die gewünschten Paarungen auf einer Belegstelle stattfinden, gibt es zwischen den einzelnen Einrichtungen große Unterschiede. Um die Sicherheit zu überprüfen, wurden auf etlichen Belegstellen Untersuchungen mit genetisch markierten Königinnen und Drohnen (Farbmutationen) durchgeführt. In neuerer Zeit sind dazu genetische Untersuchungen (DNA-Untersuchungen als Vaterschaftsanalyse) hinzugekommen. Die Ergebnisse lieferten teilweise ein recht ernüchterndes Bild über die Zuverlässigkeit vieler Belegstellen. Durch eine große Anzahl von Drohnenvölkern und den gezielten Einsatz der verschiedenen Belegstellen in der Landesbienenzucht können aber dennoch gute Zuchterfolge erreicht werden.

17 Künstliche Besamung

Ähnlich wie bei anderen Tierarten hat auch bei der Honigbiene die künstliche Besamung Eingang in die Züchtungspraxis gewonnen.

(18) Besamung einer Bienenkönigin.

Bei der Vorbereitung des Tiermaterials – insbesondere der Drohnen – ist besondere Sorgfalt anzuwenden. Drohnen neigen zum Verflug. Daher ist durch eine isolierte Haltung oder eine Farbmarkierung die Herkunft der Drohnen für die künstliche Besamung sicherzustellen. Aber auch die Geschlechtsreife und eine gute Konstitution bei den Drohnen müssen beachtet werden. Daher sind für die Haltung und Pflege von Drohnen wichtige Regeln einzuhalten, die hier beschrieben werden.

Im Laufe der Zeit ist die Gerätetechnik für die Besamung von Königinnen weiterentwickelt worden. Die heute gebräuchliche Besamungsapparatur mit allen erforderlichen Instrumenten wird beschrieben, ebenso die Aufnahme des Spermas und der Besamungsvorgang selbst. Auch auf die Technik der Spermahomogenisierung wird eingegangen. Das Verfahren ermöglicht Königinnen mit einer gleichen Mischung von Spermien verschiedener Drohnen zu besamen. Damit erhält man Prüfvölker mit identischen Vätern. Weiter kann man der Inzucht entgegen wirken.

In der imkerlichen Praxis haben sich mobile Besamungsstellen bewährt, die während der Saison (Ende Mai bis Anfang August) bei Züchtern oder Zuchtorganisationen an

ÜBERBLICK

unterschiedlichen Orten Besamungsaktionen durchführen. Bei diesen Besamungsaktionen haben die Züchter aus der Umgebung die Möglichkeit, ihre Königinnen mit eigenen Drohnen besamen zu lassen. Was hierbei zu beachten ist und welche Vorbereitungen zu treffen sind, wird in einem besonderen Abschnitt beschrieben.

Um gute Begattungsergebnisse und somit die Qualität der Paarungen sicherzustellen, wird – ebenso wie bei Belegstellen – auch der Betrieb und die Kontrolle von Besamungsstellen in den Zuchtrichtlinien des D.I.B. geregelt.

Abschließend wird anhand von Zahlen belegt, dass künstlich besamte Königinnen den natürlich begatteten Königinnen in der Leistung nicht nachstehen.

18 Standbegattung, Beleg- und Besamungsstellen in der imkerlichen Praxis
Am Ende des zweiten Teiles wird auf die Bedeutung von Standbegattung, Beleg- und Besamungsstellen in der imkerlichen Praxis eingegangen. Es wird anhand der imkerlichen Strukturen gezeigt, dass auch von einer kleinen Gruppe von Züchtern mit relativ wenigen kontrolliert gepaarten Königinnen auf Grund der besonderen Verhältnisse bei der Honigbiene (haploide Drohnen) im Wege der Verdrängungszucht eine erhebliche Verbesserung der Landbiene stattgefunden hat. Honigleistung und Verhaltenseigenschaften konnten auch bei der züchterisch nicht bearbeiteten Landbiene erheblich verbessert werden.

Anhang
Im Anhang sind die Zuchtrichtlinien des D.I.B. als grundlegende Regeln für die Zuchtarbeit im Bereich des D.I.B., die gesetzlichen Bestimmungen für den Schutz von Belegeinrichtungen in verschiedenen Bundesländern und wichtige Merkblätter für die Beschickung und den Betrieb von Belegstellen, die auf Grund jahrzehntelanger Erfahrung erarbeitet wurden, aufgenommen.

(19) Drohnen starten zum Hochzeitsflug, zwei kehren schon zurück.

1 Soziale Kooperation und sexuelle Konkurrenz

Um die Mittagstunden an einem warmen, sonnigen Tag im Mai starten die Drohnen zu ihren Paarungsflügen. Vor dem Bienenstand ist das ein eindrucksvolles Schauspiel. Schon die ersten Drohnen machen sich mit ihrem „namensgebenden dröhnenden" Flugton bemerkbar. Und wenn dann gegen 14 Uhr tausende Drohnen von den Fluglöchern der Bienenvölker abheben, ist das Summen der Drohnen so laut angeschwollen, dass es die Fluggeräusche der viel zahlreicheren Trachtbienen übertönt. Auch der erfahrene Beobachter, vertraut mit seinen Bienenvölkern, ist immer wieder überrascht über das Getöse durch die große Zahl der startenden Drohnen. Auch die Frage, warum so viele Drohnen von den sonst „sparsamen" Bienen aufgezogen werden, kommt hier ins Spiel. Sind die Drohnen nicht als unnütze, faule Gesellen bekannt? Und nun auch noch solch ein Massenstart mit vollem Honigmagen! Schon nach weniger als einer halben Stunde kommen die Drohnen zurück, nur um Honig aufzutanken und neuerlich los zufliegen (19)!

TEIL I

Auch die Geschichten von den Drohnensammelplätzen, auf denen die Drohnen sich zu vielen Tausenden treffen und hoch in der Luft auf vielleicht eintreffende junge Königinnen warten, passen nicht zu dem genau gezielten Trachtflug, der durch den Bienentanz zuvor informierten Arbeiterin zu ihren Blüten.

Doch wenden wir uns der jungen Königin und deren ersten Lebenstagen zu. Beginnen wir mit dem Schlupf, der oft schon wenige Minuten nach dem Verlassen des Schwarms erfolgt. Unverzüglich eilen nun die jungen Königinnen in schnellen Suchläufen über die Waben. Die Frage, was das Ziel dieser eiligen Suche ist, wird sofort klar, wenn zwei Königinnen aufeinander treffen. Mit abgespreizten Kiefern und klammernden Beinen ergreifen sich die Schwestern. Beim heftigen „Ringkampf" kommt es darauf an, sich mit den Kiefern am Flügel der gegnerischen Königin festzuhalten. Dann wird der Hinterleib gekrümmt und der elastische gekrümmte Stachel der Königin gleitet über eine Chitinplatte der Schwester und dringt in die weiche häutige Verbindung zwischen zwei Panzerplatten ein (20). Die Wirkung des Stachelgiftes setzt unverzüglich ein und lähmt die unterlegene Schwester, die dann schnell von der Wabe auf den Boden fällt und stirbt. Von den Arbeiterinnen wird die Leiche sehr schnell aus dem Volk herausgeschafft. Die Siegerin dagegen eilt ohne Pause weiter und sucht nach einer weiteren Konkurrentin, mit der wiederum der bereits beschriebene Kampf auf Leben und Tod beginnt. Auch Königinnenbrutzellen, die

(20) Tödlicher Kampf zwischen zwei jungen Königinnen (Foto: J. PFLUGFELDER).

„Weiselzellen", mit noch nicht geschlüpften Schwestern werden angegriffen und mit Kiefern und Stachel traktiert bis die junge Schwester in ihrer Zelle getötet ist. So bleibt meist schon nach 24 Stunden die Siegerin als einzige Königin im Bienenvolk. Vergleichen wir den Kampf der Königinnen mit Kämpfen zwischen Artgenossen im Tierreich, vermissen wir hier die sonst üblichen Verhaltensweisen, die das Leben des unterlegenen Tieres schützen. Bei den meisten Tierarten flüchten die Besiegten und überleben. Dem Sieger bzw. der Siegerin „gehört" dann das Revier. Doch warum endet der Kampf der jungen Königinnen immer mit dem Tod der unterlegenen Schwester? Die Antwort auf diese Frage ist klar. Eine Königin kann außerhalb des Bienenvolkes nicht überleben und nach dem abgeschlossenen Schwarmvorgang kann sich das Bienenvolk nicht mehr teilen. Auch ist das Leben im Bienenvolk natürlicherweise auf eine einzelne Königin ausgerichtet, die mit ihren Töchtern den notwendigen Rahmen für das soziale Zusammenleben gewährleistet.

Doch nun zurück zu der jungen siegreichen Schwester, die in den folgenden Tagen weiterhin das Bienenvolk inspiziert. Allerdings sind nun auch längere Pausen und viele Fütterungen durch Arbeiterinnen zu beobachten. Im Laufe der folgenden Tage ändert sich das Verhalten der Arbeiterinnen und die junge Königin wird zunehmend von einzelnen Arbeiterinnen bedrängt, gebissen und gejagt. Einige Imker sprechen davon, dass die Arbeiterinnen mit dem Jagen die junge Königin auf den bevorstehenden Hochzeitsflug vorbereiten. Mit dem 7. Lebenstag der Königin sind ihre Fortpflanzungsorgane voll entwickelt und bei guten Witterungsbedingungen kann der erste Ausflug der jungen Königin erfolgen. Dabei ist der Start der Königin im Vergleich zum Paarungsflug der Drohnen leiser und weniger auffällig. Auch fliegt die Königin später, meist 30 bis 60 Minuten nach dem Massenstart der Drohnen. „Weiß" sie vielleicht, dass sie schon „sehnsüchtig" erwartet wird und kann sich daher Zeit lassen?

Das Eintreffen der Königin auf dem Sammelplatz löst dort eine Konkurrenz unter den Drohnen in Form eines Wettfliegens aus. Wie ein Kometenschweif folgt die Gruppe der Drohnen der fliegenden Königin (21). Dann erreicht hoch in der Luft der erste Drohn die Königin, die auf seine Berührungen mit der Öffnung der Stachelkammer antwortet. Es kommt zur ersten, nur Sekunden dauernden Paarung, die für den Gatten immer tödlich endet. Unter Hinterlassung seines Begattungszeichens in der Stachelkammer der Königin stürzt der Drohn ab. Unfähig sich zu bewegen wird er als lohnende Beute von Ameisen fortgeschleppt. Doch damit nicht genug. Nur wenige

TEIL I

(21) *Drohnen verfolgen eine Königinnenattrappe.*

Sekunden später kopuliert der 2. Drohn, um wie der Vorgänger das gleiche Schicksal zu erleiden. Der Verbrauch der Drohnen endet meist erst nach der 8. bisweilen sogar erst nach der 15. Paarung. Dann fliegt die junge Königin mit einer „Beute" von mehr als 100 Millionen Spermien in ihr sicheres Nest zurück. Auch hier wird die scheinbare Verschwendung fortgesetzt. Von den empfangenen Spermien verwirft die Königin mehr als 95 %, und nur 6 Millionen erreichen die Spermatheka, den Samenbehälter der Königin. Schon ein einziger Drohn mit seinen ca. 10 Millionen Spermien hätte ausgereicht, um die Spermatheka der Königin reichlich zu füllen! Daher wiederum die Frage nach dem „biologischen Sinn" dieser komplizierten Abläufe. Die Spermien werden in der Spermatheka als lebender Vorrat über viele Jahre gespeichert. Bei der Eiablage entnimmt dann die Königin fein dosiert nur wenige Spermien pro Ei zur Befruchtung. So entstehen Arbeiterinnen, die Töchter von Vätern, die oft schon Jahre zuvor gestorben sind.

Die oben skizzierte Zusammenfassung macht den Kontrast zwischen dem sozialen Leben und einer durch Konkurrenz geprägten Dramatik kaum zu überbietenden Paarungsgeschehen deutlich. Der soziale Zusammenhalt ist von einer ausgeklügelten Abstimmung vieler tausend Arbeiterinnen geprägt. Dadurch gelingt es, das Trachtangebot optimal zu nutzen und das Volk aufzubauen. Das Paarungsverhalten dagegen ist bestimmt von selbstständig handelnden Einzeltieren, der Königin und den konkurrierenden Drohnen (21). Der unmittelbare Zusammenhang zwischen den unterschiedlichen Verhaltensweisen von Arbeiterinnen und Geschlechtstieren ist of-

fensichtlich: Mit den vielen Paarungen einer Königin hoch in der Luft wird die genetische Zusammensetzung des neuen Bienenvolkes bestimmt. Und diese Zusammensetzung ist maßgebend für die Bewährung des Volkes in einer komplizierten Umwelt und in der Konkurrenz mit anderen Völkern. Die Auswirkung der Paarung spielt eine Schlüsselrolle für die Lebensfähigkeit des neuen Bienenvolkes! Wir wollen in den folgenden Kapiteln dieses Buches versuchen, das Paarungsverhalten unter diesem Gesichtspunkt zu beschreiben!

2 Sozialer Aufbau des Bienenvolks

Im Frühjahr unter guten Trachtbedingungen besteht ein Bienenvolk aus einer Königin, bis zu 50.000 Arbeitsbienen und etwa 2000 Männchen, den Drohnen. Alle Arbeiterinnen und die Königin sind weiblichen Geschlechts, aber die Königin ist in der Regel das einzige Weibchen, das Eier legt. Sie ist damit die Mutter aller Arbeiterinnen und Drohnen im Volk (22). Pollen und Nektar sammeln und für die Ernährung und Pflege der Brut sorgen können nur die Arbeiterinnen. Die Aufteilung der Arbeit unter

(22) Königin und Drohn mit zwei Arbeiterinnen.

ihnen ist durch mehrere Faktoren bestimmt. Vor allem das Alter, aber auch die Erbanlagen der einzelnen Arbeiterinnen spielen eine Rolle. Außerdem hat die Königin über ihre Pheromone (chemische Signalstoffe) einen wichtigen Einfluss auf die Regulierung der Arbeit. Die Drohnen übernehmen keine sozialen Arbeiten. Ihre alleinige „Aufgabe" ist die Begattung einer jungen Königin. Im Folgenden sind das Leben und die Funktion der Geschlechtstiere unser Schwerpunkt.

2.1 Die Königin, die Mutter aller Volksmitglieder

Wie oben erwähnt ist die Königin als einziges Vollweibchen für die Produktion der Nachkommen zuständig. Darüber hinaus sind die Pheromone der Königin, also ihre chemische Signale (23), für das Funktionieren des sozialen Zusammenhalts der Arbeiterinnen im Bienenvolk unerlässlich. In diesem Sinne hat die Königin eine zentrale Position zur Steuerung der Volkseinheit. Gleichzeitig ist sie aber ohne die Pflege durch die Arbeiterinnen nicht lebensfähig, so dass eine gegenseitige, unauflösliche Abhängigkeit besteht.

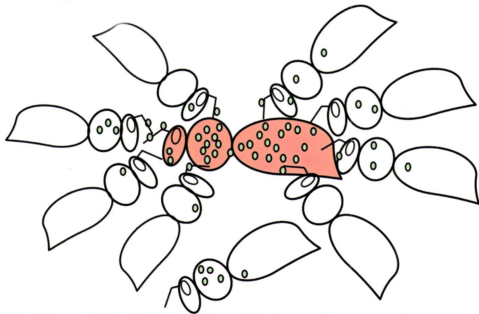

(23) Beim Hofstaat wird die Königin von einigen Arbeiterinnen gefüttert. Die anderen nehmen aber nur die Pheromone, also die chemischen Signale der Königin auf (dargestellt als Pünktchen). Die Pheromone werden von den Arbeiterinnen im Volk weiter verteilt, sodass alle „wissen": mit unserer Königin ist alles in Ordnung. Das spielt eine große Rolle für den Zusammenhalt und die Regulierung des Volkes.

Die Königin unterscheidet sich in zahllosen inneren und äußeren Merkmalen von der Arbeiterin. Sie ist hoch spezialisiert und infolgedessen auf ihre Rolle im sozialen Leben, auf die Produktion von Nachkommen, beschränkt. So besitzt die Königin keine Pollensammeleinrichtungen an den Hinterbeinen, auch ihr Rüssel ist kurz und zum Aufnehmen von Nektar aus Blüten nicht geeignet. Eine weitere Aufzählung der speziellen Königinnenmerkmale kann hier zunächst unterbleiben. Im weiteren Verlauf werden bei der Beschreibung des Paarungsverhaltens die Anatomie und die Funktion der Fortpflanzungsorgane in Einzelheiten besprochen.

Abschließend erübrigt sich fast der Hinweis, dass selbst der Name „Königin" biologisch falsch ist. Denn natürlich regiert die Königin ihr Volk nicht im Sinne einer menschlichen Monarchin! Aber auch die Beschreibung verschiedener Wissenschaftler der Königin als eine Art von Eilegemaschine, die von den Arbeiterinnen gesteuert wird und die keine Rolle im sozialen Leben des Volkes spielt, ist einseitig. Es ist zweifelsfrei richtig, dass die Königin von ihren Töchtern, den Arbeiterinnen, abhängig ist. Aber das bedeutet nicht, dass die Königin keinen Einfluss auf das Bienenvolk hat. So ist nachgewiesen, dass viele Vorgänge, wie z.B. der Bau der Waben oder das Schwärmen neben verschiedenen weiteren Verhaltensweisen vom Alter der Königin abhängig sind. Insgesamt ähnelt die Diskussion, „wer" das Bienenvolk steuert, ein bisschen der Frage des Aristoteles: „Wer war eher da, das Ei oder die Henne". Wir wollen hier feststellen, dass ein Bienenvolk als ein weiblich dominierter Sozialverband gelten kann, der auf einer Zusammenarbeit zwischen den beiden weiblichen Kasten, einer fertilen Mutter, der Königin, und vielen sterilen Töchtern, den Arbeiterinnen beruht. Letztlich kann man an dieser Stelle unsere polnischen und anderen östlichen Nachbarn beglückwünschen, in deren Sprache „unsere Bienenkönigin" biologisch richtig als „Matka" (=Mutter) bezeichnet wird.

Über Entstehung und den Zusammenhalt im Bienenvolk gab und gibt es verschiedene Ideen. Während schon Mitte des 19. Jahrhunderts bis heute einige Wissenschaftler das Volk als eine Einheit, „der Bien", ja sogar als einen „Superorganismus" bezeichneten, betonen andere die eindrucksvolle Selbstorganisation der Einzelwesen. Es bleibt festzuhalten, dass unser Verständnis der sozialen Kommunikation und der funktionellen Integration der einzelnen Bienen zu einem einheitlichen und erfolgreichen biologischen Sozialverband bis heute immer noch unvollständig ist.

TEIL I

> ### *Wie werden Informationen im Bienenvolk weitergegeben?*
>
> *Bei der Verständigung im Bienenvolk werden im Prinzip zwei Mechanismen unterschieden, die in der wissenschaftlichen Literatur (englisch) als „signals" (Signale) und als „cues" (Schlüsselreize) bezeichnet werden*
>
> ***Schlüsselreize (cues):***
> *Bei ihren Inspektionsgängen durch das Volk nimmt die einzelne Arbeiterin einzelne Reize (meist Abweichungen vom Normalzustand!) wahr und reagiert dann mit einem passgenauen Verhalten. So führt z.B. der Schlüsselreiz „zerstörte Wabenzelle" sehr schnell zu einem „Reparaturverhalten". Eine unterkühlte Brutzelle löst Heizverhalten bei den vorbeikommenden Arbeiterinnen aus.*
> ***Merke: Der „Empfänger" (die Biene) kommt zum „cue".***
>
> ***Signale (signals):***
> *Signale, die aktiv und „gezielt" eingesetzt werden, spielen bei der Verständigung im Bienenvolk ebenfalls eine wichtige Rolle. Ein Beispiel für ein Signal sind die Alarmpheromone, die vom Stachelapparat beim Stich oder durch „Giftsterzeln" abgegeben werden, und die in kurzer Zeit die Anzahl der Verteidigerinnen um ein Vielfaches anwachsen lassen. Die Königin gibt aus ihrer Kieferdrüse (Mandibeldrüse) Pheromone (Botenstoffe) ab, die von den Arbeiterinnen über Kontakt mit der Königin aufgenommen und wiederum über Kontakt auf andere Arbeiterinnen übertragen werden.*
> ***Merke: Das Signal („signal") kommt zum Empfänger.***

2.2 Die gestorbenen Väter

Doch wo ist der Vater oder besser sind die Väter im Bienenvolk? Um diese Frage zu beantworten, muss auf den Samenbehälter, die Spermatheka, verwiesen werden, der sich oberhalb der Eileiter im Hinterleib der Königin befindet. In der Spermatheka (24 a und b) speichert die Königin einen Vorrat lebender Spermien von bis zu 20 Drohnen, die sie bei ihren Paarungen zu Beginn ihres Lebens auf dem Hochzeitsflug aufgenommen hat. Während die Vaterdrohnen

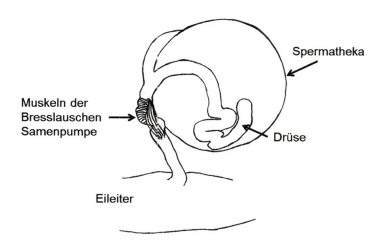

(24 a) Schema der Spermatheka mit Drüse und Bresslauscher Samenpumpe (Dosierventil).

längst gestorben sind, überleben ihre Spermien mehrere Jahre. Über die Speicherung der Spermien und die Steuerung der Befruchtung werden wir im Kapitel 10 noch genauer berichten. Hier reicht zunächst der Hinweis, dass die Spermatheka durch einen Gang mit einem Dosierventil, der Bresslauschen Samenpumpe, mit dem Eileiter verbunden ist. Durch dieses Dosierventil wird immer ein bestimmtes Volumen mit den Spermien aus der Spermatheka zur Befruchtung eines Eies in den Eileiter geleitet.

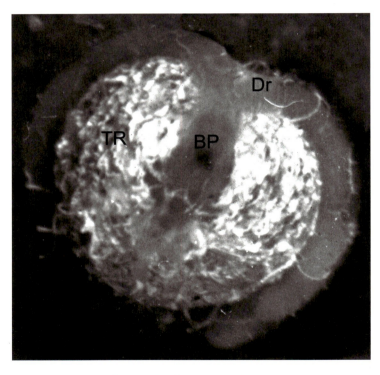

(24 b) Spermatheka mit Drüse (Dr) und Bresslauscher Samenpumpe (BP - Dosierventil).
Die Spermatheka wird ganz umhüllt von einem Netz aus Tracheen (TR) zur Luftversorgung.

2.3 Steuerung der Befruchtung der Eier

Das Schicksal jedes Eies wird von der Königin nach der Art der Brutzelle festgelegt. In die kleinen Arbeiterinnenzellen, die den Hauptanteil der Wabenfläche einnehmen, und in die Weiselzellen legt die Königin Eier, zu denen sie jeweils vor dem Austritt aus dem Eileiter einige Spermien hinzufügt. Die Befruchtung, d.h. die Verschmelzung von Eikern und einem der Spermakerne findet dann in der Wabenzelle statt. Mit der Befruchtung ist das Geschlecht der entstehenden Biene festgelegt. In der Regel entwickeln sich unbefruchtete Eier zu Drohnen, die befruchteten Eier zu weiblichen Bienen. Über die Entstehung von diploiden Drohnen wird im folgenden Kapitel berichtet.

2.4 Drohnen

2.4.1 Entwicklungszeit und Saisonabhängigkeit der Drohnenpräsenz

Das „Lebensziel" der Drohnen ist die Paarung mit einer Königin. Diese Aufgabe können sie nur erfüllen, wenn jungfräuliche paarungsbereite Königinnen auf Hochzeitsflug gehen und neue Völker entstehen, also zur Schwarmzeit im Frühsommer. Entsprechend werden Drohnen vor allem in dieser Zeit großgezogen und gepflegt.

Die Erzeugung von Drohnen beginnt einige Wochen früher als die Aufzucht von Königinnen, denn die Entwicklung der Drohnen vom Ei bis zum geschlechtsreifen Tier dauert mindestens 2 Wochen länger als die der Königin (Tab. 1). So ist gewährleistet, dass genügend reife Drohnen vorhanden sind, wenn die ersten jungen Königinnen paarungsbereit sind.

Tabelle 1:

Entwicklungszeiten von Drohnen und Königinnen bis zur Geschlechtsreife (Tage)					
	Ei	*Larve*	*Puppe*	*Sex. Reife*	*Gesamt*
Drohn	*3*	*5*	*16*	*12*	*36 Tage*
Königin	*3*	*5*	*8*	*6*	*22 Tage*

Die Drohnenzellen werden von den Arbeiterinnen für die Eiablage vorbereitet und erst danach, und nur in der Paarungssaison, legt die Königin Eier hinein. Vor jeder Eiablage inspiziert die Königin die Wabenzelle: Sie beugt ihren Kopf zusammen mit den Vorderbeinen in die Zelle (25). N. KOENIGER konnte 1970 nachweisen, dass sie dabei mit den Vorderbeinen die Zellgröße misst und auf diese Weise erkennt, ob es sich um eine Arbeiterinnen- oder Drohnenzelle handelt. Bei den größeren Drohnenzellen hält sie die Bresslau'sche Samenpumpe geschlossen und legt ein unbefruchtetes Ei. Sie verhindert also aktiv eine Befruchtung des Eies. Damit ist auch eine Kontrolle über die Anzahl der Drohnen im Volk gegeben.

(25) Zellinspektion der Königin: Der Kopf ist zusammen mit dem ersten Beinpaar in die Zelle eingeführt. Das Rückenschild stößt an den oberen Zellrand und die Mittelbeine sind von außen an die inspizierte Zelle angelegt.

2.4.2 Anzahl Drohnen und ihre Regulation im Volk

Die Anzahl der Drohnen im Volk wird vor allem durch die Arbeiterinnen gesteuert, einmal durch den Bau von Drohnenzellen, zum anderen durch die Vorbereitung dieser Wabenzellen für eine Eiablage. Wie bereits oben erwähnt, werden unvorbereitete Drohnenzellen von der Königin gemieden und dienen dann oft zur Aufbewahrung von Honig. Die Anzahl von Drohnenzellen variiert mit der Größe eines Bienenvolkes. Im Jahr 1962 zählte K.WEISS 31.000 Brutzellen mit Arbeiterinnen und 5.100 Brutzellen mit Drohnen, das entspricht 14 % der gesamten Brut. Legt man die Zellen aller Waben zusammen, also auch die Zellen für den Honigvorrat, so sind bei natürlichem Wabenbau etwa 10 % aller Zellen Drohnenzellen. Eine weitere Regulation der Drohnenzahl erfolgt durch Kannibalismus. Bei längeren Schlechtwetterperioden werden Drohneneier und junge Drohnenlarven von den Arbeiterinnen gefressen. Bereits verdeckelte Zellen werden nicht mehr zerstört.

Es wird meistens mehr Drohnenbrut erzeugt als später an erwachsenen Drohnen im Volk vorhanden sind. Zumindest ist die Anzahl der erwachsenen Drohnen im Volk kleiner als die Anzahl der Brutzellen. K.WEISS (1962) fand in mittelstarken Völkern nicht viel mehr als 2000 Drohnen, was 4,8 % der Gesamtbienenzahl entsprach, deutlich weniger als der oben beschriebene Anteil von 14 % bei der Brut. Bisher gibt es keine gesicherten Daten zur Frage, wie hoch der maximale Prozentsatz an Drohnen im Volk sein kann, wenn eine optimale Versorgung und Spermienproduktion gewährleistet sein soll (siehe Kap.13).

Gegen Ende der Paarungssaison werden die Drohnen nicht mehr gefüttert und später sogar daran gehindert, ins Volk zu den Honigvorräten zu gelangen (26). In dieser Zeit findet man häufig vor dem Flugloch hungernde „abgetriebene" Drohnen, die meist dem Tode nahe sind! Der Begriff Drohnenschlacht, der im allgemeinen Sprachgebrauch oft zitiert wird, führt zu der falschen biologischen Vorstellung, dass Drohnen abgestochen und getötet (abgeschlachtet) werden, was sicherlich nur in ganz seltenen Ausnahmefällen vorkommen kann.

(26) Ein Drohn wird am Bein aus dem Volk gezerrt.

2.4.3 Drohnenerzeugung im weisellosen Volk

Die Drohnenerzeugung verläuft anders, wenn ein Volk die Königin verloren hat und keine junge Brut zur Nachzucht einer neuen Königin mehr vorhanden ist. Im Laufe von 5 bis 6 Wochen wachsen bei einigen Arbeiterinnen Eier in ihren Eierstöcken, die zuvor nur als kleine häutige Schläuche vorhanden waren. Diese Eier bleiben natürlich unbefruchtet, weil Arbeiterinnen nicht begattet werden können. Das Gelege dieser als Drohnenmütterchen bezeichneten Arbeiterinnen weist einige Besonderheiten auf. So findet man häufig Brutzellen, die mehr als ein Ei enthalten. Auch „stehen" die Eier nicht „ordentlich" und mittig auf dem Boden der Wabenzelle, wie die Eier einer Königin, sondern liegen oft an einer Seite oder sogar unten an einer Zellwand. Aber auch die Eier der Arbeiterinnen entwickeln sich – sofern im Volk noch genügend Arbeiterinnen für eine erfolgreiche Aufzucht vorhanden sind – zu funktionsfähigen Drohnen. Sie fliegen zur Paarung aus, und ihre Spermien sind voll lebens- und befruchtungsfähig. Insgesamt ist ein Volk, das seine Königin verloren hat und auch nicht mehr über junge Maden zur Erzeugung einer neuen Königin verfügt, dem sicheren Untergang geweiht. In dieser „hoffnungslosen" Lage ist die Erzeugung von Drohnen durch eierlegende Arbeiterinnen der einzige Weg, die Erbanlagen des Volkes weiter zu geben.

2.5 Ungleiches Geschlechterverhältnis:
Auf eine Jungkönigin kommen mehr als 1000 Drohnen

Bei vielen Tieren und den Menschen ist das Verhältnis der Geschlechter zueinander etwa 1 zu 1. Auch bei vielen Hautflüglern wie Wespen, vielen Ameisen und Hummeln entstehen Weibchen und Männchen etwa in gleicher Anzahl. Das ist bei den Honigbienen grundsätzlich anders. Meist werden pro Saison und Bienenvolk nur 1-2 Königinnen bis zur Geschlechtsreife aufgezogen, während bis zu 2000 geschlechtsreife Drohnen in den Völkern vorhanden sind. Entsprechend liegt das natürliche Verhältnis von sexuell reifen Königinnen zu Drohnen zwischen 1:1000 und 1:2000 (27). Im Laufe der langen Entwicklung der Honigbienen ist diese extreme Überzahl der Drohnen entstanden und bildet eine natürliche Balance. Demnach entsprechen die Investitionen in eine Königin den Kosten, die für die Erzeugung und den Unterhalt von 1000 Drohnen erforderlich sind. Wie kann das sein? Warum ist ein Drohn 1000 mal „billiger" als eine Königin. Nun, bei der Erzeugung des Drohns fällt „nur" der Aufwand an, der für die Aufzucht aus dem Ei, die Pflege und den Unterhalt nötig ist. Diese Investition unterscheidet sich sicherlich nur unerheblich von den Leistungen, die für die Aufzucht einer Königin erforderlich sind. Aber während der geschlechtsreife Drohn allein ausfliegt und mit der Paarung seine Aufgaben zur Reproduktion erfolgreich abgeschlossen hat, ist das bei der Königin grundsätzlich anders. Ohne ein eigenes Volk mit mehreren „Tausend Arbeiterinnen" ist eine junge Königin nicht lebensfähig. Dadurch ist es der Aufwand für die vielen Arbeiterinnen, die für jede reproduktive Königin unabdingbar erforderlich sind, der die Investitionen für die Königin im Vergleich zum Drohn so exorbitant in die Höhe getrieben hat!

Wie bereits unter Kap. 2.1 beschrieben werden Anzahl der Drohnen und ihr saisonales Auftreten im Volk aktiv gesteuert. Auch die Produktion der Königinnen wird vom Volk durch die Art des Larvenfutters bestimmt (Kap. 3.1).

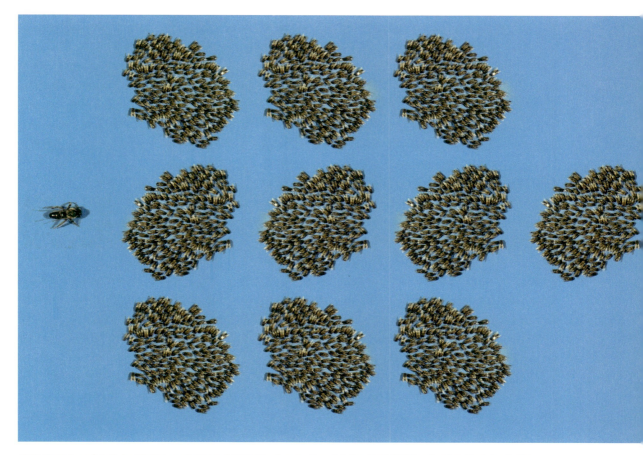

(27) Eine Jungkönigin (links) und 10 mal 200 Drohnen. Das ist das Verhältnis, das im Durchschnitt im Volk pro Saison großgezogen wird.

3 Paarungsverhalten als Vermeidung von Inzucht

Warum fliegen Drohnen und auch die jungfräuliche Königin zur Paarung aus? Wäre eine Paarung im Schutz des warmen Bienennestes nicht wesentlich sicherer, bequemer und auch „kostengünstiger"? Das Risiko, draußen von Vögeln, Spinnen und anderen Räubern erbeutet zu werden, würde vermieden. Auch der Energieaufwand für die täglichen Flüge von oft mehreren 1000 Drohnen könnte gespart werden. Diese und noch viele andere Vorteile für eine Paarung im Bienenvolk können aufgelistet werden! Warum also wird dieser große Aufwand mit dem Hochzeitsflug und dem sehr komplizierten und störungsanfälligen Paarungsgeschehen getrieben?

Um zu einer einleuchtenden Antwort auf diese Fragen zu kommen, ist es günstig die Fragestellung anders, entgegengesetzt, zu formulieren: Was für Nachteile ergeben sich bei einer Paarung im Bienenvolk? Das ist naheliegend: In der Regel sind alle Arbeiterinnen, die junge Königin und auch die Drohnen Nachkommen einer gemeinsamen Mutter. Demnach wären im Nest nur Paarungen zwischen Schwestern und Brüdern möglich, also „Inzest"! Wir wissen von vielen höheren Tieren und Pflanzen, dass Paarungen zwischen sehr eng verwandten Eltern häufig mit großen Nachteilen für die Nachkommen verbunden sind. In diesem Zusammenhang wird von Inzuchtdepression gesprochen; das bedeutet, die Lebensfähigkeit und die Widerstandskraft solcher Nachkommen ist vermindert. So käme es durch Inzucht zur Leistungsminderung bei den Arbeitsbienen und damit zu einer geminderten Vitalität des gesamten Bienenvolkes.

Bei den Honigbienen kommt zu diesen allgemeinen Inzuchtschäden noch ein anderer, besonders schwer wiegender Faktor hinzu, der mit der besonderen Geschlechtsbestimmung zusammenhängt. Um diesen Punkt genauer zu diskutieren, folgen wir zunächst dem historischen Weg und beschreiben die Entdeckung der Parthenogenese (Jungfernzeugung) durch J. DZIERZON (1845).

3.1 Entstehung der Drohnen aus unbefruchteten Eiern (Dzierzon's Regel)

Mit der Entdeckung der Erzeugung von Drohnen aus unbefruchteten Eiern bei der Honigbiene, der Parthenogenese, durch J. DZIERZON (und der gleichzeitigen Einführung der beweglichen Waben!) wurde der Übergang zu einer neuen Imkerei eingeleitet. Doch was hat zu dieser neuen Erkenntnis geführt?

TEIL I

J. DZIERZON (28) hatte helle Italiener Bienen mit der dunklen deutschen Rasse gekreuzt. Während die dunkle Königin hellfarbene Arbeiterinnen erzeugte, blieben die Drohnen dunkel wie ihre Mutter. Das ließ nur einen Schluss zu – die Drohnen hatten keinen Vater! Sie mussten aus unbefruchteten Eiern der Königin, d.h. durch Jungfernzeugung (Parthenogenese), entstanden sein. Zugleich war damit der Schlüssel gefunden, die grundsätzlichen paarungsbiologischen Zusammenhänge zu erkennen. Wegen der überragenden Bedeutung wollen wir hier den entsprechenden Satz aus J. DZIERZONs Buch wörtlich zitieren:

(28) Pfarrer Dr. J. DZIERZON

„Damit die Königin die erwähnte Fähigkeit erhalte, männliche und weibliche Eier zu legen, muss sie von einer Drohne, als einem Männchen befruchtet werden, was stets nur im Fluge hoch in der Luft geschieht." (S. 104, Theorie und Praxis des neuen Bienenfreundes von J. DZIERZON Pfarrer zu Carlsmarkt in Schlesien 2. Auflage 1848). Diese generellen Aussagen von J. DZIERZON sind richtig und haben bis in die heutige Zeit nichts von ihrer Aktualität eingebüßt:

Legt die Königin ein Ei in die deutlich größere Drohnenzelle, so hält sie die Spermatheka verschlossen, die Spermier können nicht austreten und das Ei bleibt unbefruchtet. Im Unterschied zu Säugetieren, bei denen unbefruchtete Eier nicht lebensfähig sind, sind unbefruchtete Eier bei Honigbienen und wohl allgemein bei vielen Vertretern der Hautflügler (Hymenoptera) voll lebensfähig und entwickeln sich zu Männchen, oft auch Drohnen genannt!

3.2 Mechanismus der Geschlechtsbestimmung über Befruchtung oder Nichtbefruchtung des Eies (haplo-diploide Geschlechtsbestimmung)

Bei vielen Tieren und den Menschen wird das Geschlecht durch Geschlechtschromosomen (xx = Weibchen, xy = Männchen) bestimmt. Bei den Bienen dagegen wird das Geschlecht nur durch einen einzigen Ort auf einem Chromosom bestimmt, dem Sex Lokus. Dort liegt nur ein geschlechtsbestimmender Faktor (Gen), der nicht nur in einer Form, sondern in verschiedenen Formen (Sex-Allelen) in einer Population auftritt (symbolisiert in (29) durch unterschiedliche Farben). Bisher ging man von bis zu

20 Sex-Allelen aus. In dem Datensatz, den das Forscherteam um M. HASSELMANN bis ins Jahr 2013 weltweit gesammelt und untersucht hat, zeigte sich jedoch, dass die Anzahl an Sex-Allelen in lokalen Regionen bei 53, weltweit sogar bei mindestens 87 Allelen liegt. Unter Verwendung eines evolutionären Models extrapolierten die Wissenschaftler insgesamt 116 - 145 Sex-Allele. Die Entstehung neuer Sex-Allele erfolgt für entwicklungsgeschichtliche Zeiträume recht schnell: ca. alle 400.000 Jahre. Besonders eine Region innerhalb des Sex-Gens bildet als "hot-spot" einen sich schnell weiter entwickelnden Abschnitt, der ertscheidend zu der Entstehung neuer Sex-Allele beiträgt.

Dieser Geschlechtsfaktor spielt die entscheidende Rolle und bestimmt das Geschlecht. Damit sich aus einem Ei ein Drohn entwickelt, darf nur ein Sex Allel vorhanden sein (29 und 30, Eikern 2). Unbefruchtete Eier haben nur einen Satz Chromosomen (haploid) und damit ist immer nur ein Sex-Allel vorhanden. Befruchtete Eier haben 2 Sätze von Chromosomen, sind also diploid (29, zweiter Kasten). Damit sich aus einem befruchteten Ei ein Weibchen (Arbeiterin oder Königin) entwickelt, müssen an diesem geschlechtsbestimmenden Sex Lokus unterschiedliche Sex Allele liegen.

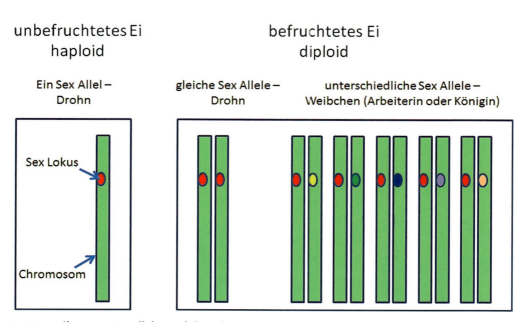

(29) Verteilung von Sexallelen auf den Chromosomen und ihre Folgen für die Geschlechtsbestimmung. Da sich die Königin mit vielen Drohnen paart, gibt es mehrere Kombinationsmöglichkeiten.

TEIL I

> **Drohnen haben nur einen Chromosomensatz.**
>
> **Eine immer wieder diskutierte Frage:** Erzeugt eine Königin nur zwei Sorten von Drohnen oder sind ihre Söhne genetisch unterschiedlich?
> **Antwort:** Drohnen, die von einer Königin (Mutter) stammen, kommen in mehr als nur zwei genetisch verschiedenen Sorten vor!
>
> **Warum?** Bei der Bildung des haploiden Eikerns der Königin werden die 32 Chromosomen (diploider Chromosomensatz) im Rahmen der Reifeteilung (Meiose) zunächst verdoppelt, danach auseinander gezogen und dann werden jeweils 16 Chromosome (haploider Chromosomensatz) auf vier Kerne verteilt. Bei diesen komplizierten Vorgängen können bei der Trennung an verschiedenen Stellen Teilstücke abbrechen und innerhalb des Chromosomenpaars ausgetauscht werden. Dieser zufällige Austausch erfolgt bei Honigbienen besonders häufig – etwa 20 mal häufiger als beim Menschen. Daher unterscheiden sich die Söhne einer Königin in der Kombination ihrer Erbanlagen erheblich:
> Kein Drohn zeigt eine vollständige genetische Übereinstimmung mit seinen Brüdern!
>
> **Aber – die Spermien eines Drohns unterscheiden sich genetisch nicht!**
> Jeder Drohn hat nur einen Chromosomensatz und nur ein Sex-Allel! Somit sind alle Spermien eines Drohns genetisch gleich!

3.3 Inzuchtwirkung aufgrund der Geschlechtsbestimmung bei der Honigbiene

Wie oben ausgeführt, entstehen weibliche Bienen (Arbeiterin oder Königin), wenn im befruchteten Ei zwei Chromosomen zusammentreffen, die am Sex Lokus unterschiedliche Sexfaktoren haben, also unterschiedliche Formen des Sex-Gens (30, Eikerne 3, 4, 5 und 6). Sind dagegen die Sexfaktoren des Eikerns und des Spermakerns gleich, entsteht immer ein männliches Tier, also ein diploider Drohn (30, Eikern 1). Allerdings sind diese diploiden Drohnen bei der Honigbiene keine normalen, fortpflanzungsfähigen Männchen wie ihre haploiden Brüder. So führt das frühe Erkennen, meist direkt nach dem Schlupf aus dem Ei, solcher diploider männlicher Maden durch die brutpflegenden Bienen sofort zur Entfernung aus der Wabenzelle und zum Auffressen von diploiden Drohnenmaden. Dieser Kannibalismus erspart dem Bienenvolk die Kosten für die Aufzucht von biologisch „nutzlosen" Volksgenossen!

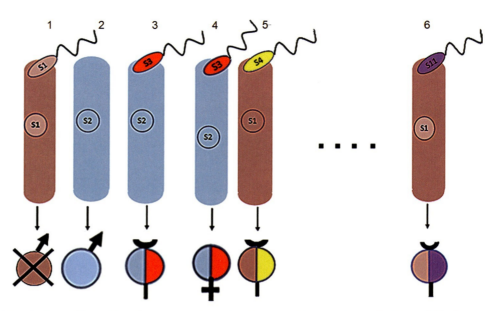

(30) Die Königin hat in ihren Eiern immer zwei verschiedene Sexfaktoren, hier z.B. S1 und S2, die Spermien der Gattendrohnen in ihrer Spermatheka haben fast alle andere Sexfaktoren: S3 bis S11, nur eine Paarung erfolgte mit einem verwandten Drohn, sodass auch eine Sorte Spermien mit S1 vorhanden ist. Bei der Meiose der Eier entstehen haploide Eikerne, die entweder S1 oder S2 enthalten. Nur wenn der Eikern S1 mit dem S1 Spermakern des verwandten Gattendrohn verschmilzt, entsteht eine diploide Drohnenlarve, die von den Ammenbienen zielstrebig aufgefressen wird (1).

Bei einer engen Verwandtschaft zwischen Drohn und Königin kommt es vor, dass beide Geschlechtspartner das gleiche Sex-Allel haben. Bei der Befruchtung der Eier können somit zwei gleiche Sex-Allele aufeinander treffen (30,1). Welche praktischen Folgen hat das, bzw. wie kann man erkennen, dass ein Teil der Nachkommen diploide Drohnen sind?

In den Völkern mit Königinnen, die sich mit fremden Drohnen gepaart haben, findet man eine geschlossen verdeckelte Brutfläche (31). Nach Paarung mit eng verwandten Drohnen befinden sich dagegen oft zahlreiche leere Wabenzellen zwischen den verdeckelten Brutzellen (32). Diese leeren Brutzellen waren vormals mit Eiern besetzt, aus denen diploide Drohnenlarven geschlüpft sind, die aber sofort von den Arbeiterinnen erkannt und aufgefressen wurden. Solche „lückigen" Brutflächen dokumentieren den „Inzuchtschaden" aufgrund der Geschlechtsbestimmung und können betroffene Bienenvölker erheblich schwächen. Wenn der Imker nicht schnell die Ursache beseitigt und die „falsch gepaarte" Königin austauscht, kann die Honigernte oder sogar das Bienenvolk verloren gehen.

TEIL I

(31) Geschlossenes Brutnest.

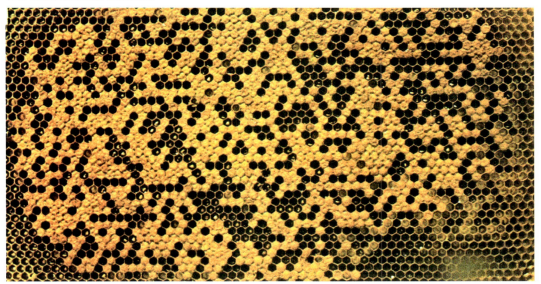

(32) Lückiges Brutnest nach Bruder/Schwester Paarung.

3.4 Verminderung des Inzuchtrisikos durch Partnersuche weit entfernt vom Volk

Doch nun zurück zu der Ausgangsfrage, warum paaren sich Königinnen und Drohnen trotz aller Gefahren weit entfernt vom Bienenvolk? Die allgemeinen Inzuchtschäden, und vor allem die von der speziellen Geschlechtsbestimmung verursachten

Schädigungen, führen dazu, dass Königinnen, die von Bruderdrohnen im Volk gepaart werden, keine starken und konkurrenzfähigen Bienenvölker aufbauen können. Dadurch sind Erbanlagen, die eine Paarung im Volk ermöglicht hätten, im Laufe der natürlichen Entwicklung während vieler Millionen Jahre ausgeschlossen worden, und heute „müssen" alle Drohnen und Königinnen zum Hochzeitsflug ihr Volk verlassen. Die Risiken und der Aufwand für diese Paarungsart hoch in der Luft, weit entfernt vom Bienenvolk sind offensichtlich geringer als die erheblichen Nachteile, die bei einer Paarung mit nah verwandten Drohnen für die Nachkommen der Königin, d.h. für das zukünftige Bienenvolk, entstehen würden.

3.5 Verminderung des Inzuchtrisikos durch die Anwesenheit von Drohnen aus vielen verschiedenen Völkern auf dem Drohnensammelplatz (DSP)

Schon die Brüder H. und F. RUTTNER konnten durch Farbmarkierung der Drohnen an verschiedenen Bienenständen und anschließende Fänge auf dem DSP zeigen, dass Drohnen von mehr als 10 Ständen mit jeweils 8 bis 20 Völkern auf dem DSP versammelt waren (siehe Kap. 6.2.3). Molekulare Analysen von Drohnen, die auf dem DSP gefangen wurden, ergaben, dass sich Drohnen von etwa 240 Bienenvölkern an einem Nachmittag an diesem Platz befanden (siehe Kap. 7.5)! Die Wahrscheinlichkeit, auf Drohnen mit übereinstimmenden Sexfaktoren zu treffen, nimmt mit der genetischen Verschiedenheit der Drohnen auf dem Sammelplatz ab. Je mehr Völker auf dem Sammelplatz vertreten sind, desto höher ist dort die genetische Verschiedenheit!

3.6 Verminderung von Inzucht durch Mehrfachpaarung der Königin

Paart sich eine Königin mit ganz wenigen Drohnen, so entstehen erhebliche Brutausfälle, falls ein Drohn in seinem Sexfaktor mit einem der beiden Sexfaktoren der Königin übereinstimmt. Mit einer höheren Anzahl von Paarungen vermindern sich die Brutschäden, die ein einzelner Drohn mit übereinstimmendem Sexfaktor verursacht. Demnach führt die Mehrfachpaarung – neben vielen anderen biologischen Vorteilen – auch zu einer Verminderung der Risiken durch einen falschen Partner.

3.7 Verminderung von Inzucht durch unterschiedliche Auswahl des Drohnensammelplatzes (DSP) von Königin und den Bruderdrohnen

Viele Versuche deuten darauf hin, dass Königin und Drohnen sich beim Flug zum Drohnensammelplatz unterschiedlich verhalten. In einem steilen und durch sehr hohe Berge isolierten Alpental in Österreich hatten Drohnen die Wahl zwischen

„nur" zwei Sammelplätzen. Die Bienenstände wurden so eingerichtet, dass jeweils ein Sammelplatz sehr nah lag, während der zweite Sammelplatz wesentlich weiter entfernt war. Die Versuchsergebnisse zeigten, dass Drohnen zu einem hohen Prozentsatz (65 % – 95 %) auf den näher gelegenen DSP geflogen sind (33), die Königinnen dagegen sind häufiger auf den entfernten DSP geflogen (34).

Die unterschiedlichen Flugweiten von Königinnen und Drohnen führen dazu, dass die Schwesterköniginnen zum großen Teil zu einem anderen DSP fliegen als ihre Drohnenbrüder. Die Vermeidung von Bruder/Schwesterpaarungen wird dadurch unterstützt.

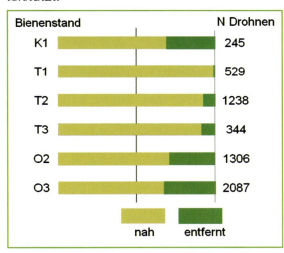

(33) Platzwahl der Drohnen (Versuchsergebnisse aus 3 Jahren): Die Drohnen haben den nahen DSP bevorzugt. Durch diese Wahl ist der Hin- und Rückflug zum Volk sehr kurz. Das ermöglicht dem Drohn einen längeren Aufenthalt auf dem Sammelplatz und steigert seine Chancen auf eine Paarung. N Drohnen = Gesamtzahl der auf dem DSP gefangenen Drohnen, gelb = Anteil der Drohnen vom nahen Bienenstand, grün = Anteil der Drohnen vom entfernten Bienenstand.

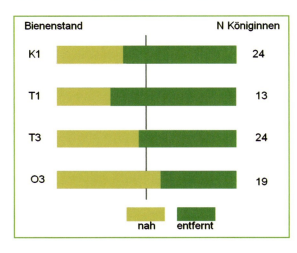

(34) Platzwahl der Königinnen (Versuchsergebnisse aus 2 Jahren): Bei 3 von 4 Ständen zogen Königinnen den entfernteren Platz vor. N Königinnen = Gesamtzahl Königinnen, gelb = Anteil der Arbeiterinnen von Vaterdrohnen, die vom nahen DSP stammten, grün = Anteil der Arbeiterinnen von Vaterdrohnen, die vom entfernten DSP stammten.

Aber was sind die Ursachen für diese unterschiedliche Bevorzugung des Paarungsortes? Warum fliegen, erstens, die Drohnen zum nächst gelegenen Sammelplatz, und warum tendieren, zweitens, die Königinnen zum entfernteren Paarungsort?

Erstens: die Paarungschancen eines Drohns steigen, je länger er sich auf dem Drohnensammelplatz aufhalten kann. Insgesamt reicht eine Füllung der Honigblase im Durchschnitt für 25 Minuten Flugzeit. Bei einer Fluggeschwindigkeit von ca. 20 km pro Stunde braucht ein Drohn zum Erreichen eines DSP in einem Kilometer Entfernung etwa 3 Minuten, zusammen mit dem Rückflug 6 Minuten. Er hat also knapp 20 Minuten lang die Chance, auf eine Königin zu treffen. Beträgt ein Weg 3 km, bleiben ihm nur noch 7 Minuten (25 min – 2 x 9 min = 7 min). Je kürzer der Weg zum Drohnensammelplatz ist, desto länger kann ein Drohn dort auf eine junge Königin warten. Mit anderen Worten: Die Wahl des nahen Sammelplatzes ist eine Optimierung des Energieaufwandes zugunsten einer langen Anwesenheit auf dem DSP.

Zweitens: Die Königin trifft auf dem DSP auf tausende wartender und paarungsbereiter Drohnen. Jede einzelne Paarung dauert nur wenige Sekunden, so dass in weniger als 5 Minuten ausreichend viele Paarungen stattfinden. Die Königin hätte bei 25 Minuten Paarungsflugdauer mindestens jeweils 10 Minuten Zeit für Hin- und Rückweg zum DSP. Demnach wäre ein Sammelplatz in mehr als 3 km Entfernung vom Bienenstand für die Königin ohne Minderung ihrer Paarungsmöglichkeiten erreichbar.

TEIL I

4 Aufzucht und sexuelle Reifung von Königinnen

4.1 Aufzucht der Königin

Die Entscheidung eines Bienenvolkes, Königinnen zu erzeugen, hängt vor allem von der Jahreszeit und der Stärke des Volks ab. Wenn unter guten Trachtverhältnissen, meist im Mai oder Juni, die Brutaufzucht ihr Maximum überschritten hat, gibt es viele Ammenbienen, die zur Brutpflege bereit stehen, aber nicht ausreichend Brut finden. Es entsteht ein Überschuss an Arbeiterinnen, und das Volk kann sich teilen. In dieser Zeit werden Königinnenzellen gebaut und von der Königin bestiftet.

Ob sich aus der weiblichen, diploiden Larve eine Arbeiterin oder eine Königin entwickelt, hängt von der Art der Fütterung während bei der Aufzucht ab. Die Bestimmung der Kaste (Arbeiterin oder Königin) wird von brutpflegenden Arbeiterinnen innerhalb der ersten Tage nach dem Schlupf aus dem Ei festgelegt. Bis zu 48 Stunden nach dem Schlupf sind alle weiblichen Larven zunächst noch prinzipiell bipotent, das heißt, sie könnten entweder zur Arbeiterin oder zur Königin werden. Danach, im Verlauf des 3. Tags ist dann die Entscheidung endgültig: Weibliche Larven, die 3 Tage oder älter sind, können sich nur noch in die zuvor festgelegte Richtung entwickeln. Alle Larven, die über den 2. Tag hinaus ausschließlich mit reinem Weiselfuttersaft (Gelee royal) versorgt werden, entwickeln sich zu Königinnen. Junge Arbeiterinnenlarven dagegen erhalten nach dem 2. Tag ein Honig-Pollen Gemisch. Außerdem erhält die Königinnenlarve ein Vielfaches der Futtermenge einer Arbeiterinnenlarve (35 a, b und c). Durch diese Regulierung ist es möglich, auch bei einem Verlust der Königin aus jeder Arbeiterinnenlarve, die jünger als 3 Tage ist, eine Ersatzkönigin aufzuziehen (36).

Nach dem Schlupf aus dem Ei wächst die junge Königinnenlarve sehr schnell und innerhalb von 6 Tagen nimmt ihr Gewicht von 0,3 mg auf fast 200 mg zu. Das ist mehr als das 600fache. Die Larve ist nun reif zur Verpuppung. Die Königinnenzelle wird von den Arbeiterinnen mit einem Wachsdeckel verschlossen, die Larve spinnt sich ein und verpuppt sich. Mit diesem Vorgang ist der Auszug der alten Königin mit einem Schwarm (Vorschwarm) verbunden. Meist ziehen etwa die Hälfte der Arbeiterinnen oder mehr mit ihrer Mutter aus und suchen als Schwarm eine neue Nisthöhle.

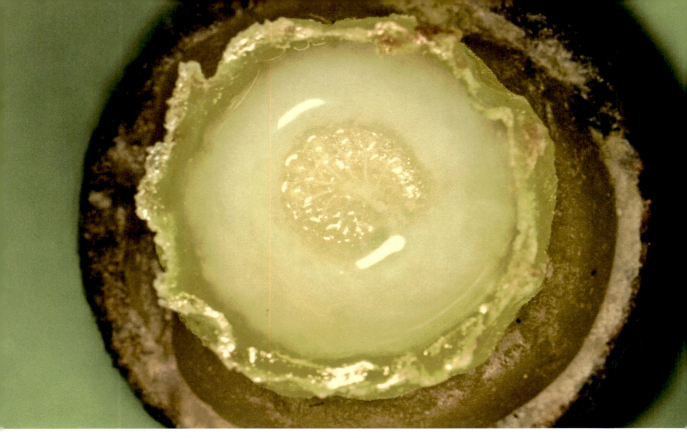

(35 a) Die Königinnenlarve schwimmt im Weiselfuttersaft.

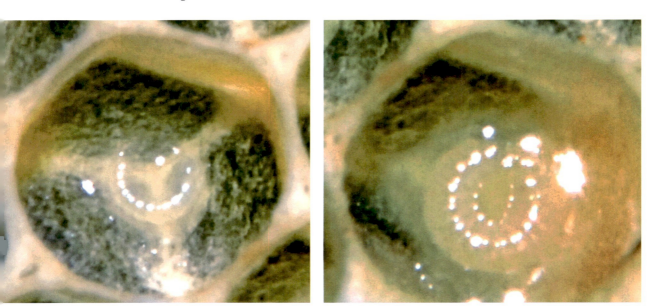

(35 b, c) Die Arbeiterinnenlarve bekommt nur wenig Futter. Ab dem 3. Tag werden sie vor allem mit einem Gemisch aus Pollen und Honig gefüttert.

Ob die Form der Brutzelle auf die Art der Futterversorgung einen Einfluss hat, ist bisher nicht hinreichend geklärt. Im Falle von Königinnenzellen, die zur Vorbereitung von Schwärmen entstehen, ist die Situation klar. Hier wird das befruchtete Ei bereits in eine Königinnenzelle gelegt und Ammenbienen können sich bei der Versorgung der Larve nach der Zellform richten. Wenn ein Volk wegen Verlustes der Königin aus einer Arbeiterinnenlarve eine Königin zieht (36), ist dagegen nicht geklärt, ob als erster Schritt der Umbau der Arbeiterinnenbrutzelle zu einer Nachschaffungszelle erfolgt oder ob mit der königinnentypischen Fütterung schon vorher begonnen wird. In jedem Falle jedoch besteht wohl ein enger biologischer Zusammenhang zwischen der Form der Brutzelle und der Kastendetermination (der Festlegung, ob eine Königin oder Arbeiterin entsteht).

(36) Umwandlung von Arbeiterinnenzellen in Weiselzellen.

Gibt es im Weiselfutter eine Königinnensubstanz?

Über viele Jahre haben Forscher vergeblich nach einer Substanz im Weiselfuttersaft, gesucht, die für die Entwicklung der Larve zur Königin determinierend ist. Dann folgte eine Zeit, in der geglaubt wurde, dass es keine einzelne bestimmende Substanz, den so genannten Königinnendeterminator, gibt. Vielmehr schien es auf ein ausgewogenes und spezifisches Verhältnis von verschiedenen Bestandteilen des Futtersaftes anzukommen, damit sich eine junge weibliche Larve zu einer vollwertigen Königin entwickeln kann. Neueste Erkenntnisse zeigen nun, dass ein bestimmtes Protein im

(37) Eine aus der Weiselzelle schlüpfende Königin.

Weiselfuttersaft den Hormonhaushalt der Larven so beeinflusst, dass sie sich zu Königinnen entwickeln. Insbesondere wird durch dieses spezielle Eiweißmolekül die Anlage von großen Eierstöcken ermöglicht, sowie später auch die Entwicklung anderer königinnentypischer Eigenschaften gesteuert.

Schwärmen, Tüten und Quaken oder Königinnenkampf?

Das weitere Geschehen im Nest hängt nun von der Anzahl der verbliebenen Arbeiterinnen ab. Gibt es noch eine ausreichende Anzahl an Arbeiterinnen, so kann es zu weiteren Schwärmen, den Nachschwärmen, kommen. Es kommt dann zu einem akustischen Dialog zwischen der geschlüpften Königin, die ein Vibrationssignal, ein lautes „Tüt" produziert, in dem sie ihr vibrierendes Bruststück (Thorax) fest auf die Wabenoberfläche presst. Auf dieses Signal antworten die in ihren Zellen verbliebenen Schwestern ihrerseits mit einer Vibration, die sich, wohl wegen der anderen Resonanzverhältnisse in der Zelle, wie „Quak" anhört. Dieses Tüten und Quaken kann über mehrere Tage fortgesetzt werden, bis die junge Königin mit dem Nachschwarm das Nest verlässt. Mit dem Auszug der jungen Königin mit dem Schwarm endet das „Tüten" und mit dem Verstummen dieses Signals schlüpfen die so lange in ihren Brutzellen verblieben Schwestern (37) und machen sich „kampfbereit" auf die Suche nach Konkurrentinnen (38).

Damit ein Volk oder auch ein Schwarm lebensfähig und überwinterungsfähig ist, muss eine ausreichende Anzahl von Arbeiterinnen zur Verfügung stehen. Daher ist die Produktion von Königinnen zwangsläufig an das Erreichen einer Menge von Arbeiterinnen im Bienenvolk gekoppelt, die eine Aufteilung in lebensfähige Einheiten erlaubt. Bei der Größe und Anzahl der Schwärme pro Volk gibt es genetische Unterschiede, die von den regionalen Gegebenheiten beeinflusst sind (Ökotypen). So ist die heute in Deutschland nahezu verschwundene Heidebiene für ihre „Schwarmlust" berühmt. Solche Bienenvölker schwärmen häufiger und bilden kleinere Schwärme als die zurzeit verbreitete züchterisch bearbeitete Carnica Biene. Viele afrikanische Rassen erzeugen mehr als 20 Königinnen und oft auch mehr als 10 kleine Schwärme pro Saison, in denen häufig mehrere Königinnen vorhanden sind.

Das Tüten und Quaken ist ein wichtiger Dialog zwischen der bereits geschlüpften jungen Königin und den noch in den Brutzellen befindlichen Schwestern. Es verhindert den Schlupf weiterer Königinnen und gewährleistet deren momentanes Überleben. Im Sinne einer Vorbereitung eines weiteren Schwarmes wird die „freie" junge Königin von den Arbeiterinnen daran gehindert, die anderen Königinnenzellen zu zerstören und ihre Schwestern zu töten. Erst wenn keine weiteren Schwärme von den Arbeiterinnen „geplant" sind, schlüpfen alle verbliebenen jungen Königinnen. Es kommt dann zu tödlichen Zweikämpfen zwischen den jungen Königinnen (38), die solange fortgesetzt werden, bis sich nur noch eine einzige junge Königin im Nest befindet. Die Vernichtung aller überzähligen Schwestern erfolgt, wenn nicht mehr genügend Arbeiterinnen für einen weiteren Schwarm vorhanden sind (siehe Kap. 1).

(38) Mit abgespreizten Kiefern greift die junge Königin ihre Konkurrentin an (Foto: J. PFLUGFELDER).

Auch bei den afrikanischen Rassen, bei denen zunächst mehrere Königinnen im Schwarm bleiben, erfolgen diese tödlichen Kämpfe, sowie eine Nisthöhle gefunden wurde und zwar noch vor den Hochzeitsflügen. Auf den ersten Blick schiene es besser, wenn Königinnen als Reserve vorhanden blieben, falls eine Königin beim Paarungsflug verloren geht, aber bisher ist das bei keiner anderen Bienenrasse beobachtet worden. Offensichtlich bringt es mehr Nachteile. So könnte es sein, dass eine frisch gepaarte Königin nicht mehr kämpfen kann.

4.2 Sexuelle Reifung der Königin

Die Entwicklung der Königin von der Eiablage bis zum Schlupf aus der Weiselzelle dauert 16-17 Tage. Zu diesem Zeitpunkt ist die Königin allerdings noch nicht in der Lage, sich zu paaren. Es dauert einige Tage bis die Flugmuskulatur und die Eierstöcke voll funktionsfähig sind. Insgesamt zeigt die junge Königin eine ausgeprägte Laufaktivität und läuft auf schnellen Inspektionsgängen durch das Nest. Ab dem 2. oder 3. Tag kommt es zu Aggressionen der Arbeiterinnen. Die Königin wird von den Arbeiterinnen gebissen und flieht dann im schnellen Lauf. So entsteht der Eindruck, dass die junge Königin regelrecht durch das Nest gejagt wird. Ein Training für den bald bevorstehenden Hochzeitsflug?

Nach 6 bis 10 Tagen ist die junge Königin dann für ihren Hochzeitsflug bereit. Für den Zeitpunkt des Hochzeitflugs spielt nach Beobachtung von E. HAMMANN das Verhalten der Arbeiterinnen eine Rolle. Königinnen, die in Völkern mit älteren Arbeiterinnen geschlüpft waren, starteten in jüngerem Alter als Königinnen, die mit überwiegend jungen Arbeiterinnen gehalten wurden. Aber nur bei einer Temperatur von mehr als 20 °C, zumindest teilweise blauen Himmel und geringem Wind finden Hochzeitflüge der jungen Königinnen statt. Bei grenzwertigem Wetter starten die Königinnen zwar, kehren aber nach ½ bis 1 Minute zurück. Wir haben manchmal bis zu 6 solcher kurzen Flüge beobachtet (siehe auch Kap. 6).

Königinnen fliegen auch noch im Alter von 3-4 Wochen zur Paarung aus, wenn zuvor eine lange Periode mit ungünstigen Witterungsbedingungen keinen früheren Paarungsflug ermöglicht hat. Oft kehren so alte Königinnen schon nach wenigen Paarungen in das Volk zurück und beginnen dann mit der Eiablage. Sie haben oft einen zu geringen Vorrat an Spermien in der Samenblase und werden häufig bereits im nächsten Frühjahr drohnenbrütig. Deshalb ist es bewährte Praxis, Königinnen auszuscheiden, die im Alter von mehr als 3 Wochen nicht gepaart wurden und noch nicht zur Eiablage übergegangen waren.

Wenn die Königin keine Chance zum Ausflug hat, oder wenn keine Drohnen vorhanden sind, entwickeln sich die Eierstöcke der jungen Königin auch ohne Paarung und nach ca. 30 bis 40 Tagen beginnt sie mit der Eiablage (es gibt Unterschiede in der Zeitspanne bei verschiedenen Rassen). Unbegattete Königinnen können natürlich ausschließlich unbefruchtete Eier legen. Das betroffene Bienenvolk kann oft noch Drohnen aufziehen, aber das Ende ist wegen des ausbleibenden Nachwuchses von Arbeiterinnen unausweichlich.

Entwicklungszeiten von Königin und Drohn – ein Ergebnis der natürlichen Auslese von Bienenvölkern?

Die Entwicklungszeit vom Ei bis zur fertigen Königin beträgt nur 16 Tage. Die Entwicklungszeit eines Drohns ist mit 24 Tagen um 50 % länger als die der Königin. Auch bei der geschlechtlichen Reifung, die beim Drohn ca. 12 Tage dauert, ist die Königin mit ca. 6 Tagen viel schneller. Damit braucht die Königin insgesamt nur 22 Tage und der Drohn 36 Tage bis zur Paarungsbereitschaft. „Warum" ist die Königin so viel schneller als der Drohn?

Drohnen werden in der Regel im Frühjahr im Rahmen einer aufsteigenden Volksentwicklung aufgezogen. Unter diesen Umständen hat offensichtlich die Entwicklungsdauer keine vorrangige, biologische Bedeutung für das Bienenvolk. Es kommt mehr darauf an, konkurrenzfähige Drohnen aufzuziehen, die eine große Menge vitaler Spermien produzieren! Weiter könnte wegen der erheblichen Zahl der Drohnen auch der „Aufzuchtaufwand" im Rahmen der natürlichen Selektion optimiert worden sein.
Bei der Aufzucht der Königin dagegen kann der Zeitfaktor für das Überleben eines Volkes entscheidend sein. Das gilt sicher, wenn die alte Königin ausfällt und eine neue Königin „nachgeschafft" werden muss. Aber auch beim Schwarmvorgang hat die „alte" Königin zum Zeitpunkt des Schlüpfens der jungen Königin das Volk bereits verlassen. Es entsteht eine „Brutlücke" und schon bald können die altersbedingten Bienenverluste nicht mehr ersetzt werden. Die Zeit bis zur Eiablage der jungen Königin und damit bis zu einem Schlupf der „neuen" Arbeiterinnen sollte soweit wie möglich verkürzt werden. Damit liegt, so vermuten wir, ein hoher Auslesedruck auf der Zeitspanne, die bis zur Eiablage der jungen Königin erforderlich ist. Eine Einsparung dagegen von Aufzuchtaufwendungen für die wenigen jungen Königinnen spielt im „Volkshaushalt" sicher eine untergeordnete Rolle.

5 Aufzucht und sexuelle Reifung der Drohnen

Die Entwicklung eines Drohns von der Eiablage bis zur Geschlechtsreife dauert 36 Tage, fast 2 Wochen länger als bei der Königin. Das ist eine lange Periode, in der die Drohnen auf die Pflege der Arbeiterinnen angewiesen sind. Die Fütterung der Larven, das Wärmen während der Puppenphase und die Versorgung der jungen Drohnen haben entscheidenden Einfluss auf die Leistungsfähigkeit der Drohnen (Anzahl der Spermien, Konkurrenz beim Verfolgen der Königin etc.). Erst am 12. Tag nach

(39) Die Anlage der Hoden beginnt bereits im Embryo.

TEIL I

dem Schlupf wird die volle Flugdauer von bis zu 30 min erreicht. Auch die Einwanderung und Reifung der Spermien in den Samenvesikeln ist dann fast abgeschlossen.

5.1 Vom Ei bis zum Schlupf (Spermiogenese)

Bereits im Embryo erfolgt die Anlage der paarigen Hoden (39), und gleich nach dem Schlupf der Larve aus dem Ei beginnt die Bildung der Spermien aus Urkeimzellen. Allerdings sind sie dann noch nicht als Spermien mit Kopf und Schwanz zu erkennen, sie ähneln in diesem Stadium normalen runden Zellen, die sich zunächst schnell teilen.

Die Larve wird nun gefüttert und wächst schnell heran. Mit ihr wachsen die Hoden und die Anzahl der Spermien nimmt zu. Diese Vermehrung der Spermien endet bei der 6 tägigen Larve nach E. ZANDER (1916), also kurz vor der Verpuppung. Zu diesem Zeitpunkt erreichen die Hoden ihren größten Umfang, sie sind dann bis zu 6,7 mm lang (40).

Während der nächsten 6 Tage, also noch in der Puppenphase, bildet sich aus der ursprünglich runden Zelle ein Spermafaden mit Kopfteil und langem Schwanz. Das Begattungsorgan, der Endophallus, beginnt sich ab dem 7. Puppentag zu entwickeln. Aber erst mit dem Schlupf sind die komplizierten Abschnitte mit ihren unterschiedlichen Anhängen und Drüsen fertig angelegt. Der Endophallus liegt dann platzsparend eng zusammen gefaltet im Hinterleib. Während der insgesamt 16 Tage langen Puppenphase entwickeln sich auch die riesigen Augen und die starken Flugmuskeln. Bis zum Schlupf erreicht ein Drohn ein Gewicht von etwa 200 mg und ist damit fast doppelt so schwer wie eine Arbeiterin. Entsprechend erhalten die Drohnenlarven auch mehr Futter als die Larven der Arbeiterinnen.

Während der Puppenphase werden die Drohnen gut gewärmt. Versuche von N. KOENIGER ergaben, dass bei einem Angebot von gleich großen Wabenflächen mit verdeckelter Drohnen- und Arbeiterinnenbrut die Drohnenbrutzellen vorzugsweise gewärmt wurden.

5.2 Vom Schlupf bis zur sexuellen Reife

Nach dem Schlupf des Drohns aus der Brutzelle setzt eine zweite sexuelle Reifungsphase ein. In dieser Zeit werden die Drohnen besonders gut von den Arbeiterinnen gepflegt. Sie halten sich meist im warmen Brutnest auf und werden oft gefüttert. In den ersten 3-8 Lebenstagen reift der Großteil der Spermien heran, und die männlichen Anhangsdrüsen produzieren ihre Sekrete. Im Alter von 6 bis 8 Tagen finden die ersten Reinigungsflüge statt, und die Drohnen beginnen selbständig Honig aus den Zellen aufzunehmen. Ältere Drohnen halten sich im Volk meist im Bereich der Honigvorräte auf.

5.2.1 Reifung der Spermien und Anzahl Spermien pro Drohn

Wenn der Drohn 3 Tage alt ist, beginnt die Einwanderung der Spermien aus den Hoden in Gruppen in die paarig angelegten Samenvesikel (Vesicula seminales, 40). In den Vesikeln heften sie sich mit ihren Köpfen an die Drüsenzellen, die die Wand überziehen. Das Sekret dieser Drüsen wird von den Spermien aufgenommen und erst jetzt erlangen sie ihre volle Funktionsfähigkeit.

Der zeitliche Verlauf der Einwanderung der Spermien in die Samenvesikel wurde

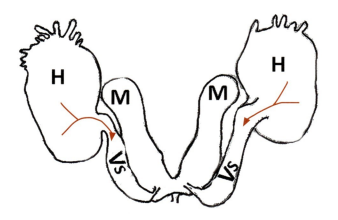

(40) Schematische Darstellung der Geschlechtsorgane eines frisch geschlüpften Drohns. Der rote Pfeil markiert den Weg der Spermien aus den Hoden durch den gewundenen Kanal in die Samenvesikel (Vesiculae seminales).

H: Hoden, M: Schleimdrüse, Vs: Samenvesikel.

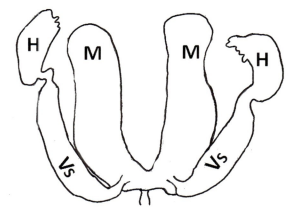

(41) Schematische Darstellung der Geschlechtsorgane eines 8 Tage alten Drohns. Die Spermien sind nun in den Samenvesikeln (Vesiculae seminales) gespeichert und werden ernährt, die Hoden sind verkümmert.

aufgrund von Spermazählungen in den Vesikeln von 1 bis zu 14-tägigen Drohnen untersucht. Hier ein Beispiel aus dem Institut für Bienenkunde in Oberursel (42).

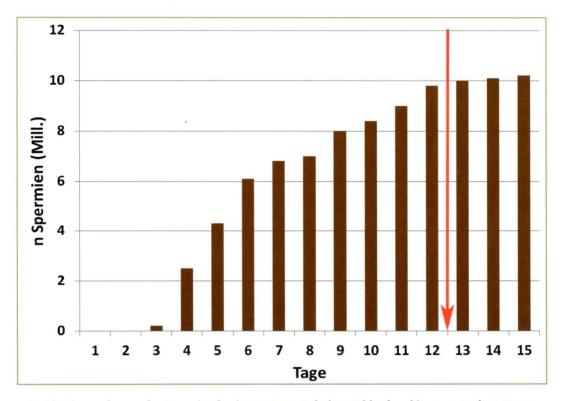

(42) Die Einwanderung der Spermien beginnt 3 Tage nach dem Schlupf und ist etwa nach 12 Tagen abgeschlossen (roter Pfeil).

Ab dem 13. Tag (roter Pfeil in 42) sind die meisten Spermien, etwa 10 Millionen, in die Vesikel eingewandert. Dort werden sie bis zur Paarung befruchtungsfähig erhalten. Die Hoden bilden sich im Laufe dieser 12 Tage fast vollständig zurück (41).

5.2.2 Reifung des Begattungsorgans (Endophallus)

Nicht nur die Spermien, auch die Schleimdrüsen (Mucusdrüsen) und die Drüsen des Endophallus sind nach dem Schlupf einer weiteren Reifung unterworfen. Die Schleimdrüsen (40 und 41) produzieren das Sekret, das den größten Anteil am späteren Begattungszeichen (10 und 75) bildet. Diese Drüsenzellen produzieren den Schleim (Mucus) vor allem in den ersten 5 Lebenstagen des geschlüpften Drohns.

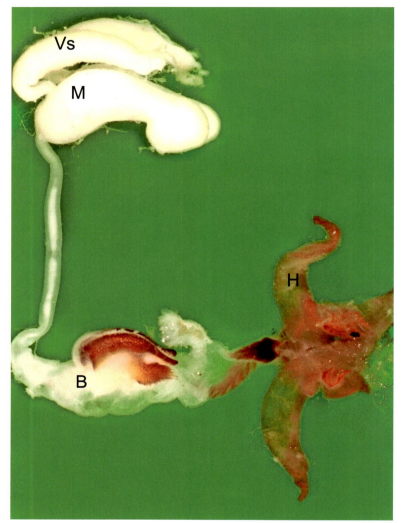

(43) Männliche Geschlechtsorgane, aus dem Drohn heraus präpariert. B: Bulbus mit braunen Chtitinspangen und Drüse, H: Hörnchen mit orangefarbenen Sekret. M: Mucusdrüse (Schleimdrüse), Vs: Samenvesikel (Vesicula seminales).

Weniger bekannt sind zwei kleinere Drüsen direkt am Begattungsorgan (Endophallus). Auch sie produzieren ihr Sekret hauptsächlich in den ersten 5 Tagen, und sie tragen ebenfalls zur Bildung des Begattungszeichens bei. Eine dieser Drüsen liegt am Bulbus (43 und 45) und ihr Sekret bildet eine Art Röhre, die aus zwei Chitinspangen besteht und die durch eine Membran verbunden werden (44). Der Schleim aus der Mucusdrüse wird später, bei der Übertragung des Begattungszeichens, in die zuvor genannte Röhrenstruktur „eingefüllt".

TEIL I

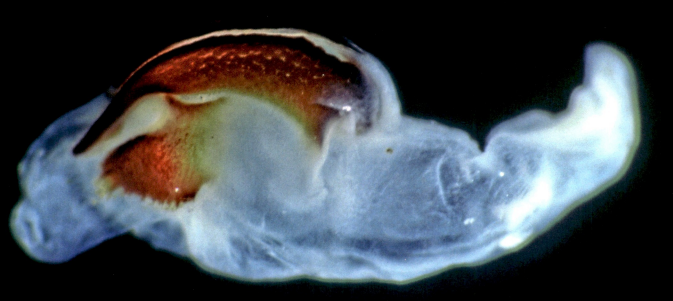

(44) Bulbus: Die braunen Chitinspangen, verbunden durch eine Membran, und das Ende der Röhre sind deutlich zu erkennen. Beachte die löchrige Struktur der Chitinspangen.

Die andere Drüse liegt an den Hörnchen (Cornualdrüse) und erzeugt in den ersten 10 Lebenstagen eine klebrige, orangefarbene Substanz (46), die nach der Paarung außen auf dem Begattungszeichen klebt (10). Sieht man bei der instrumentellen Besamung, dass die Hörnchen weißlich oder hellgelb sind, so ist das ein Zeichen dafür, dass die Drohnen noch nicht reif sind.

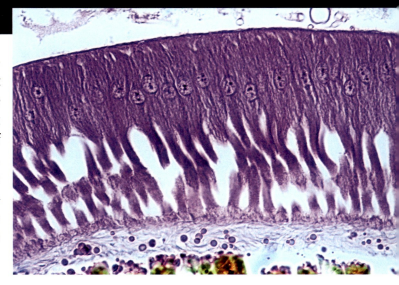

(45) Zellen der Bulbusdrüse (oben, lila angefärbt) mit Sekrettropfen (unten, blau), die in die Chitinschicht eingelagert sind. Die Sekrettropfen wandern durch Zwischenräume der Chitinspangen (unten, braun) ins Innere und bilden die Röhre.

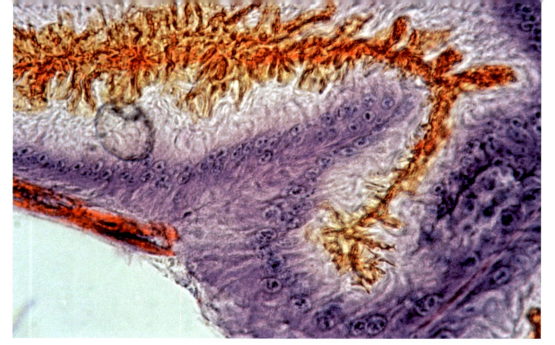

(46) Zellen der Cornualdrüse (lila angefärbt) mit orangefarbenen Sekret im Innern. Bei der Paarung werden sie umgestülpt und das Sekret liegt dann außen (vergl. 10 und 75).

5.2.4 Ausflüge der Drohnen

Die ersten kurzen Reinigungsflüge unternehmen die Drohnen im Alter von 6-8 Tagen. Sie dauern nur 2-3 Minuten. Anschließend folgen längere Ausflüge von etwa 10 Minuten, die wahrscheinlich der Orientierung dienen. Ab dem 13. Tag bis zum Tod fliegen die Drohnen meist zwischen 20 und 30 Minuten auf der Suche nach paarungsbereiten Königinnen. Reinigungsflüge werden unabhängig von den Paarungsflügen durchgeführt und dauern weniger als 5 Minuten (47).

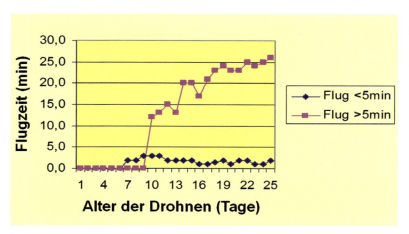

(47) Dauer der Ausflüge von Drohnen in Abhängigkeit vom Alter (verändert nach S. BERG, 1990).

TEIL I

Die Drohnen fliegen meist ab 13.00 Uhr an sonnigen oder leicht bewölkten Tagen bei Temperaturen von mehr als 18 °C aus. Ab 16.00 Uhr nimmt die Ausflugbereitschaft ab und nach 17.00 Uhr sind nur noch wenige Drohnen unterwegs. Diese Ausflugszeiten sind stark von den Witterungsbedingungen abhängig und können sich je nach Temperatur, Gewitterstimmung und Jahreszeit verschieben. An besonders heißen Tagen mit mehr als 30 °C kann sich der Flugbeginn nach vorne verschieben, er kann vor 12.00 Uhr liegen. Dicke Wolken können die Flüge unterbrechen.

Die durchschnittliche Lebenserwartung der Drohnen beträgt nach F. RUTTNER und anderen zwischen 3 und 5 Wochen. Aber die Lebensdauer eines Drohns kann mehr als 50 Tagen betragen. Am Ende der Paarungssaison findet das Leben der Drohnen oft ein früheres Ende. Sie werden nicht mehr ins Volk gelassen, verhungern und gehen so zu Grunde. In der Imkersprache wird von der Drohnenschlacht gesprochen, obwohl vom Verhalten her „Aussperrung der Drohnen" zutreffender ist.

6 Hochzeitsflug: Zeit- und Treffpunkt der Königin mit Drohnen!

Wie bereits mehrfach beschrieben, findet die Paarung der Jungkönigin mit Drohnen weit entfernt vom Bienenstand hoch in der Luft statt. Aber wie finden die Geschlechtspartner dort zusammen? Bei vielen Insekten ist das einfach – Männchen kontrollieren an den Futterstellen, ob es paarungsbereite Weibchen gibt. Aber bei den Honigbienen würden sie dort nur auf Arbeiterinnen treffen. Andere Insektenmännchen locken durch Rufe/Gesang Weibchen an, oder männliche und auch weibliche Geschlechtstiere machen mit Duftmarken auf ihre Paarungsbereitschaft aufmerksam.

Wäre es nicht günstig, der jungen Königin am Flugloch ihres Volkes aufzulauern, wie es die Männchen von vielen anderen Bienen- oder Wespenarten machen? Bei den Honigbienen ist das nicht möglich. Die unbegattete junge Königin im Volk ist von außen, am Flugloch, nicht zu erkennen. Das liegt daran, dass die chemischen Sexuallockstoffe, mit der die unbegattete Königin Drohnen anlockt, ähnlich sind wie die, die einer eierlegenden Stockmutter als chemisches Signal zur Regulierung des Sozialverhaltens im Volk dienen (Hauptkomponente 9-Oxo-trans-Decensäure). So würden Drohnen, die am Flugloch nach Pheromon „schnüffeln", vor den meisten Völkern vergeblich auf eine unbegattete Königin warten. Insgesamt unterstreichen die o.a. Argumente die überragende Bedeutung des Rendezvousplatzes, d.h. des Drohnensammelplatzes im Paarungsgeschehen der Honigbiene. Es braucht also einen zuverlässigen Treffpunkt außerhalb des Volks für Königinnen und Drohnen. Aber der Treffpunkt allein reicht auch nicht aus. Nur im Zusammenhang mit einer zeitlichen „Verabredung" kann das gegenseitige Finden gelingen. Möglichst alle Paarungswilligen aus dem Umfeld müssen sich zur gleichen Zeit am gleichen Ort treffen!

6.1 Zeitpunkt der Paarungsflüge

6.1.1 Wetterbedingungen

Paarungsflüge finden vorzugsweise bei optimalen Witterungsbedingungen statt. Neben der Temperatur, in der Regel müssen 20 °C überschritten sein, spielen auch Wind und die Bewölkung eine Rolle. An warmen, windstillen Frühsommertagen bei blauem oder leicht bewölktem Himmel kann man mit Drohnen- und Königinnenflug rechnen. Auf welche Weise die Wetterbedingungen erkannt und bewertet werden, ist nicht bekannt. Schauen Drohnen und Königin vor dem Start kurz durch das Flugloch auf den Himmel? Oder erhalten sie Wetterinformationen von den Arbeiterinnen? Ein Wetterbericht im Bienenvolk? Hier gilt es noch viel zu erforschen!

6.1.2 Tageszeit

Will man Paarungsflüge von Drohnen und Jungköniginnen beobachten, wartet man am frühen Morgen vergebens am Flugloch. Erst um die Mittagstunden sieht man die Drohnen zu ihren Paarungsflügen starten. Zuerst starten nur einzelne, aber gegen 14.00 Uhr sind es hunderte Drohnen, die von den Fluglöchern der Bienenvölker abheben. Erst nach 17.00 Uhr lässt die Flugaktivität der Drohnen nach.

Der Paarungsflug der Königin ist nicht so leicht zu beobachten. Einfacher wird es, wenn man einen kurzen durchsichtigen Vorbau am Flugloch (49) anbringt, der die Laufstrecke der Königin bis zum Start verlängert. Man sieht zunächst Arbeiterinnen, die aufgeregt am Flugloch starten, nach kurzer Zeit wieder landen, hineinlaufen, um kurz darauf wieder zu starten. Dieses Verhalten ist deutlich unterschiedlich zum Vorspiel bzw. Reinigungsflug der Arbeiterinnen. Schließlich lugt die Königin aus dem Flugloch. Oft kehrt sie noch einmal um, aber bald startet auch sie. Meist ist der erste Flug nur kurz, weniger als 5 min, und dient wohl der Orientierung, bevor die Königin zum Hochzeitsflug startet. Während die Bienen nach kurzer Zeit wieder landen und Ruhe am Flugloch einkehrt, entschwindet die Königin im Blau des Himmels. Die Hauptflugzeit der Königinnen beginnt etwa eine halbe bis eine Stunde später als die der Drohnen. Am Institut für Bienenkunde in Oberursel dauerten erfolgreiche Paarungsflüge meist zwischen 12 Minuten und 20 Minuten. An anderen Standorten bis zu 30 Minuten. Die meisten Flüge fanden zwischen 14.30 Uhr und 16.30 Uhr statt.

6.1.3 Das individuelle Startsignal zum Hochzeitsflug

Schon Wilhelm Busch beschreibt in „Schurrdiburr oder die Bienen", dass die Drohnen nicht mit den Arbeiterinnen schon am frühen Morgen ausfliegen (48). Woran erkennen die Drohnen, dass es Zeit zum Paarungsflug ist? Geben ihnen die Arbeiterinnen ein Startsignal oder verlassen sich die Drohnen auf ihren eigenen Zeitsinn, ihre „Innere Uhr"?

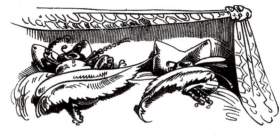

Und nur die alten Brummeldrohnen,
Gefräßig, dick und faul und dumm,
Die ganz umsonst im Hause wohnen,
Faulenzen noch im Bett herum

„Hum!" brummelt so ein alter Brummer,
„was Donner! Ist es schon so spät?
He, Trine! Lauf einmal herummer
und bring uns Honigbrot und Met!"

Jetzt schnell! – Denn schon mit Zorngebrumme
rumort und knurrt die Drohnenbrut;
„Du dumme Trine! Her die Mumme!–
Wenn man nicht alles selber tut!"

(48) W. BUSCH (leicht verändert): Drohnen ruhen sich bis zum Mittag aus.

Der Zeitsinn der Bienen spielt eine wichtige Rolle. So findet die Nektarproduktion oft nur zu einer ganz bestimmten Tageszeit statt, und die ersten Trachtbienen kommen dann oft schon kurz vorher dort an. Wie in Experimenten am künstlichen Futterplatz gezeigt werden konnte, lernen nicht nur die Trachtbienen sehr genau tägliche Fütterungszeiten. Meist wird das ganze Volk mitdressiert, und es entsteht ein soziales Signal, dass auch den Ausflug von bis dahin nicht beteiligten Trachtbienen auslösen kann.

Ob auch ein sozialer Zeitgeber für den Beginn der Paarungsflüge der Drohnen verantwortlich ist, wurde mit Flugraumexperimenten geprüft. Dazu wurden Drohnen im Flug-raum gehalten, dessen Tageszeit um 4 Stunden gegenüber den Freilandbedingungen verschoben war. So wurde im Flugraum die Beleuchtung um 2.00 Uhr morgens angeschaltet, während es im Freien erst gegen 6 Uhr richtig hell wurde. Der Drohnenflug konnte durch einen Vorbau aus Absperrgitter mit Glasdach exakt bestimmt werden (49). Nach einer Eingewöhnung von ca. 10 Tagen flogen die Drohnen im Flugraum regelmäßig um 9.00 Uhr, während die Drohnen im Freiland erst 4 Stunden später, also gegen 13.00 Uhr starteten.

(49) Ein weiß markierter Drohn im Vorbau des Fluglochs.

Im kritischen Versuch wurden die Drohnen dann abends umgesetzt: Weiß markierte Drohnen aus dem Flugraum wurden in Freilandvölker und grün markierte Drohnen aus dem Freiland wurden in den Flugraum umgesetzt. Das Ergebnis war eindeutig. Die weißen Flugraumdrohnen flogen am nächsten Tag zu ihrer „richtigen" Zeit, also gegen 9.00 Uhr, unabhängig ob sie nun in einem Freiland- oder Flugraumvolk waren. Aber auch die grünen Freilanddrohnen hielten im Flugraum ihre vom Freiland geprägten Zeiten ein und flogen gegen 13.00 Uhr. Demnach scheint es für die Drohnen kein verbindliches Startsignal durch das Bienenvolk für ihre Flugaktivität zu geben. Vielmehr scheint ein angeborener, individueller Zeitgeber für den Drohn entscheidend zu sein, wann er mit seinen Paarungsflügen beginnt. Diese Befunde konnten durch Versuche von der Arbeitsgruppe N. KOENIGER mit asiatischen Bienenarten auf Borneo bestätigt werden. Dort leben 4 Bienenarten im gleichen Gebiet. Zur Vermeidung von fatalen Mischpaarungen sind die Zeiten der Paarungsflüge artspezifisch, das heißt, Königinnen und Drohnen fliegen je nach Art zu verschiedenen Tageszeiten zur Paarung aus. So erfolgt der Paarungsflug der *Apis cerana* Drohnen zwischen 13.00 Uhr und 15.00 Uhr und der der *Apis koschevnikovi* Drohnen zwischen 16.30 Uhr und 18.00 Uhr. Nach dem Umhängen von Drohnenbrut in ein jeweils artfremdes Volk flogen alle Drohnen der gleichen Art zur gleichen Zeit, unabhängig davon ob sie in einem arteigenen Bienenvolk oder in einem Volk der anderen Art geschlüpft waren und gepflegt wurden. Also auch hier wurde die Flugaktivität nicht von dem volkseigenen, sondern von einem inneren Signal der

Drohnen ausgelöst. Der gleiche Versuch wurde mit Königinnen durchgeführt. Wie die Drohnen flogen alle zu ihrer arteigenen Zeit zum Hochzeitsflug, also unabhängig vom sozialen Zeitgeber im Volk, und trafen entsprechend ausschließlich auf ihre arteigenen Drohnen.

6.2. Treffpunkt zur Paarung

6.2.1 Drohnenverteilung im Gelände (Versuche von den Brüdern F. und H. Ruttner)

Natürlich hat Imker die Frage schon sehr lange beschäftigt, wohin die Drohnen eigentlich fliegen. Allerdings scheiterte eine direkte Verfolgung der ausfliegenden Drohnen. Zum einen steigen die Drohnen nach dem Verlassen des Fluglochs regelmäßig in eine Flughöhe, die eine weitere Beobachtung unmöglich macht. Zum anderen beschleunigt der Drohn nach dem Start seinen Flug rasant und verschwindet aus dem Blickfeld.

Wissenschaftliche Untersuchungen über die Drohnenverteilung im Gelände waren erst möglich, nachdem N. E. GARY und R. MORSE in den USA herausgefunden hatten, dass die Drohnen in einer Höhe oberhalb von 10m mit Königinnen und auch mit Königinnenextrakten angelockt werden konnten. Dazu benutzten sie mit Helium gefüllte Ballons. Es gelang ihnen auf diese Weise auch, die wirksame Hauptkomponente des Sexuallockstoffs, die 9-Oxo-trans-Decensäure, zu bestimmen.

Ab 1965 haben die Brüder H. und F. RUTTNER (50 und 51) diese Methode genutzt, um systematisch die Drohnenverteilung in der Gegend um Lunz in Niederösterreich und später auch im Hintertaunus (Gemeinde Waldems) zu untersuchen. Beide Land-

(50 und 51) FRIEDRICH und HANS RUTTNER.

TEIL I

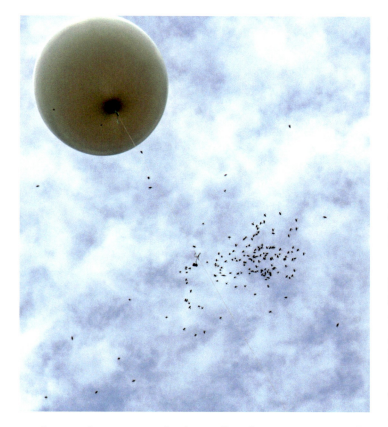

(52) Drohnen werden von einer fixierten Königin in ca. 15 m Höhe angelockt.

schaften sind durch eine deutliche Gliederung in Täler und Berge geprägt. Die Ausrüstung war nicht kompliziert. Ein mit Gas gefüllter Ballon an einer Schnur brachte den Käfig mit einer Königin meist auf eine Höhe von 15 m bis 20 m (52). Das Gelände wurde planmäßig von mehreren „Ballongehern" abgeschritten, und nach jeweils 50 m wurde der Ballon für 3 Minuten in die richtige Höhe gebracht. Die Drohnen am Königinnenkäfig wurden genau gezählt. Diese Untersuchungen von F. RUTTNER und seinem Bruder H. RUTTNER über die Drohnenverteilung haben das Wissen um die Paarungsbiologie der Honigbiene nachhaltig geprägt und zu wichtigen Erkenntnissen geführt, die im Folgenden besprochen werden.

So wurde nachgewiesen, dass sich Drohnen auf ihren Paarungsflügen nicht gleichmäßig im Gelände um die Bienenstände verteilen. Auch eine zufällige und wechselnde Verteilung konnte ausgeschlossen werden. Vielmehr wurden einige Plätze gefunden, über denen hunderte von Drohnen in dichten Wolken der Königin am Ballon folgten. Diese Plätze mit vielen Drohnen wurden Drohnensammelplätze (DSP) genannt. Einschränkend soll hier darauf hingewiesen werden, dass wegen der empfindlichen mit Gas gefüllten Ballons nicht im Wald oder auf anderen mit mehreren Bäumen bestandenen Flächen gearbeitet werden konnte. Bis heute gelten die Ergebnisse solcher Versuche daher nur für das offene Gelände.

6.2.2 Der Treffpunkt – auf dem Drohnensammelplatz

Auf diesen Drohnensammelplätzen war der typische Flugton der Drohnen deutlich zu hören, auch bevor wir mit der ersten Königin auf diesem Platz eingetroffen waren. Demnach scheinen die Drohnen dort hoch in der Luft auf eintreffende Königinnen zu warten. Aber wohl wegen des schnellen Fluges und der doch meist erheblichen Flughöhe kann man die fliegenden Drohnen über dem Sammelplatz nicht sehen. Erst wenn auf dem Sammelplatz vorbeifliegende Schmetterlinge ein Stück weit verfolgt werden, sind die Drohnen als schwarze Punkte gegen den Himmel sichtbar. Auch Steine, die in die Flughöhe der Drohnen geworfen werden, lösen auf ihrer Wurfbahn über dem Sammelplatz Wendereaktionen und kurzzeitige Verfolgung bei den Drohnen aus. Insgesamt konnten auf diese Weise die Beobachtungen eines französischen Imkers, P. JEAN-PROST, bestätigt werden, der auf dem Apimondia Kongress 1958 von Drohnensammelplätzen im Zentralmassiv in Südfrankreich berichtet hatte. Er beschrieb, dass er zunächst durch das laute Gebrumm der Drohnen aufmerksam wurde. Dann konnte er beobachten, dass der Platz Jahr für Jahr von Drohnen aufgesucht wurde. Auch im Gebiet um Lunz versammelten sich die Drohnen über Jahrzehnte hinweg immer über den gleichen Plätzen. Später wurden dann Sammelplätze in vielen Gegenden gefunden..

Bei den Untersuchungen wurde ein erstaunliches Verhalten der Drohnen beobachtet. Über dem zentralen Bereich des Sammelplatzes bildeten sich große „Drohnenwolken" um die am Ballon befestigte Königin. Bewegte man nun den Ballon mit der Königin aus dem Sammelplatz hinaus, so wurde die Anzahl der verfolgenden Drohnen geringer (53). Schließlich, wenn man die Grenze des Sammelplatzes hinter sich hatte, verließen auch die letzten Drohnen die Königin und kehrten, so vermuten wir, auf den Sammelplatz zurück. Ein vergleichbares Verhalten konnte auch bei der Flughöhe der Drohnen beobachtet werden. In der richtigen Flughöhe, meist im Bereich zwischen 20 m und 40 m, wurden große Drohnenschwärme angelockt. Wurde die Königin dagegen auf niedrige Höhen gebracht, so ließen sich die Drohnen nur sehr begrenzt unter eine Flughöhe von ca. 5 m herab locken, und meist wurde die Königin dann sehr schnell verlassen.

Allerdings schwankt das Verhalten der Drohnen in gewissen Grenzen, z.B. bei unterschiedlicher Witterung und in Abhängigkeit von der Paarungssaison. So fliegen Drohnen bei Gewitterstimmung oft in einer Höhe von 5-10m. Bei Windstille, blauem

TEIL I

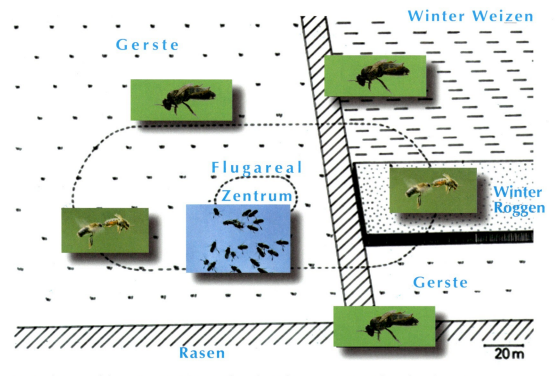

(53) Drohnen verfolgen eine Königin nur über einem begrenzten Bereich und auch nur in einem begrenzten Höhenabschnitt.

Himmel und hohen Temperaturen fliegen sie dagegen oft in einer Höhe zwischen 25 m und 40 m. Die Größe des Flugareals auf dem Drohnensammelplatz scheint abhängig von der Saison zu sein. Gibt es weniger Drohnen in der ausklingenden Paarungssaison, sind die Areale kleiner, in der die Königin verfolgt wird.

Vor dem Hintergrund des Paarungsverhaltens vieler Tiere ist das Verlassen der Königin recht überraschend. Denken wir z.B. an die äußerst hartnäckige Verfolgung eines Rüden, der eine paarungsbereite Hündin entdeckt hat. Hier wird oft weder Strafe noch Belohnung die Verfolgung der „heißen" Hündin verhindern, und die eigentliche Paarung findet völlig unabhängig vom Ort überall statt, wo auch immer diese Tiere eine Gelegenheit dafür finden.
Die strenge Ortsabhängigkeit des Paarungsverhaltens bei der Honigbiene könnte mit den Mechanismen zu tun haben, die die bereits besprochene Blockierung von Paarungen im Inneren des Bienenstockes sichert. So haben Untersuchungen von F.

RUTTNER und K.E. KAISSLING gezeigt, dass die Sinnesorgane auf den Antennen des Drohns die Königin bzw. deren Duft nicht nur am Drohnensammelplatz sehr deutlich wahrnehmen. Diese Wahrnehmung funktioniert im Labor, d.h. wahrscheinlich arbeiten diese Sinnesorgane immer und nehmen den Königinnenduft wahr. Jedoch zeigt sich kein Einfluss auf das Verhalten des Drohns. Demnach liegt hier eine völlige Blockierung des Paarungsverhaltens im Gehirn des Drohns vor. Erst mit der Ankunft auf dem Drohnensammelplatz wird diese zentrale Blockade des Paarungsverhaltens aufgehoben und nur dort reagiert der Drohn auf den Reiz einer Königin. Wir hatten bereits weiter oben darauf hingewiesen, dass diese besondere und strenge Verbindung von Ort und Paarung bei der Honigbiene wahrscheinlich im Zuge einer Inzuchtvermeidung entstanden ist.

Weiter stellt sich die Frage, warum solche Konzentrationen der Drohnen an bestimmten Plätzen entstanden sind. Für die Drohnen scheint ein Ort, an dem sich oft mehr als 10.000 Konkurrenten versammeln, eher ungünstig zu sein, denn die Wahrscheinlichkeit, die Königin als erster zu erreichen, nimmt mit der Zahl der Konkurrenten ab. Aber vielleicht sind die in großer Überzahl vorhandenen Drohnen in dieser Frage vom Verhalten der Königin beeinflusst?

Eine junge Bienenkönigin „benötigt" für ihren Paarungserfolg viele Drohnen. Es könnte sein, dass eine Königin nur dann paarungsbereit ist, wenn sie auf dem Sammelplatz viele Drohnen anlockt. Nach dieser Überlegung hätten Drohnen außerhalb von Drohnensammelplätzen keine Möglichkeit, ihr Ziel zu erreichen. Demnach könnte das Verhalten der Bienenköniginnen eine Ursache für die erstaunliche Konzentration von fliegenden paarungsbereiten Drohnen auf den Sammelplätzen sein. Ein zusätzlicher biologischer „Vorteil" für die Königin besteht in einer Verkürzung der Paarungsflugdauer. Der Drohnensammelplatz erspart ihr die lange Suche nach einzelnen Geschlechtspartnern. Einmal dort angekommen, hat die Königin Zugriff auf eine große, repräsentative Vertretung der örtlichen Drohnenpopulation gewonnen. Zugleich ist damit eine riesige Auswahl vorhanden, aus der sich die Königin die besten Drohnen aussuchen kann!

6.2.3 Herkunft der Drohnen
Eine sehr einfache und erfolgreiche Technik, die Herkunft der Drohnen zu klären, war das farbliche Markieren der Drohnen und ihre Wiederfänge. Dazu wurden die

TEIL I

Drohnen auf den Waben früh morgens lange vor Beginn ihrer Flugzeit auf den Bienenständen mit einem farbigen Punkt auf dem Brustschild markiert (56). Dabei wurde für jeden Bienenstand eine andere Farbe verwendet, und weiter wurde protokolliert, wie viele Drohnen pro Bienenstand gezeichnet wurden. Anschließend wurden dann in den Nachmittagsstunden so viele Drohnen wie möglich auf dem Drohnensammelplatz gefangen. Zunächst war es nicht einfach, viele Drohnen zu fangen. Wie bereits erwähnt, war die optimale Flughöhe der Drohnen sehr hoch. Die Stangen mit den Insektennetzen (54) aber konnten nicht bis in die Flughöhe verlängert werden. Bei ca. 4 m bis 5 m Länge ist die Grenze der erforderlichen Zielgenauigkeit (und des erträglichen Gewichtes) erreicht. So musste der Ballon mit der Königin vorsichtig auf ca. 5 m herab gezogen werden. Nicht alle von der Königin zuvor angelockten Drohnen folgten, und so konnte oft nur ein kleiner Anteil der Drohnen gefangen werden. Mit der Farbmarkierung auf dem Brustschild war dann die Herkunft, der Bienenstand des jeweiligen Drohns bekannt.

Zusätzlich erhielten alle auf dem Drohnensammelplatz gefangenen Drohnen eine weitere Farbmarkierung hinten, auf der Rückenseite des Hinterleibes (55 und 56). Auf diese Weise konnte dann zusätzlich bei der nächsten morgendlichen Durchsicht der Bienenvölker die Verteilung der Drohnen eines Sammelplatzes auf die Bienen-

(54) In den Nachmittagsstunden werden die zuvor an den Ständen markierten Drohnen auf dem Drohnensammelplatz gefangen.

(55) F. RUTTNER protokolliert die Farbe der Drohnen, die ihm von seiner Frau gereicht werden und markiert sie zusätzlich mit einer für den DSP typischen Farbe.

stände der Umgebung festgestellt werden.

In den späteren Arbeiten (nach 1981) wurden zum Fangen der Drohnen Pheromonfallen (Netze in denen jeweils ein Pheromonköder unter und einer im Netz hängt) eingesetzt (57). Ausgehend von Entwicklungsarbeiten eines amerikanischen Kollegen (J. WILLIAMS) wurde diese Fangmethode weiter optimiert. Durch den Einsatz größerer Ballons, wie sie in der Meteorologie eingesetzt werden, war es auf diese Weise möglich, in jeder gewünschten Höhe Drohnen zu fangen.

(56) Farbmarkierung auf Brustschild – Zeichen für Bienenstand, Farbmarkierung am Hinterleib – Zeichen für den Drohnensammelplatz.

TEIL I

(57) Ballon mit Pheromonfalle, die ohne Drohnenverluste eingezogen werden konnte.

Die ersten Ergebnisse über die Verteilung der Drohnen zwischen mehreren Sammelplätzen wurde im Tal von Lunz von den Brüdern RUTTNER erarbeitet. Dort wurden auf allen untersuchten Sammelplätzen Drohnen von verschiedenen Bienenständen gefangen. Sehr häufig waren diese Bienenstände mit unterschiedlichen Anteilen vertreten. Weiter schien die Flugdistanz zu den einzelnen Bienenständen in einem Bereich bis zu 5 km keine entscheidende Rolle zu spielen. So konnten näher gelegene Bienenstände mit anteilig weniger Drohnen vertreten sein als weiter entfernt befindliche Stände. In einem Fall waren sogar keine Drohnen des nächstgelegene Bienenstandes auf dem Sammelplatz vorhanden. Insgesamt wurden Drohnen von Bienenvölkern aus Flugentfernungen von bis zu 5 km häufig nachgewiesen. Vereinzelt wurden sogar Drohnen aus Völkern gefunden, die sich in 8 km Entfernung vom Sammelplatz befanden. Im Laufe mehrerer Jahre zeigte sich eine relative Konstanz des Anteils der jeweiligen Drohnen eines Bienenstandes für jeden Sammelplatz. Auch für die einzelnen Bienenstände ergab sich eine verhältnismäßig gleichmäßige Verteilung auf die untersuchten Sammelplätze in der Umgebung.

Weiter wurden einzelne Drohnen bemerkt, die zwischen zwei Drohnensammelplätzen gewechselt hatten. Insgesamt aber war der größte Anteil der Drohnen stetig und besuchte offensichtlich immer nur einen Drohnensammelplatz. Ein Verflug von Drohnen auf dem Heimweg vom Sammelplatz zu anderen Bienenständen kommt äußerst selten vor. Bei den morgendlichen Kontrollen am Bienenstand wurden keine Drohnen mit einer Markierung von einem anderen Bienenstand gefunden. Innerhalb des Bienenstandes ist ein Wechsel der Drohnen zwischen den Völkern allerdings häufig.

6.2.4 Paarungsdistanz von Königinnen und Drohnen

Die Angaben über die Paarungsdistanz der Königinnen und Drohnen sind in der Literatur sehr unterschiedlich. Bei einem Vergleich der Daten stellt man schnell fest, dass sich die Versuche in einem wichtigen Punkt unterscheiden: Einige Flugweiten wurden bei normaler Bienendichte und andere bei großer Distanz zwischen den Völkern gemacht. Belegstellen, besonders Reinzucht Belegstellen, werden bewusst in bienenarmen Gegenden eingerichtet. Deshalb müssen für Belegstellen die Ergebnisse mit geringer Bienendichte berücksichtigt werden, auch wenn unter normalen Bedingungen nur wenige Drohnen solche Strecken zurücklegen.

Bis in die sechziger Jahre war man der Ansicht, dass eine Paarungsdistanz von 3 km - 4 km nicht überschritten wird, obwohl G. KLATT schon 1929 auf der Halbinsel „Kurische Nehrung" nachgewiesen hatte, dass ein hoher Prozentsatz Königinnen begattet wurde, die 7 km - 8 km von den nächsten Bienenvölkern entfernt aufgestellt waren (geringe Bienendichte). M. ALBER (1949) bestätigte anhand von Rückflugversuchen, dass Drohnen aus einer Entfernung von 4,5 km und manchmal sogar von 7 km in ihren Heimatstock zurückfinden. D.F. PEER (1957) stellte in Kanada in einem bienenfreien Gebiet Drohnenvölker auf, Königinnen in Begattungskästchen befanden sich in unterschiedlichen Abständen von 0, 6, 10, 13, 16, 18 und 22 km. Von den Königinnen, die im Abstand von 10 km von Völkern mit Drohnen aufgestellt waren, legten 6 von 9 nach 14 Tagen Eier, ab 13 km waren noch weniger begattet und der Beginn der Eiablage war deutlich verzögert. Im Abstand von 16 km wurden nur noch 3 von 12 Königinnen begattet, die erst nach 30 Tagen Eier legten.

Im bienenarmen Gelände werden nach Versuchen von den Brüdern F. und H. RUTTNER (1972) Höhendifferenzen von 800 m – 900 m überwunden. Auch H. PECHHACKER berichtete, dass Königinnen, die in Begattungskästchen isoliert in über 1000 m Höhe in den Alpen aufgestellt wurden, begattet werden können. Bis vor wenigen Jahren hielt man Wasserflächen für unüberwindbar. Aber nach Untersuchungen auf der Belegstelle auf Baltrum (J. DUSTMANN 1998) sieht es so aus, als ob einige der Königinnen, die ohne Drohnen in Baltrum aufgestellt wurden, sich mit Drohnen von der Insel Langeoog paaren konnten, die nur etwa 4 km entfernt liegt. Allerdings hatten ihre Spermatheken nur wenige Spermien. Es ist wohl nicht ganz geklärt, ob die Königinnen nur bei Niedrigwasser über das Watt oder auch bei Hochwasser über das Meer geflogen sind. Waren dagegen ausreichend Drohnenvölker auf Baltrum aufgestellt, konnten keine Fremdpaarungen nachgewiesen werden. Umgekehrt (unbegattete Königinnen auf der bienenfreien Insel Langeoog, Drohnenvölker auf Baltrum) wurden gleiche Ergebnisse erzielt (R. BÜCHLER, F.-K. TIESLER 2005). Weiter wurde nachgewiesen, dass die Königinnen und nicht die Drohnen die Wasserflächen überfliegen.

Bei normaler Bienendichte fliegen Drohnen bevorzugt auf Drohnensammelplätze in der Nähe. Bei Versuchen bei Elsfleth im flachen Gelände fanden sich mehr als 90 % der Drohnen im Umkreis von 2 km, aber es wurde auch ein Drohn 8 km entfernt im Volk nachgewiesen. Bei Versuchen in einem Alpental in Österreich bevorzugte der Großteil der Drohnen den näheren Drohnensammelplatz. Auch nach Ergebnissen der RUTTNER-Brüder und ROWELL in den USA fliegen die meisten Drohnen im Umkreis von 2 km, aber es gibt auch dann einzelne Drohnen, die aus bis zu 8 km entfernten Völkern stammen.

Nach Ergebnissen verschiedener Arbeitsgruppen fliegt vor allem die Königin weitere Strecken. J. WOYKE wies in den sechziger Jahren nach, dass sich Königinnen bevorzugt mit Drohnen paaren, die 1 km - 2 km entfernt aufgestellt wurden und weni-

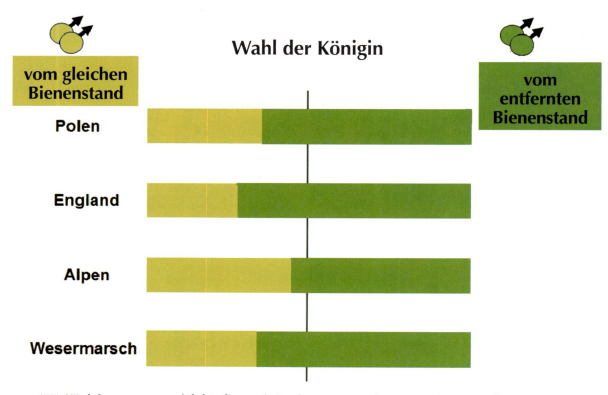

(58) Königinnen paaren sich häufiger mit Drohnen von entfernteren Bienenständen.

ger mit Drohnen aus Völkern, die zusammen mit ihnen auf dem Platz standen. Die Chancen eines Drohns, eine Königin zu paaren, nehmen mit längerer Flugzeit zum Drohnensammelplatz ab. Wie bereits in Kapitel 3.7 besprochen, fliegt ein Drohn nur zwischen 25 Minuten und 30 Minuten aus. Je kürzer der Weg zum Drohnensammelplatz desto länger kann er auf dem DSP verweilen. Königinnen verhalten sich ein wenig anders. Da eine Paarung nur wenige Sekunden dauert, kann sie sich auf dem Sammelplatz in wenigen Minuten mit vielen Drohnen paaren. So kann sie durchaus einen weiter entfernten Drohnensammelplatz aufsuchen.

Auf Grund dieser Erkenntnisse ist die gängige Praxis auf Belegstellen, zum einen dafür zu sorgen, dass genügend Drohnen der gewünschten Linien aufgestellt werden. Da Königinnen gern auch ein wenig weiter fliegen (58), bietet zum anderen ein Schutzgürtel um die Belegstelle mit Bienenvölkern mit gewünschtem Erbmaterial eine wichtige zusätzliche Sicherheit.

TEIL I

7 Eigenschaften des Drohnensammelplatzes

Drohnen und Königinnen finden Drohnensammelplätze in wenigen Minuten. Daher müssen diese Plätze typische Merkmale aufweisen, die auch aus einer größeren Entfernung wahrgenommen werden. Drohnensammelplätze sind sicherlich stark von der Geländeform bestimmt, denn Drohnen sammeln sich nachweislich mehr als 30 Jahre immer wieder auf demselben Platz. Natürlich waren Züchter und Bienenforscher sehr daran interessiert, die Eigenschaften bzw. die Merkmale zu erkennen, die zur Bildung eines Sammelplatzes führen.

Die Frage, auf welche Weise die Drohnen (und Königinnen) vom Bienenstand zum Sammelplatz finden, kann in zwei Schritte unterteilt werden. Der erste Schritt ist die Flugrichtung der Drohnen vom Bienenstand zum Drohnensammelplatz oder die Fernorientierung (nach den Brüdern RUTTNER). Der zweite Schritt betrifft die Eigenschaften des Platzes, die die Drohnen zum Bleiben veranlassen, also die Nahorientierung. Aber auch die Fragen, wie viele Drohnen sind auf dem Drohnensammelplatz, woher kommen sie, und vor allem, aus wie vielen Völkern stammen sie, sind von Interesse. Gibt es bevorzugte Entfernungen?

7.1 Orientierung der Drohnen zum Sammelplatz

a) Flugrichtung beim Start vom Bienenstand (Fernorientierung)

Für diese Frage wurden die Ergebnisse über die Herkunft der markierten Drohnen (s. vorheriges Kapitel) mit einer genauen Analyse der Landschaftsform wie Berghöhen und Taleinschnitte zusammengeführt. Dies führte zu überzeugenden Arbeitshypothesen.

So schienen im Gebiet von Lunz am See in Österreich solche Drohnensammelplätze von Drohnen bevorzugt besucht zu werden, die, vom Bienenstand aus gesehen, in Richtung von Horizonteinschnitten lagen. Nach diesen Überlegungen würden die Drohnen dann über dem Standplatz ihres Volkes in Richtung von Horizontabsenkungen, d.h. in vielen Fällen talauswärts fliegen. Mit einigen Versuchen wurde diese Vorstellung überprüft. Ausgehend von einem bisher nicht untersuchten Bienenstand wurde das Gelände mit den am Ballon befestigten Königinnen in allen Richtungen abgeschritten. Nur in Richtung von Horizontabsenkungen wurden neue Drohnensammelplätze gefunden (59).

(59) Horizonteinschnitt beim Blick vom Bienenstand Hirschwiese im Salzatal (Steiermark)

Ein weiterer Versuchsansatz ging von der Überlegung aus, dass eine Orientierung nach Geländeeinschnitten bei Drohnen angeboren sein muss. Dafür wurden Völker mit Drohnen in ein unbekanntes Gelände verbracht. Wenn die Orientierung angeboren ist, müssen sie zwangsläufig sehr schnell die Drohnensammelplätze finden. Eine Orientierung nach ortsgebundenen Faktoren, wie Geruch, Luftströmung (Thermik) oder Temperatur und Sonneneinstrahlung würde eine längere Erkundung des Geländes voraussetzen und das Auffinden vor Drohnensammelplätzen würde entsprechend allmählich und erst im Laufe von mehreren Stunden oder Tagen erfolgen. Deshalb wurden in einem Versuch Drohnenvölker von Oberursel nach Lunz am See transportiert, in ein für sie unbekanntes Gelände, und am Abend (nach der Drohnenflugzeit) aufgestellt. Auch diese Versuche brachten eindeutige Ergebnisse. Die Drohnen aus den neu aufgestellten Bienenvölkern waren oft schon 15 Minuten nach Beginn der Drohnenflugperiode auf den Drohnensammelplätzen und die Verteilung dieser „neuen" Drohnen zwischen zwei Drohnensammelplätzen zeigte keine Unterschiede im Vergleich mit den „Ortserfahrenen", seit langer Zeit auf dem Bienenstand befindlichen Drohnen.

Auch der gut abgesicherte Befund, dass die Drohnen in der Regel „ihrem" Sammelplatz treu bleiben und nur ein geringer Anteil der Drohnen zwischen Sammelplätzen wechselt, kann als ein weiteres Argument für einen angeborenen Orientierungsmechanismus dienen, der auf der Geländeformation beruht. Zusammengenommen sind die Hinweise auf eine Fernorientierung der Drohnen nach der Geländeformation sehr überzeugend. Im vollständig flachen Gelände, wie z.B. in der Norddeutschen Tiefebene ist die Drohnenverteilung anders (siehe Kap. 7.8)

b) Nahorientierung

Dagegen ist die Frage nach den lokalen Faktoren, die die Drohnen veranlassen, einen Platz als Drohnensammelplatz zu erkennen und dort zu bleiben, bis heute nicht beantwortet. Offensichtlich spielt die Vegetation keine Rolle. So wurden in verschiedenen Jahren auf den Flächen unter den Sammelplätzen unterschiedliche Pflanzen angebaut, ohne dass erkennbare Auswirkungen auf die Drohnenansammlung festgestellt wurden. Auch Untersuchungen über lokale Faktoren wie Temperaturunterschiede, Thermik und Erdmagnetfeld haben zu keinen schlüssigen Ergebnissen geführt. Das ergab Raum für zahlreiche wissenschaftlich nicht überprüfbare Hypothesen. So wurde in verschiedenen Beiträgen die Ausbildung von Drohnensammelplätzen mit besonderen „Wasseradern" im Boden oder „Erdstrahlen" in Verbindung gebracht.

Eine gut begründete Theorie dagegen beruht auf wissenschaftlichen Ergebnissen über die Orientierung von Insekten im Leuchtfeld. So ist die Richtung auf Horizonteinschnitte zugleich die Richtung der größten Helligkeit. Drohnen, die in diese Richtung abfliegen und die Richtung der größten Helligkeit einhalten, werden früher oder später einen Ort erreichen, etwa einen Talausgang, an dem dieser Lichtgradient aufhört und es zu einer gleichmäßigeren, symmetrischeren Lichtverteilung kommt. Dort würden nach dieser Überlegung die Drohnen bleiben. Demnach würde sich ein Drohnensammelplatz dort befinden, wo deutliche Horizonteinschnitte und starke Unterschiede in der Lichtverteilung aufhören und der Übergang zu einer gleichmäßigen Lichtverteilung beginnt. Bei der Überprüfung der vielen bisher bekannten Drohnensammelplätze auf eine gleichmäßige Horizontlinie (vor allem durch J. VAN PRAAGH), stellte sich heraus, dass diese Bedingungen für viele von ihnen zutreffen. Allerdings gibt es auch einige Drohnensammelplätze, die in langen Tälern mit ausgeprägten Einschnitten in der Horizontlinie liegen.

Während die Frage nach den örtlichen Bedingungen für DSPs bei unserer westlichen Honigbiene, Apis mellifera, noch weitgehend ungeklärt ist, liegen für die asiatischen

Honigbienenarten z.T. eindeutige experimentelle Daten vor. So versammeln sich die Drohnen der Riesenhonigbiene (*Apis dorsata*) stets unter dem Laubdach von riesigen Bäumen, deren Krone über die des umgebenden Baumbestandes hinaus ragt. Markante, eindeutige, auch aus der Ferne wahrnehmbare örtliche Merkmale scheinen hier für Drohnen und Königinnen die Paarungsplätze zu bestimmen.

Die Frage, warum sich die Drohnen „unserer" Honigbiene (*Apis mellifera*) Jahr für Jahr auf dem gleichen bestimmten Platz versammeln, hat noch keine schlüssige Antwort gefunden. So einleuchtend die Hinweise auf eine Fernorientierung der Drohnen nach Horizonteinschnitten auch sein mögen, so steht auch dafür ein experimenteller Nachweis weiter aus. Der Vollständigkeit halber soll hier darauf hingewiesen werden, dass eine Informationsweitergabe zwischen den Drohnen des ersten Jahres und denen des folgenden Jahres ausgeschlossen werden kann: Es gibt keine überwinternden Drohnen, die ihren Brüdern den Weg weisen würden. So ist es zurzeit noch „ein Geheimnis" der Drohnen (und der Königinnen), wie sie Sammelplätze erreichen und warum sie dort zur Paarung bleiben und nicht woanders hinfliegen. Eine Herausforderung für kommende Generationen von Bienenforschern!

7.2 Verweildauer auf dem Drohnensammelplatz

Bei günstigen Witterungsbedingungen fliegen Drohnen mehrmals pro Tag zum Drohnensammelplatz. Bei einer durchschnittlichen Flugdauer von knapp 30 Minuten und einer Aktivitätsperiode von mehr als 3 Stunden können bis zu 6 Ausflüge stattfinden. Die Verweildauer des Drohns im Volk, die dem Auffüllen des Honigmagens dient und die oft weniger als 5 Minuten beträgt, spielt in der Hauptsaison keine große Rolle. Erst mit fortschreitender Saison dauert das Auffüllen des Honigmagens länger und die Anzahl der Paarungsflüge kann zurückgehen. Nach Untersuchungen von O. RUEPPEL und Mitarbeitern fliegt ein Drohn im Durchschnitt insgesamt an 13,6 Tagen für jeweils etwa 1,5 Stunden zur Paarung aus. Diese sehr lange Präsenz des Drohns von mehr als 20 Stunden auf dem Drohnensammelplatz steht im Gegensatz zu der kurzen Anwesenheit einer jungen Königin, die sich in der Regel nur an einem oder zwei Tagen für jeweils weniger als 30 Minuten dort einfindet. Auf diese Weise verstärkt sich das ohnehin schon in Richtung auf die Drohnen verschobene Geschlechterverhältnis weiter um einen Faktor von ca. 20. Damit ist dann die durchschnittliche Wahrscheinlichkeit einer erfolgreichen Paarung für einen Drohn auf dem Drohnensammelplatz sehr gering.

(60) Drohnen fliegen zunächst leicht unterhalb der Königin, ihre Augen können in dem entsprechenden Bereich besonders gut sehen.

7.3 Das Finden einer Königin

Bei vielen Insekten werden die Männchen von Geschlechtspheromonen angelockt, die von paarungsbereiten Weibchen abgegeben werden. Diese Orientierung nach Pheromonen ist vor allem dann effektiv, wenn die Weibchen an einer Stelle bleiben. Dann kann das Männchen dem Duft in Richtung gegen den Wind (also dem Gradienten der Konzentration des Sexuallockstoffes) folgen und das Weibchen finden.

Die Situation hoch oben in der Luft auf dem Sammelplatz ist jedoch anders. Wie soll ein einheitlicher Duftgradient aufgebaut werden? Die Königin muss ihre Flugrichtung ständig ändern, um auf dem Drohnensammelplatz zu bleiben. Außerdem folgen die Drohnen der Königin in dichten Schwärmen und verwirbeln das Sexpheromon der Königin dabei zwangsläufig. Auf diese Weise kann das Sexpheromon als ein Signal für die Anwesenheit einer Königin dienen, für eine verlässliche Positionsbestimmung

der fliegenden Königin aus größeren Entfernungen ist es nicht geeignet. Im Nahbereich dagegen kann es bei der Stabilisierung der Drohnenkometen hinter der Königin – im Zusammenwirken mit anderen Signalen – eine Rolle spielen.

Wie verschiedene Untersuchungen zeigen, sind optische Signale für das Auffinden der Königin auf dem Drohnensammelplatz entscheidend. Auch die im Vergleich zu Arbeiterin und Königin viel größeren Augen der Drohnen deuten darauf hin, dass der Gesichtssinn im Leben der Drohnen eine entscheidende Rolle spielt. Bereits die Brüder RUTTNER haben 1965 berichtet, dass Drohnen zumindest momentan von schnell bewegten Objekten wie Schmetterlingen oder auch von in die Luft geworfenen Steinen angelockt werden. Später konnte mit Hilfe von Film- bzw. Videoaufnahmen von mehreren Forschergruppen die Nahorientierung der Drohnen zur Königin detaillierter untersucht werden (vor allem von J. VAN PRAAGH, A.M. VALLET und J.A. COLE, und M. GRIES, G. und N. KOENIGER in der Zeit von 1980 bis 1996). Drohnen fliegen zunächst leicht unterhalb der Königin, ihre Augen können in dem entsprechenden Bereich besonders gut sehen. Sie erkennen die Größe des Objektes, das sie verfolgen und auch Farbunterschiede nehmen sie wahr – sie bevorzugen Königinnen, die eine andere Farbe haben als ihre Konkurrenten im Drohnenschwarm (60); (siehe auch Kap. 9.3 und 9.4.)

7.4 Wie viele Drohnen besuchen einen Drohnensammelplatz?

Natürlich lassen sich die Drohnen auf einem Sammelplatz nicht direkt zählen. Ständig treffen Drohnen ein, die dort hoch in der Luft ihre Kreise ziehen und auf das Eintreffen einer jungen Königin warten. Nach einiger Zeit ist dann der Inhalt der Honigblase des Drohns soweit verbraucht, dass dringend wieder aufgetankt werden muss. So verlässt ein Drohn nach 20 Minuten bis 25 Minuten den Sammelplatz und fliegt zurück in sein Bienenvolk, wo die Honigblase wieder aufgefüllt wird. Er kehrt dann so schnell wie möglich wieder auf den Sammelplatz zurück. So pendeln alle Drohnen zwischen dem Sammelplatz und dem Bienenvolk hin und her bis die Flugperiode so gegen 16.30 Uhr zu Ende ist. In der Biologie ist die Schätzung von solchen ständig wechselnden Populationen seit vielen Jahren vor allem bei ökologischen Fragestellungen mit Hilfe von „Markierung und Wiederfang" (Rückfangmethode) üblich. Dabei wird eine Gruppe der zu messenden Population gefangen, markiert und wieder freigelassen. Danach werden Stichproben gefangen und anhand des Anteils der darin markierten Tiere auf die Gesamtgröße geschlossen. Wir haben diese Methode auf dem Drohnensammelplatz Kronthal am Südhang des Taunus in der Nähe von Oberursel mehrere Jahre lang durchgeführt. Direkt nach dem Eintreffen der ersten größeren Drohnengruppen fingen wir mit Pheromonfallen möglichst viele Drohnen (61, 62 und 63), die mit einem Farbfleck auf den Brustschild markiert wurden.

(61) Pheromonfalle mit etwa 300 Drohnen (Foto: I. SEEHUSEN). Vergleiche auch (57).

(62) Alle Drohnen werden herausgefangen, um sie farblich zu markieren (Foto: I. SEEHUSEN).

In dieser ersten Phase markierten wir meist mehr als 500 Drohnen (Tab. 2: A), die wir jeweils sofort nach dem Markieren frei ließen. Dann war eine Pause von mindestens 30 Minuten angesagt, damit sich die markierten Drohnen in dieser Zeit ungestört mit den anderen, von uns nicht markierten Drohnen, mischen konnten. Anschließend wurden die Pheromonfallen wieder hochgezogen und wir fingen eine möglichst gro-

(63) Jeder Drohn bekommt einen gelben Punkt (Foto: I. SEEHUSEN).

ße Stichprobe von Drohnen (64; Tabelle 2: B), markierte und unmarkierte. Die Zahl der wiedergefangenen markierten Drohnen wurden gesondert protokolliert (Tabelle 2: C). Insgesamt ist A die Anzahl vorher markierter Drohnen, B die Anzahl aller Drohnen die nach einer halben Stunde gefangen wurden (Stichprobe) und C die Anzahl der markierten Individuen, die in der Stichprobe waren.

(64) Fang der Stichprobe. Es sind 4 markierte Drohnen (Rückfang) im Foto zu sehen (Foto: I. SEEHUSEN).

TEIL I

> Das Verfahren der Rückfangmethode dient der Abschätzung der Größe einer Population (N) von Tieren. Dabei wird ein bestimmter Anteil der zu messenden Population gefangen, markiert und wieder freigelassen (A). Danach wird wieder eine Stichprobe gefangen (B) und anhand des Anteils der darin markierten Tiere (C) auf die Gesamtgröße geschlossen. Dabei nimmt man an, dass der Anteil von markierten Individuen in der Stichprobe genauso groß sein sollte wie in der gesamten Population: $N/A = B/C$. Die Schätzzahl für die Gesamtzahl der Drohnen beträgt also $N = A \times B / C$.

Tabelle 2: Anzahl Drohnen auf einem Drohnensammelplatz

Jahr	Erste Fänge A alle ♂♂ markiert	Wiederfänge B Stichproben (alle wieder gefangenen) ♂♂	Wiederfänge C Stichproben wiedergefangene markierte ♂♂	Gesamtzahl N Berechnung $N(=A \times B/C)$. ♂♂
1999	512	1870	77	12434
2000	509	750	38	10046
2001	378	1056	41	9736
2001	443	2444	82	13204
2002	513	2754	82	17229
2003	539	2754	108	13745
2004	540	5660	161	18984
2005	602	3481	79	26526
2006	623	1890	49	24030
2007	191	1550	31	9550
2009	646	2980	116	16596
Mittelwert Gesamtzahl N: 14.644 Drohnen				

Durchschnittlich besuchten an jedem Fangtag 14.644 Drohnen den Drohnensammelplatz, die Standardabweichung betrug 5.470 Drohnen. Die hier experimentell ermittelten Zahlen sind deutlich höher als wir zunächst, ausgehend von unseren Beobachtungen in Lunz, vermutet hatten.

Wenn wir davon ausgehen, dass in einem Bienenvolk durchschnittlich nicht mehr als ca. 500 sexuell reife Flugdrohnen gleichzeitig vorhanden sind und weiter dass sich die Drohnen eines Volkes meist auf viele Sammelplätze verteilen bzw. selten mehr als 50 % dieses Volkes auf einem Platz zu finden sind, so kommen wir zu der Annahme, dass mindestens zwischen 40 und 100 Bienenvölker auf diesem Drohnensammelplatz vertreten waren. Es findet demnach auf dem Sammelplatz eine Durchmischung der Drohnen von vielen Bienenvölkern statt.

7.5 Versuch zur Bestimmung der Zahl der Bienenvölker, die auf einem Drohnensammelplatz vertreten sind

Mit dem Fortschritt molekularer Techniken und insbesondere der DNA-Vaterschaftsanalysen war eine direkte Methode zur Abschätzung der auf dem Drohnensammelplatz Kronthal repräsentierten Völker möglich. Wir haben wiederum viele Drohnen auf dem Sammelplatz Kronthal gefangen und in der gleichen Zeit bei ca. 100 Bienenvölkern in der Umgebung von Kronthal Bienenproben (Arbeiterinnen) gesammelt. Die Proben mit den Drohnen und Arbeiterinnen wurden zur Arbeitsgruppe von M. SOLIGNAC im Forschungszentrum Gif sur Yvette bei Paris geschickt. Die molekularen Analysen wurden von E. BAUDRY im Rahmen ihrer Doktorarbeit durchgeführt. Es wurde festgestellt, wie viele Brudergruppen mit 4 bzw. 3 oder 2 Brüdern auf dem Sammelplatz gefangen wurden. Über Arbeiterinnenproben im Umkreis von 3 km wurde die durchschnittliche Verwandtschaft zwischen den Bienenvölkern abgeschätzt. Über eine Computersimulation konnte dann ermittelt werden, wie viele Völker mindestens auf dem Sammelplatz mit Drohnen vertreten sein mussten, damit Brudergruppen vorhanden waren, die den Befunden auf dem Drohnensammelplatz entsprachen. Nach diesen Ergebnissen waren mindestens 243 Bienenvölker auf dem Sammelplatz Kronthal vertreten. Auch das ist weit mehr als wir zuvor vermutet hatten (siehe vorheriger Abschnitt!).

Bei einer Anwesenheit von Drohnen aus so vielen Völkern ist die Wahrscheinlichkeit für eine jungfräuliche Königin, auf dem Drohnensammelplätzen auf Brüder oder nah verwandte Drohnen zu treffen, äußerst gering. Insgesamt kann festgestellt werden, dass die Honigbiene im Vergleich mit anderen Tierarten eine Spitzenstellung einnimmt, wenn man die Vermeidung von Inzucht als Maßstab anlegt.

Die große Anzahl der im Umkreis um den Sammelplatz Kronthal vorhandenen Bienenvölker ist allerdings für viele Regionen in Deutschland nicht typisch. Vielmehr handelte es sich in Kronthal um ein Gebiet mit einem alten Bestand von Edelkastanien, das in der Saison von vielen Imkern angewandert wird, um den begehrten Kastanienhonig zu ernten. Daher spiegelt die sehr hohe Anzahl der auf dem Drohnensammelplatz Kronthal vertretenen Völker, neben dem natürlichen Flugverhalten der Drohnen, auch das Verhalten von Imkern wider, die ihre Völker in dieses gute Trachtgebiet gewandert haben, und entsprechend ist die Anzahl der Völker auf dem Kronthaler Sammelplatz nicht unbedingt auf andere Regionen zu übertragen.

7.6 Wie viele Drohnen sind erforderlich, um einen Drohnensammelplatz zu stabilisieren?

Beobachtungen in Lunz und bei den Versuchen auf den Drohnensammelplätzen im Emstal im Hintertaunus mit F. RUTTNER ergaben, dass einige Drohnensammelplätze nur bei optimalen Witterungsbedingungen und zur Hauptsaison von Drohnen besucht wurden. Unter weniger günstigen Bedingungen waren auf diesen Plätzen keine Drohnen zu finden, und die wohl insgesamt geringeren Drohnzahlen schienen sich auf „beliebtere" Plätze zu konzentrieren.

Für eine experimentelle Klärung der Frage, ob es eine kritische Untergrenze für die stabile Ausbildung eines Drohnensammelplatzes gibt, ist es notwendig, die Zahl der in den Bienenvölkern der Umgebung vorhandenen Drohnen zu regulieren. Das ist für die meisten Drohnensammelplätze praktisch nicht durchführbar. So hätten wir z.B. für den Sammelplatz in Kronthal Drohnen bei 240 von den insgesamt 243 Bienenvölkern absperren müssen. Das heißt, man hätte an den Fluglöchern aller dieser Bienenkästen zeitweise Drohnenabsperrgitter anbringen müssen, was praktisch unmöglich war. So mussten wir für diesen Versuch nach Österreich ausweichen, wo uns in dem steilen und engen Tal der Salza bei der Ortschaft Gschöder eine Belegstelle der Bundesanstalt für Bienenkunde Lunz von H. PECHHACKER zur Verfügung gestellt wurde. Dieser Platz bei Gschöder (59) ist in allen Richtungen mit hohen Bergen (1600 m bis 2010 m) umgeben, die von Drohnen nicht überflogen werden. Wie vorherige Untersuchungen gezeigt hatten, dringen keine Drohnen von außen nach Gschöder vor. Damit war eine für unser Versuchsvorhaben notwendige Voraussetzung erfüllt.

Wir brachten 10 Bienenvölker in dieses isoliert liegende Salzatal und stellten sie ca. 800 m entfernt, östlich vom dortigen Drohnensammelplatz Hirschwiese, der bekannt war, auf. Sie hatten ca. 5.000 reife Drohnen, die im Folgenden als Regulationsdrohnen (RD) bezeichnet werden. In der gleichen Entfernung vom Drohnensammelplatz Hirschwiese, aber in nördlicher Richtung, stellten wir ein Volk auf, in dem wir zuvor 1000 sexuell reife Testdrohnen (TD) farblich markiert hatten. Nun konnten wir mit unseren Versuchen beginnen.

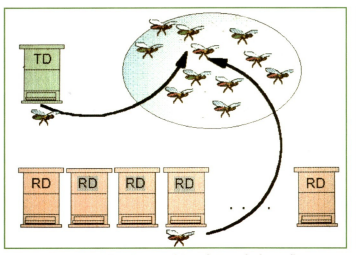

(65 a) Test- und Regulationsdrohnen fliegen. Viele Testdrohnen werden gefangen.

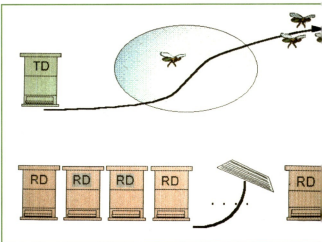

(65 b) Nur Testdrohnen fliegen, Regulationsdrohnen sind abgesperrt. Nur wenige Testdrohnen werden gefangen.

Zunächst konnten alle Drohnen frei und ungehindert ausfliegen (65 a). Auf dem Sammelplatz Hirschwiese war der Drohnenflugton laut zu hören und wir fingen in unseren Fallen zwischen 14.00 und 16.30 Uhr insgesamt 786 Drohnen. Natürlich war die Mehrzahl der Drohnen ungezeichnet und stammte daher aus den Regulationsvölkern. Aber auch 70 markierte Testdrohnen wurden gefangen. Bei Dunkelheit wurden dann Absperrgitter an den Völkern mit den Regulationsdrohnen angebracht, so dass am folgenden Tag diese Drohnen ihre Völker nicht verlassen konnten (65 b). Wir waren dann wie am Vortag zur Drohnenflugzeit auf der Hirschwiese. Aber nun war kein Flugton der Drohnen zu hören. Nur zu Beginn unserer 2,5 stündigen Fangperiode fingen wir Drohnen in unserer Falle. In den folgenden Tagen wechselten wir zwischen Drohnenflugtagen, an denen die Regulationsdrohnen frei fliegen konnten und Tagen, an denen diese Drohnen abgesperrt waren. In allen 9 Versuchsdurchgängen fingen wir bei ungehindertem Flug aller Drohnen deutlich mehr Testdrohnen als an den Versuchstagen, an denen nur die Testdrohnen fliegen konnten. Insgesamt verminderte sich die Anzahl der gefangenen Testdrohnen, wenn keine Regulationsdrohnen flogen, es waren dann nur zwischen 0 % und 40 % auf dem DSP (Tab. 3).

TEIL I

Insgesamt sprechen unsere Beobachtungen dafür, dass 1000 Testdrohnen nicht ausgereicht haben, um den Sammelplatz Hirschwiese zu stabilisieren. Die Beobachtung, dass die wenigen Testdrohnen bei Sperrung der Regulationsdrohnen meist nur zu Beginn der Fangperiode gefangen wurden, kann wohl so interpretiert werden, dass die Drohnen weitergeflogen sind, um einen anderen Drohnensammelplatz aufzusuchen, wo es mehr Drohnen gab. Dagegen konnten die 5000 Regulationsdrohnen zusammen mit Testdrohnen regelmäßig für 2,5 Stunden eine Drohnenansammlung über der Hirschwiese etablieren, und Testdrohnen wurden während der ganzen Drohnenflugzeit gefangen.

Tabelle 3: Wenn nur Testdrohnen (TD) fliegen, werden deutlich weniger gefangen als wenn auch die 5000 Regulationsdrohnen (RD) fliegen.

Tag	TD Flug/min am Flugloch	RD fliegen	Summe Fänge	TD	Verminderung der Testdrohnenzahl
17.7	18	ja	786	70	
18.7	25	nein	30	26	37%
21.7	10	ja	1304	31	
20.7	10	nein	20	5	16%
25.7	17	ja	294	30	
26.7	19	nein	17	11	37%
17.7	24	ja	2437	223	
18.7	25	nein	20	20	9%
22.7	25	ja	759	52	
21.7	23	nein	3	3	6%
24.7	21	ja	372	23	
23.7	25	nein	3	3	13%
28.7	25	ja	168	83	
29.7	20	nein	28	28	34%
24.7	12	ja	810	53	
25.7	11	nein	3	3	6%
30.7	5	ja	547	7	
27.7	9	nein	0	0	0%

7.7 Wahlverhalten der Drohnen zwischen zwei Drohnensammelplätzen

In den Versuchen von den Brüdern RUTTNER im Tal von Lunz wurde gezeigt, dass sich die Drohnen eines Bienenstandes in einem nahezu konstanten Verhältnis auf die Sammelplätze in der Umgebung verteilen. Allerdings konnten wir nicht sicher sein, ob wir wirklich alle Sammelplätze gefunden hatten. Weiter wurde nur ein geringer Anteil der auf dem Bienenstand gezeichneten Drohnen auf den Sammelplätzen gefangen. Damit war es wahrscheinlich, dass die Drohnen Sammelplätze besuchten, die wir nicht kontrolliert hatten. Für Untersuchungen zum Wahlverhalten der Drohnen waren das keine guten Voraussetzungen.

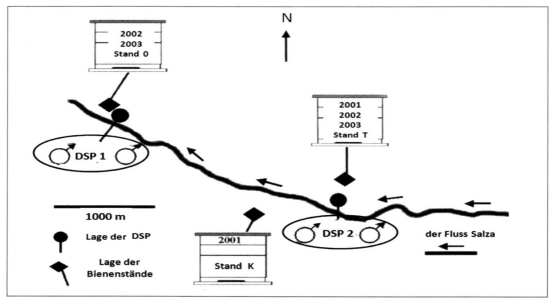

(66) Lage der Bienenstände und der beiden Drohnensammelplätze (DSP) in Gschöder.

Für eine Wiederaufnahme der Untersuchung des Wahlverhaltens von Drohnen griffen wir daher wieder auf das isoliert liegende Salzatal bei Gschöder zurück. Dort lagen zwei Drohnensammelplätze direkt am Ufer der Salza (59 und 66). Der Versuchsplan war einfach. In 3 Jahren wurden während der Drohnensaison jeweils 2 Bienenstände in Gschöder aufgestellt. Die Bienenstände wurden so platziert, dass sie jeweils sehr nahe an einem der beiden bekannten Sammelplätze lagen und damit die Entfernung zum zweiten. Sammelplatz deutlich größer war. Die Drohnen wurden zunächst in den Bienenvölkern markiert, wobei auf den Bienenständen verschiedene Farben verwendet wurden. Weiter erhielten alle auf dem Drohnensammelplatz

TEIL I

gefangenen Drohnen eine zusätzliche Farbmarkierung. Auch hier wurde auf jedem Drohnensammelplatz eine eigene Farbmarkierung verwendet. Letztlich war es auf diese Weise möglich, die Wahl der Drohnen zwischen beiden Sammelplätzen in doppelter Weise zu bestimmen. Erstens konnte die Verteilung der Drohnen beider Bienenstände beim Fang auf dem Drohnensammelplatz festgestellt werden, und zum zweiten wurde bei der Endkontrolle im Volk die Anzahl der auf dem Drohnensammelplatz gefangenen und markierten Drohnen bestimmt. Wie zu erwarten, zeigten beide Auswertungen gleiche Ergebnisse:

Der Anteil der Drohnen, die auf beiden Sammelplätzen gefangen wurden, war auch bei diesen Versuchen gering. Die weit überwiegende Anzahl der Drohnen wurde nur auf einem der Plätze markiert und konnte daher im Sinne der Fragestellung für die Auswertung zugelassen werden. In allen 3 Versuchsjahren hatten die Drohnen stets den näher liegenden Drohnensammelplatz sehr deutlich bevorzugt. Die Unterschiede zwischen den Drohnen auf dem nahen Drohnensammelplatz und der Drohnenanzahl auf dem entfernten Drohnensammelplatz waren statistisch hoch signifikant. Die Drohnen hatten also in allen Versuchen immer den näher liegenden Sammelplatz bevorzugt besucht, die Königinnen dagegen den weiter entfernten (67, 68, 33 und 34).

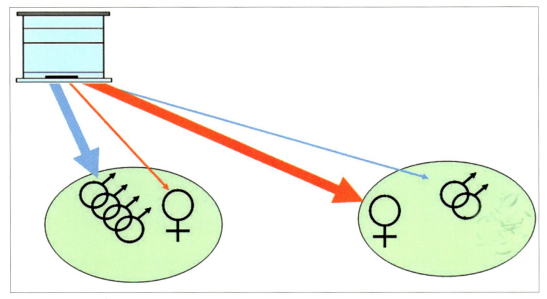

(67) Drohnen bevorzugen den nähergelegenen, Königinnen den weiter entfernt gelegenen Drohnensammelplatz.

Die Frage, die in diesem Zusammenhang diskutiert werden muss, zielt auf den Mechanismus, mit dem Drohnen den nächsten Sammelplatz finden. Zunächst erscheint es möglich, dass junge Drohnen das Gelände um den Bienenstand erkunden. Dabei würden Drohnen dann mit hoher Wahrscheinlichkeit zuerst den nächsten Drohnensammelplatz erreichen und sich für diesen Sammelplatz entscheiden. Bei dieser Vorgehensweise wäre ein Wechsel von Drohnen zwischen Sammelplätzen unwahrscheinlich. Es wurden jedoch Wechsel von Drohnen zwischen Sammelplätzen beobachtet, wobei allerdings der Anteil der wechselnden Drohnen meist nur sehr gering war. Wir halten deshalb einen anderen Mechanismus für wahrscheinlicher.

Wie die Umstellversuche von Bienenvölkern in Lunz ergaben, erreichen Drohnen den Sammelplatz in unbekanntem Gelände sehr schnell. Lange Erkundungen finden offenbar nicht statt. Demnach ist zu vermuten, dass bei der Orientierung nach Horizonteinschnitten die Entfernung der umliegenden Berge und Täler bereits eine entscheidende Rolle spielt. Trifft diese Vermutung zu, würde die Entscheidung für einen, bzw. den nächstliegenden Drohnensammelplatz bereits beim Start des Paarungsfluges getroffen.

Allerdings war der Drohnensammelplatz Hirschwiese in allen Versuchen attraktiver als es, bezogen auf die Entfernung zu den Bienenständen, zu erwarten war. Demnach gab es auch bei diesem Versuch deutliche Attraktivitätsunterschiede zwischen einzelnen Drohnensammelplätzen.

Als wichtiger Punkt der Diskussion bleibt die Frage, warum Drohnen den nächsten Drohnensammelplatz bevorzugen? Was für Vorteile ergeben sich bei einem Besuch des nahen im Vergleich zum weiter entfernten Drohnensammelplatz? Die Antwort erscheint nahe liegend. Die Wahl des Drohns zielt auf die Einsparung von Energiekosten. Der Flug zum nahen Drohnensammelplatz und gleichfalls der Rückweg kann mit wenig Honigblasenfüllung zurückgelegt werden. Entsprechend kann sich ein Drohn länger auf dem nahen Drohnensammelplatz aufhalten und dabei auf eine junge Königin warten als auf einem entfernten Drohnensammelplatz (siehe auch 3.7). Die Wahl des nahen Drohnensammelplatzes verbessert somit die Chancen eines Drohns für eine Paarung. Allerdings wurden immer wieder vereinzelte Drohnen auf Bienenständen gefunden, die bis zu 6 km vom Sammelplatz entfernt waren, an dem der Drohn gezeichnet wurde. Diese Drohnen haben nur geringe Chancen auf eine Paarung, da sie für den Hin- und Rückflug (12 km) bei einer Fluggeschwindigkeit von etwa 20 kmh etwa 30 Minuten brauchen und sich deshalb nur sehr kurz auf dem Sammelplatz aufhalten konnten.

TEIL I

Bezogen auf die Verteilung der Drohnen im Gelände bewirkt die Bevorzugung der nahe gelegenen Drohnensammelplätze, dass mehr Drohnen aus den Bienenvölkern der nahen Umgebung auf den jeweils näheren Plätzen vorhanden sind. Damit werden Unterschiede in der Drohnenzusammensetzung zwischen benachbarten Drohnensammelplätzen erhöht, und zugleich gewinnt das im Kapitel 3.7 besprochene gegenteilige Wahlverhalten der Königin zwischen den Sammelplätzen eine große genetische Bedeutung.

7.8 Drohnenverteilung im strukturarmen und ebenen Gelände

Schon zu Beginn der Untersuchungen der Brüder RUTTNER gab es einige Hinweise auf die Abhängigkeit der Drohnenverteilung von der Struktur des Geländes. So berichtete der englische Bienenspezialist C. BUTLER, dass sich Drohnen im ebenen Gelände bei Rothamsted (England) an nahezu jedem beliebigen Platz in großer Zahl an einem Köder mit Königinnenpheromon sammeln. Auch N. E. GARY und später G. LOPER konnten die strikte Abhängigkeit der Drohnenansammlung von eng umgrenzten Plätzen nicht bestätigen. Beide Kollegen hatten ihre Beobachtungen ebenfalls in ebenen und wenig strukturierten Geländeformationen durchgeführt.

(68) Strukturarme Wesermarsch bei Elsfleth.

In eigenen Untersuchungen wurde kürzlich die Drohnenverteilung in der ebenen Wesermarsch bei Elsfleth untersucht (68). Auf zwei Bienenständen im Abstand von ca. 4 km wurden Drohnen farblich unterschiedlich markiert. Mit Drohnenfallen wurden dann an unterschiedlichen Standorten in der Umgebung dieser Bienenstände Drohnen gefangen.

Zunächst konnten wir feststellen, dass sich an allen zufällig ausgewählten Plätzen nach meist weniger als 10 Minuten erhebliche Drohnenansammlungen um unsere Pheromonköder bildeten. Demnach flogen hier die Drohnen nahezu gleichmäßig verteilt im Gelände, und erst mit dem Ausbringen des Sexuallockstoffes bildeten sich größere Ansammlungen. Bei der Auswertung der Verteilung der Drohnen von den beiden Bienenständen an verschiedenen Fangorten ergab sich ein klares Bild. Die relative Häufigkeit der Drohnen nahm mit der Entfernung des Fangplatzes vom Bienenstand ab. Demnach zeigen Drohnen auch im ebenen Gelände eine Tendenz, in der näheren Umgebung ihrer Völker zu bleiben.

7.9 Unterschiede bei Bienenrassen in der Drohnenverteilung

Ebenfalls im Salzatal wurden neben Carnica Völkern auch Völker italienischer Herkunft aufgestellt. In der Drohnenflugzeit wurden wieder viele Drohnen auf den bekannten Drohnensammelplätzen gefangen. Die Drohnenpopulation setzte sich aus jeweils 50 % beider Rassen zusammen. Aber es zeigten sich Unterschiede in der Flughöhe der Rassen. In 4 m Höhe war der relative Anteil der italienischen Drohnen signifikant größer als in 20 m und entsprechend waren die Carnica Drohnen in 20 m Höhe häufiger als die der italienischen Rasse. Die Königinnen beider Rassen, die gleichzeitig zur freien Paarung aufgestellt waren, hatten mehr rassereine Nachkommen als Hybriden (Rassekreuzungen). Offensichtlich ist die unterschiedliche Flughöhe für die Geschlechtspartner beider Rassen genetisch festgelegt.

TEIL I

8 Paarung hoch in der Luft – auch ein technisches Problem

Bei vielen Insektenarten treffen sich die Geschlechtspartner im freien Flug, aber während der Paarung sitzen sie meistens auf einem festen Untergrund. Eine erfolgreiche Kopulation im Flug stellt hohe Anforderung an die Manövrierfähigkeit und vor allem an die Kommunikation und Abstimmung mit einem Geschlechtspartner hoch in der Luft. Wenn wir hier einen Vergleich zu einem technischen Vorgang anstreben, so bietet sich die Raumfahrt an. Technisch kann die Paarung der Honigbiene mit einem Materialtransport von einer Raumfähre (Drohn) in eine Raumstation (Königin) verglichen werden. Dabei wird der technische Ablauf in einzelne Schritte untergliedert, die nacheinander durchgeführt werden. Zunächst muss die Fähre die Raumstation erreichen und ihre Geschwindigkeit an die der Raumstation angleichen. Dann muss die Raumfähre in die richtige Position manövriert werden. Die Schleuse der Fähre und die Schleuse der Station müssen passgleich gegenüber liegen. Dann erfolgen die ersten mechanischen Verbindungen der Fähre mit der Außenseite der Station. Nach einer weiteren Korrektur der Positionen dockt die Fähre an die Station an. Dabei liegt die geschlossene Schleuse der Fähre fest über der ebenfalls geschlossenen Schleuse der Station. Die Berührungsflächen müssen abgedichtet werden, um das Ausströmen der Luft in den Weltraum (bzw. im Fall der Bienen jegliches Eindringen von Infektionen oder Partikeln von außen!) zu vermeiden. Erst dann können die Schleusen geöffnet, der Innenraum der Fähre mit dem der Station verbunden und das Material von der Fähre in die Station transportiert werden. Am Ende werden die Schleuse der Fähre und die der Station geschlossen, bevor die Verbindungen gelöst werden. Nach dem Abdocken der Fähre ist die Schleuse der Raumstation wieder empfangsbereit für eine nächste Raumfähre.

Diese verkürzte technische Beschreibung mag hilfreich sein, die funktionalen Phasen bei der Paarung zwischen Drohn und Königin zu verstehen. Man sollte dabei aber nicht vergessen, dass die natürliche Kopulation des Drohns hoch in der Luft mit einer schnell fliegenden Königin weitaus komplizierter ist als die eben skizzierte Operation im Weltraum.

(69) Der erste Drohn hat die Königin erreicht und umklammert ihren Hinterleib mit den Beinen. Die schlagenden Flügel dieses Drohns sind wegen schneller Bewegung auf diesem Foto unscharf abgebildet.

8.1 Das Andocken der Drohnen an die Königin

Drohnen folgen der fliegenden Königin in einer Position hinter und etwas unterhalb der Königin. Ein erfolgreicher Drohn holt dann die Königin ein, fliegt kurz oberhalb von ihr und beschleunigt, bis sein Bruststück (Thorax) die Rückenseite des Hinterleibes (Abdomen) der Königin berührt. Die beiden vorderen Beinpaare fassen dann das Abdomen seitlich, während das dritte Beinpaar mit seiner inneren behaarten Seite den Hinterleib von unten greift. Dadurch wird der Hinterleib der Königin gegen die Unterseite des Bruststücks des Drohns gepresst. Auf diese Weise hält der Drohn nun die Königin in einer festen aktiven Umklammerung. Das Andocken an die Königin ist erreicht und der noch fliegende Drohn hat sich sicher mit der Königin verankert. Nun kann der Drohn seine Position verbessern bis er durch Krümmung seines Hinterleibs seine Geschlechtsöffnung genau in die geöffnete Stachelkammer schieben kann (69).

8.2 Innere Verbindung von Drohn und Königin

Bei der Platzierung der Genitalöffnung des Drohns in der Stachelkammer der Königin wird die Hinterleibspitze des Drohns vom weichen Bindegewebe der Stachelkammerwände umschlossen: Die Genitalöffnung des Drohns wird abgedichtet. Damit ist eine fast „sterile" Spermaübertragung gewährleistet. Dann – mit einer heftigen Kontraktion der Muskulatur im Hinterleib – presst der Drohn seinen Hinterleib zusammen. Die Körperflüssigkeit (Hämolymphe) kann nur in das Begattungsorgan, den Endophallus, ausweichen. Durch den Druck der Hämolymphe wird der Endophallus, der zuvor eng zusammengefaltet im Hinterleib lag, „aufgepumpt". Dadurch wird er nach außen gedrückt, wobei er umgestülpt wird. Dabei gerät die ursprünglich innere Seite der Membran mit den verschiedenen Sekreten und Haarfeldern im „ausgestülpten" (evertierten) Endophallus auf die Außenseite. Mit eigener Kraft kann der Drohn den Endophallus nur zur Hälfte ausstülpen, denn in der Stachelkammer stößt er auf Widerstand. Durch den Verlust der Körperflüssigkeit ist der Drohn gelähmt, er kann nicht mehr fliegen. Seine Beine verlieren den Halt am Hinterleib der Königin. Der bewegungsunfähige Drohnenkörper folgt der Form des halb evertierten Endophallus und dreht sich um ca. 90° nach hinten (70).

(70) Der bewegungslose Drohn hat seinen Halt am Abdomen der Königin verloren, wie auch an den unbeweglichen und dadurch scharf abgebildeten Flügeln zu erkennen ist. Stattdessen sichert die innere Verbindung des nun stark ausgeweiteten, aber nur halb ausgestülpten Endophallus in der Stachelkammer den Zusammenhalt.

In diesem nur halb ausgestülpten Stadium bildet der Endophallus an der Spitze eine dünne Röhre (Cervix), die in die Scheide der Königin bis hinter die Scheidenklappe eingeführt werden kann. Zugleich wird zunächst nur Sperma in die Cervix abgegeben. Der erste (basale) Abschnitt mit seinem Haarfeld (71 und 72) bleibt zunächst in der Stachelkammer stecken. In seinem Inneren liegt der Bulbus (Zwiebelstück), der bereits mit dem Schleim (Mukus) aus den Schleimdrüsen gefüllt wurde. Dadurch ist dieser Abschnitt prall ausgefüllt und gedehnt (71 und 72). Der basale Abschnitt sitzt so fest in der Stachelkammer wie ein Korken im Flaschenhals einer Sektflasche. Das sichert die innere Verbindung von Drohn und Königin, trotz der Bewegungslosigkeit des Drohns. Durch diese feste Verbindung konnten die verhängten Paare in diesem Stadium eingefroren und später untersucht werden.

Die kurzen und dicken Hörnchen (Cornua) sind in der Regel nur halb ausgestülpt und mögen mit ihrem orangefarbenen, klebrigen Sekret zusätzlich zu einer Verstärkung der Verbindung beitragen. Die Verankerung des Drohns wird vermutlich auch durch die Haarfelder in der Stachelkammer und am Begattungsorgan unterstützt. Wahrscheinlich trägt auch das komplizierte Muskelsystem der Vagina, das aus mehreren Ringmuskeln, Gruppen von Längsmuskeln und einer auffälligen muskulären Scheidenklappe besteht, zur Festigung der Verhängung bei.

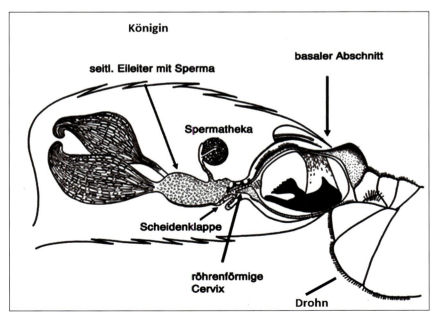

(71) Der halb ausgestülpte Endophallus liegt in der Stachelkammer der Königin. Die dünne Röhre mit der Öffnung des männlichen Genitaltraktes schiebt sich in den medianen Ovidukt und entlässt die Spermien. Die Verbindung zwischen Drohn und Königin wird in dieser Phase ausschließlich vom basalen Abschnitt des Endophallus gesichert, der innen mit Schleim (Mukus) prall gefüllt ist.

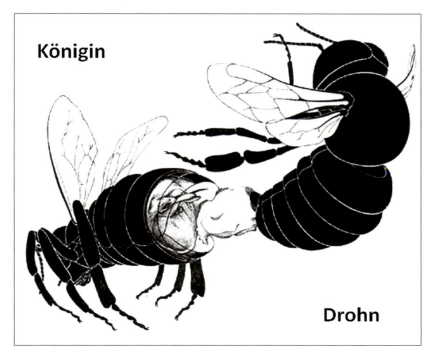

(72) Paar in Kopula eingefroren und im Labor nach Fixierung mit Alkohol getrennt und präpariert. (Stadium wie in 71) Die Stachelkammer ist durch den halb evertierten Endophallus stark gedehnt.

Zweifelsfrei gibt es noch mehr Strukturen am Endophallus und im weiblichen Genitaltrakt, die eine ausreichend enge Verbindung zwischen der fliegenden Königin und ihrem bewegungsunfähigen Gatten aufrechterhalten. Die Königin verliert durch die Last des unbeweglichen Drohns an Höhe, und der Drohnenschwarm folgt ihr nach unten. Erst nach vollzogener Spermaübertragung und Trennung vom Drohn kann die Königin wieder an Höhe gewinnen. Das erklärt, warum sich die für uns sichtbaren Drohnenkugeln ständig auf und ab bewegen.

8.3 Spermaübertragung, Begattungszeichen und Trennung vom Drohn

Wie gerade beschrieben ist der Drohn schon am Beginn der Ausstülpung seines Begattungsorgans (Endophallus) bewegungsunfähig. Daher werden die folgenden Schritte der Paarung von der Königin eingeleitet, die bestimmte Muskeln des Genitaltraktes und der Stachelkammer kontrahiert und damit das Begattungsorgan zusammenpresst. Danach läuft die weitere Ausstülpung innerhalb von Bruchteilen einer Sekunde ab. Zuerst wird der Spermatransfer von der Spitze der dünnen Röhre (Cervix) in die Eileiter (Ovidukt) vollendet, und danach werden die Eileiter mit der Scheidenklappe geschlossen (73).

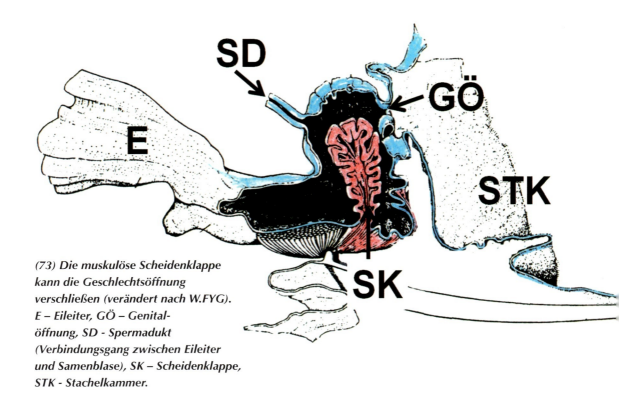

(73) Die muskulöse Scheidenklappe kann die Geschlechtsöffnung verschließen (verändert nach W.FYG). E – Eileiter, GÖ – Genitalöffnung, SD - Spermadukt (Verbindungsgang zwischen Eileiter und Samenblase), SK – Scheidenklappe, STK - Stachelkammer.

Fast gleichzeitig geht die Ausstülpung des Endophallus weiter und hat dramatische Folgen. Die dünne Röhre der Cervix (71) wird plötzlich um ein vielfaches gedehnt (74). Jahrzehnte hat man sich gewundert, wie das möglich ist, denn Chitinhäute sind kaum dehnbar. Erst 2008 fand J. WOYKE des Rätsels Lösung: Die dünne Form kommt durch die Verhakung von Haarfeldern an der Membran zustande, ähnlich wie beim Klettverschluss. Bei der Erweiterung platzt der Klettverschluss auf und ermöglicht die schnelle Dehnung.

Da die Stachelkammer der Königin nicht weiter ausdehnbar ist und damit einen Widerstand bietet, drückt das zunehmende Volumen des Begattungsorgans den Körper des Drohns weiter von der Königin weg, wobei der Endophallus zunächst durch seine Füllung mit Schleim und Bulbussekreten den Drohn weiterhin fest in der Königin verankert (74). Die Umstülpung setzt sich dann bis zum letzten Teil des Endophallus, dem Bulbus, fort. Dabei gleitet die dünne Membran des Endophallus über die innen liegende Schicht (74). Bei diesem Prozess ändert sich die Position des weißen Schleims (Mukus), (eingeschlossen von den Bulbussekreten) in der Stachelkammer nicht. Wahrscheinlich bilden die Sekrete des Bulbus eine innere feste Schicht und eine äußere „Gleitschicht", über die die Membran ohne Verletzung gleiten kann.

TEIL I

Wir betonen hier: Der Endophallus des Drohns reißt im Verlauf der Paarung nicht ab, wie immer wieder fälschlicherweise behauptet wird! Vielmehr wird die dünne Haut des Begattungsorgans über die feste röhrenartige Struktur des Bulbussekrets (bestehend aus Chitinspangen, überwölbt durch eine feste Membran und gefüllt mit Mukus) ohne Verletzung gezogen!

(74) Durch die dünne Membran ist der Endophallus durchscheinend und sichtlich entleert, die Hörnchen sind ebenfalls farblos. Der Endophallus reißt nicht ab, sondern die Membran gleitet ohne Verletzung über die Bulbussektrete, die gefüllt mit dem Schleim dann als Begattungszeichen in der Stachelkammer verbleiben.

Gleichzeitig werden die Hörnchen (Cornua) vollständig ausgestülpt. Auch bei ihnen löst sich die innere Membran des Endophallus vom orangefarbenen Sekret. Dieses klebrige Sekret verbindet sich mit der Röhre aus Chitinplatten und der sie verbindenden Membran und verbleibt ebenfalls in der Königin (75). Im Verlauf der Ausstülpung schieben die Hörnchen das Begattungsorgan (den Endophallus) weiter aus der Stachelkammer der Königin heraus. Mit der vollständigen Ausstülpung wird der Drohn von der fliegenden Königin getrennt und fällt zu Boden. In der Stachelkammer

verbleiben dann der weiße Schleim, umhüllt und zusammengehalten vom Bulbussekret, und ganz außen die klebrige, orangefarbenen Sekrete der Hörnchen. Alle diese Bestandteile bilden zusammen das Begattungszeichen (75).

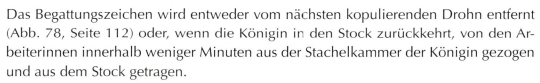

(75) Begattungszeichen: Vom weißen Schleim (Mukus) ist nur an beiden Enden etwas zu sehen. Die Chitinspangen (braun) stammen aus dem Bulbus, und das übrige Bulbussekret (hellgelb) umhüllt den Mukus fast vollständig. Das Sekret der Hörnchen (orange) verteilt sich über einen Teil des Bulbussekrets.

Das Begattungszeichen wird entweder vom nächsten kopulierenden Drohn entfernt (Abb. 78, Seite 112) oder, wenn die Königin in den Stock zurückkehrt, von den Arbeiterinnen innerhalb weniger Minuten aus der Stachelkammer der Königin gezogen und aus dem Stock getragen.
Beim Vergleich der Raumstation und der Raumfähre mit der Paarung müssen wir betonen, dass das Abdocken der Raumfähre prinzipiell anders abläuft als die Trennung des Drohns von der fliegenden Königin. Bevor sich die Raumfähre trennt, werden die internen Verbindungen gelöst und eingeholt. Dann werden die Schleusen geschlossen und nur zuletzt werden die äußeren Befestigungen gelöst, bevor die Raumfähre dann ablegt. Der Drohn dagegen verliert sehr früh seine Verankerung mit den Beinen am Hinterleib der Königin. Das Eindringen von Bakterien oder anderen Verunreinigungen in den Genitaltrakt der Königin auch nach der Paarung verhindert der Drohn trotzdem. Er verschließt die Schleuse (Stachelkammer) der Königin fest mit dem Begattungszeichen. Mit der Abgabe des Begattungszeichens fällt der bewegungsunfähige Drohn dann herab. Letztendlich können Raumfähren mehrfach eingesetzt werden. Der Drohn dagegen einspricht eher einer „Einwegfähre", die nach erfüllter Mission zwangsläufig abgewrackt wird. Und „abgewrackt" ist eine zutreffende Beschreibung für das Schicksal des Drohns. Der „selbst herbeigeführte" Tod des Drohns als „Siegespreis" einer erfolgreichen Konkurrenz um die Kopulation mit der Königin ist auch im Vergleich mit dem oft bizarren Sexualverhalten im Tierreich eine Besonderheit!

(76) Künstlich umgestülpter Endophallus für die instrumentelle Besamung. Das Sperma (cremefarben) ist auf dem weißen Schleim verteilt, die Chitinspangen des Bulbus verbleiben innerhalb der Membran und das orangene Sekret klebt an den Hörnchen.

8.4. Vergleich: Gewinnung von Sperma für die künstliche Besamung mit der natürlichen Paarung

Bei der Gewinnung von Sperma für die instrumentelle Besamung verläuft der Vorgang der Ausstülpung des Begattungsorgans grundsätzlich anders. Es fehlt der mechanische Widerstand der Stachelkammer, der, wie oben beschrieben, für den Verlauf der natürlichen Kopulation entscheidend ist. Bei der freien Ausstülpung des Endophallus erscheint das Sperma in einigen Fällen, wie bei der natürlichen Paarung, als Tropfen im halb ausgestülpten Stadium und kann leicht ohne Vermischung mit dem Schleim in die Besamungsspritze aufgenommen werden. Meist aber wird der Endophallus explosionsartig ganz ausgestülpt (76). Dabei verbleiben die Chitinspangen innen. Der Schleim wird so abgegeben, dass er nicht im Bulbus und seinem Sekret hängen bleibt, sondern das Sperma von der Spitze wegdrückt. Als Ergebnis liegt das Sperma dann als dünne Schicht auf der Oberfläche des Schleims, sodass es sehr vorsichtig und behutsam abgesaugt werden muss. Denn gelangt auch nur ganz wenig Schleim in die Besamungsspritze, verstopft sie und muss gesäubert werden. Auch der Verbleib des orangefarbigen Sekrets der Hörnchen unterscheidet sich. Im Gegensatz zur natürlichen Paarung verbleibt das orangene Pigment auf seinem Ursprungsort, den Hörnchen (76).

Paarung im freien Flug – Einzelphasen des komplizierten Vorgangs

Finden der Königin	Der Drohn nimmt den Sexuallockstoff der Königin wahr. Mit den großen Augen sieht er sie gegen den Himmel, indem er etwas unterhalb der Königin fliegt. In einer Gruppe mit vielen Konkurrenten folgt er der schnell fliegenden Königin.
Greifen der Königin	Dann verlässt er die Gruppe der Verfolger und erreicht eine Position ganz dicht oberhalb des Hinterleibs der Königin. Der Drohn ergreift den Hinterleib der Königin mit den Beinen. Mit der Innenseite der Hinterbeine drückt er den Hinterleib an die Unterseite seines Bruststücks. Er hält auf diese Weise das Hinterleib der Königin fest im Griff.
Einleitung der Verhängung	Sofort krümmt der Drohn seinen Hinterleib nach vorne und findet mit der noch geschlossenen Öffnung seines Hinterleibs die geöffnete Stachelkammer der Königin. Die weiche, häutige Auskleidung der Stachelkammer umschließt die Spitze des Hinterleibs des Drohns mit der Geschlechtsöffnung.
Verhängung (Kopulation)	Daraufhin erfolgt eine schlagartige Kontraktion der Muskulatur des Drohns. Das Abdomen kontrahiert und presst die Körperflüssigkeit in den Endophallus, der dadurch nach außen umgestülpt wird. Die Ausstülpung gelingt aber nur zur Hälfte. Das noch dünne Mittelstück (Cervix) dringt tief ein - bis hinter die Scheidenklappe. Mit dem Einpressen der Körperflüssigkeit in den Endophallus verliert der Drohn seine Bewegungsfähigkeit: Die Umklammerung des Hinterleibs der Königin löst sich und der Drohn fällt nach hinten zurück. Er hängt nun flug– und bewegungsunfähig an seinem Endophallus, der fest in der Geschlechtsöffnung der fliegenden Königin verankert ist (wie der Korken in einer Flasche!).
Spermaübertragung	Der Drohn ist in dieser Situation nicht in der Lage seine Muskeln noch stärker zu kontrahieren und sich zu bewegen. Die aktive Rolle wird nun von der Königin übernommen. Die Muskulatur der Stachelkammer der Königin zieht sich zusammen. Auf diese Weise wird das Sperma durch das dünne Mittelstück des Endophallus in die Eileiter gepresst.
Trennung des Paares	Fast gleichzeitig wird durch das Zusammendrücken der Stachelkammer der Endophallus vollständig ausgestülpt. Dabei löst sich die durchsichtige Haut von allen Sekreten der männlichen Anhangsdrüsen ab (74). Der unverletzte Endophallus gleitet aus der Stachelkammer und der Drohn fällt zu Boden. Die Sekrete verbleiben als Begattungszeichen in der Königin und verschließen die Geschlechtsöffnung. Das Begattungszeichen hält die Stachelkammer offen. Die Königin ist bereit für die nächste Paarung.
Dauer der Paarung	Vom erfolgreichen Greifen der Königin bis zur Trennung des Paares vergeht nicht mehr ca. 1 sec!

9 Monogamie des Drohns, mehrfache Paarung der Königin, Begattungszeichen und Rückkehr ins Volk

Bei vielen höheren Tieren liegt das Verhältnis der Geschlechter etwa bei 50 %, d.h. es gibt gleich viele Weibchen wie Männchen. Bei den Honigbienen dagegen kommen die Drohnen stets in großer Überzahl vor. Verschiedene Ursachen für dieses Ungleichgewicht sind bereits in den vorherigen Kapiteln diskutiert worden. Hier soll nun die Frage aufgegriffen werden, inwieweit die extreme Überzahl der Drohnen den Verlauf der Kopulation mit dem zwangsläufigen Tod des Drohns beeinflusst haben könnte. Dass diese Frage durchaus nahe liegend ist, zeigt der Blick auf die bereits oben angesprochenen Tierarten mit einem Gleichgewicht zwischen beiden Geschlechtern. Hier paaren sich in der Regel sowohl die Weibchen als auch die Männchen mehrfach in ihrem Leben.

9.1 Monogamie der Drohnen

Auf einem Drohnensammelplatz befinden sich während der Hauptflugaktivität meistens ca. 10.000 Drohnen in der Luft (siehe auch Kap. 6), die um die eintreffende Königin konkurrieren. Die durchschnittliche Wahrscheinlichkeit für einen Drohn für eine erfolgreiche Paarung ist demnach 1:10.000 oder 0,0001. Nun paart sich jede Königin durchschnittlich mit 12 Drohnen, die dann aus der Drohnenpopulation des Drohnensammelplatzes ausscheiden. Angesicht der hohen Anzahl der vorhandenen Drohnen ist diese Verminderung unbedeutend und kann bei den folgenden Überlegungen vernachlässigt werden. Unter der theoretischen Annahme, dass die Möglichkeit einer weiteren Paarung bestehen würde, kann die Wahrscheinlichkeit für die zweite Paarung eines Drohns berechnet werden. Wahrscheinlichkeiten für ein zweites Ereignis werden durch Multiplikation bestimmt. Die Wahrscheinlichkeit für eine erste Paarung beträgt wie oben bereits angegeben 0,0001. Demnach ist die Wahrscheinlichkeit für die 2. Paarung des Drohns 0,0001 X 0,0001 = 0,000 000 01 oder 1 zu 10 Millionen. Damit ist die Wahrscheinlichkeit für die zweite Paarung des Drohns so extrem niedrig, dass man davon ausgehen kann, dass es keine Chance für eine zweite Paarung gibt. Mit anderen Worten, Drohnen, die bei der ersten Paarung Spermien und Sekrete für eine weitere Paarung sparen, haben keine Gelegenheit, diese Reserven sinnvoll zu investieren bzw. zu nutzen. Unter diesen Bedingungen werden sich in der harten Konkurrenz der Drohnen nur Eigenschaften durchsetzen, die eine totale Investition begünstigen, wann immer ein Drohn die Gelegenheit zu

einer ohnehin schon seltenen Paarung hat. Die Monogamie des Drohns kann also als eine Folge der extremen Verschiebung des Geschlechtsverhältnisses zugunsten, bzw. in Bezug auf Paarungschancen zu „Ungunsten" der Männchen gesehen werden.

> *Die Berechnung der Wahrscheinlichkeit für eine 2. Paarung des Drohns stößt wegen der komplizierten Zahlen bisweilen auf Verständnisschwierigkeiten, die wir mit folgendem einfachen Beispiel beheben wollen:*
>
> *Die Wahrscheinlichkeit eine 6 zu würfeln, beträgt bei einem normalen sechsseitigen Würfel 1/6. Betrachten wir nun die Wahrscheinlichkeit, nach einer ersten 6 im zweiten Wurf wiederum eine 6 zu würfeln, so ergibt sich folgende Rechnung:*
>
> *Erster Wurf mit einer Wahrscheinlichkeit   von 1/6*
> *Zweiter Wurf mit einer Wahrscheinlichkeit   von 1/6*
>
> *Die Wahrscheinlichkeit bei zwei Würfen nacheinander jeweils eine 6 zu erreichen, beträgt dann 1/6 x 1/6 = 1/36*

9.2 Mehrfache Paarung der Bienenkönigin

J. DZIERZON erkannte durch Kreuzung von dunklen Königinnen mit hellen „Italienerdrohnen" nicht nur, dass Drohnen aus unbefruchteten Eiern erzeugt werden (siehe Kap. 3.1). In weiteren Versuchen hinderte er Königinnen am Hochzeitsflug. Diese Königinnen begannen schließlich Eier zu legen, aber es entstanden nur Drohnen. Das war natürlich eine Bestätigung dafür, dass Drohnen durch Jungfernzeugung (Parthenogenese) entstehen. Aber dieses Ergebnis führte auch zu der weiteren grundlegenden Erkenntnis, dass die Königin von „einer Drohne" begattet werden muss, „was stets nur im Fluge hoch in der Luft geschieht."

Wegen der großen wissenschaftlichen Verdienste und der allgemeinen Anerkennung von J. DZIERZON wurde die Aussage, dass die Königin „nur" von einem Drohn begattet wird, allgemein anerkannt, und der Begriff „Einfachpaarung" fand schnell Eingang in Lehrbücher. Vielleicht entsprach diese Vorstellung auch den seinerzeit vorherrschenden Moralvorstellungen. Die Einfachpaarung der Königin galt ca. 100 Jahre lang geradezu als Dogma und wurde mit „einleuchtenden" Argumenten verteidigt.

TEIL I

Die beiden wichtigsten Argumente, die von den Verfechtern der Einfachpaarung bis etwa 1950 vertreten wurden, wollen wir kurz besprechen:

1. Bereits 1775 erkannte der slowenische „Bienenmeister" A. JANSCHA, dass die Stachelkammer einer vom Hochzeitsflug zurückkehrenden Königin mit Sekreten vom Begattungsorgan des Drohns verschlossen ist (77). Erst bei ihrer Rückkehr ins Volk wird das Begattungszeichen entfernt, meist von den Arbeiterinnen. Da die Königin es nicht selbst während des Fluges aus ihrer Stachelkammer entfernen kann, wurde lange argumentiert, dass das Begattungszeichen als ein Pfropf („Keuschheitsgürtel"!) die Geschlechtsöffnung so verschließt, dass keine weitere Paarung möglich ist.

(77) *Die Hinterleibsöffnung der Königin scheint durch das Begattungszeichen vollständig verschlossen zu sein.*

2. Mit der Verbesserung der Mikroskopie gelang es, Spermien zu zählen. Ein Drohn produziert im Durchschnitt 8 - 10 Millionen Spermien. In der Spermatheka einer begatteten, legenden Königin finden sich meist nur bis zu 6 Millionen Spermien. Demnach reicht die Spermamenge eines Drohns aus, um die Spermatheka der Königin zu füllen.

Erst in der Zeit um 1950 entstanden einleuchtende Zweifel an der These der Einfachpaarung. So wurden zwischen den Arbeiterinnen in einem Volk große Unterschiede (z.B. Farbunterschiede) gefunden, die nur damit zu erklären waren, dass die Arbeiterinnen verschiedene Väter hatten. Offensichtlich hatten sich die Königinnen mit mehreren Drohnen gepaart. Schließlich wurde die Mehrfachpaarung der Königin mit unterschiedlichen Methoden experimentell nachgewiesen:

9.2 a Analyse der Nachkommenschaft von genetisch markierten Königinnen und Drohnen: Dazu wurden viele Versuche in den USA durchgeführt. Hier in Deutschland brachten Versuche von der Arbeitsgruppe um die Brüder F. und H. RUTTNER eine Wende in der Diskussion. Sie brachten Königinnen auf der Mittelmeerinsel Vulcano zur Paarung, auf der zuvor Drohnen unterschiedlicher Rassen oder Mutanten aufgestellt waren. Die Nachkommenschaft der Königinnen zeigte zweifelsfrei, dass bei jeder Königin verschiedene Vaterschaftsgruppen vertreten waren. Aber auch diese Untersuchungen konnten nicht die (angebliche!) Funktion des Begattungszeichens als Verschluss der weiblichen Geschlechtsöffnung widerlegen. So wurde angenommen, dass Königinnen nach jeder Kopulation heimkehren und warten müssten, bis das Begattungszeichen von den Arbeiterinnen entfernt wird. Erst danach, so wurde unterstellt, könnte die Königin für weitere Paarungen ausfliegen. Der Fund einzelner Drohnen am Drohnensammelplatz von V.V. TRIASKO Anfang der 50er Jahre, an deren Begattungsorgan ein Begattungszeichen klebte, wurde allgemein als verunglückte Paarung abgetan.

9.2 b Vergleich der Spermamenge von einem Drohn mit der Spermamenge in den Eileitern von Königinnen.
Es entstand die Idee, dass nicht die Spermamenge in der Spermatheka etwas über die Paarungen aussagt, sondern dass die Spermamenge in den Eileitern von Königinnen, die gerade vom Hochzeitsflug zurückgekehrt sind, viel aussagekräftiger ist. Daher verglichen V.V. TRIASKO und fast zur gleichen Zeit J. WOYKE die Spermamenge in den Eileitern mit der Menge, die ein Drohn produziert. Bei den meisten Königin-

nen wurden Spermien von 7-12 Drohnen nachgewiesen. Königinnen paaren sich demnach auf einem Hochzeitsflug fast immer mit vielen Drohnen. Damit war die Funktion des Begattungszeichens als irreversibler Verschluss der Stachelkammer der Königin während des Fluges widerlegt. Eine schlüssige Erklärung, auf welche Weise die Entfernung geschieht, wurde damals nicht gegeben.

9.2 c Bestimmung des Vorkommens von diploiden Drohnen in einer Population

In den USA und Südamerika wurde die Häufigkeit von diploider Drohnenbrut (lückiges Brutnest), also die Anzahl von Bruder/Schwester Paarungen in einer Population, bestimmt. Auf Grund dieser Ergebnisse schätzte die Forschergruppe um J. ADAMS die Anzahl der Paarungen von einer Königin auf 7 bis 17.

9.2 d Methoden der molekularen Vaterschaftsanalyse bei Bienenvölkern

Die molekularen Vaterschaftsanalysen begannen Ende 1980 und wurden bald auch von vielen Arbeitsgruppen weltweit für Bienen eingesetzt. Mehrere Arbeiterinnen eines Volkes wurden analysiert. Die Ergebnisse zeigten eine ähnliche Spannbreite der Anzahl von Vätern wie die der klassischen Methoden. Insgesamt wurden Daten von mehr als 130 Völkern von verschiedenen Autoren publiziert. Danach beträgt die durchschnittliche Zahl der Paarungen 11.6 ± 7.90.

9.2 e Umweltbedingte und rassespezifische Unterschiede bei der Anzahl der Paarungen

Alle 4 Methoden ergaben im Mittel etwa 12 Paarungen einer Bienenkönigin. Es traten aber auch große Unterschiede in der Paarungshäufigkeit auf, sogar am selben Bienenstand. Das wurde von der Arbeitsgruppe um R.F.A. MORITZ als genetische Unterschiede bei den Königinnen gedeutet, was auf eine hohe Erblichkeit für die Anzahl der Paarungen hinweist. Aber auch innerhalb einer Zuchtlinie gibt es signifikante Unterschiede: Auf dem Festland paarten sich 9 Carnica Schwesterköniginnen auf einer Belegstelle im Schnitt 24-mal, zur gleichen Zeit paarten sich 7 weitere Schwestern auf der Insel aber nur mit 6 Drohnen. Die Autoren dieser Arbeiten schließen daraus, dass sich die Zahl der Paarungen den äußeren Bedingungen anpasst.

Betrachtet man einzelne Bienenrassen, so gibt es signifikante Unterschiede in der Anzahl der Väter: Sie variieren nach P. FRANCK von 9.3 ± 3 bei *A. m. sicula* und bis 34 ± 14.2 bei *A. m. capensis* (Arbeitsgruppe R.F.A. MORITZ).

9.3 Die Funktion des Begattungszeichens

9.3. a. Keine Verhinderung von nachfolgenden Paarungen

Wie gelingt es dem nachfolgenden Drohn, das Begattungszeichen seines Vorgängers zu entfernen? Kurz nach dem Ergreifen der Königin wird der basale Teil des Endophallus ausgestülpt, der mit einem dichten Haarfeld versehen ist. Wie Filmaufnahmen der Paarung zeigen, bleibt das Begattungszeichen an diesem Haarfeld

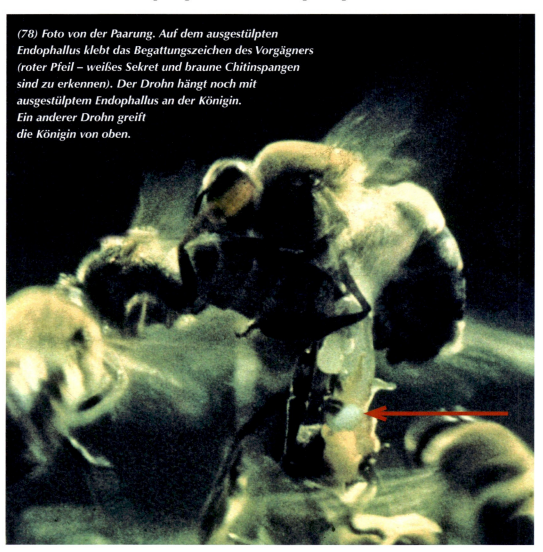

(78) Foto von der Paarung. Auf dem ausgestülpten Endophallus klebt das Begattungszeichen des Vorgägners (roter Pfeil – weißes Sekret und braune Chitinspangen sind zu erkennen). Der Drohn hängt noch mit ausgestülptem Endophallus an der Königin. Ein anderer Drohn greift die Königin von oben.

haften und wird während der weiteren Ausstülpung des Endophallus aus dem Drohn herausgezogen. Das Begattungszeichen des vorhergehenden Drohns findet sich also noch nach der Trennung von der Königin auf dem Haarfeld des toten Drohns (78 und 79). Letztlich hinterlässt jeder Drohn sein Begattungszeichen (Kap. 8. 4), das dann entweder von seinem Nachfolger oder, nach der Rückkehr der Königin ins Volk, von den Arbeiterinnen entfernt wird.

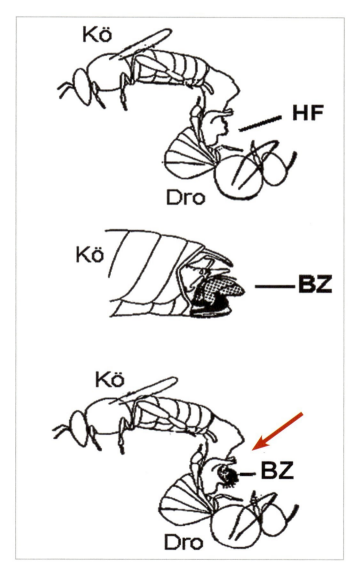

(79) Schema von der Paarung. Der erste Drohn überträgt sein Begattungszeichen. Das Begattungszeichen verbleibt in der Königin. Beim zweiten Drohn klebt das Begattungszeichen seines Vorgängers auf dem ausgestülpten Endophallus (roter Pfeil), siehe auch (78).

BZ - Begattungszeichen,
Dro – Drohn,
Hf – Haarfeld,
Kö – Königin.

Ein Begattungszeichen wiegt etwa 15 mg. Das sind fast 10 % des Körpergewichts des Drohns (S. BERG)! Es wird aus Sekreten von 3 Drüsen zusammengesetzt: Die Mukusdrüse produziert den Hauptteil, die Bulbus Drüse eine Membran, die mit den Chitinspangen eine Art Röhre bildet, in die der Mukus (Schleim) eingefüllt wird. Das klebrige orangefarbige Sekret der Hörnchen wird bei der Lösung des Drohns von der Königin außen aufgeklebt (Kap. 8, (75)). Zweifelsfrei erfordert die Produktion eines Begattungszeichens einen hohen Stoffwechselaufwand („Kosten") vom Drohn und diese erhebliche „Investition" muss sich für den Drohn lohnen! In der Währung der Biologie heißt das: Das Begattungszeichen muss dem Drohn Vorteile bei der Paarung bringen, die den erheblichen Produktionsaufwand übersteigen!
Welche Vorteile können das sein?

1. Verankerung des gelähmten Drohns in der Königin

Im Kapitel über die Paarung im freien Flug wurde bereits die Bedeutung des Mukus bei der Verankerung des im Verlauf der Paarung gelähmten Drohns in der Stachelkammer der Königin besprochen (71 und 72). Der halb ausgestülpte Endophallus sitzt so fest in der Stachelkammer der Königin, dass man die Königin zerreißt, wenn man den Drohn einfach herausziehen will. Zusammenfassend kann man feststellen: Ohne die große Menge von Mukus, eingebettet im Bulbus (Zwiebelstück) und zusammengehalten vom Bulbussekret, würde der Drohn herabfallen, bevor eine Übertragung des Spermas stattfinden könnte.

2. Markierung der Königin für die nachfolgenden Drohnen

Um zu überprüfen, ob Drohnen das Begattungszeichen erkennen können, befestigte G. KOENIGER zwei Königinnen im Abstand von 30 cm an den Enden einer Drahtgabel. Zunächst wurden eine helle Italiener Königin und eine dunkle Carnica Königin an der Drahtgabel auf einem Drohnensammelplatz in die Flughöhe der dunklen Carnica Drohnen gebracht. Die Drohnen verfolgten die helle Königin wesentlich häufiger als die dunkle, auch fanden deutlich mehr Kopulationen mit der hellen Königin statt (80). Entsprechende Wahlversuche mit Ligustica Drohnen ergaben eine Bevorzugung der dunklen Königinattrappe im Vergleich zu einer hellen. Warum nun bevorzugen die Drohnen hier regelmäßig die fremdrassige und farblich andere Königin? Unsere Erklärung geht von den Schwierigkeiten aus, die zweifelsfrei entstehen, wenn der Drohn mitten in einer Gruppe von fliegenden Konkurrenten eine Königin erkennen und optisch verfolgen muss. Das gelingt nicht immer. Filmaufnahmen zeigen (81), wie ein Drohn versehentlich versucht, einen Drohn zu ergreifen (81). Wie sind solche Irrtümer einzelner Drohnen zu vermeiden? Sicherlich hilft das optische Erkennen auch von kleineren Unterschieden weiter. Die Königin sieht anders aus als mitfliegende Drohnen, und es gibt immer nur eine Königin! Das wurde mit Wahlversuchen getestet (s. oben) nachgewiesen: In einem Test konnten Drohnen zwischen einer dunklen Carnica und einer hellen Italiener Königin wählen. Es gab ein eindeutiges Ergebnis: 1. Drohnen können Farben unterscheiden und 2. sie bevorzugen die Königin, die eine andere Farbe hat, als die konkurrierenden Drohnen. Sobald die Königin erkannt ist, erfolgt sofort, ohne weitere Verzögerung, der Anflug und die Kopulation.

(80) Eine dunkle Carnica Königin und eine helle Italiener Königin wurden im Abstand von 30 cm Drohnen auf dem DSP gleichzeitig zur Wahl geboten. Die dunklen Carnica Drohnen verfolgen in diesem Auswahltest bevorzugt die helle Italiener (Ligustica) Königin.

Ausgehend von der o. a. Hypothese wurde in weiteren Versuchen bei einer von zwei gleichfarbigen Königinnenattrappen ein natürliches Begattungszeichen oder in anderen Versuchen die farbige Attrappe eines Begattungszeichens in die Stachelkammer geklebt. Die mit dem Begattungszeichen farblich markierten Königinnen wurden von den Drohnen im Vergleich zur unmarkierten Königin sehr deutlich bevorzugt. Dieser Befund wird von den Ergebnissen anderer Arbeitsgruppen gestützt.

Die großen Augen der Drohnen können Farbmarkierungen von der Größe des Begattungszeichens in einer Entfernung von 30 cm – das ist die Distanz, aus der ein Drohn zum Anflug auf eine Königin startet – gut erkennen.

(81) Verwechselung: Der Drohn ganz rechts biegt seine Hinterbeine, um den vor ihm fliegenden Drohn statt die Königin zu greifen.

Durch die Markierung mit seinem Begattungszeichen wird eine schnelle Unterscheidung der fliegenden Königin von konkurrierenden Drohnen ermöglicht. Der Drohn erleichtert seinem Nachfolger das Erkennen der Königin. Aber warum sollte ein bereits toter Drohn seinen Nachfolger unterstützen? Hat ein Drohn erfolgreich kopuliert, so ist für sein Sperma die sichere Rückkehr der Königin in ihr Nest überlebenswichtig. Königinnen mit Begattungszeichen werden schneller von weiteren Drohnen erkannt und begattet. Dadurch wird die gefährliche Flugzeit außerhalb des sicheren Bienenvolkes verkürzt! So kooperiert ein Drohn nach seinem Tod mit dem Nachfolger, seinem vorherigen Konkurrenten. Diese „post mortem" Kooperation, d.h. eine Zusammenarbeit, die nach dem eigenen Tod wirksam wird, ist einzigartig im Tierreich und unterstreicht, dass Sexualität in Kombination mit sozialer Lebensweise biologische Wege gefunden hat, die über die menschliche Phantasie hinausgehen!

9.3.b. Das Begattungszeichen ist keine Spermabarriere

Häufig wird die Rolle des Begattungszeichens für die Zurückhaltung der von der Königin aufgenommenen Spermamenge diskutiert. Dabei wird dann vergessen, dass das Begattungszeichen nach jeder Paarung entfernt und durch ein neues ersetzt wird. Wäre das Begattungszeichen wirklich eine Abdichtung des Eileiters, die den Austritt der Spermien verhindern würde, so ginge zwangsläufig bei jeder neuen Paarung bereits vorher aufgenommenes Sperma verloren.

Weiter wird das Begattungszeichen meist 1 oder 2 Minuten nach der Rückkehr der Königin von den Arbeiterinnen entfernt. Die Füllung der Spermatheka mit Spermien dauert jedoch länger als 24 Stunden! Den genauen Verlauf dieses Vorganges untersuchte J. WOYKE, indem er nach der künstlichen Besamung die Zahl der Spermien in der Spermatheka nach verschiedenen Zeitabständen bestimmte (82).

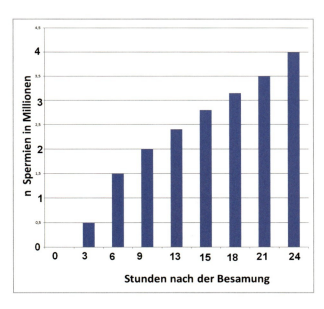

(82) Einwanderung der Spermien in die Spermatheka (Verändert nach J. WOYKE) Nach künstlicher Besamung mit nur 8μl sind nach 3 Stunden erst 500.000 Spermien, nach 12 Stunden knapp 2,5 Millionen in die Spermatheka eingewandert. Nach 24 Stunden sind es 4 Millionen. Nach einem Hochzeitsflug sind meist doppelt soviele Spermien in den Eileitern, der Einwanderungsprozess benötigt vermutlich noch mehr Zeit.

Auf welche Weise wird der Eileiter nach der Aufnahme der Spermien geschlossen und so ein Verlust der Spermien verhindert? Genaue anatomische Untersuchungen zeigen, dass der Verschluss des Eileiters mit Hilfe einer muskulösen Scheidenklappe erfolgt (73). F. RUTTNER beschreibt den genauen Hergang, wie die Königin mit dieser Scheidenklappe die Füllung der Spermien in die Spermatheka sowie das Ausscheiden überschüssiger Spermien steuert (siehe Kap. 10.2 und (86)).

10 Der Weg der Spermien und ihre Mischung in der Königin

Wie beschrieben, nimmt die Königin im Laufe der mehrfachen Paarungen mehr als 100 Millionen Spermien auf, die zunächst in den Eileitern zwischengelagert werden. In der Spermatheka jedoch, dem endgütigen „Speicherorgan", finden nur max. 6 Millionen Spermien Platz. Als Gesamtbilanz werden damit mindestens 94 % der ursprünglich aufgenommenen Spermien ausgeschieden. Aber nicht nur diese „massenhafte Vernichtung" ist von Interesse, vielmehr bestimmt die Auswahl des sehr kleinen Anteils der überlebenden Spermien (die in die Spermatheka gelangen) die zukünftige genetische Zusammensetzung des entstehenden Bienenvolkes.

Im Rahmen der Paarungen werden die Samenpakete der einzelnen Drohnen nacheinander in die Eileiter der Königin übertragen und es stellt sich die Frage, ob Spermien von einem Drohn als eine Portion zusammenbleiben - sowohl in den Eileitern als auch später in der Spermatheka. Eine Königin würde dann zunächst für einige Zeit ihre Eier vorzugsweise mit den Spermien von einem Drohn befruchten. Wenn die Spermien dieses Drohn aufgebraucht wären, kämen die Spermien von einem anderen Gatten dran? Auf diese Weise würden sich die genetisch (vom Vater!) bestimmten Eigenschaften der Arbeiterinnen eines Bienenvolks ständig ändern. In einer Periode würden die Gene des einen Vaters dominieren. Danach wäre dann ein anderer Drohn der Vater der meisten Arbeiterinnen! Um Antworten auf die Fragen nach Zusammensetzung der Spermien zu finden, wollen wir den Weg der Spermien von den Eileitern der Königin in die Spermatheka mit unterschiedlichen Methoden verfolgen. Unser Ziel ist zu verstehen, wie die Auswahl und die Mischung der Spermien erfolgt.

10.1 Eileiter als Zwischenspeicher für das Sperma

Von J. WOYKE stammen wohl die gründlichsten Ergebnisse über die Vorgänge nach der Rückkehr der jungen Königin vom Paarungsflug, aber auch andere wie F. RUTTNER haben dazu experimentelle Daten beigetragen. Es zeichnete sich ein einheitliches Bild ab: Bei der sofortigen Sezierung der heimkehrenden Königin fand sich eine große Spermamenge in den Eileitern (83 a und b). Die membranösen, dünnhäutigen Eileiter waren ballonartig aufgebläht. Oft waren der linke und der rechte Eileiter unterschiedlich gefüllt (83 a). Am häufigsten fand J. WOYKE Spermamengen, die mindestens von 7 – 12 Drohnen stammen mussten. Das entspricht bei 12 Drohnen einer Gesamtzahl von etwa 100 Millionen Spermien. Nur sehr selten wurden Spermienmengen nachgewiesen, die auf mehr als 20 Drohnen schließen ließen.

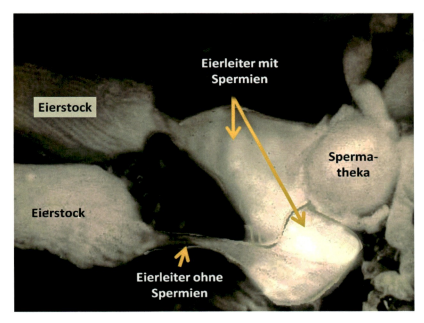

(83 a) Reproduktionsorgane der Königin. In der Mitte sieht man die mit Sperma gefüllten Eileiter, einer ist nur halb gefüllt. In Richtung Eierstock ist er noch ein dünner Schlauch. Rechts über den Eileitern liegt die kugelförmige Spermatheka, links die noch kleinen Eierstöcke der jungen Königin (Foto: F. RUTTNER).

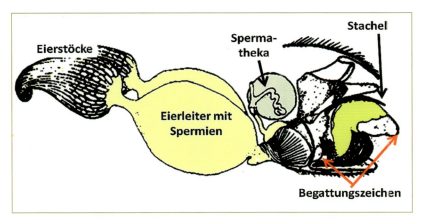

(83 b) Schema Fortpflanzungsorgane der Königin.

Beim Hochzeitsflug werden in kurzen, zeitlichen Abständen die Spermaportionen der einzelnen Gatten (Drohnen) nacheinander in die Eileiter gepresst. In ersten Experimenten wurden die Samenmengen einzelner Drohnen nacheinander in eine Besamungsspritze aufgenommen. Damit entsprach dann die Schichtung der Samenpakete in der Spritze der umgekehrten Reihenfolge bei der natürlichen Paarung: Das Sperma des „letzten" Drohns lag vorne in der Spitze und das Sperma der „folgenden" Drohnen schloss sich daran an; ganz hinten lagen die Samen des „ersten" Drohns. In der Diskussion dieser Experimente wurde die Füllung der Besamungsspritze mit den nacheinander aufgereihten Spermienpaketen mit der natürlichen Füllung der Eileiter während der Paarung verglichen. Dabei wurde übersehen, dass dieser Vorgang grundsätzlich anders verläuft als die Füllung einer Glasspritze mit festen Wänden.

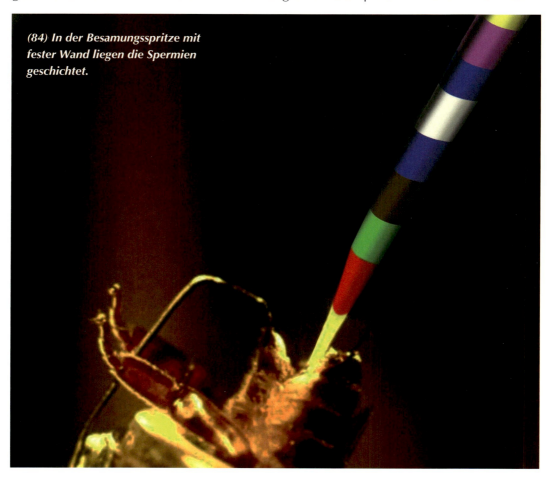

(84) In der Besamungsspritze mit fester Wand liegen die Spermien geschichtet.

(85) Zwei Hälften der Schleimfüllung, links Längsschnitt durch das Zentrum, rechts: Ansicht der Oberfläche. Die unterschiedlich gefärbten Schleimportionen wurden nacheinander aus verschiedenen Spritzen in den Ballon gefüllt. Die Reihenfolge der Farben war: 1 rot, 2 weiß, 3 braun, 4 gelb, 5 blau und 6 grün. Die Verteilung der 6 Portionen im Ballon war ungleichmäßig.

Die membranösen Eileiter sind eher mit einem leeren, schlaffen Ballon zu vergleichen. Um den natürlichen Vorgang der Füllung der Eileiter an diesem „Modell" zu simulieren, wurden gleiche, aber unterschiedlich gefärbte Mengen von zähflüssigem Schleim, dessen Konsistenz so zähflüssig war wie Sperma, nacheinander in einen Gummiballon gepresst. Die Reihenfolge der Farben war rot, weiß, braun, gelb, blau und grün. Um die Verteilung in den Ballons festzuhalten, wurde der gefüllte Ballon tiefgefroren. Dann wurde das Ballongummi von der festgefrorenen Masse abgezogen. Die Verteilung der einzelnen verschiedenfarbigen Portionen zueinander war sehr variabel (85). Vor allem entsprach die jeweilige Lage der Portion nicht der Reihenfolge, in der diese Portion in den Ballon gefüllt wurde. So wurde die zuerst gespritzte, rote Portion offensichtlich seitlich verdrängt, während die letzte grüne Portion vor allem in der Mitte lag.

Nach diesen Modellversuchen halten wir es für unwahrscheinlich, dass es eine schichtweise Anordnung der Spermaportionen einzelner Drohnen in den Eileitern in Abhängigkeit der Paarungsfolge gibt. Allerdings scheint beim Eintritt in die Eileiter auch keine vollständige Durchmischung der Spermaportionen stattzufinden. Insgesamt ist die Lage der Portionen in Bezug auf die Nähe zur Öffnung des Kanals zur Einwanderung der Spermien in die Spermatheka zum großen Teil wohl zufällig. Weitere Unterschiede entstehen auch durch eine zufällige Verteilung der Samenportionen zwischen dem linken und dem rechten Eileiter (83 a).

10.2 Transfer von Spermien in die Spermatheka
Wie oben beschrieben, findet beim Übergang der Spermien von den Eileitern in die Spermatheka eine sehr weitgehende Auswahl statt. Dabei scheint eine weitere Durchmischung zu erfolgen. Der große Rest von oft mehr als 90 Millionen Spermien wird von der Königin ausgepresst und geht zugrunde.

Wie erfolgt die Füllung der Spermatheka? Direkt nach der Rückkehr vom Hochzeitsflug kann man beobachten, wie die Königin immer wieder ihren Hinterleib krümmt. Aus ihrer Hinterleibsöffnung treten über eine Zeit von mehr als 24 Stunden kleine weiße Stiftchen aus, die von den Arbeiterinnen entfernt werden. Mikroskopische Untersuchungen haben gezeigt, dass es sich hier um Sperma handelt, das ausgeschieden wird. Die beobachteten Kontraktionen der Muskulatur des Hinterleibs haben offensichtlich den Effekt, dass die bei der Paarung in die Eileiter gepressten Spermienmassen zurück zur Vagina transportiert werden. Dabei arbeiten die Muskeln der Eileiter und der Scheidenklappe mit den Muskeln des Außenskeletts zusammen (86). F. RUTTNER hat die beteiligten Elemente und ihr Zusammenwirken als „Spermapresse" bezeichnet. Die Spermien werden zwangsläufig an der Öffnung des Spermakanals (DS) zur Spermatheka (Spth) vorbei transportiert. Einem kleinen Teil der Spermien gelingt es, in den Spermakanal zu schwimmen und mit Hilfe der Bresslau'schen Samenpumpe (siehe Kap. 2 (24 a)) in die Spermatheka zu gelangen. Der weitaus größere Teil wird ausgeschieden.

Diese Erklärung wurde durch Versuche von F. RUTTNER und G. KOENIGER bestätigt. Wird die Skelettmuskulatur der Königin mit einem speziellen Gift gelähmt, gelangen nach einer künstlichen Besamung nur wenige Spermien in die Spermatheka, die meisten verbleiben in den Eileitern. Wird eine normale Königin mit geschädigten Spermien besamt, werden alle Spermien ausgeschieden, die Spermatheka bleibt leer.

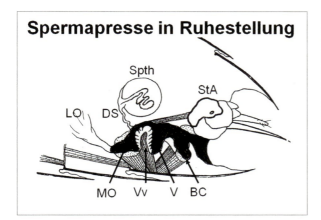 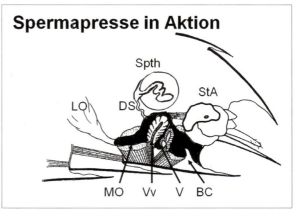

(86) Spermapresse nach F. RUTTNER. Im Ruhestand sind die Muskeln des Stachelapparates, des medianen Eileiters, der letzten Bauchschuppe und der Vaginalkammer gestreckt (links), in Aktion werden sie kontrahiert, wodurch die Spermien nach außen transportiert werden (rechts). BC Vaginalkammer, DS Spermakanal, LO seitl. Eileiter, MO mittlerer Eileiter, StA Stachelapparat, V Vagina, Vv Scheidenklappe.

Durch das aktive Auspressen der Spermien durch die Königin gelingt es nur einem geringen Prozentsatz (weniger als 5 %) beim Vorbeigleiten in den dünnen Spermakanal und damit in die Spermatheka zu gelangen, wahrscheinlich nur denen, die eine günstige Position haben. Die grobe Mischung der Spermaportionen der einzelnen Drohnen in den Eileitern in Kombination mit der Spermapresse gewährleistet, dass die Spermien von vielen Gattendrohnen in die Spermatheka gelangen. Allerdings soll hier angemerkt werden, dass wir noch nicht wissen, ob und wie häufig Spermien von einzelnen Drohnen vollständig ausgeschieden werden.

Wie bereits beschrieben, nahm man zunächst an, dass Spermien des letzten Drohns die besten Chancen haben, in die Spermatheka zu gelangen. Bei einer gleichmäßigen Schichtung der Spermaportionen lägen die zuletzt übertragenen Spermien dicht am Gang zur Samenblase. Sie hätten somit die besten Startbedingungen (pole position). Bei Versuchen von R.F.A. MORITZ mit künstlicher Besamung mit Spermien von 8 Drohnen, die geschichtet in der Besamungsspritze lagen, traf das auch zum Teil zu. Bei 10 Königinnen hatten die letzten 4 von 8 Drohnen etwa doppelt so viele Nachkommen wie die ersten vier. Aber der letzte Drohn hatte nicht die meisten Nachkommen (87) und unterschied sich nicht von den Drohnen, deren Spermaportion an 2., 5. und 6. Stelle lagen.

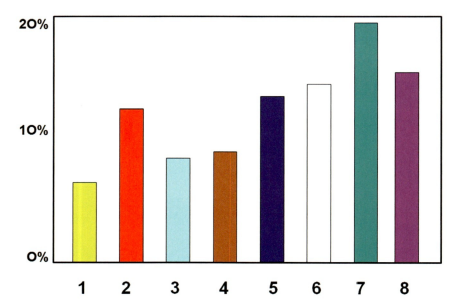

(87) Prozentsatz von Nachkommen in der Reihenfolge der instrumentellen Besamung der Drohnen (1 erster Drohn, 8 letzter Drohn). Der letzte Drohn (8) hatte kaum mehr Nachkommen als Drohn 2, 5 und 6 (verändert nach R.F.A. MORITZ).

Gilt dieses Ergebnis auch für eine natürliche Paarung? Im Jahr 2002 wurden in Oberursel zunächst die Begattungszeichen von 6 heimkehrenden Königinnen gesammelt und genetisch charakterisiert. Dies lieferte einen genetischen Abdruck des jeweils letzten Drohns. Weiter wurden von P. FRANCK aus der Arbeitsgruppe M. SOLIGNAC in Frankfreich für ein Jahr (zwei Sommer) in regelmäßigen Abständen Vaterschaftsanalysen von mehr als 30 Arbeiterinnen, Larven und Eiern gemacht. Das Ergebnis war ähnlich wie nach der instrumentellen Besamung: Nur bei einer von 6 Königinnen hatte der letzte Drohn die meisten Nachkommen. Demnach scheint die Paarungsreihenfolge der Drohnen keinen wesentlichen Einfluss auf die Anzahl ihrer Spermien zu haben, die in die Spermatheka gelangen. Wir gehen vielmehr davon aus, dass eine mehr zufällige Position der entsprechenden Samenportion in der Nähe der Einmündung des Verbindungsganges (Spermakanal) zur Spermatheka über die Anzahl der Spermien entscheidet. Ob es darüber hinaus noch eine Konkurrenz der Spermien untereinander gibt, ist trotz vieler Versuche noch nicht geklärt.

10.3 Zusammensetzung der Spermien in der Spermatheka

Insgesamt gibt es viele Vaterschaftsanalysen von vielen Bienenvölkern. Daher weiß man schon seit mehr als 20 Jahren, dass die Arbeiterinnen, die gleichzeitig im Volk präsent sind, von vielen Vätern abstammen, und dass es immer Drohnen gibt, von denen viele und auch welche, von denen nur sehr wenige Töchter im Volk vertreten sind. Aus der statistischen Auswertung dieser Vaterschaftsanalysen durch H. SCHLÜNS wissen wir, dass in der Regel 8 Vaterlinien jeweils zwischen 5 % und 18 % der Arbeiterinnen erzeugen, von allen weiteren Väter gibt es nur eine sehr geringe Zahl von Arbeiterinnen. Sie tragen also nur zu einem geringen Prozentsatz zur Zusammensetzung des Volkes bei. Ob und wie das von der Lage der Spermaportionen in den Eileitern abhängt, oder ob Spermien von 8 Drohnen sozusagen die Spermatheka fast ausgefüllt haben und nur noch Platz für wenige andere übrig ist, lässt sich noch nicht sagen.

10.4 Spermaspeicherung

Es gibt mehrere Berichte von Imkern und Wissenschaftlern, deren Königinnen bis zu 5 Jahren lebten und die ganze Zeit Arbeiterinnen erzeugten, also befruchtete Eier legten. Drei bis 4 jährige Königinnen sind keine Seltenheit, und so lange leben auch die Spermien. Diese lange Lebensdauer der Spermien der Honigbienen wird nur bei wenigen Insektenarten übertroffen. Es gibt Ameisen, deren Spermien bis zu 30 Jahre leben. Bei vielen Tieren leben Spermien nur wenige Tage nach der Kopulation in den Weibchen.

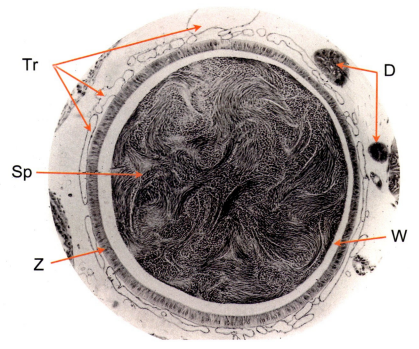

(88) Querschnitt durch eine Samenblase (Spermatheka) der Bienenkönigin.
Im Zentrum befinden sich 4-5 Millionen Spermien (Sp). Umschlossen wird die Samenblase von einer dünnen chitinösen Wand (W), auf der eine einschichtige Zellschicht (Z - Palisadenepithel) liegt. Die Sauerstoffversorgung erfolgt über Luftschläuche (Tracheen Tr). Die Drüse (D) spielt für die Speicherung eine große Rolle. (Foto: W. FYG)

Wie ist es möglich, dass gerade Insektenspermien so alt werden können? Viele Insektenweibchen haben ein spezielles Organ entwickelt, die Spermatheka, in der die Spermien solange lebend gespeichert werden können, bis das Weibchen stirbt. Damit konnten Paarung und Ablage von Eiern zeitlich voneinander getrennt werden. Denn oft erfordern Paarung und die Ablage von Eiern unterschiedliche Bedingungen. Dies gilt besonders für Honigbienen: Die Königinnen fliegen nur im Alter von 1-2 Wochen zur Paarung aus, die Ablage von befruchteten Eiern kann für die anschließenden Jahre im Volk erfolgen, gut geschützt und gepflegt von den Arbeiterinnen.

Welche Elemente zeichnen die Spermatheka als Speicherorgan für Spermien aus? Sie ist von einem dichten Netz aus Luftschläuchen (Tracheennetz Tr, 88) umgeben, das eine sehr gute Versorgung mit Sauerstoff ermöglicht. Außerdem hat sie eine große zweiarmige Drüse (24 a und b). G. KOENIGER entfernte diese Drüse im Rahmen einer komplizierten Operation bei begatteten Königinnen. Diese Königinnen überlebten, aber nach wenigen Tagen legten sie ausschließlich unbefruchtete Eier, und das, obwohl die Spermien weiter ihre Beweglichkeit bewahren konnten. Nach Entfernung nur eines Drüsenarmes legten sie befruchtete Eier. Wurde in einem weiteren Versuch mehr als 50 % des Tracheennetzes entfernt, waren die Spermien schon nach kurzer Zeit unbeweglich. Auch in diesem Fall wurde die Königin drohnenbrütig. Gleichzeitig verkümmerte die Zellschicht (siehe (88) Z).

Schon um 1950 hatte W. FYG festgestellt, dass bei älteren Königinnen Veränderungen an der Zellschicht entstehen können, die die Spermatheka umhüllt. Dabei verändert sich die Form der Spermien und sie sind nicht mehr befruchtungsfähig. Auch neuere Ergebnisse aus dem Bieneninstitut Hohen Neuendorf (Arbeitsgruppe K. BIENEFELD) zeigen, dass die Qualität der Spermien mit zunehmendem Alter der Königin abnimmt. Neuerdings wird in den USA (J.PETTIS) untersucht, ob z.B. Pestizide und Varroazide die Vitalität der Spermien in Drohnen und Königinnen beeinflussen. Es gibt bereits erste Hinweise auf schädliche Einflüsse auf Spermien.

In den 70er Jahren wurde von L.R. VERMA entdeckt, dass in der Spermatheka ein hoher pH-Wert von fast 9 herrscht, er ist also extrem basisch. Die Flüssigkeit in der Spermatheka wird von der Drüse erzeugt. Sie enthält Enzyme, Metaboliten und weitere chemische Stoffe, die einem Netzwerk von Stoffwechselvorgängen zugeordnet werden können und gleichzeitig für eine Reduzierung des Stoffwechsels sprechen. Andere chemische Stoffe und Eiweiße könnten der Abwehr von Infektionen dienen, wie in der Arbeitsgruppe in Oberursel und später in den USA (A.COLLINS) und Australien (B.BAER) analysiert wurden.

Über eine Speicherung von Spermien für die instrumentelle Besamung wird seit vielen Jahrzehnten geforscht. Anders als die Königin, die dieses Problem bei 34 °C mit Enzymen und anderen chemischen Verbindungen löst, wird vor allem auf die Methodik der Tiefkühlung gesetzt. Bisher gab es noch keinen durchschlagenden Erfolg. Neue Ergebnisse von (J.WEGENER 2012) sind vielversprechend. Nur kurzfristige Lagerung von unverdünntem Sperma in verschlossenen Glasröhren bei 13 °C - 16 °C ist für 5 - 6 Wochen allgemein üblich. Nach Versuchen von S. TABER ist eine Lagerung sogar bis zu 15 Wochen möglich.

10.5 Mischung der Spermien in der Spermatheka nach Beginn der Eiablage

P. FRANCK führte 1999 dreimal Vaterschaftsanalysen der Nachkommen von jungen Königinnen durch, jeweils im Abstand von 4 Wochen. Die erste erfolgte 4 Wochen nach dem Paarungsflug. Es zeigte sich, dass offensichtlich wesentliche Änderungen in der Zusammensetzung der Vatergruppen vorkommen (89). Bei der ersten Analyse (blau) schien es, als gäbe es nur 6 Vaterlinien. Zwei Monate (rot)nach der Paarung waren 7 (D7) und 3 Monate (grün) später sogar 8 Drohnen (D1) als Väter im Volk vertreten. Beide Drohnen, die nach 4 Wochen noch nicht in Erscheinung getreten waren, erzeugten zusammen nach 3 Monaten einen Anteil von 13 % (3 % und 10 %) der Arbeiterinnen.

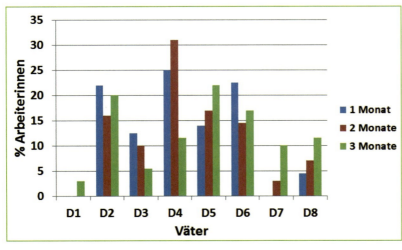

(89) Veränderung der Präsenz der Vaterlinien innerhalb von 3 Monaten nach dem Hochzeitsflug.

Dieser Befund hat auch eine praktische Bedeutung in der Bienenzucht. So wurde von vielen Imkern beschrieben, dass Königinnen zunächst eine farblich einheitliche Nachkommenschaft aufweisen. Nach einigen Monaten jedoch hatten dann mehr als 10 % Arbeiterinnen eine helle Farbe, die auf die Paarung mit einem „hellen" Drohn schließen lassen. Auch eine manchmal auftretende Änderung des Verhaltens könnte dadurch entstehen. Die Erklärung ist nicht, dass die Spermaportionen einzelner Drohnen klumpen! Die Vermischung der Spermien einzelner Drohnen in der Spermatheka ist erst nach einigen Wochen abgeschlossen – wie bei D7 im obigen Beispiel. Aber danach sind sie regelmäßig an der Befruchtung von Eiern beteiligt.

Insgesamt lässt sich feststellen, dass 4 Wochen nach der Paarung der Anteil von Vätern im Volk sehr unterschiedlich ist. Statt einem theoretisch zu erwartenden Anteil von 12,5 % für jeden Drohn, schwankt er zwischen 0 % und 25 %. Nach 3 Monaten sind dagegen 8 Väter im Volk nachweisbar und die Schwankungsbreite ist geringer geworden, sie liegt nur noch zwischen 3 % und 21 %. Ein Jahr später waren weiterhin Unterschiede im Verhältnis der Vaterlinien nachzuweisen, die Schwankungsbreite in der Nachkommenschaft einzelner Väter nahm aber weiter ab.

11 Verwandtschaft im Bienenvolk

Die Folgen der Mehrfachpaarung wurden bereits mehrfach behandelt. Allerdings fand bisher die Beschreibung in einem allgemeinen Rahmen statt. Hier sollen nun wichtige Fragen und Einzelheiten erörtert werden, die für das Verständnis des sozialen Zusammenlebens im Bienenvolk bedeutsam sind. Dabei wollen wir einen Blick über die „Grenzen" der Honigbienen werfen und kurz auf soziale Wildbienen, wie z.B. Hummeln und Stachellose Bienen (Meliponinen), aber auch Wespen und Ameisen eingehen. So ist es, wie W.D. HAMILTON 1964 und nach ihm viele andere Soziobiologen diskutiert haben, sicherlich kein Zufall, dass innerhalb der Insektengruppe der Hautflügler sehr oft ein Übergang vom Einzelleben zu einer sozialen Lebensweise aufgetreten ist. Allein innerhalb der Gruppe der Bienenartigen (Apoidea) ist das, so versichern uns Systematiker, mindestens achtmal unabhängig voneinander entstanden!

Was sind aber die gemeinsamen Eigenschaften der Hautflügler, die mit einer Tendenz zur Staatenbildung in Zusammenhang gebracht werden können? Hier ist die Suche nach solchen Eigenheiten nicht schwer und auch dem aufmerksamen Leser dieses Buches wird klar sein, dass hier vor allem die haplo-diploide Geschlechtsbestimmung eine wichtige Rolle spielen könnte. Folgen wir der Argumentation der Soziobiologie, so gibt es zwei verschiedene Möglichkeiten, die eigenen Erbanlagen weiterzugeben. Zunächst auf traditionelle Weise auf direktem Weg, in dem ein Tier selbst Nachkommen produziert. Dabei werden dann die Erbanlagen (Gene) der Mutter und des Vaters an die Nachkommen übertragen, so dass jeweils 50 % der Gene von der Mutter und jeweils 50 % vom Vater stammen. Es besteht jedoch prinzipiell auch die alternative Möglichkeit, auf eine eigene Fortpflanzung zu verzichten und - wie in den Staaten der Bienen, Ameisen und Wespen üblich - als Arbeiterin „indirekt" für die Weitergabe der eigenen Gene zu sorgen, in dem man die Vermehrung einer möglichst nah verwandten Königin (Mutter) oder Schwester unterstützt.

Unsere zu Anfang gestellte Frage, warum bei den Hautflüglern das soziale Leben so häufig entstanden ist, kann damit genauer formuliert werden: Welche Folgen hat die haplo-diploide Geschlechtsbestimmung für die Verwandtschaft innerhalb von Nachkommen. Dabei müssen wir in der Argumentation die Honigbiene mit ihrer Mehrfachpaarung zunächst ausklammern. Der Blick auf soziale Wildbienen sowie viele

Wespen- und Ameisenarten zeigt, dass hier die „Einfachpaarung" meist die Regel ist. Wie wirkt sich dabei der haploide Vater auf die Verwandtschaft zwischen den Nachkommen aus oder im Sinne der soziobiologischen Fragestellung mit welcher Wahrscheinlichkeit teilen zwei Schwestern ein gleiches Gen? Der haploide Vater (Drohn) kann nur gleiche Spermien produzieren, sie stimmen also 100 % überein. Deshalb sind bei Schwestern 50 % der Erbanlagen (alle väterlichen) gleich. Bei den mütterlichen Erbanlagen ist zu bedenken, dass bei den Eiern nur 50 % der mütterlichen Gene übereinstimmen können. Vergleicht man zwei Schwestern, so beträgt die Wahrscheinlichkeit für ein gemeinsames mütterliches Gen ½ x ½ = ¼, für das väterliche Gen ½. Zusammengefasst beträgt also die Wahrscheinlichkeit ¼ + ½ = ¾ oder 75 % für ein gleiches Gen bei zwei Schwestern, die von einer einfach gepaarten Königin stammen. Die Verwandtschaft zwischen Nachkommen von zwei diploiden Eltern (z.B. Säuger) dagegen beträgt „nur" ¼ + ¼ = ½ oder 50 %. Da die Nachkommen der Hautflügler mit 75 % viel näher miteinander verwandt sind, war die Vermehrung der eigenen Gene durch Hilfe bei der Aufzucht der Nachkommen einer Schwester erfolgreicher als bei Säugern.

Doch zurück zu den Honigbienen mit den außergewöhnlich vielen Mehrfachpaarungen. Die Königin paart sich in der Regel – wie bereits besprochen – mit 7 bis 12 meist unverwandten Drohnen. Das hat erhebliche Auswirkungen auf die Verwandtschaft zwischen den Töchtern (Arbeiterinnen). Unterstellen wir für unsere Kalkulation, dass hier 10 Drohnen, die nicht miteinander verwandt waren, mit gleichen Mengen Spermien in der Spermatheka vertreten sind, so wäre eine theoretische Verwandtschaft

$$½ (1/2 + 1/10) = ¼ + 1/20 = 5/20 + 1/20 = 6/20, \text{ also von } 0{,}3, \text{ oder } 30\,\%$$

von 30 % zu erwarten. Mit anderen Worten, die durchschnittliche Verwandtschaft zwischen den Arbeiterinnen in einem Bienenvolk liegt aufgrund der Mehrfachpaarung der Königin deutlich unter den 75 %, die bei vielen Hummel- und anderen Bienenarten üblich sind. Die Arbeiterinnen eines Bienenvolkes sind aufgrund der Mehrfachpaarung der Königin sogar deutlich weniger verwandt als die Geschwister von Säugereltern. Die soziobiologische Hypothese, dass enge Verwandtschaft zur Staatenbildung führt, trifft für die Honigbienen nicht zu. So könnte man mit dem Hinweis auf die Mehrfachpaarung der Honigbienen die o.a. soziobiologische Erklärung über die Entstehung von sozialer Lebensweise als widerlegt betrachten.

(90) *Im Volk sind viele Vaterlinien gleichzeitig vertreten. Im Foto ist jeder Vaterdrohn durch eine Farbe symbolisiert. Durch die vielen Vaterlinien liegt die durchschnittliche Verwandtschaft im Volk unter 30 %. K - Königin, D – Bruder der Arbeiterinnen.*

Wir wollen uns aber der Meinung vieler Kollegen anschließen und argumentieren, dass die Staaten der Honigbienen sehr früh (Karbon?) entstanden sind und vielleicht zu Beginn wie die Hummeln mit einfach gepaarten Königinnen kleine Völker aufgebaut haben. Im Laufe einer folgenden, späteren Perfektionierung und Vergrößerung der Völker waren neue Entwicklungen vorteilhaft, und über die Mehrfachpaarung wurde dann die Verschiedenheit der Arbeiterinnen (90) sozusagen in einem zweiten Schritt verwirklicht. Auf diese Weise wurden die Arbeitsteilung und andere für hoch entwickelte Bienenvölker wichtige Eigenschaften begünstigt, die zu den besprochenen Unterschieden zwischen vielen Hautflüglerstaaten und den Völkern der Honigbiene geführt haben.

11.1 Erkennen von Verwandtschaft zwischen Arbeiterinnen im Bienenvolk

Der Ansatz der Soziobiologie beschränkt sich nicht auf die Frage nach den Ursachen, die zu einer Entstehung der sozialen Lebensweise geführt haben. Vielmehr bieten die verschiedenen Verwandtschaftsbeziehungen zwischen den Arbeiterinnen eines Bienenvolkes interessante Ansatzpunkte für weitere soziobiologische Untersuchungen. Allerdings steht dabei die Frage im Zentrum, ob Arbeiterinnen in der Lage sind, die unterschiedlich verwandten Schwestern zu erkennen und aufgrund dieser Verwandtschaftserkennung ihr Verhalten zu steuern.

Zunächst sollen hier einige Begriffe geklärt werden. Unter Bezug auf die verschiedenen Väter bestehen die Arbeiterinnen eines Bienenvolkes aus unterschiedlichen Vatergruppen (Patrilines). Innerhalb einer Vatergruppe (wegen des gleichen Vaters) teilen die Arbeiterinnen 75 % ihrer Erbanlagen (siehe oben!). In diesem Sinne werden solche Schwestern meist als „Superschwestern" (supersisters) bezeichnet. Zwischen den Arbeiterinnen verschiedener, meist nicht verwandter Väter, die als „Halbschwestern" (half sisters) bezeichnet werden, besteht dagegen eine wesentlich geringere Verwandtschaft, die bei nur 25 % liegt.

Die Frage, ob Arbeiterinnen ihre Superschwestern von Halbschwestern unterscheiden können, stand viele Jahre im Zentrum intensiver internationaler Forschung, deren Wiedergabe im Einzelnen den Rahmen unseres Buches sprengen würde. Im Kern geht es dabei um die Frage, ob Arbeiterinnen durch Bevorzugung von Superschwestern gegenüber Halbschwestern die Möglichkeit nutzen, ihre eigenen Erbanlagen bevorzugt weiterzugeben. Das könnte zur Folge haben, dass zwischen den einzelnen Vaterlinien im Bienenvolk offen oder versteckt Konflikte ausgetragen werden. Bei verschiedenen experimentellen Anordnungen konnte festgestellt werden, dass Arbeiterinnen in der Lage sind, Superschwestern von Halbschwestern zu unterscheiden. Allerdings ist es bis heute nicht gelungen, einen zuverlässigen Hinweis darauf zu finden, dass dieser Erkennung des Verwandtschaftsgrades im Bienenvolk eine biologische Bedeutung zukommt.

Von großer Bedeutung ist z. B. die Auswahl von jungen Maden für die Aufzucht zu Königinnen. Im weisellosen Volk bietet die Auswahl von Maden der eigenen Vaterlinie zur Aufzucht einer Königin eine hohe Wahrscheinlichkeit zur indirekten Weitergabe der eigenen Erbanlagen. Dazu sollen hier exemplarisch die Ergebnisse eines Versuchs aus Oberursel berichtet werden. Wir haben 6 Völker entweiselt, deren Vaterlinien zu-

TEIL I

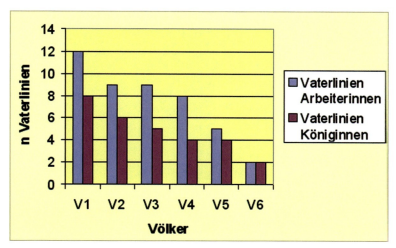

(91) Anzahl Vaterlinien bei Arbeiterinnen (blau) und Nachschaffungsköniginnen (lila). Bei der Zahl von 250 untersuchten Arbeiterinnen pro Volk ist es nicht erstaunlich, dass mehr Väter nachgewiesen werden konnten als bei der Zahl von 10 bis 17 nachgezogenen Königinnen pro Volk. In keinem Volk wurde eine Vaterlinie bei der Nachschaffung bevorzugt.

vor über einen Zeitraum von 13 Monaten von P. FRANCK kontinuierlich untersucht worden waren. Die Zahl der Vaterlinien bei den Arbeiterinnen lag zwischen 2 und 12 (91). Es waren nur wenige Vaterlinien, weil den Königinnen nur ein Hochzeitsflug ermöglicht worden war.

Die Zahl der Nachschaffungsköniginnen lag zwischen 27 bei Volk 6 und 4 bei Volk 4. Die anderen Völker hatten zwischen 10 und 17 Königinnen nachgezogen. In fast allen Fällen waren bei den jungen Königinnen deutlich mehr als die Hälfte der Väter vertreten. Die Anzahl der Arbeiterinnen, die für die Bestimmung der Vatergruppen untersucht wurden, lag bei mehr als 250 Tieren pro Volk. Bei den Königinnen jedoch waren im Mittel nur 15 Tiere vorhanden. Vor diesem Hintergrund war die Anzahl der Vatergruppen bei den Königinnen überraschend hoch. Unterstrichen wird die hohe Anzahl der Vatergruppen durch eine junge Königin, die von einem Vater abstammte, der bei der Stichprobe von 250 Schwestern nicht nachgewiesen werden konnte.

Insgesamt weisen die Ergebnisse daraufhin, dass die Vaterlinien, die am häufigsten im Bienenvolk vorkommen, offensichtlich nicht die Auswahl der Königinnen zu ihren Gunsten dominieren. Vielmehr spiegelt sich die Vielfalt der Vaterlinien des Volkes in der Vielfalt der aufgezogenen Königinnen wieder. Im Gegenteil scheint das Auftreten einer Vaterlinie bei den Nachschaffungsköniginnen, die bei einer Analyse von 250 Schwestern nicht entdeckt wurde, dafür zu sprechen, dass die Erkennung bzw. Begünstigung der eigenen Vaterlinie im Bienenvolk keine oder nur eine unwesentliche Rolle spielt.

(92) Arbeiterin saugt Wasser aus feuchtem Moos.

11.2 Spezialisierung auf seltene Aufgaben ist genetisch beeinflusst
Welche Vorteile für das Volk könnten sich durch die Mehrfachpaarung ergeben?
Im Allgemeinen beruht die Arbeitsteilung im Bienenvolk auf dem Alter der Arbeiterinnen. So beginnt die Biene nach dem Schlupf mit dem Reinigen der Wabenzellen, später folgen die Pflege und Fütterung der Brut, danach der Wabenbau, und nach ca. 20 Tagen im Innendienst beginnt dann die Sammeltätigkeit. Je nach Saison und den momentanen Bedürfnissen des Volkes durchlaufen alle Arbeiterinnen unabhängig von ihrer jeweiligen Vaterlinie längere oder kürzere Zeiten diese Tätigkeiten.

Bei der genetischen Untersuchung von Arbeiterinnen, die Nebentätigkeiten oder spezielle Aufgaben – wie z.B. die Beseitigung von toten Schwestern aus dem Nest, Sammeln von Wasser (92) oder auch Wächterdienst am Flugloch – erfüllten, zeigten sich jedoch wesentliche Unterschiede. So bevorzugten Arbeiterinnen einer bestimmten Vatergruppe jeweils die eine oder die andere Spezialaufgabe. Das wurde von

TEIL I

G. ROBINSON und R. PAGE (1988) so gedeutet, dass es eine genetisch festgelegte Veranlagung für bestimmte Aufgaben im Bienenvolk gibt, z.B. als Wächterbiene oder Wasserholerin (93) zu arbeiten. Die unterschiedlichen genetischen Veranlagungen der Arbeiterinnen durch die vielen Väter spielen zweifelsfrei eine fundamentale Rolle der Arbeitsteilung im Volk.

Auch scheint für die Volksentwicklung wichtig zu sein, dass es Unterschiede im Anteil einzelner Vaterlinien im Volk gibt. Bei einer hohen Anzahl von Paarungen kommen Väter vor, die weniger als 1 % der Arbeiterinnen erzeugen. S. FUCHS und R.F.A. MORITZ nehmen an, dass einige Eigenschaften nur dann einen Vorteil für das Volk haben, wenn sie nur bei sehr wenigen Arbeiterinnen auftreten - weil sie nur selten benötigt werden, aber dann unbedingt gebraucht werden. Hier ist vor allem auf das Erkennen und frühzeitige Entfernen erkrankter Maden und Bienen

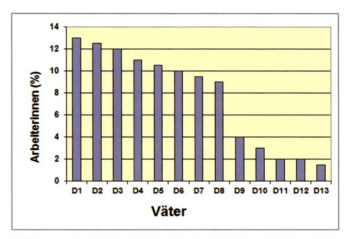

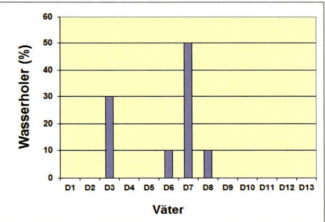

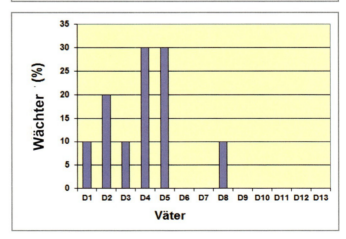

(93) Im Testvolk sind insgesamt 13 Vatergruppen vorhanden (oben). Vier Vatergruppen beteiligen sich am Wasserholen (Mitte) und 6 beim Wächterdienst (unten). Nur 2 Vatergruppen (D3 und D6) übernehmen beide Aufgaben, Wasserholen und Wächterdienst.

hinzuweisen, das im Sinne einer sozialen Hygiene die Ansteckung des Volkes verhindern kann. Solche seltenen Eigenschaften lassen sich nur dann in der Population halten, wenn sich die Königinnen regelmäßig mit sehr vielen Drohnen paaren. Denn für den täglichen Bedarf des Bienenvolks sind solche Eigenschaften nutzlos. Wie viele neuere Untersuchungen gezeigt haben, ist die große genetische Vielfalt, also die Verschiedenheit der Arbeiterinnen für den Erfolg des Bienenvolkes wichtig.

12 Das Maßsystem der jungen Königin für ihren Paarungserfolg

Das Verlassen des Nestes und der Ausflug zu den Paarungen sind für die junge Königin mit einem hohen Sterberisiko verbunden. Aus langjährigen, praktischen Erfahrungen von „Belegstellen" wissen wir, dass durchschnittlich 20 % bis 25 % der ausfliegenden Königinnen „verloren" gehen, d.h. nicht erfolgreich vom Paarungsflug in ihr Volk zurückkehren. Der Ausflug als solcher ist für eine Königin gefährlich. Fressfeinde, Räuber und plötzliche Wettereinbrüche können der Königin beim Paarungsflug das Leben kosten. Dabei spielt sicherlich die Flugdauer eine entscheidende Rolle. Die Wahrscheinlichkeit von einem Vogel oder einer Libelle gefressen zu werden, hängt davon ab, wie lange die Königin als fliegende Beute „vorhanden" ist. Je kürzer die Flugdauer und je eher die Königin ihr schützendes Volk erreicht, desto geringer ist das Sterberisiko!
Vor diesem Hintergrund sind Eigenschaften, die eine Minderung des Paarungsrisikos bewirken, vorteilhaft und sollten sich im Rahmen der natürlichen Auslese von Königinnen durchsetzen. Doch auf welche Weise lässt sich das Paarungsrisiko vermindern? Hier stehen sich zwei entgegengesetzte „Interessen" gegenüber und müssen miteinander in Einklang gebracht werden. Wie zu Beginn bereits ausgeführt ist die Paarung mit fremden Drohnen weitab vom Volk als Inzuchtvermeidung notwendig. Anderseits entsteht dadurch eine Gefährdung der Königin, die möglichst klein gehalten werden muss. Beide Ziele können mit einer zuverlässigen Überwachung des Paarungserfolgs erreicht werden. So muss eine Königin in der Lage sein, während des Fluges zu beurteilen, ob sie noch weitere Paarungen benötigt bzw. wann sie eine

ausreichende Anzahl von Kopulationen gehabt hat und daher umkehren und in ihr Volk zurückfliegen kann. Dieses Signal vom erfolgreicher Paarungsflug hat mehrere Folgen. Zunächst werden alle weiteren Ausflüge der Königin blockiert. Außerdem werden tiefgreifende physiologische Änderungen im Stoffwechsel der Königin ausgelöst, die den raschen Übergang zur Eiproduktion einleiten. So beginnen junge Königinnen bereits 24 bis 48 Stunden nach dem letzten erfolgreichen Paarungsflug mit der Eiablage. Aber schon 12 Stunden nach der Rückkehr vom Paarungsflug konnten Änderungen im Gehirn und den anhängenden Drüsen nachgewiesen werden: Der Beginn der hormonellen Umstellung der Königin. Verhindert man dagegen die Paarungsflüge, so beginnen Königinnen erst nach 5 - 6 Wochen Eier zu legen. Die Königin hat dann, vom Schlupf aus gezählt, ein Alter von 35 bis 42 Tagen erreicht. Unter guten Wetterbedingungen dagegen fliegt eine Königin meist 7 bis 15 Tage nach dem Schlupf zur Paarung aus und beginnt dann – erfolgreiche Begattungen vorausgesetzt - im Alter von 10 bis 17 Tagen mit der Eilablage. Daraus folgt, dass die junge sexuell reife Königin bei den Paarungen ein Signal für den physiologischen Start der Eireifung und letztlich auch für die Eiablage erhält. Ohne Paarungen dagegen bleiben Hormonsystem und Eierstöcke sehr lange in einem „Wartezustand", und erst sehr viel später findet die Umsteuerung der Fortpflanzungsorgane statt.

12.1 Welche Reize induzieren den Beginn der Eiablage bei der Königin?

Die Frage, welche Reize von der jungen Königin während des Paarungsfluges zur Umkehr ins sichere Nest und zur physiologischen Einleitung der Reproduktion genutzt werden, war bis in die letzten Jahre Gegenstand von experimentellen Untersuchungen. Wir berichten im Folgenden über einen wesentlichen Teil dieser Ergebnisse.

12.1.1 Aktiver Flug der Königin

Die Frage, ob der Flug als solcher oder die Dauer des Fluges als Signal wirkt, wurde von G. und N. KOENIGER auf Norderney bei Abwesenheit von Drohnen geprüft. Dreißig unbegattete Königinnen wurden auf die Insel verbracht und deren Ausflüge beobachtet. Die Königinnen flogen im Mittel 6 mal, eine mehr als 20 mal aus. Aber keine einzige Königin begann innerhalb der nächsten 4 Wochen mit der Eiablage. Demnach scheint der Flug bei Abwesenheit von Drohnen weder weitere Ausflüge zu blockieren noch ein hinreichendes Signal für den Beginn der Eilablage der jungen Königin zu sein.

12.1.2 Gibt es eine Abhängigkeit von der Dauer des Paarungsflugs und der Anzahl der Spermien?

In einem isolierten Tal der Alpen wurde die Anzahl der vorhandenen Drohnen auf ca. 5.000 (weniger als die Hälfte der normalerweise vorhandenen) reduziert, um den jungen unbegatteten Königinnen das Finden von Paarungspartnern zu erschweren. Die Startzeit jeder Königin wurde protokolliert und bei der Rückkkehr wurde der Erfolg des Paarungsfluges kontrolliert (94). War ein Begattungszeichen vorhanden, so wurde diese Königin an weiteren Ausflügen gehindert. Nach einigen Tagen wurden dann die Spermien in der Spermatheka dieser Königinnen gezählt und gegen die Dauer des Paarungsfluges aufgetragen (95) .

(94) Königin (Pfeil) kehrt zurück zum Begattungskästchen.

TEIL I

Zunächst bestand die Erwartung, dass mit der zunehmenden Dauer des Fluges Königinnen mehr Sperma „sammeln" würden. Hier dagegen hatten Königinnen, die länger als 30 Minuten geflogen waren, viel weniger Spermien erhalten. Das war ein überraschend deutlicher Hinweis darauf, dass Königinnen, die ihr Paarungsziel erreicht hatten, relativ früh heimgekehrt waren. Die Königinnen, die dagegen nach 30 Minuten noch nicht genügend Sperma oder Paarungen hatten, sind aus anderen Gründen – wahrscheinlich wegen des zu Ende gehenden Vorrates in der Honigblase (leerer Tank!) - zurückgeflogen. Die Frage allerdings, ob die größere Spermamenge als Auslöser für die Beendigung des Fluges gedient hat, oder ob vielleicht die Anzahl der erfolgten Paarungen die Königin zur Heimkehr veranlasst hat, kann aufgrund der hier vorgelegten Ergebnisse nicht entschieden werden.

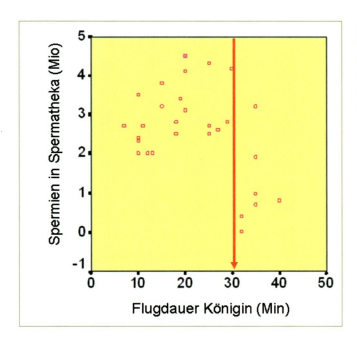

(95) Bei verminderter Drohnenanzahl hatten Königinnen, die einen Paarungsflug von weniger als 30 Minuten absolviert hatten, signifikant mehr Spermien in ihrer Spermatheka als Königinnen, die länger geflogen waren.

12.1.3 Anzahl der Spermien in den Eileitern bzw. in der Spermatheka

Instrumentell besamte Königinnen ohne zweimalige CO_2 Narkose beginnen erst nach 4 – 5 Wochen Eier zu legen, also etwa zum gleichen Zeitpunkt wie unbegattete Königinnen. Demnach bemerkt die Königin nicht, dass ihre Spermatheka prall mit Spermien gefüllt ist, und auch die Füllung der Eileiter wird nicht bemerkt. Auch die

Beobachtung von E. ENGLERT bei Versuchen auf Neuwerk sprechen dafür, dass die Präsenz von Spermien keine Rolle spielt. Dort kamen viele Königinnen vom Hochzeitsflug mit Begattungszeichen zurück und begannen Eier zu legen, aber es waren nur Drohneneier. Sie deutete diesen Befund folgendermaßen: Die Drohnen aus den Drohnenvölkern waren zwar alt genug, um sich zu paaren, aber zu jung, um Spermien zu übertragen. Auch später wurden immer wieder Königinnen beobachtet, die mit einem Begattungszeichen zurückkehrten und nach 3 Tagen mit der Eiablage begannen, aber deren Spermatheken leer waren (eigene Beobachtungen 1998, H. SCHLÜNS 2005 und P. NEUMANN 2005). Die Präsenz von Spermien hat demnach für die Messung von Paarungen und den Beginn der Eiablage keine Bedeutung.

12.1.4 Begattungszeichen

Nach diesen Ergebnissen lag es nahe zu vermuten, dass die Sekrete des Begattungszeichens das Verhalten der Königin von Paarungsstimmung zur Eiablage verändern. Es ist von vielen Insekten bekannt, dass Sekrete von männlichen Anhangsdrüsen innerhalb von wenigen Stunden diesen Verhaltensumschwung bewirken. Deshalb wurde Anfang der 1980er Jahre von G. KOENIGER und noch einmal Anfang des neuen Jahrhunderts von N. A. COLONELLO und K. HARTFELDER die Sekrete der Cornualdrüsen oder der Schleim der Mukusdrüsen zunächst in die Stachelkammer und, da keine Reaktion zu beobachten war, sogar in die Körperhöhle der Königinnen gespritzt – ohne Erfolg. Die Königinnen begannen nicht früher mit der Eiablage. Auch die Implantation der gesamten Drüsen, auch der Drüsen an den Hörnchen blieb ohne Wirkung.

12.1.5 Kopulationen ohne Spermaübertragung

Der nächste Schritt der KOENIGERS war, Königinnen an einem Draht so zu fixieren, dass sie in waagerechter Flugstellung blieben. Ihre Stachelkammern wurden künstlich offen gehalten, indem die letzte Bauchschuppe in einem bestimmten Winkel mit der Rückenschuppe verklebt wurde. Die Königin wurde dann an einem Mast auf dem Drohnensammelplatz in die Flughöhe der Drohnen verbracht (96). Die Drohnen stülpten ihr Begattungsorgan zur Hälfte aus und hingen dann bewegungslos an der Königin (9 und 70). Da diese durch die Fixierung der Stachelkammer nicht aktiv die vollständige Umstülpung initiieren konnte, wurden keine Spermien übertragen und die Drohnen blieben stecken. Das verhängte Paar musste jedes Mal herunter geholt werden und per Hand vorsichtig getrennt werden. Da die Königin nicht verletzt werden durfte, wurde das pralle Begattungsorgan des Drohn mit einer Schere angeschnitten, damit es schlaff wurde. Sechs bis 8 Paarungen wurden pro Königin erlaubt. Von 31 Königinnen begannen 68 % innerhalb der nächsten Woche mit der Eiablage, obwohl später keine Spermien in der Spermatheka gefunden wurden.

Wie schon oben erwähnt, führen Kopulationen mit zu jungen Drohnen zum Beginn der Eiablage, auch wenn keine Spermien übertragen werden. Beim Vergleich der Anzahl von Paarungen (Vaterlinien im Volk) und der Anzahl Spermien in der Spermatheka stellte H. SCHLÜNS außerdem fest, dass Königinnen nach vielen Paarungen, aber mit wenigen Spermien in der Spermatheka, eher mit der Eiablage beginnen als umgekehrt.

(96) An einem 12 m hohen Mast waren lebende Königinnen an jeweils einem der sich drehenden Aluminiumstäbe festgeklebt.

Zusammenfassend kann festgestellt werden, dass die junge Königin offensichtlich die Zahl der Paarungen während des Hochzeitsfluges wahrnimmt. Auf Grund der dargestellten Versuche vermuten wir, dass die Königin die enorme Dehnung ihrer Stachelkammer und Scheide misst. Wird dabei eine kritische Schwelle überschritten, so beendet die Königin ihren Flug und kehrt ins sichere Nest zurück. Zugleich wird mit dem Überschreiten dieser Reizschwelle die physiologische Umstellung auf die bevorstehende Eiablage eingeleitet, und damit werden alle weiteren Paarungsflüge blockiert.

13 Die „Qualität" der Gatten beeinflusst die Fruchtbarkeit der Königin

Meist bemühen sich Imker bei der Aufzucht von jungen Königinnen um optimale Bedingungen. Dagegen wird der Erzeugung der Drohnen oft weniger Aufmerksamkeit entgegengebracht. In der Regel wird nur die Auswahl des Vatervolkes sorgfältig getroffen. Die biologischen Voraussetzungen für eine gute Aufzucht der Drohnenbrut geraten leicht ins Hintertreffen. Das kann nachteilige Folgen bei der Paarung haben, wie wir hier ausführen wollen.

Junge Königinnen beginnen in der Regel etwa 3 Tage nach ihrem erfolgreichen Hochzeitsflug mit der Eiablage. Die Legerate steigt rasch an, der Umfang der Brut nimmt zu und es entsteht ein „verjüngtes" kräftiges Volk! Aber leider gibt es auch Fehlschläge. Junge, frisch gepaarte Königinnen starten zwar rechtzeitig mit der Eiablage, aber bei einer späteren Kontrolle stellt sich heraus, dass ein erheblicher Anteil der Maden „hoch" verdeckelt wurde. Die junge Königin ist „drohnenbrütig" und muss möglichst umgehend ersetzt werden!

Welche Ursachen sind für die Drohnenbrütigkeit verantwortlich? Meist ergibt die anatomische Untersuchung solcher Königinnen, dass die Spermatheka gar nicht oder nur unzureichend mit Spermien gefüllt ist. Bei einer jungen, gut begatteten Königin sollte die Spermatheka 4 bis 6 Millionen Spermien enthalten. Finden sich jedoch weniger als 500.000 Spermien in der Spermatheka, so ist die Drohnenbrütigkeit eine Folge des unzureichenden Spermienvorrats in der jungen Königin.
Aber warum haben manche Königinnen beim Hochzeitsflug nicht ausreichende Spermamengen aufgenommen? Eine leider in manchen Jahren häufige Ursache können ungünstige Wetterbedingungen während der Paarungsperiode sein. Wenn die junge Königin wegen einer längeren Regenperiode nicht im Alter von 10 bis 20 Tagen ausfliegen kann, scheint sie „wegen Alterung" mit zu wenigen Paarungen bereits „zufrieden" zu sein und beginnt mit der Eiablage. Häufig ist die Zahl der Spermien dann so gering, dass der Vorrat – mit oben angeführten Folgen – nicht ausreicht.
Andere Ursachen für einen geringen Spermavorrat nach der Paarung sind meist schwieriger auszumachen. Wie bereits besprochen „misst" die Königin beim Hochzeitsflug nicht die Menge der Spermien (siehe Kap. 12). So scheint die Königin allein die Anzahl der Paarungen zu registrieren und auf dieser Grundlage ihren Flug zu beenden. Die-

TEIL I

ses System ist wohl unter natürlichen Bedingungen zuverlässig. Die Drohnen, die auf dem Sammelplatz in Konkurrenz mit 10.000 anderen Drohnen eine Königin „erringen", dürften meist voll ausgereift und in jeder Hinsicht „fit" sein. Allerdings sind kürzlich Ergebnisse bekannt geworden, die hier zu erheblichen Einschränkungen führen können. Danach ist es durchaus möglich, dass optimal flugfähige und voll konkurrenzfähige Drohnen keine oder nur sehr wenige Spermien produziert haben. Paarungen mit derartigen Drohnen würden dann von der jungen Königin „gezählt" und letztlich zu einem mangelhaften Samenvorrat führen. Doch welche physiologischen Faktoren können die Entstehung und die Ausbildung der Spermien im Drohn beeinträchtigen?

13.1 Einfluss der Anzahl Spermien pro Drohn auf Anzahl der Nachkommen

Bei der Bestimmung der durchschnittlichen Anzahl der Spermien pro Drohn werden in der Regel 20 bis 30 Drohnen untersucht. Das ist nötig, denn die Spermienzahl schwankt pro Drohn zwischen 3 Millionen und mehr als 10 Millionen. Das zeigte sich sowohl bei Untersuchungen von Drohnen, die am Drohnensammelplatz gefangen wurden als auch bei Drohnen, die in einem Volk zur gleichen Zeit aufgezogen waren (97).

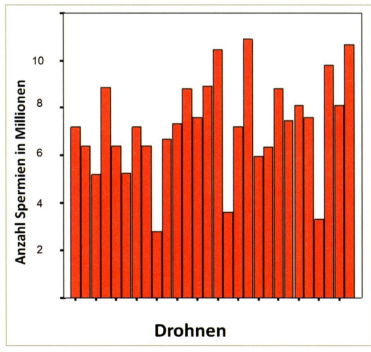

(97) Unterschiede in Spermienzahlen von Einzeldrohnen bei einer Zählung von Drohnen aus einem Volk. Im Allgemeinen wird nur der Mittelwert von 20 Zählungen angegeben.

Um zu überprüfen, ob diese Unterschiede in den Spermazahlen auch zu den entsprechenden Unterschieden im Anteil der Drohnen bei der Vaterschaft im Volk führen, wurden im Institut für Bienenkunde, Oberursel 8 Königinnen mit 4µl Sperma besamt. Dabei stammten je 1µl von zwei Drohnen und je 0,5µl von 4 weiteren Drohnen. Die Analyse der Anteile der entsprechenden Vaterlinien wurde von H. SCHLÜNS durchgeführt. In allen Fällen hatten Drohnen, von denen 1µl Sperma in die Königin gegeben wurde, mehr Nachkommen als die, von denen nur 0,5µl injiziert wurde. Dieses Ergebnis war unabhängig davon, in welcher Reihenfolge die unterschiedlichen Spermamengen injiziert wurden.

13.2 Einfluss von Aufzuchtbedingungen auf die Spermienzahl
Einfluss von Temperatur

Es ist allgemein bekannt, dass Spermien von vielen höheren Tieren sehr empfindlich gegen Hitze sind. So lag es nahe, die Temperaturempfindlichkeit der Spermatogenese in Puppenstadien von Drohnen zu untersuchen. Die Versuche wurden von S. ZIEGLER-HIMMELREICH am Institut in Oberursel durchgeführt. Junge Drohnenpuppen wurden kurz nach der Verdeckelung bis zum Schlupf einer Unterkühlung von

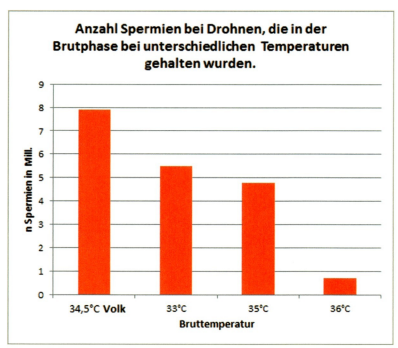

(98) Durchschnittliche Anzahl der Spermien pro Drohn nach Unterkühlung von 1,5 °C und Erwärmung um 0,5 °C und 1,5 °C während der gesamten Puppenphase. Sie zeigen jeweils eine Verminderung der Spermienzahlen in den Samenvesikeln um etwa 2 Millionen. Nach einer Erwärmung um 1,5 °C sind nur einige 100 Spermien vorhanden.

TEIL I

1,5 °C (33 °C) und einer Überhitzung von 0,5 °C und 1,5 °C ausgesetzt. Die dann schlüpfenden Drohnen wurden farblich markiert und gemeinsam in ein Volk gesetzt. Im Alter von 12 Tagen wurde dann die Anzahl der Spermien bestimmt.
War die Temperatur in der Puppenphase um 1,5 °C niedriger als normalerweise im Brutbereich, war die Anzahl der Spermien um ca. 25 % geringer als bei der Kontrollgruppe (34,5 °C). Bei einer Haltung der Puppen bei 36 °C, also 1,5 °C über der Bruttemperatur, waren nur noch einzelne Spermien in den Samenvesikeln vorhanden (98). Diese Drohnen waren trotzdem äußerlich normal und flogen zur Paarung aus. Eine Unterkühlung hatte also nur geringe Folgen, eine Erwärmung auf nur 36 °C dagegen senkte die Anzahl der Spermien um mehr als 90 % (98)!

In Brasilien wurden Drohnen von Z.V.S. THARELHO untersucht, die als fünfzehn Tage alte Puppen für 80 Minuten einer Temperatur von 45 °C ausgesetzt waren. Sie schlüpften äußerlich normal, ihre Spermien aber waren geschädigt: Bei Gewebeschnitten der Samenvesikel fanden sich Spermien mit anormalem Kern, und zusätzlich gab es viele Riesenspermien, die ebenfalls nicht befruchtungsfähig sind. Bei Untersuchungen von A. KABLAU im Institut in Veitshöchheim wurde bei Stichproben festgestellt, dass bei einer Erwärmung der Brut auf 42 °C für 3 Stunden die Drohnen keine Spermien mehr haben. Dies gilt ebenso für eine Behandlung mit 43 °C für 3 Stunden.

Es ist noch nicht bekannt, ob bei geschlüpften Drohnen Spermien durch Überhitzung geschädigt werden können. Diese Fragen sind für die praktische Bienenzucht von besonderer Bedeutung. Beim Wandern (Transport) von Drohnenvölkern kann es leicht zu erhöhten Temperaturen in den Bienenvölkern kommen. So wäre es wichtig zu wissen, wie lange die Drohnenbrut oder auch ein erwachsener Drohn einer bestimmten überhöhten Temperatur ausgesetzt sein kann, ohne dass seine Spermien Schaden nehmen.

Einfluss der Größe: Große Drohnen haben mehr Spermien als kleine
Je kleiner die Drohnen, desto weniger Spermien sind in den Samenvesikeln. Die Anzahl schwankt von 3 bis 12 Millionen. Die Größe der Drohnen hängt in starkem Maße von der Zellgröße ab, in der die Drohnenlarven großgezogen wurden. So sind vor allem die Drohnen von drohnenbrütigen Königinnen, die in Arbeiterinnenzellen aufgezogen werden, sehr viel kleiner als die, die aus Drohnenzellen stammen (99).

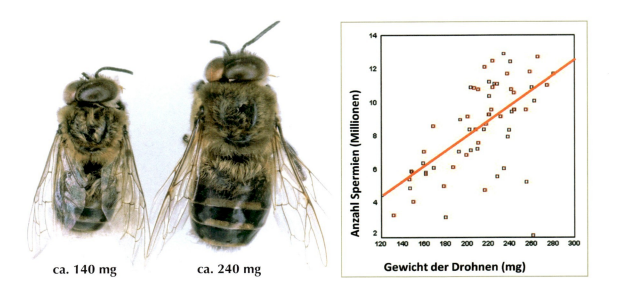

(99) Im Gewicht der Drohnen gibt es alle Übergänge von weniger als 140 mg bis zu 240 mg. Die Spermienzahlen schwanken entsprechend von 3 bis zu 12 Millionen (nach S. BERG).

Einfluss von Brutpflege

Es gibt keine direkten Daten, wie sich unzureichende Versorgung der Larven auf die Vermehrung der Urkeimzellen der Spermien auswirkt. Einen ersten Hinweis, ergaben Untersuchungen von GENCER und FIATLI aus der Türkei. Sie gingen davon aus, dass die Brutversorgung in weisellosen Völkern im Vergleich zu Völkern mit Königin schlechter ist. Es wurden je 7 Königinnen mit jeweils 8μl Sperma von Drohnen aus einem weiselrichtigen bzw. weisellosen Volk instrumentell besamt. Von den Drohnen aus weiselrichtigen Völkern wanderten im Durchschnitt 1 Million mehr Spermien in die Spermatheka ein als von Drohnen aus weisellosen Völkern.

Einfluss von Varroabefall

Nach Arbeiten von P. DUAY in Tübingen führt ein Varroabefall einer Drohnenpuppe mit einer Milbe zur Verminderung der Spermienzahl, die Drohnen zeigen aber noch gute Flugleistung. Bei einem Befall mit 2 Milben ist die Spermienzahl um 50 % reduziert, das gleiche gilt für die Flugdauer im Tunnel (100).
Der Varroa Befall eines Volkes wurde in Lunz von D. BUBALO und H. PECHHACKER durch die Anzahl befallener Brutzellen geschätzt. Anschließend wurde die Zahl der

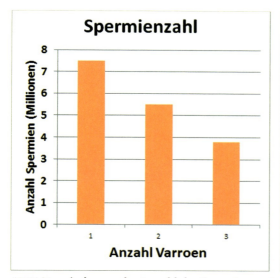 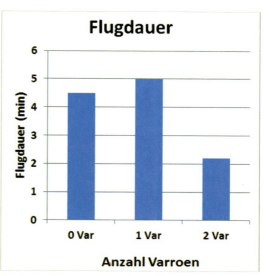

(100) Verminderung der Anzahl der Spermien und der Flugleistung im Tunnel nach Varroa Befall der Puppe (verändert nach P. DUAY).

Spermien und die Flugaktivität der Drohnen bestimmt. Mit zunehmendem Befallsgrad hatten die Drohnen weniger Spermien, sie flogen seltener und nur kürzere Zeit aus.

13.3 Mögliche Schädigung der Drohnen durch imkerliche Eingriffe

Die oben beschriebenen Befunde zur Minderung der Fitness der Drohnen waren alle durch gezielte Versuche entstanden. In welchen Bereichen der imkerlichen Praxis können Schädigungen der Drohnen entstehen?

13.3.1. Wanderung mit Bienenvölkern

Bei einer Wanderung mit Bienenvölkern kann sich das Volk leicht überhitzen, da die Frischluftzufuhr beschränkt ist und das Wasser zur Kühlung im Volk auch knapp werden kann. Eine Erwärmung des Volkes auf über 40 °C für ein paar Stunden ist durchaus nicht selten, und an den Arbeiterinnen sind meist keine Schäden zu erkennen. Auch die Drohnen überleben den Transport. Aber bis heute fehlen Untersuchungen, ob auch die Spermien überleben bzw. – wie wir vermuten – geschädigt werden. In Langzeitversuchen erwies sich eine Temperaturerhöhung vor nur 1,5 °C der Puppen schon als tödlich für Spermien. Kurzfristige Erhöhungen auf mehr als 40 °C schädigten die Spermien ebenfalls (Kap. 13.2).

13.3.2 Thermische Varroabehandlung

Auch ist nicht untersucht, wie sich eine Wärmebehandlung von Drohnenwaben zur Bekämpfung der Varroose auf Spermien auswirkt. Das wäre wichtig zu wissen! Erste Hinweise kommen aus dem Institut in Veitshöchheim, dass bei einer Erwärmung der Brut auf 42 °C für 3h die Drohnen keine Spermien mehr haben. Wenn die Spermien bei dieser Behandlung geschädigt würden, wäre die Vernichtung der Drohnenbrut ratsam. Wir haben bereits besprochen, dass Drohnen mit zu wenigen Spermien bei der Paarung von Königinnen Probleme verursachen, weil die Königin nicht die Menge der Spermien sondern die Anzahl der Paarungen misst (siehe auch Kap. 12).

Abschließend lässt sich sagen, dass die Kenntnisse über Faktoren, die die Qualität der Drohnen beeinflussen, noch sehr eingeschränkt sind. Hier besteht ein großer Forschungsbedarf! Gerade bei der Erzeugung von Drohnen für die Zucht gilt in besonderem Maße: Qualität vor Masse!

TEIL II

Paarungskontrolle

14 Entwicklung einer erfolgreichen Bienenzüchtung durch Paarungskontrolle

Züchtung ist bei der Honigbiene genauso möglich wie bei anderen landwirtschaftlichen Nutztieren. Die Erblichkeiten für die wirtschaftlich wichtigen Eigenschaften wie hohe Honigleistung, Friedfertigkeit oder geringe Schwarmneigung liegen in der gleichen Größenordnung wie die der Leistungseigenschaften bei anderen züchterisch bearbeiteten Nutztieren. Auch moderne Methoden der Populationsgenetik, wie z. B. die Zuchtwertschätzung, haben längst auch bei der Züchtung der Honigbiene ihren Einzug gehalten.

In den Zuchtrichtlinien des Deutschen Imkerbundes (D.I.B.) werden heute die Grundlagen und Ziele einer planmäßigen Bienenzüchtung beschrieben (siehe Anhang). Diese Richtlinien wurden von einem Gremium der Zuchtobleute aller im D.I.B. vertretenen Imker- / Landesverbände gemeinsam mit Vertretern der bienenwissenschaftlichen Institute erarbeitet. Sie werden ständig fortgeschrieben, um sie den neuesten wissenschaftlichen Erkenntnissen und den Bedürfnissen der imkerlichen Praxis anzupassen. In einem wesentlichen Teil dieser Richtlinien werden die verschiedenen Möglichkeiten der Paarungskontrolle beschrieben.

Mit Einführung des beweglichen Wabenbaus in die praktische Imkerei kam Ende des 19. Jahrhunderts der Gedanke auf, die Eigenschaften der Honigbiene zu verändern. Begonnen hat damit ein Mann, der einen nachhaltigen Einfluss auf die deutsche Bienenzucht gehabt hat, der Pfarrer Johannes DZIERZON. Er brauchte möglichst brutfreudige Völker, um die Umstellung auf Kästen mit beweglichen Rähmchen bewerkstelligen zu können. Zu diesem Zweck führte er die brutfreudige gelbe Italienerbiene ein. Sie war auch friedfertiger und nicht so nervös wie die in Deutschland heimische Dunkle Biene. DZIERZON, als Fachmann anerkannt, war ein begeisterter Anhänger der „schönen gelben Bienen" und propagierte sie überall. Aus Neugier und Experimentierfreude der Imker folgten bald andere Rassen wie Kaukasier, Anatolier und andere. Da man über die Paarungsbiologie der Honigbiene kaum Kenntnisse hatte, war es jedoch nicht möglich, die verschiedenen Bienenrassen rein weiter zu erhalten, um ihre Eigenschaften über Generationen hinweg zu bewahren. Es kam überall zu unkontrollierten Kreuzungen und in deren Folge zu Aufspaltungen der Erbanlagen. Alle Völker zeigten bald landauf landab unerwünschte Eigenschaften.

Weil man mit der verkreuzten Landbiene unzufrieden war, kam Anfang der 30er Jahre des letzten Jahrhunderts der Gedanke auf, durch planmäßige Zuchtarbeit die Eigenschaften der Völker gezielt durch Selektion zu verbessern. Als Pioniere sind hier G. SKLENAR (Carnica Stamm Sklenar), J. WRIESNIG (Carnica Stamm Troiseck) und H. PESCHETZ (Carnica Stamm Peschetz) aus Österreich sowie F. KREYENBÜHL (Dunkle Biene Stamm Nigra) aus der Schweiz zu nennen. Alle dieser Züchter waren in der glücklichen Lage, in ihrem Heimatgebiet auf eine nahezu unverkreuzte Landbiene zurückgreifen zu können. Zum Anderen betrieben sie (bis auf SKLENAR) die Zuchtarbeit auf relativ isoliert gelegenen, gut durch Berge abgeschirmten Bienenständen, wo die Paarungen nur wenig durch fremde Völker beeinträchtigt wurden.

Anders waren jedoch die Verhältnisse in Deutschland mit der total verkreuzten Landbiene. Zwar wurde hier das Zuchtwesen nach den damaligen Vorstellungen straff reglementiert – geprägt vor allem durch GOETZE, der ähnlich wie bei anderen Nutztieren ein sehr starkes Gewicht auf die Körpermerkmale bei der Selektion legte – doch es stellten sich kaum Fortschritte ein. Grund dafür war die fehlende Paarungskontrolle. Man hatte nur geringe Kenntnisse über die Paarungsbiologie. Diese sind jedoch Voraussetzung für jede erfolgreiche Zuchtarbeit. Das gilt in besonderem Maße für die Honigbiene. Wie die vorangegangenen Ausführungen gezeigt haben, unterscheidet sich die Paarungsbiologie der Honigbiene grundlegend von der anderer Nutztiere. Da ist zunächst die Paarung in der Luft, fern der Kontrolle durch den Imker zu nennen, weiter die großen Paarungsdistanzen, die Drohnensammelplätze und die Mehrfachpaarung. Darüber hinaus besteht ein Bienenvolk aus zwei Generationen, die beide die Leistung und Eigenschaften eines Volkes beeinflussen, nämlich die Königin und die von ihr erzeugten Arbeitsbienen.

Erst als die Besonderheiten der Paarungsbiologie bei der Honigbiene durch die Wissenschaft in der zweiten Hälfte des letzten Jahrhunderts weiter erforscht wurden und Eingang in die Züchtungspraxis fanden, wurden langfristige und dauerhafte Erfolge bei der Verbesserung der Eigenschaften wie Honigleistung (103), Friedfertigkeit und fester Wabensitz (102) sowie geringe Schwarmneigung erzielt. Ganz entscheiden-

TEIL II

den Einfluss daran hatten die Brüder H. und F. RUTTNER (50 und 51), die zunächst in Lunz a. See / Niederösterreich (101) planmäßig unter Umsetzung der neuesten wissenschaftlichen Erkenntnisse gezielte Zuchtarbeit mit standardisierten Leistungsprüfungen und kontrollierten Paarungen – begünstigt durch die isolierte Lage in den niederösterreichischen Alpen – betrieben. Die Merkmalsbeurteilung – sehr viel praxisgerechter als zu GOETZES Zeiten aufbereitet – wurde gezielt zur Überprüfung der Reinpaarung eingesetzt.

Grundlage ihrer Arbeit war die Zucht innerhalb einer Population (geographische Bienenrasse), um negative Kreuzungseffekte zwischen verschiedenen Rassen (z. B. Aggressivität) und unkontrollierte Aufspaltungen in den Folgegenerationen zu vermeiden. So blieben auch die Erfolge nicht aus. In etlichen Ländern übernahmen die Züchter sehr schnell die in Lunz erarbeiteten Grundlagen für ihre Zuchtarbeit. Leistungsprüfungen

(101) Blick auf das Bieneninstitut Lunz, Wirkungsstätte von F. und H. RUTTNER. Von hier gingen viele wertvolle Impulse für die Zuchtarbeit aus.

(102) Völkerkontrolle auf einem Leistungsprüfstand des Bieneninstituts Lunz. Die Völker zeichnen sich besonders durch Friedfertigkeit aus. Bildmitte Prof. Dr. F. RUTTNER.

wurden durchgeführt und die Paarungskontrolle wurde durch Reduzierung und Verbesserung der Belegeinrichtungen erheblich effektiver. Ein eindrucksvolles Beispiel für erfolgreiche Zuchtarbeit ist die Verringerung des Schwarmtriebes durch Auslese bei den Völkern des Celler Bieneninstitutes (DUSTMANN und TIESLER) (104). Die Selektion griff erst als zu Beginn der 60er Jahre eine sichere Paarungskontrolle erfolgte.

(103) Eines der wesentlichen Zuchtziele ist eine hohe Honigleistung.

TEIL II

Bald erkannte auch der Gesetzgeber die volkswirtschaftliche Bedeutung der Züchtung bei der Honigbiene und erließ daher in einigen Bundesländern gesetzliche Bestimmungen zum Schutz der Belegeinrichtungen. Im Anhang sind diese Bestimmungen aufgeführt.

Selektion auf geringe Schwarmneigung am Bieneninstitut Celle.

1946-1950	1951-1955	1956-1960	1961-1965	1966-1970	1971-1975	1976-1980	1980-1985	1986-1987
42,8	54,8	68,3	44,1	36,4	26,1	25,6	9,5	11,6
59,3	42,0	72,7	34,8	62,8	20,9	13,2	9,7	5,2
59,4	36,6	72,1	70,9	21,2	2,7	27,2	21,5	
55,9	18,3	50,7	41,4	37,5	25,0	30,4	13,6	
55,7	81,2	59,1	46,4	21,7	12,1	9,1	8,6	
Ø 54,6 %	Ø 46,6 %	Ø 64,6 %	Ø 47,5 %	Ø 35,9 %	Ø 17,4 %	Ø 21,1 %	Ø 12,4 %	Ø 8,4

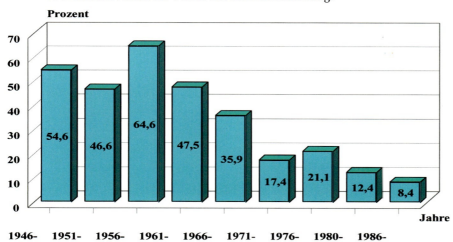

Prozentualer Anteil der Völker mit Schwarmstimmung.

(104) Jährlich wurden am Leistungsprüfstand des Celler Bieneninstituts alle Völker erfasst, die Schwarmzellen ansetzten. Zur Nachzucht wurden aber nur solche Völker ausgewählt, die keine Schwarmanzeichen zeigten. Bis 1960 wurde eine nur unzureichende Paarungskontrolle mit Landbelegstellen betrieben. Ein Zuchtfortschritt war bis dahin nicht zu erkennen. Ab 1961 wurden die Königinnen auf Inselbelegstellen begattet.

1978 und 1979 wurden andere Herkünfte mit stärkerem Schwarmtrieb eingekreuzt.

Es zeigt sich eindrucksvoll, dass der Schwarmtrieb mit Benutzung sicherer Belegstellen erheblich reduziert werden konnte (TIESLER und DUSTMANN).

Auch die künstliche Besamung - zunächst nur für wissenschaftliche Untersuchungen eingesetzt - wurde weiter entwickelt und fand Eingang in die züchterische Praxis.

Mit der Schätzung der Erblichkeiten für die wichtigsten wirtschaftlichen Eigenschaften war es möglich – ähnlich wie in der übrigen landwirtschaftlichen Nutztierzüchtung – auch für die Honigbiene eine zentrale Datenerfassung und Zuchtwertschätzung einzuführen. Diese wurde 1994 von BIENEFELD mit Unterstützung des D.I.B. am Länderinstitut für Bienenkunde Hohen Neuendorf e. V. eingerichtet. Sie existiert mittlerweile nicht nur für die überwiegend in Deutschland und Österreich gezüchtete Carnica-Biene, sondern auch für die Dunkle Biene (Österreich und Schweiz), die Italienerbiene (Italien) und die Sicula (heute Apis mellifera siciliana / Italien).
Mit Hilfe der Zuchtwertschätzung ist es möglich, gezielte Zuchtarbeit innerhalb großer Zuchtpopulationen zu betreiben.

Der Zuchtwert gibt für ein bestimmtes Merkmal an, wie wertvoll ein Tier für die Zucht ist. Bezüglich der Honigleistung und den Eigenschaften gibt es zwischen den Völkern deutliche Unterschiede. Diese Unterschiede werden in Abhängigkeit von der Erblichkeit des Merkmals zu einem großen Teil durch Umwelteinflüsse hervorgerufen. Nur erbliche Unterschiede sind jedoch für die Auswahl von Zuchtvölkern von Bedeutung, denn nur diese werden auch an die Nachkommen weitergegeben. Der Zuchtwert in Prozent gibt an, ob das entsprechende Volk in dem betrachteten Merkmal genetisch dem Durchschnitt aller in den letzten 5 Jahren geprüften Völker über- oder unterlegen ist (Durschnitt = 100 %). Damit sind die Zuchtwerte ähnlich leicht zu lesen wie Leistungsergebnisse bezogen auf den Standdurchschnitt. Nachzuchtwürdige Völker haben Zuchtwerte über 100 %, weniger geeignete Völker unter 100 %.

Bei der Ermittlung der Zuchtwerte fließen die Leistungs- und Eigenschaftsbewertungen aller Züchter, die innerhalb der gleichen Population (Rasse) arbeiten und sich an der zentralen Datenerfassung und Zuchtwertschätzung beteiligen, ein. Dabei werden zur Ermittlung der Zuchtwerte die Prüfergebnisse aller verwandten Völker (Vorfahren, Geschwister, Halbgeschwister) – gewichtet nach ihrem genetischen Abstand – mit in die Berechnungen einbezogen. Dies ist im Hinblick auf Belegstellen, auf denen viele Königinnen zur Paarung aufgestellt werden, deshalb von großer Aussagekraft, weil alle diese Königinnen in ihren Völkern Bienen erzeugen, die die gleichen Väter haben. Positive oder negative Anlagen der Drohnenvölker auf den Belegstellen machen sich daher bei einer Vielzahl von Völkern bemerkbar. Deshalb kommt in der Zuchtarbeit der Auswahl der Drohnenvölker auf stark frequentierten Belegstellen eine große Bedeutung zu. Bei der Zuchtwertschätzung wird darüber hinaus auch der Inzuchtgrad für die Völker angegeben. Durch alle diese Informationen ist die Zuchtarbeit sehr viel effektiver geworden und Zuchtfortschritte für die einzelnen Merkmale können sehr viel schneller erreicht werden (105).

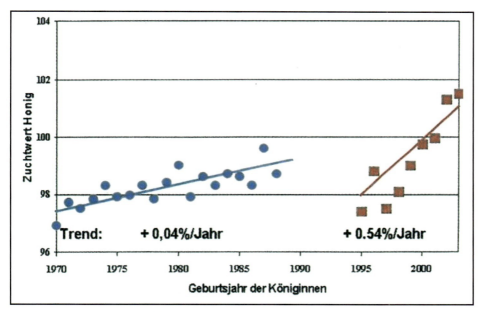

(105) Entwicklung der Honigleistung durch Selektion vor (blau) und nach (rot) Einführung der Zuchtwertschätzung (BIENEFELD 2005).

Den Züchtern wird immer wieder vorgehalten, bei der Selektion die Honigleistung in den Vordergrund zu stellen und die Widerstandsfähigkeit der Völker zu vernachlässigen. Dem muss entgegen gehalten werden, dass gerade bei der Biene – im Gegensatz zur Zucht auf Leistung oder bestimmte Merkmale bei anderen Tieren – die Honigleistung ein natürliches Zuchtziel ist, denn ein Bienenvolk braucht zum Überleben einen großen Honigvorrat. Dieser kann nur von starken und vitalen Völkern eingetragen und angelegt werden.

Dennoch hat vor dem Hintergrund der hohen Völkerverluste durch Varroose und andere Bienenkrankheiten in den letzten Jahren die Selektion auf Varroatoleranz verstärkt an Bedeutung in der Zuchtarbeit gewonnen. Bei der Auslese der Völker wird verstärkt auf zwei Merkmale (Varroa-Befallsentwicklung und Bruthygiene) geachtet. Diese beiden

Hilfsmerkmale sind für die unterschiedliche Anfälligkeit verschiedener Völker von Bedeutung. Darüber hinaus wird auch die natürliche Selektion bei der Paarung auf speziellen Belegstellen, sogenannten Toleranzbelegstellen, berücksichtigt. Neben den traditionellen Zuchtwerten (Honigleistung, Sanftmut, Wabensitz und Schwarmverhalten) werden mittlerweile auch Zuchtwerte für Varroatoleranz (Befallsentwicklung und Bruthygiene) ermittelt, um auf diesem Gebiet deutliche Fortschritte zu erzielen.

Die Zuchtwerte stehen nicht nur den Züchtern, die ihre Prüfergebnisse einbringen, zur Verfügung, sondern sie sind für jedermann im Internet auf der vom Länderinstitut für Bienenkunde Hohen Neuendorf e.V. betreuten Internetseite www.beebreed.eu einsehbar (106 a - c) Dadurch ist die Zuchtarbeit sehr viel transparenter geworden. Jeder Imker, der sich Zuchtmaterial (Larven, Königinnen oder sogar geprüfte Völker) für seinen Stand beschaffen möchte, hat hier die Möglichkeit zu sehen, ob ein Züchter überhaupt Aufzeichnungen vornimmt und kann das Material verschiedener Züchter hinsichtlich der Eigenschaften vergleichen, um dann zu entscheiden, welches Material er für seine Verhältnisse für geeignet hält. Für jedes Merkmal (Honigleistung, Sanftmut, Wabensitz, Schwarmverhalten, Varroatoleranz und Kalkbrut) wird ein Zuchtwert angegeben, darüber hinaus ein Gesamtzuchtwert. So hat jeder Imker die Möglichkeit für seine Anforderungen Prioritäten zu setzen. Bei einer Bienenhaltung in dicht besiedelten Gebieten wird man einem hohen Zuchtwert für Sanftmut größeres Gewicht als einem hohen Zuchtwert für Honig einräumen.

Die Zuchtwertschätzung verbunden mit gezielten Paarungen bringt für die Züchter, die innerhalb einer geographischen Rasse Selektion betreiben, erhebliche Vorteile. Aber auch Züchter, die eine Kombination verschiedener Rassen betreiben, um dann in stabilisierender Selektion bestimmte Nutzungseigenschaften zu festigen (z. B. die Zucht der Buckfastbiene, die in vielen Ländern eine große Verbreitung gefunden hat) sind in besonderem Maße auf kontrollierte Paarungen angewiesen.

Im Folgenden werden die verschiedenen Paarungsmöglichkeiten für eine züchterische Verbesserung der Honigbiene beschrieben.

TEIL II

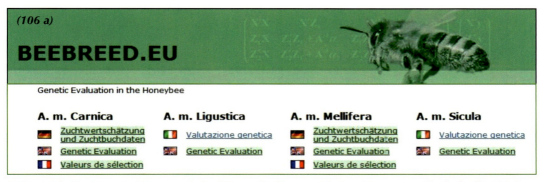

(106 a) Die Zuchtwertschätzung wird mittlerweile für verschiedene Rassen am Länderinstitut Hohen Neuendorf durchgeführt. Nach Auswahl der Bienenrasse gelangt man zu den Ergebnissen der Zuchtwertschätzung.

(106 b). Hier kann man verschiedene Informationen erhalten, wie z. B. Zuchtwertergebnisse für bestimmte Geschwistergruppen (106 c).

In einer gesonderten Datei werden die Züchter, die zunächst nur mit Codenummern genannt sind, unter dem entsprechenden Landesverband mit ihren Kontaktdaten (Adressen) aufgeführt.

mehr Infos	Codenummer der Königin			Jahr	Inzuchtwerte (in %)		Zuchtwerte in % (Durchschnitt der letzten 5 Jahre = 100%)						Körung
	Landes- verband	Züchter	Zucht- buchnr.		Königin	Arbeit- erin	Honig	Sanft- mut	Waben- sitz	Schwarm- neigung	Varroa- Index	Gesamt- Zuchtwert	Kalk- brut	
							\multicolumn{6}{c}{Wichtung in %}							
							15	15	15	15	40	--	--	
▶	17	27	2	2011	1.4	0.8	115	113	113	113	116	**119**	102	
▶	17	27	3	2011	1.4	0.8	101	87	86	97	114	**101**	102	
▶	17	27	4	2011	1.4	0.8	114	113	113	112	120	**121**	102	
▶	17	27	7	2011	1.4	0.8	113	110	110	114	110	**115**	103	
▶	17	27	8	2011	1.4	0.8	108	104	104	109	108	**109**	103	
▶	17	27	9	2011	1.4	0.8	104	104	103	107	118	**113**	103	
▶	17	27	10	2011	1.4	0.8	122	118	119	122	109	**120**	103	
▶	17	27	11	2011	1.4	0.8	112	100	101	111	98	**104**	103	
▶	17	27	12	2011	1.4	0.8	131	124	123	121	133	**137**	103	A

(106 c)

15 Standbegattung

Unter Standbegattung versteht man die freie Paarung von Königinnen, die zu ihrem Hochzeitsflug am Stand des Imkers ausfliegen, ohne dass dieser einen Einfluss auf die Drohnen nehmen kann. Wie in den Ausführungen zur Paarungsbiologie ausführlich geschildert wurde, vollzieht sich die Paarung in der Luft, zumeist auf Drohnensammelplätzen. Dabei wurden in Extremfällen maximale Paarungsdistanzen von 10 km und mehr nachgewiesen. Es wurde eindrucksvoll dargelegt, dass dabei hunderte von Völkern als potenzielle Paarungspartner in Frage kommen. Mit diesen Unsicherheiten ist natürlich keine exakte Zuchtarbeit möglich.

Dennoch gibt es aber gerade in jüngster Zeit immer wieder Stimmen, die behaupten, bei entsprechender Selektion lassen sich auch bei Standbegattung erhebliche Fortschritte erzielen und der ganze Aufwand mit der Paarungskontrolle lohne sich nicht. Diese von GOLZ als sog. „Basiszucht" propagierte Auffassung geht fälschlicherweise von einer „mütterlichen Dominanz" aus, wobei der väterliche Einfluss auf die Anlagen eines Bienenvolkes und auf die nachfolgenden Generationen vernachlässigt wird. Mit Zahlen wird diese „Zuchtarbeit" jedoch nicht belegt. Dazu muss folgendes festgestellt werden:

In einem Gebiet, in dem einheitlich eine geographische Bienenrasse vertreten ist, kann man durchaus ohne kontrollierte Paarungen langfristig Erfolge erzielen. Dieses ist eine Zucht in einer offenen Population und wird so genannt, weil ständig Erbmaterial von außen in die Population gelangt, das mit dem Völkerbestand, aus dem selektiert wird, nicht verwandt ist.

Bei diesem Zuchtverfahren erfolgt die Selektion vorwiegend über die mütterliche Seite, also über die Königinnen. Durch die Drohnen aus der Umgebung gelangen ständig unselektierte Gene in den Zuchtbestand. Trotzdem sind auf Dauer dabei genetische Fortschritte zu erzielen, die von verschiedenen Faktoren abhängen (107):

- von der Anzahl der unter Selektion stehenden Völker
- von der Anzahl der in jeder Generation selektierten Königinnen
- von dem zahlenmäßigen Verhältnis der selektierten Drohnen zu den nicht selektierten bei der Paarung

TEIL II

Je größer die Zahl der unter Selektion stehenden Völker, je weniger Königinnen pro Generation ausgelesen und je günstiger das Verhältnis von selektierten zu nicht selektierten Völkern im Umkreis des Standes ist, desto größer wird der züchterische Erfolg sein.

Nicht nur bei den züchterisch bearbeiteten Völkern wird eine Verbesserung erreicht. Diese Völker beeinflussen auch ihre Umgebung, denn die selektierten Drohnen paaren sich auch mit den anderen Königinnen aus der Umgebung. Diese Verbesserung wiederum hat eine positive Auswirkung, eine Art Rückkopplungseffekt auf die unter Selektion stehende Population. Nach dieser Methode hat z. B. GUIDO SKLENAR in Niederösterreich aus der dort heimischen Carnica seinen Stamm Sklenar 47 gezogen. Die Erfolge stellen sich jedoch wesentlich langsamer ein als bei gleichzeitiger Selektion beider Geschlechter, also von Müttern und Vätern und deren gezielter Anpaarung.

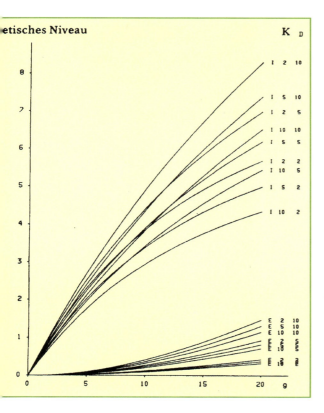

(107) Zucht in der offenen Population.
Die Verhältnisse werden durch die Modellrechnung von CORNUET und CHEVALET (1987) veranschaulicht. Auf der senkrechten (y) Achse ist der Zuchtfortschritt (Genetisches Niveau), auf der waagerechten (x) Achse sind die Generationen (g) aufgetragen. Es wird davon ausgegangen, dass in einem Gebiet insgesamt 360 Völker vorhanden sind, von denen 120 Völker (I) ständig unter Selektion stehen, 240 Völker (E) hingegen züchterisch nicht bearbeitet wurden. Die obere Kurvenschar zeigt die genetische Verbesserung der unter Selektion stehenden Völker in Abhängigkeit von den einzelnen Generationen. Die Kurven wurden ermittelt für die Auswahl von 2, 5 und 10 Zucht (K)- und Drohnen (D)- Völker je Generation (unterschiedliche Kurven). Die Drohnenaufzucht wird in den selektierten Drohnenvölkern besonders gefördert. Auch der Anstieg des genetischen Niveaus der nicht unter Selektion stehenden Völker (E), die sich mit den selektierten Völkern frei paaren können, ist erkennbar (untere Kurvenschar). (Aus R.F.A. MORITZ " Die instrumentelle Besamung der Bienenkönigin".)

Allerdings ist bei dieser Betrachtung das Problem der Heterosis (kreuzungsbedingte nicht erbliche Leistungssteigerung) und das der Rassenkreuzungen nicht berücksichtigt. In einem Gebiet, in dem – wie bei uns in Deutschland – der Bienenhandel floriert und ständig neues Material hereinkommt, wird es immer wieder zu Hybriden kommen. Erwähnt werden soll hier nur die zunehmende Verbreitung der Buckfast-, der Dunklen Biene und nicht zuletzt die jährlich im Frühjahr stattfindende Einfuhr nackter Völker (überwiegend Ligustica) aus Übersee. Die Hybriden werden in der Regel nicht erkannt und liefern infolge des Heterosiseffektes vitale und leistungsstarke Völker (Blender). Werden sie aus Unkenntnis der Ursache zur Nachzucht ausgewählt, kommt es in den Folgegenerationen sehr schnell zu Aufspaltungen und zum züchterischen Rückschritt. Unterschiedliche Völker mit schlechten Leistungen und unangenehmen Eigenschaften sind die Folge. Diese Tatsache muss jedem, der sich mit Genetik beschäftigt, bekannt sein. Als Beispiel hierfür lassen sich die Zuchtbestrebungen in all den Ländern aufführen, in denen man viele Jahre bis heute ohne oder mit unzureichender Paarungskontrolle zu arbeiten versuchte. So zeigt die Bienenpopulation in all diesen Ländern allgemein außerordentlich unangenehme Eigenschaften, obwohl auf vielen Ständen durch ständige Selektion versucht wurde, die Eigenschaften zu verbessern. Ähnlich verhält es sich bei der schweizer Landrasse, einem Gemisch aus verschiedenen Bienenrassen, das man Jahrzehnte über Selektion und eine unzureichende Paarungskontrolle vergeblich zu entwickeln und weiterzuführen versucht hat. Erst mit einer effektiven Paarungskontrolle erzielte man hier in den letzten Jahren deutliche Fortschritte.

TEIL II

16 Belegstellen

Belegstellen sind Plätze, die der Paarung der Königinnen mit ausgewählten Drohnen dienen. Die ersten Belegstellen wurden vor dem 2. Weltkrieg von den schweizer Bienenzüchtern eingerichtet und wurden zur Grundlage ihrer Rassezucht. Die erste deutsche noch heute in Betrieb befindliche Belegstelle Gehlberg in Thüringen entstand nach schweizer Vorbild im Jahre 1910. In den dreißiger Jahren des letzten Jahrhunderts griff ZANDER den Belegstellengedanken auf und veranlasste die Errichtung vieler Belegstellen. Damals war man noch der Ansicht, dass sich eine Königin nur ein einziges Mal mit einem Drohn paart. Das war eine allgemeine Lehrmeinung. Aus diesem Grund wurde auch nur ein Drohnenvolk auf jeder Belegstelle aufgestellt (GOETZE 1950). Die Annahme der Einfachbegattung ließ als Möglichkeit nur die Fremd- oder Reinpaarung zu. Man war überzeugt, dass man die Anzahl der zur Paarung aufgestellten Königinnen beliebig erhöhen könne, wenn man in dem sog. „Vatervolk" nur für genügend Drohnen sorgt (108). Den Rekord dürfte hier die Belegstelle Hirschgrund des Züchters SKLENAR erreicht haben, auf der in den Jahren 1935-1945 jährlich annähernd 5000 Königinnen aufgeführt wurden. Außerdem nahm man an, dass ein bienenfreier Umkreis von 1,5 km bis 2 km um die Belegstelle herum einen ausreichenden Schutz vor fremden Drohnen biete. Zu Beginn der fünfziger Jahre gab es in Deutschland eine Vielzahl solcher Belegstellen. Allein im Verbandsgebiet des LV. Hannoverscher Imker, das ca. ⅔ der Fläche Niedersachsens umfasst, wurden 1955 noch 51 Landbelegstellen gezählt, von denen heute nur noch fünf bestehen.

(108) Blick auf die Belegstelle Hörizen / Kärnten des Züchters Peschetz (1947). Das Drohnenvolk - nur ein Volk - ist zwischen den Schutzhäusern aufgestellt (Foto PESCHETZ).

Aber auch auf fast allen Inseln vor der deutschen Küste entstanden Belegstellen, die erste 1923 auf Borkum. Sie diente seinerzeit der Reinerhaltung der Italienerbiene, ging aber bald aus finanziellen Gründen ein. In den dreißiger Jahren folgten Wangerooge, Langeoog und Norderney. Die übrigen ost- und nordfriesischen Inselbelegstellen sowie die vor der mecklenburgischen Küste, die Inselbelegstellen in Dänemark und den Niederlanden entstanden nach dem zweiten Weltkrieg.

Trotz intensiver Belegstellenarbeit erreichte man zunächst in der Zucht nicht das gewünschte Ziel. Viele Belegstellenköniginnen lieferten Völker mit unerwünschten Eigenschaften. Dies änderte sich erst, als man die bienenfreien Radien um die Belegstellen herum vergrößerte und daneben eine exakte Merkmalskontrolle zur Überprüfung der Paarungen betrieb. Bei den Belegstellen auf den Inseln und an isoliert gelegenen Plätzen gab es hohe Verluste (109). bzw. die Königinnen wurden von ihren Völkern nach kurzer Zeit ausgetauscht. Hier gab es erst Abhilfe, als Ende der fünfziger Jahre die Erkenntnisse aus der Mehrfachpaarung in die Praxis umgesetzt wurden und man auf jeder Belegstelle mehrere Drohnenvölker aufstellte (110).

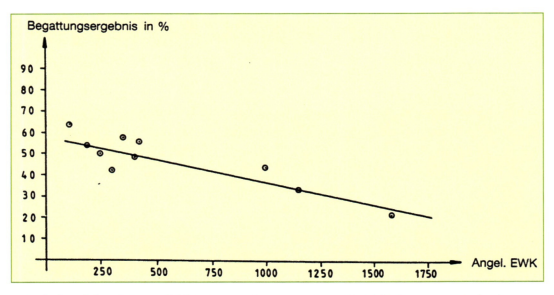

(109) In den Anfangsjahren (1947-1956) wurde auf der Belegstelle Hallig Hooge nur ein Drohnenvolk aufgestellt. Die Abbildung zeigt die Abhängigkeit des Begattungserfolges von der Anzahl der angelieferten EWK. Mit zunehmender Beschickung sank das Begattungsergebnis auf weniger als 25 %. (Nach Unterlagen Dr. KESSLER/ Hamburg).

TEIL II

(110) Abhängigkeit des Begattungsergebnisses von der Anzahl der Drohnenvölker auf der Inselbelegstelle Puan Klent. Die Paarungserfolge schwankten bei einem Drohnenvolk zwischen 40 % und 45 %, bei 3 Drohnenvölkern zwischen 51 % und 81 %. Erst ab 6 Drohnenvölkern gab es nur noch eine geringe Schwankungsbreite von 73 % bis 75%. (Nach Unterlagen Dr. KESSLER/ Hamburg)

16.1. Verschiedene Arten von Belegstellen

Die Sicherheit einer Belegstelle wird im Wesentlichen durch die Lage, den bienenfreien Umkreis und die Anzahl der erwünschten Drohnen im 10 km Radius bestimmt. Die Anerkennung und der Betrieb von Belegstellen werden in den Zuchtrichtlinien des Deutschen Imkerbundes (siehe Anhang) im Sinne einer Qualitätssicherung geregelt. In diesen Richtlinien werden die Belegstellen nach ihrer Lage und den zu erzielenden Paarungen unterschieden. Darüber hinaus gibt es eine Reihe von Belegeinrichtungen, die nicht dem Regelwerk des Deutschen Imkerbundes entsprechen.

16.1.1. Anerkannte Inselbelegstellen

Hier handelt es sich um Belegstellen auf bienenfreien Inseln, die mindestens 3 km über Wasser (Wasserfläche bei Ebbe) vom Festland entfernt sind. Auf der Insel dürfen außer den Drohnenvölkern keine weiteren Bienenstände vorhanden sein. Vor der ost- und nordfriesischen (112 a), der mecklenburgischen Küste (112 b) sowie in Holland und Dänemark gibt es eine Reihe solcher Inselbelegstellen.

Sie gelten als die sichersten Belegstellen. Versuche auf verschiedenen bienenfreien ostfriesischen Inseln während der Saison haben gezeigt, dass dort aufgestellte Königinnen nicht begattet wurden (TIESLER und BÜCHLER 2004). Die deutschen Inselbelegstellen (111) werden aus dem gesamten Bundesgebiet und den angrenzenden EU Staaten jährlich mit etwa 12 000 Königinnen beschickt.

(111) Inselbelegstelle Juist

Die Inselbelegstellen werden in der Regel als Linienbelegstellen geführt. Die Königinnen der Drohnenvölker stammen dabei alle aus derselben Zuchtlinie; es brauchen nach den Zuchtrichtlinien keine Geschwistervölker zu sein. Cousinen ersten oder zweiten Grades eignen sich ebenfalls. Da sich heute jedoch fast alle Züchter an der zentralen Datenerfassung und Zuchtwertschätzung beteiligten, ist es ratsam auf Linienbelegstellen nur Geschwister – also Nachkommen eines einzigen (4 a) -Volkes (siehe auch Kap. 16.5.1) – aufzustellen, da nur dann die Daten der Drohnenvölker mit in die Auswertung einfließen.

Befinden sich auf einer Insel mehrere Belegstellen für verschiedene Linien, so muss der Abstand der Belegstellen untereinander mindestens 6 km, besser 7 km bis 10 km betragen. So gibt es z. B. auf der Insel Sylt zwei Belegstellen, im Süden Puan Klent und im Norden List.

TEIL II

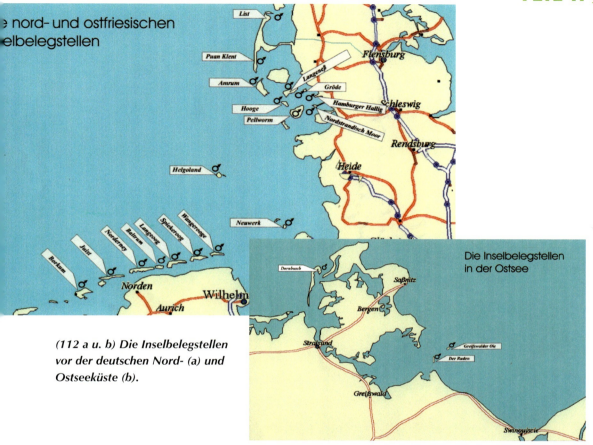

(112 a u. b) Die Inselbelegstellen vor der deutschen Nord- (a) und Ostseeküste (b).

16.1.2. Anerkannte Landbelegstellen

Für Landbelegstellen sind die Topografie und der Abstand zu den nächsten Bienenständen mit Drohnen, die nicht der Zuchtpopulation der Belegstelle entsprechen, von Bedeutung. Dieser Gürtel wird als Schutzbereich der Belegstelle bezeichnet. Auf Grund einer Empfehlung der internationalen Bienenzüchterorganisation Apimondia (1972) soll der Schutzbereich einen Radius von mindestens 7 km umfassen. Jeder weitere Kilometer, der durch Drohnen gleicher Abstammung abgeschirmt werden kann, schafft zusätzliche Sicherheit. Dagegen nimmt mit Unterschreitung des 7 km Radius die Zahl der Misch- und Fehlpaarungen stark zu. Natürliche Barrieren durch Berge schaffen ebenfalls Sicherheit, allerdings erst ab Höhendifferenzen von 800 m und mehr. Solche Höhenunterschiede findet man in Deutschland, Österreich und der Schweiz nur in den Alpen.

Landbelegstellen können als Linien- oder als Rassebelegstellen geführt werden.

16.1.3. Anerkannte Linienbelegstellen

Bei Linienbelegstellen müssen alle Völker im Schutzbereich der Belegstelle (Drohnenvölker und andere Völker) über Königinnen der gleichen Linie verfügen. Verantwortlich hierfür ist der zuständige Belegstellenleiter.

Linienbelegstellen gibt es im Flachland und Mittelgebirge kaum. Im Hochgebirge (113 und 114), wo die Zahl der Völker im Schutzbereich überschaubar ist, kann man leichter ständig die notwendigen Umweiselungen vornehmen. Im Hochgebirge sind die Voraussetzungen zudem günstiger, wie Versuche von PECHHACKER in Lunz am See / Österreich gezeigt haben. In den engen Gebirgstälern sind die Paarungsdistanzen deutlich kleiner und hohe Bergrücken von 300 m und mehr zwischen Ständen bilden ein Hindernis, das nur selten überflogen wird.

(113) Die Hochgebirgsbelegstelle „Ellboden" liegt am Ende eines langen, tief eingeschnittenen Tales in der Nähe von Lunz a.See/NÖ.

(114) Blick auf die Belegstelle „Ellboden".

16.1.4. Anerkannte Rassebelegstellen

Bei Rassebelegstellen werden die Anforderungen nicht so hoch gesetzt wie bei Linienbelegstellen. Hier muss lediglich sichergestellt sein, dass alle im Schutzbereich der Belegstelle aufgestellten Völker derselben Zuchtpopulation angehören und die überwiegende Zahl der Paarungen mit Drohnen der angegebenen Population erfolgt.

Dabei wird unter einer Zuchtpopulation eine geografische Rasse (z. B. Carnica) oder eine Zuchtrasse (z. B. Buckfast) verstanden. Hier ist eine ständige Umweiselung aller Völker im Schutzbereich mit Königinnen der gleichen Linie nicht erforderlich. Hier genügen Königinnen der gleichen Rasse unterschiedlicher Zuchtmütter. Die Umweiselung wird man in zwei- bis dreijährigem Turnus durchführen. Verantwortlich hierfür ist der Belegstellenleiter. Eine jährliche Kontrolle aller Völker im Schutzbereich ist in der Regel nicht durchführbar. Durch Motivation der Imker im Umfeld der Belegstelle – auch über den eigentlichen Schutzbereich hinaus – soll versucht werden, dass möglichst viele Völker regelmäßig mit Königinnen der Rasse der Belegstelle umgeweiselt werden. Die meisten Belegstellen auf dem flachen Lande und im Mittelgebirge sind unter der Gruppe Rassebelegstellen einzuordnen (115).

(115) Rassebelegstelle „Sieggraben" im Burgenland.

Im Rahmen der Zuchtwertschätzung werden die Informationen über die Eigenschaften zu den auf der Belegstelle aufgestellten Drohnenvölkern bzw. deren Müttern (4 a - Völker) nicht genutzt, da die Gesamtheit aller im Belegstellenschutzbereich vorhandenen Völker als potenzielle Paarungspartner in Betracht zu ziehen sind.

16.1.5. Toleranzbelegstellen

Vor dem Hintergrund der Varroose und den damit zusammenhängenden Völkerverlusten hat in den letzten Jahren die Widerstandsfähigkeit von Bienenvölkern gegenüber Krankheiten als Zuchtziel verstärkt an Bedeutung gewonnen. Es zeigt sich, dass es hier zwischen verschiedenen Herkünften aber auch von Volk zu Volk deutliche Unterschiede gibt. Drohnen spielen für die natürliche Auslese von Bienenvölkern auf Vitalität und Krankheitstoleranz eine besondere Rolle. Sie werden von Natur aus in den Bienenvölkern in hohem Überschuss aufgezogen. Zudem besteht durch die großen Paarungsdistanzen und das Aufsuchen von gemeinsamen Drohnensammelplätzen eine Konkurrenz zwischen den Drohnen vieler Völker, wodurch es bei der Paarung zu einer natürlichen Selektion kommt, weil nur die gesündesten und vitalsten Drohnen zur Paarung gelangen

Darüber hinaus werden Drohnen stark von Krankheiten und Parasiten befallen. Dies ist z. B. von der Kalkbrut und in besonderem Maße von der Varroose bekannt. Drohnenbrut wird von den Varroamilben bevorzugt für die Reproduktion genutzt (116), so dass diese etwa 10-fach häufiger befallen ist als Brut von Arbeiterinnen.

(116) Stark parasitierte Drohnenpuppe (Foto: PECHHACKER).

Drohnen, die aus parasitierten Zellen hervorgehen (siehe auch Kap. 13.4) haben eine geringere Lebenserwartung, sind nur eingeschränkt flugfähig (117) und ihre Spermienzahl ist reduziert (118). Dagegen werden Drohnen, die während ihrer Entwicklung eine größere Widerstandsfähigkeit gegenüber dem Parasiten zeigen, größere Paarungschancen haben. BÜCHLER konnte anhand von Versuchen auf Norderney (2005) nachweisen, dass der Paarungserfolg von stärker befallenen Drohnenvölkern signifikant herabgesetzt ist (119).

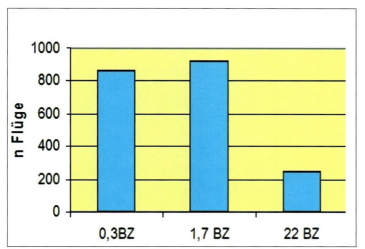

(117) Einfluss von Varroabefall auf Dauer und Anzahl der Drohnenflüge (BUBALO, PECHHACKER u. a. 2005).

Prozentsatz befallener Brutzellen.

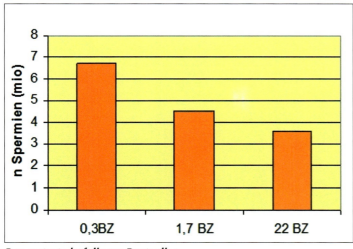

(118) Anzahl Spermien von Drohnen aus unterschiedlich parasitierten Völkern (BUBALO, PECHHACKER u. a. 2005). Auch ein geringer Varroabefall führt zu einer drastischen Reduzierung der Spermienzahl!

Prozentsatz befallener Brutzellen.

Hier setzt das Konzept von sog. Toleranzbelegstellen ein, indem die natürliche Selektion unterschiedlich anfälliger Drohnenvölker für eine systematische Auslese genutzt wird. Die Drohnenvölker werden einem ständigen Druck des Parasiten ausgesetzt, indem sie nicht oder nur eingeschränkt gegen Varroose behandelt werden. Der Verlust an Drohnen wird dabei durch eine erhöhte Zahl von Drohnenvölkern ausgeglichen. Darüber hinaus ist bei der Führung der Drohnenvölker ein besonderes Management erforderlich.

Auswirkungen des Varroabefalls auf die Fitness der Drohnenvölker

(119) Höherer Varroabefall beeinträchtigt im Saisonverlauf zunehmend die Volksentwicklung und wirkt sich negativ auf die Zahl der aufgezogenen Drohnen und deren individuellen Paarungserfolg aus, so dass das Volk insgesamt weniger Paarungsereignisse verzeichnet. Zusätzlich ist eine geringere Zahl von Nachkommen je Paarungsereignis zu beobachten. In der Abbildung sind die jeweiligen Korrelationskoeffizienten angegeben, wobei signifikante Zusammenhänge durch Fettdruck hervorgehoben sind. (R. BÜCHLER)

Toleranzbelegstellen werden im Rahmen der Arbeitsgemeinschaft Toleranzzucht (AGT) und der Austrian Carnica Association (ACA) betrieben (120 und 121). Auf ihnen gelangen teilweise Drohnenvölker einer einzelnen Geschwistergruppe, teilweise Völker aus mehreren Geschwistergruppen zum Einsatz. Bei einer einzelnen Geschwistergruppe ist die Abstammung der zur Paarung gelangenden Drohnen im Abstammungsnachweis genau benannt und kann bei der späteren Zuchtwertschätzung berücksichtigt werden.

(120) Die Inselbelegstelle Norderney wird seit dem Jahre 2005 als Toleranzbelegstelle mit 35 Drohnenvölkern – alles sind Töchter eines 4 a-Volkes – betrieben.

(121) Auf der Landbelegstelle Gehlberg/Thüringen stehen ca. 50 Drohnenvölker, Töchter verschiedener 4 a-Völker.

Im Hinblick auf eine möglichst effektive Auslese besonders vitaler Drohnen empfiehlt sich hingegen in Anlehnung an die natürlichen Paarungsverhältnisse eine größere genetische Variabilität der Drohnenpopulation. Daher werden auf den meisten Toleranzbelegstellen, wie zum Beispiel auf Hundeluft (Sachsen-Anhalt), Jaßnitz (Mecklenburg-Vorpommern) oder Gehlberg (Thüringen) Nachkommen unterschiedlicher Zuchtvölker verwendet. Da jedoch auch hier alle aufgestellten Drohnenvölker von gekörten Zuchtvölkern abstammen, können dort gepaarte Königinnen uneingeschränkt gekört und zur Nachzucht verwendet werden. In den Abstammungsnachweisen können ggf. die verschiedenen Vater(4a)- völker der Belegstelle aufgelistet werden, aber in der Zuchtwertschätzung kann die Abstammungsinformation der Drohnen systembedingt nicht berücksichtigt werden.

Neben der Erstellung von Zuchtköniginnen für die weitere Zuchtauslese kommt den Toleranzbelegstellen besondere Bedeutung für eine schnelle Verbreitung der erzielten Zuchtfortschritte in die allgemeine Landesbienenzucht zu. Sie ermöglichen jedem Imker eine ausgelesene Anpaarung selbst aufgezogener Königinnen. Im Hinblick darauf ist auch die Einrichtung und der gesetzliche Schutz regional verteilter Toleranzbelegstellen sinnvoll, selbst wenn diese keine absolute Paarungssicherheit bieten können.

16.1.6. Vereinsbelegstellen

In vielen Gebieten gibt es Vereinsbelegstellen oder Belegstände, die nicht das Regelwerk des Deutschen Imkerbundes erfüllen aber dennoch von vielen Imkern mit Königinnen beschickt werden. Meist handelt es sich um isoliert gelegene Stände, bei denen die Völker in der Umgebung seit Jahrzehnten kontinuierlich mit Nachzuchten aus geprüften Zuchtvölkern umgeweiselt wurden. Die auf diesen Ständen begatteten Königinnen zeigen häufig recht gute Ergebnisse. Sie bauen leistungsfähige und vor allem friedfertige Völker auf. Solche Königinnen sind für Wirtschaftsvölker bestens geeignet. Das Ergebnis ist meist auch wesentlich besser als bei einer Standbegattung mitten in einem Gebiet mit unselektierten Völkern. Darüber hinaus stellen diese Stände häufig Einrichtungen dar, bei denen der Zuchtgedanke durch Kurse oder Erfahrungsaustausch gefördert wird. Aus den Imkerkreisen, die hier aktiv zusammenarbeiten, gehen häufig viele spätere aktive Züchter hervor, so dass diese nicht anerkannten Belegeinrichtungen einen hohen ideellen Wert verkörpern.

16.2. Einrichtung und Anerkennung von Belegstellen

Bei der Auswahl von Belegstellenstandorten spielt die Lage, die Topographie und die Entfernung zu den nächsten Bienenständen eine wesentliche Rolle.

Isolierte Lagen, wie z. B. bienenfreie Inseln mit einer Entfernung von mindestens 3 km zum Festland oder tief eingeschnittene Gebirgstäler mit seitlichen Bergketten von 300 m und mehr Höhenunterschied sind ideale Lagen für Belegstellen. Im wenig strukturierten Binnenland sind annähernd bienenfreie Gebiete weniger einfach zu finden. Absolut sichere Belegstellen müssten hier über einen bienenfreien Radius von ca. 10 km verfügen, das wären immerhin mehr als 300 km² bienenfreies Gelände, das man in Mitteleuropa selten finden wird.

(122) Ideal für Belegstellen sind tief eingeschnittene Gebirgstäler. Hier: Blick auf die ACA-Belegstelle Koschnatal in den Karawanken/Österreich. Die Belegstelle liegt am Ende des Tales auf ca. 1000 m Seehöhe, die Berge rechts und links weisen Höhen von mehr als 2000 m auf (Foto: V. BLANTAR).

TEIL II

Bei der Auswahl von Belegstellenstandorten sollten lohnende Trachtgebiete von vorn herein ausgeschlossen werden, da es sonst immer wieder zu Konflikten mit Wanderimkern kommen kann. Karge Gebiete mit Monokulturen von Kiefernwäldern oder andere trachtarme Gegenden sind zu bevorzugen. Hier ist die Zahl der Bienenvölker, die regelmäßig zu überprüfen und umzuweisen sind, überschaubar.

Viele Imker meinen, man brauche nur den Drohnensammelplatz zu kennen, hier seien dann die Drohnenvölker und die Königinnen aufzustellen und schon seien reine Paarungen zu erzielen. Die Untersuchungen zur Paarungsbiologie haben aber gezeigt, dass die Verhältnisse sehr viel schwieriger sind (siehe Kap. 6) und Königinnen bevorzugt weiter entfernte Drohnensammelplätze anfliegen, so dass allein mit Hilfe der Kenntnis über einen Drohnensammelplatz keine Auswahl des Standortes erfolgen kann.

Ist man sich bei der Auswahl der Plätze nicht sicher, ob sie geeignet sind, kann zunächst die Beobachtung und Registrierung der Ausflugzeiten von Königinnen, die ohne Drohnenvölker auf dem geplanten Gelände aufgestellt werden, hilfreich sein. Dauern diese Paarungsflüge länger als 25 Minuten, ist anzunehmen, dass die Königinnen länger als allgemein üblich fliegen müssen, um auf Drohnenansammlungen zu stoßen.

Zunächst erhält jede Belegstelle einen Namen, der sich an örtlichen oder topografischen Bezeichnungen orientiert und die Lage beschreibt (z. B. Belegstelle Torfhaus beim Ort Torfhaus im Harz).

Die Anerkennung einer Belegstelle erfolgt auf Antrag durch den Imker-/Landesverband, in dessen Bereich die Belegstelle liegt. Reicht der geplante Schutzbereich in das Gebiet eines anderen Imker-/Landesverbandes, so ist auch dieser mit einzuschalten. In Bundesländern, in denen ein gesetzlicher Belegstellenschutz ausgesprochen werden kann, sind die gemäß Gesetz bzw. Verordnung zuständigen Behörden zu beteiligen. Dem Antrag ist eine Karte (Maßstab 1:25000) beizufügen, auf der die Lage der Belegstelle und die der Bienenstände im Umkreis von 7,5 km (besser 10 km) Entfernung einzutragen sind (123). Bei Vorhandensein eines Gebietes mit einheitlicher Linie bzw. Zuchtpopulation ist dieses anzugeben. Gleichzeitig ist der vorgesehene

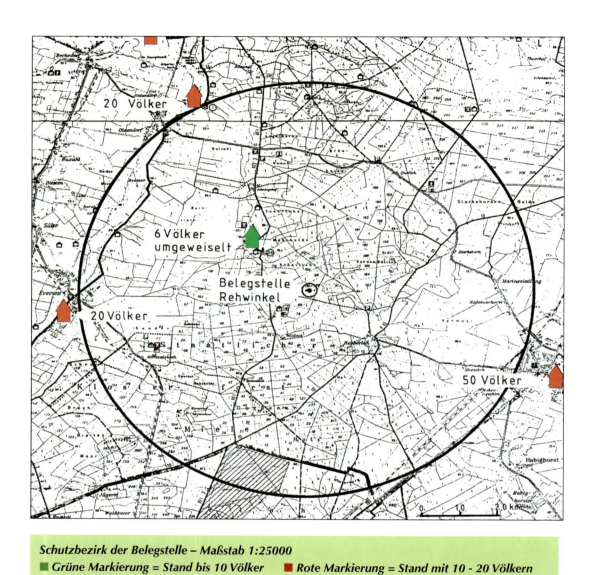

Schutzbezirk der Belegstelle – Maßstab 1:25000
■ Grüne Markierung = Stand bis 10 Völker   ■ Rote Markierung = Stand mit 10 - 20 Völkern

(123) Karte der Belegstelle Rehwinkel mit Schutzbereich und Angabe der umgeweiselten Völker (hier nicht maßstabsgerecht).

Schutzbereich zu kennzeichnen. Eine namentliche Liste mit Anschriften der Imker, deren Völker sich während der Betriebszeiten der Belegstelle im Schutzbereich befinden, ist dem Antrag beizufügen. Man kann sie in der Regel nicht verpflichten, den Schutzbereich mit ihren Völkern zu verlassen. Will man jedoch eine Belegstelle betreiben, müssen sie bereit sein, ihre Völker regelmäßig mit Königinnen der Linie bzw. Population der Belegstelle umzuweiseln. Dies gelingt leicht, wenn man ihnen jährlich kostengünstig die benötigten Königinnen zur Verfügung stellt. Aus der beigefügten Liste muss die Anzahl aller Völker und der bereits auf die entsprechende Linie bzw. Zuchtpopulation umgeweiselten Völker ersichtlich sein.

Die Anerkennung der Belegstelle und die damit verbundene Festlegung des Schutzbereiches kann nur nach Überprüfung durch den zuständigen Imker-/Landesverband erfolgen. Dies geschieht nach Prüfung aller Unterlagen und nach Besichtigung der Einrichtung während der Betriebszeit.

16.3. Gesetzlicher Belegstellenschutz

Ein gesicherter Belegstellenbetrieb ist nur möglich, wenn der bienenfreie Umkreis bzw. der Schutzbereich einer Belegstelle von allen Imkern akzeptiert und nicht durch Aufstellen fremder, die Zucht störender Völker zunichte gemacht wird. Der von einem Imker-/Landesverband gemäß Zuchtrichtlinien festgelegte Schutzbereich hat keine allgemein verbindliche Wirkung. Aus diesem Grunde wurden in einigen Bundesländern gesetzliche Bestimmungen für den Belegstellenschutz erlassen. Der Gesetzgeber räumt damit allgemeinen Interessen bei der Züchtung der Honigbiene Vorrang gegenüber den Interessen Einzelner (z. B. Wanderimker) ein. Die jeweiligen Verordnungen und Gesetze mit ihren Ausführungsbestimmungen sind im Anhang aufgeführt. Weitere Auskünfte erteilen die zuständigen Imker-/Landesverbände.

Den weitestgehenden Schutz bietet der Freistaat Bayern. Hier sind die Belegstellen im *„Bayerischen Tierzuchtgesetz"* erfasst. Für die Anerkennung sowie die Rücknahme der Anerkennung von Bienenbelegstellen ist die Bayerische Landesanstalt für Weinbau und Gartenbau – Fachzentrum Bienen zuständig. Mit der Anerkennung der Belegstelle wird der Schutzbereich festgelegt. Dieser umfasst einen Halbmesser von 7,5 km. In diesem Bereich dürfen keine weiteren Bienen oder nur Bienen der „gleichen Zuchtrichtung" gehalten werden. Unter „Zuchtrichtung" ist bei einer Rassebelegstelle die jeweilige Rasse, bei einer Linienbelegstelle die jeweilige Linie zu verstehen. Die für die Belegstelle Verantwortlichen müssen schriftlich erklären, dass die Völker im beantragten Schutzbezirk auf die Population der Belegstelle umgeweiselt sind oder werden. Zu dem eigentlichen Schutzbereich kann noch eine Pufferzone von weiteren 2,5 km eingerichtet werden, in die hinein nicht gewandert werden darf. Die Belegstelle darf nicht in einem Gebiet liegen, das seit Jahren regelmäßig angewandert wird.

In Niedersachsen gilt das *"Gesetz zur Regelung der Bienenwanderung und zum Schutz der Belegstellen"* vom 10.01.1953. Hiernach können die Landkreise für Belegstellen Schutzbezirke festlegen, in denen während der Belegstellensaison keine fremden Völker aufgestellt werden dürfen. Der Belegstellenschutz muss von den Betreibern der Belegstelle bei dem zuständigen Landkreis beantragt werden. Für die Inselbelegstellen gilt das gesamte Gebiet der Insel als Schutzbezirk. Die Bienenfreiheit der Inseln ist somit gewährleistet.

Bundesland	Gesetzesgrundlage	Schutzbereiche
Bayern	Bayer. TierZG v. 01.09.1977 u.TierZ-RL des BMELF v. 16.12.1996	7,5 – 10 km
Brandenburg	BbgBienG v. 08.01.1996	10 km
Hessen	Verordnung ü. Belegstellen v. 15.04.2004	bis zu 10 km
Mecklenburg-Vorpommern	Gesetz z. Schutz d. Bienenbelegstellen v. 24.04.2001 u. Verordnung ü. Schutzbezirke v. 03.04.2012	bis 8 km
Niedersachsen	Ges. zum Schutz v. Belegstellen v. 10.01.1953 u. RdErl. d. ML v. 13.04.1981	mindestens 6 km
Rheinland-Pfalz	LG z. Schutz von Belegstellen v. 03.02.1965 m. Verw. Vorschrift vom 15.10.1986	2 bis 4 km
Sachsen-Anhalt	G.z. Änderung des Landwirtschaftsgesetzes Sachsen-Anhalt v. 10.12.2010	7 bis 10 km
Sachsen	In Vorbereitung	
Schleswig-Holstein	G. z. Förderung der Bienenhaltung v. 17.09.1958 u. Erklärung des Ministers für ELF einer Belegstelle z.Schutzbezirk v. 04.09.1963, 12.03.1968, 09.01.1972, 25.02.1987, 19.02.1988 u. 24.08.1988	
Thüringen	ThürBSSG v. 29.06.1995 u. Verw. Vorschrift vom 28.11.2005	7 bis 10 km

Ähnlich wie in Bayern und Niedersachsen gibt es auch in Brandenburg, Hessen, Mecklenburg-Vorpommern, Rheinland-Pfalz, Sachsen-Anhalt, Schleswig-Holstein und Thüringen Gesetze und Verordnungen zum Schutz der Belegstellen. Auch dort, wo es gesetzliche Regelungen gibt, lässt sich ein Belegstellenschutzbereich nur dann einrichten oder erweitern, wenn alle betroffenen Imker in diesem Gebiet einverstanden sind, ihre Völker regelmäßig umzuweiseln oder außerhalb des Schutzbereiches aufzustellen. Dazu ist häufig erhebliche Überzeugungsarbeit erforderlich. Erst wenn dies einvernehmlich geregelt ist, lässt sich ein Schutzbereich festschreiben und eine Belegstelle erfolgreich betreiben.

16.4. Organisation des Belegstellenbetriebes

Für jede Belegstelle ist eine Belegstellenordnung zu erstellen. In dieser muss die Belegstellenleitung, Verantwortung für die Drohnenvölker und die Betreuung der angelieferten Begattungsvölkchen geregelt sein. Weiter muss bei Landbelegstellen die Überprüfung und Umweiselung der Völker im Schutzbereich festgelegt sein. Für die Einhaltung der Wanderbeschränkungen ist in der Regel der zuständige Wanderobmann des Imker-/Landesverbandes zuständig.

Der Betrieb einer Belegstelle erfolgt meistens nicht auf Grundstücken, die im Eigentum der Betreiber stehen. Deshalb muss zunächst ein Pachtvertrag mit den jeweiligen Grundstückseigentümern geschlossen werden.

Besucher sollten keinen ungehinderten Zutritt zu Belegstellen haben. Für eine Umzäunung ist daher Sorge zu tragen. Belegstellen sollten während der Flugzeiten der Geschlechtstiere möglichst wenig betreten werden. Dadurch könnten heimkehrende Königinnen gestört werden, wodurch es zu Verflug und Verlusten kommen kann. Die wichtigsten Arbeiten auf Belegstellen sollten daher in den Morgen- und Abendstunden erfolgen.

Einige Belegstellen liegen in Naturschutzgebieten und sind schwierig zu erreichen (124 u. 125). Für diese Belegstellen gelten besondere Verordnungen, die das Betreten und den Betrieb einschränken. So liegen z. B. die Inselbelegstellen Neuwerk, Spiekeroog, Langeoog und Norderney im Gebiet des Nationalparks Wattenmeer. Diese Gebiete dürfen in der Regel nicht betreten werden. Der Betrieb der Belegstellen wird jedoch ausdrücklich im Gesetz zugelassen. Das Betreten der Belegstellen sollte hier auf ein Minimum reduziert werden. Ähnlich verhält es sich in anderen Naturschutzgebieten und Naturparks.

Der Abschluss einer Versicherung für die Belegstellenunterkünfte, das Inventar sowie die Drohnenvölker und die aufgestellten Begattungsvölkchen ist empfehlenswert.
Die anerkannten Belegstellen sollen jährlich rechtzeitig vor der Zuchtsaison mit Öffnungszeiten, Beschickungsmodalitäten und den vorgesehenen Drohnenvölkern in den Verbandsorganen oder im Internet bekannt gegeben werden.
Belegstellen, die von den Landesverbänden anerkannt werden, stehen in der Regel allen Imkern für die Beschickung zur Verfügung. Meistens sind für die angelieferten Königinnen Belegstellengebühren zu entrichten. Die Beschicker von Belegstellen er-

(124) Zur Inselbelegstelle Neuwerk werden die Sendungen mit den Königinnen auf Pferdewagen verladen und durch das Watt transportiert.

(125) Auf einigen Inseln gibt es keine Autos. Die Sendungen werden mit Pferd und Wagen - wie hier auf Langeoog - transportiert.

warten bei dem Aufwand, den sie bei der Aufzucht von Königinnen, der Herrichtung der Begattungsvölkchen und dem Transport aufwenden sowie aufgrund der zu zahlenden Gebühren eine fachgerechte Betreuung der Belegstellen.
Aus diesem Grunde sehen die Zuchtrichtlinien vor, dass für jede Belegstelle ein sachkundiger Imker als Belegstellenleiter zu benennen ist. Er muss in der Lage sein:

– Drohnen, die nicht der auf der Belegstelle angebotenen Rasse entsprechen, zu erkennen,

TEIL II

- rechtzeitig und über die ganze Belegstellensaison genügend geschlechtsreife Drohnen zur Verfügung zu stellen,
- Mängel bei angelieferten Begattungsvölkchen festzustellen,
- Krankheiten bei den angelieferten Völkchen und bei den Drohnenvölkern sofort zu erkennen.

Aus diesem Grunde wird bestimmt, dass Imker, die als Belegstellenleiter verantwortlich sind, die Teilnahme an Lehrgängen bzw. Kenntnisse über Königinnenzucht, Körung und Bienengesundheit nachzuweisen haben.

Viele Belegstellen, insbesondere die Inselbelegstellen, werden häufig von Züchtern aus großen Entfernungen beschickt. Dabei erfolgt die Anlieferung und die Abholung der Sendungen mit den Begattungsvölkchen in der Regel durch eine Spedition. Es gibt nur wenige Speditionen, die Bienentransporte durchführen dürfen. Dabei sind strenge gesetzliche Bestimmungen einzuhalten. Diese Speditionen arbeiten in einem Verbund zusammen, so dass sie nicht nur regional zuständig sind. Mit den örtlichen Vertretern dieses Verbundes sind besondere Absprachen vorzunehmen bzw. Verträge bezüglich der Kosten und der Anlieferungs- und Abholungstermine zu vereinbaren. Auf jeden Fall sind alle Annahme- und Absendetermine auf der Belegstelle so festzusetzen, dass keine Feiertage den Transport verzögern. Deshalb haben sich Annahmetermine an einem Dienstag oder Mittwoch bewährt, Absendetermine aus Sicherheitsgründen jeweils an einem Mittwoch.

Auch ist zu berücksichtigen, dass bei Temperaturen von mehr als 28 °C keine Tiertransporte durchgeführt werden dürfen. Dies ist bei den Kapazitäten für die Schutzhäuser zu berücksichtigen, da in diesen Fällen viele von ihnen über längere Zeit in Anspruch genommen werden als man zunächst geplant hat.

16.5. Drohnenvölker

Von besonderer Bedeutung für die Qualität einer Belegstelle sind die Drohnen. Zum einen beeinflussen sie mit ihren Erbanlagen zu einem wesentlichen Teil die Eigenschaften all der Völker, die über Königinnen verfügen, die auf der Belegstelle begattet wurden. Zum anderen hängt das Begattungsergebnis auf einer Belegstelle von dem Vorhandensein einer ausreichenden Anzahl gut gepflegter, vitaler und geschlechtsreifer Drohnen ab.

Anfänger, die in die Zucht der Honigbiene einsteigen, haben zunächst Schwierigkeiten, die Verwandtschaftsverhältnisse zwischen Bienenvölkern bzw. deren Königinnen zu erfassen und ein Abstammungsschema für ein Bienenvolk richtig zu verstehen. Die Ursache für diese Schwierigkeiten liegt in der parthenogenetischen Entstehung der Drohnen (siehe Kap. 3.1). Da sie aus unbefruchteten Eiern entstehen, haben sie

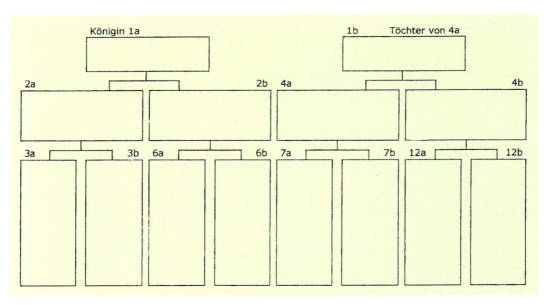

(126) Abstammungsschema bei der Honigbiene mit 2 Vorfahrengenerationen. In jeder Zeile ist eine Generation angegeben, links jeweils die Königin (z. B. 1 a) rechts daneben die Königinnen, die die Drohnen auf der Belegstelle lieferten (z. B. 1 b). In diese Kästchen mit b-Nummern sind in der Regel mehrere Zuchtbuchnummern von Geschwisterköniginnen einzutragen oder der Einfachheit halber nur "Töchter von". Da die Drohnen keinen Vater haben, fehlt bei diesen Königinnen bei den entsprechenden Kästchen die Anpaarung.

keinen Vater. Sie geben nur das Erbgut ihrer Mutter weiter und nicht das der Drohnen, von der diese begattet wurde. Auch ist der Gebrauch von Verwandtschaftsbegriffen bei der Zucht der Honigbiene häufig irreführend, da einmal das Bienenvolk, ein anderes Mal seine Königin gemeint ist und dabei von zwei unterschiedlichen Generationen gesprochen wird. Ein graphisches Abstammungsschema (126), auf das man sich in Züchterkreisen festgelegt hat, ist dagegen eindeutig zu interpretieren.

Die zuvor genannten Gründe haben dazu geführt, dass die Völker auf der Belegstelle, die die Drohnen liefern, im Laufe der Jahre mit unterschiedlichen Bezeichnungen versehen wurden. Mit Aufbau der ersten Belegstellen wurde – den damaligen Vorstellungen entsprechend – nur ein Volk auf jeder Belegstelle zur Drohnenerzeugung aufgestellt. Dieses wurde mit „Dröhnerich" oder „Vatervolk" bezeichnet. Gerade der Begriff Vatervolk ist irreführend, da er häufig auch für das gemeinsame Muttervolk der Belegstellenvölker, das in der Ahnentafel mit 4 a bezeichnete Volk, verwendet wird. In Schleswig-Holstein hat sich der Begriff „Gattenvolk" durchgesetzt, da die Drohnen der Belegstellenvölker die Gatten für die angelieferten Königinnen darstellen. Aber auch dieser Begriff hat zu Verwechslungen geführt, da genetisch gesehen auch hier die gemeinsame Mutter der Belegstellenvölker mit ihren Erbanlagen, das 4a-Volk, den Gatten darstellt. Klar und eindeutig ist dagegen der Begriff „D r o h n e n v ö l k e r". Dieser Begriff soll einheitlich für die Völker auf der Belegstelle verwendet werden, die die Drohnen für die Begattung der angelieferten Königinnen stellen (1b-Völker). Weiter hat es sich bewährt, das 4a-Volk, das Volk, aus dem die Königinnen für die Drohnenvölker gezogen werden, als "V a t e r v o l k" zu bezeichnen (126). In den folgenden Kapiteln werden diese Begriffe verwendet.

16.5.1. Auswahl der Drohnenvölker

Bereits ein Jahr vor dem geplanten Einsatz der Drohnenvölker auf der Belegstelle muss die Mutter dieser Völker – das Vatervolk – ausgewählt, die entsprechenden Königinnen müssen nachgezogen und in die vorgesehenen Drohnenvölker eingeweiselt werden. Aufgrund der großen Zahl und der weiträumigen Verteilung der auf der Belegstelle gepaarten Königinnen sind an die Auswahl des Vatervolkes besonders hohe Anforderungen zu stellen. Während man bei der Auswahl von Zuchtvölkern großzügiger vorgehen kann, weil man durch Ausmerzen einzelner Geschwistergruppen Fehlentscheidungen schnell korrigieren kann, erhalten dagegen alle Züchter, die die gleiche Belegstelle beschicken, über die Drohnen zu 50 % das Erbgut des Vatervolkes in ihre Zuchtpopulation. Positive oder negative Erbanlagen haben daher einen wesentlich größeren Einfluss auf die gesamte Zuchtpopulation und den Zuchtfortschritt innerhalb eines Verbandes als einzelne Zuchtvölker. So sahen die Zuchtrichtlinien der ehemaligen DDR für die Körung von Vatervölkern schärfere Selektionskriterien als für Zuchtvölker vor. In den neuen Zuchtrichtlinien des Deutschen Imkerbundes (2002) ist dieses aufgegriffen worden. Mütter von Drohnenvölkern sollen über eine Körung Klasse A verfügen (alle Zuchtwerte über 100 %). Bei Toleranzbelegstellen wird darüber hinaus verlangt, dass die Mutter/Mütter der Drohnenvölker über eine Av Körung verfügen, d. h. der Zuchtwert für Varroatoleranz muss deutlich über 100 % liegen, max. ein Zuchtwert darf kleiner als 100 % sein, muss jedoch mindestens 96 % betragen.

Auch Drohnenvölker müssen zumindest auf Linienbelegstellen gekört sein; aber auf Leistung, Eigenschaften und Merkmale der Arbeitsbienen kommt es nicht an. Die Ermittlung des Zuchtwertes erstreckt sich auf den Nachweis der Körung der mütterlichen Vorfahren der Königin und bei der Carnica bzw. Mellifera auf die Merkmale der Drohnen.

Die Gruppe der Drohnenvölker soll möglichst groß sein. Es eignen sich nicht nur Völker mit reingepaarten Königinnen, sondern auf Grund der parthenogenetischen Entstehung der Drohnen auch solche mit standbegatteten Königinnen.

Allerdings wird bei Linienbelegstellen empfohlen, dass alle Königinnen der Drohnenvölker kontrolliert gepaart sind, damit bei einem nicht registrierten Verlust der Königinnen sichergestellt ist, dass in den Völkern nur Drohnen der entsprechenden

TEIL II

Abstammung erzeugt werden, denn es ist nicht auszuschliessen, dass in diesem Falle auch Drohnen aus dem Gelege von Arbeitsbienen aufgezogen werden. Wenn jedoch eine Königin im Volk ist, legen Arbeiterinnen nur in seltenen Fällen Eier. Diese werden aber sofort aufgefressen, so dass dann daraus keine Drohnen großgezogen werden.

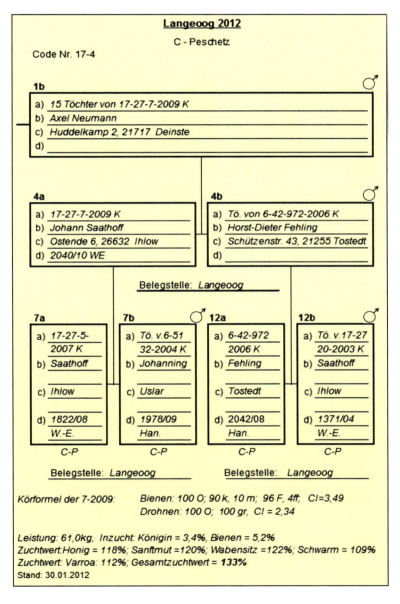

(127) Angaben zu den Drohnenvölkern Langeoog 2012

Auf Rassebelegstellen können Drohnenvölker verschiedener Abstammung aufgestellt werden, sie müssen lediglich der gleichen Zuchtpopulation (z. B. geografische Rasse Carnica, Mellifera oder Zuchtrasse Buckfast) angehören. Auf Linienbelegstellen sollen die Königinnen aus derselben Zuchtlinie stammen. Gewöhnlich werden Geschwister eingesetzt, weil dabei die Fortführung der Linien übersichtlich bleibt und die Ahnentafeln leichter zu erstellen sind. Dort, wo mit der zentralen Datenerfassung und der Zuchtwertschätzung gearbeitet wird, ist diese Vorgehensweise sinnvoll, da bei der Ermittlung der Zuchtwerte nur eine gemeinsame Mutter der Drohnenvölker systembedingt berücksichtigt werden kann. Die Zuchtrichtlinien des Deutschen Imkerbundes lassen aber bei Linienbelegstellen auch die Aufstellung von Völkern verschiedener Abstammung der gleichen Linie zu (z. B. Cousinen ersten oder zweiten Grades). Auf diese Möglichkeit wird man dann zurückgreifen, wenn Inzuchterscheinungen – bei sehr eng gehaltenen Linien – zu vermeiden oder zu wenige Völker vorhanden sind. Die Anpaarung der Königinnen der Drohnenvölker ist wegen der parthenogenetischen Entstehung der Drohnen ohne Bedeutung.

Die Abstammung der Drohnenvölker auf Linienbelegstellen wird zusammen mit den Daten des 4 a-Volkes über Leistung, Eigenschaften (mit Zuchtwerten) und Körpermerkmale bereits vor der Eröffnung der Belegstellen bekanntgegeben (127). Auf diese Weise können die Beschicker alle erforderlichen Angaben für die Zuchtplanung erhalten und eventuell zu erwartende Inzuchterscheinungen abschätzen. Darüber hinaus haben sie die Möglichkeit, mit diesen Daten über die vom Länderinstitut Hohen Neuendorf e.V. betreute Internetseite www.beebreed.eu unter dem Menüpunkt "Zuchtwerte und Zuchtplanung" fiktive Zuchtwerte sowie den Inzuchtgrad für geplante Nachzuchten aus zuchtwertgeschätzten Völkern ihres Bestandes bei Beschickung der jeweiligen Belegstelle zu berechnen (siehe Kap. 16.6.1).

16.5.2. Erforderliche Anzahl der Drohnenvölker

Auf der Belegstelle ist für eine größtmögliche Drohnendichte Sorge zu tragen. Verantwortlich hierfür sind der Belegstellenleiter und der Anlieferer der Drohnenvölker. Unter natürlichen Voraussetzungen kann man nach verschiedenen Schätzungen für Mitteleuropa davon ausgehen, dass einer einzigen jungen, paarungsbereiten Königin je nach Untersuchung 2.500 bis 10.000 Drohnen zur Verfügung stehen.

Die Zahl der für eine Belegstelle erforderlichen Drohnenvölker ist in den Zuchtricht-

(128) Gut gepflegte Drohnen auf der Randwabe eines Drohnenvolkes

linien des D.I.B. festgelegt. Hier heißt es: „Je 25 (maximal 50) Begattungsvölkchen, die sich gleichzeitig auf der Belegstelle befinden, muss ein Drohnenvolk aufgestellt werden. Auf jeden Fall sollten mindestens 8 (besser 10) Drohnenvölker vorhanden sein". Die Zahl muss sich aber auch nach den individuellen Gegebenheiten der Belegstelle richten; nach Ort und Lage sowie den klimatischen Bedingungen.

In einem Volk werden bei sachgerechter Betreuung ca. 2000 Drohnen gleichzeitig gepflegt (128). Im Alter von ca. 10 Tagen unternehmen die jungen Drohnen erste Flüge und mit ca. 12 bis 14 Tagen sind sie paarungsbereit. Wenn man davon ausgeht, dass für die Ausbildung eines Drohnensammelplatzes mindestens 5000, besser 10000 Drohnen erforderlich sind (siehe Kap. 7.6), benötigt man für eine Belegstelle auf jeden Fall 8 Drohnenvölker. Wenn sich 100 Königinnen mit den Drohnen aus den Belegstellenvölkern paaren, fallen 1200 bis 1500 Drohnen für den Drohnensammelplatz aus. Weiter gehen ständig ältere Drohnen verloren. Deshalb müssen zusätzliche Drohnenvölker in Abhängigkeit von der Anzahl gleichzeitig aufgestellter Königinnen vorhanden sein.

Auf Landbelegstellen mit einem bienenfreien Umkreis von 7 bis 10 km und wenigen Bienenvölkern am Rand des Schutzbereiches rechnet man:

für 50 gleichzeitig aufgestellte Königinnen		8 Drohnenvölker
für 100 gleichzeitig aufgestellte Königinnen		8-10 Drohnenvölker
für 250 gleichzeitig aufgestellte Königinnen	mindestens	15 Drohnenvölker
für 500 gleichzeitig aufgestellte Königinnen	mindestens	20 Drohnenvölker

Die Zahlen können aber nur Richtwerte darstellen. Für Landbelegstellen mit einem geringeren bienenfreien Umkreis kann die Zahl der Drohnenvölker dagegen gar nicht groß genug sein. Auf Inselbelegstellen ist der Zuflug fremder Drohnen ausgeschaltet, aber dort muss auch für wenige Königinnen eine gewisse Mindestzahl an Drohnen gewährleistet sein, damit sich überhaupt Sammelplätze bilden. Bei Drohnenmangel überwinden Königinnen auch Wasserflächen (z. B. zu benachbarten Inseln). Mindestens acht Drohnenvölker müssen aufgestellt werden. Für je 25-50 Begattungsvölkchen, die sich gleichzeitig auf der Belegstelle befinden, rechnet man heute bei Inselbelegstellen zwei Drohnenvölker.

Einen Anhaltspunkt über die ausreichende Drohnendichte bilden die Ausflugszeiten der Königinnen. Diese können auf einer Belegstelle beobachtet werden. Dabei sollte kein Flug länger als 30 Minuten dauern.

Anders als bei konventionellen Belegstellen ist bei Toleranzbelegstellen zu verfahren. Damit trotz Parasitierung der Drohnenvölker gute Paarungsergebnisse zustande kommen, müssen auf Toleranzbelegstellen wesentlich mehr Drohnenvölker aufgestellt werden. Nach bisherigen Erfahrungen haben sich Größenordnungen zwischen 35 – 60 Völkern bewährt, wobei natürlich deren Volksstärke und die Zahl der aufgestellten Königinnen zu berücksichtigen sind (129).

TEIL II

(129) Ein Teil der Drohnenvölker auf der Toleranzbelegstelle Norderney. Hier werden jährlich etwa 1500 Königinnen angeliefert. Insgesamt befinden sich ca. 35 Drohnenvölker auf der Insel.

16.5.3. Aufzucht, Haltung und Pflege der Drohnen

Fast in jedem Fachbuch für Imkerei wird die Aufzucht von Königinnen ausführlich beschrieben. Dagegen finden sich nur selten darin Angaben über die terminmäßige Aufzucht und die fachgerechte Haltung und Pflege der Drohnen. Hierfür ist jedoch sehr viel mehr Fachwissen und imkerliches Können als bei der Königinnenzucht gefragt. Während sich Königinnen fast zu jeder Zeit in einem Bienenvolk aufziehen lassen, ist die Aufzucht von Drohnen viel stärker von Umweltfaktoren abhängig. Im zeitigen Frühjahr kommt es bei Kälterückschlägen immer wieder zum Ausfressen von Drohnenbrut. Im Spätsommer – nach Ende der Tracht – ist es fast unmöglich, Drohnenbrut in normalen Völkern aufziehen zu lassen. Bei Trachtmangel werden Drohnen nicht mehr ausreichend gepflegt und schnell aus den Völkern entfernt. Wie im ersten Teil dieses Buches beschrieben, ist die Konstitution der Drohnen von vielen Faktoren abhängig, die bei der Pflege der Drohnen zu beachten sind. Das wissen alle die Züchter aus eigenen Erfahrungen, die einmal Drohnen für die künstliche Besamung bereitgestellt haben. Hier erkennt man Fehler bei der Aufzucht oder der Pflege der Drohnen sofort – anders als auf Belegstellen. Wenn nicht alle Faktoren stimmen, gibt es nur einen geringen Prozentsatz von brünftigen Dohnen in den Völkern, die ausreichend Sperma aufweisen.

Wie bei der Aufzucht von Königinnen gibt es auch für die Drohnenzucht verschiedene Möglichkeiten. Welches Verfahren angewandt wird, hängt von den klimatischen Gegebenheiten, der Betriebsweise des Züchters und den Erfordernissen auf der Belegstelle ab.

Geeignete Beuten

Für die Unterbringung der Drohnenvölker sind Kunststoffmagazine am besten geeignet. Sie sind warm und leicht zu transportieren. Holzmagazine kommen ebenfalls in Frage, sind aber nicht so warmhaltig und bedeutend schwerer. Ein hoher Unterboden sollte nicht fehlen. Er verhindert, dass die Völker zu schnell in Schwarmstimmung kommen. Außerdem kann eine Futterschale für Flüssigfutter untergebracht werden. Die Möglichkeit, die Drohnenvölker ohne großen Aufwand sowohl mit Futterteig als auch flüssig zu füttern, muss unbedingt gegeben sein. Auch Trogbeuten eignen sich wegen ihres großen überschaubaren Brutraums von 20 Waben und wegen des freien Raums unter den Waben gut für die Unterbringung von Drohnenvölkern. Die Betreuung von Drohnenpflegevölkern, die eigene Maßnahmen erfordert, lässt sich in Trogbeuten besonders gut durchführen. Drohnenvölker, die auf eine abgelegene Belegstelle gebracht werden, müssen in Beuten mit ausreichender Wandereinrichtung (Lüftung und Trommelraum) untergebracht sein. Beim Transport auf eine Insel sind die Völker manchmal bis zu 24 Stunden unterwegs.

Einleitung der Drohnenzucht

In einem Zuchtbetrieb steht die Drohnenzucht zeitlich an erster Stelle, weil die Heranzucht paarungsfähiger Drohnen die längste Zeit erfordert, mindestens 40 Tage. 24 Tage braucht der Drohn zur Entwicklung (130 u. 131) und weitere 12 bis 16 Tage, bis er voll paarungsfähig ist (siehe Kap. 5). Dazu kommen einige Tage für das Ausbauen und Bestiften der Drohnenwabe. Spätestens 6 Wochen bevor die ersten Königinnen auf der Belegstelle angeliefert werden, muss man die Drohnenzucht einleiten. Da die Belegstellen gewöhnlich Ende Mai / Anfang Juni eröffnet werden, muss die Drohnenzucht spätestens Mitte April eingeleitet werden. Die Vorbereitung der Drohnenvölker erfolgt zweckmäßigerweise langfristig schon im Vorjahr. Wichtig sind eine gute Spätsommerpflege und ein Standort mit ausreichender Pollenversorgung. Überhaupt spielt die Pollenversorgung für die Aufzucht von Drohnen eine große Rolle, denn für die Heranzucht eines Drohns wird etwa die 3-fache Pollenmenge wie für die Aufzucht einer Arbeitsbiene benötigt.

TEIL II

(130) Verdeckelte Drohnenwabe.   *(131) Schlüpfender Drohn.*

Für die Einleitung der Drohnenzucht gibt es mehrere Möglichkeiten:

1. Hat man die Drohnenvölker schon im Vorjahr ausgewählt, bekommen sie vor der Einfütterung eine junge, aber bereits schon einmal bebrütete Drohnenwabe in den Wintersitz, in das Brutnest oder anschließend an die letzte Brutwabe. Hier entfällt im Frühjahr die Notwendigkeit, bei ev. ungünstiger Witterung einen Drohnenrahmen oder eine Drohnenwabe einhängen zu müssen.
   Einige Züchter haben gute Erfahrungen damit gemacht, schon im Vorjahr im Bienenvolk eine normale Wabe, in die hinein ca. 8 cm x 8 cm große Fenster eingeschnitten sind (132) in die Mitte des Volkes zu geben. Diese Fenster werden von den Bienen mit Drohnenbau ausgefüllt, und schon früh im Jahr wird an zentraler Stelle Drohnenbrut aufgezogen.
2. Es ist nicht immer möglich, die Drohnenzucht schon im Herbst vorzubereiten. Manchmal muss aus verschiedenen Gründen nach dem Auswintern auf andere Völker oder Reserven zurückgegriffen werden. Dann ist man gezwungen, die Drohnenwabe erst im Frühjahr in die Mitte des Brutnestes zu geben. Man besprüht sie mit Honigwasser, damit sie schnell angenommen und bestiftet wird.

(132) Wabe mit ausgeschnittenen Bereichen, die mit Drohnenbrut ausgefüllt wurden.

3. Im Frühjahr kann man statt einer Drohnenwabe auch einen Baurahmen geben. Das ist ein gedrahtetes Rähmchen im Standmaß mit einem schmalen Mittelwandstreifen, der eingelötet und mit Wachs angegossen ist. Er wird in die Mitte des Brutnestes gegeben. Gut bewährt hat es sich, die Hälfte mit Futterteig (am besten mit Rapshonig hergestellt) zu füllen (133). Durch die Aufnahme des Futters entsteht viel Wärme, und der Rahmen wird zügig ausgebaut. Wenn die Drohnen zu einem bestimmten Termin gebraucht werden, ist es unbedingt notwendig, einige Tage nach dem Einhängen des Drohnenrahmens zu kontrollieren, ob er bereits ausgebaut und bestiftet ist. Haben die Bienen nur Arbeiterbau errichtet, muss er durch eine helle, bebrütete Drohnenwabe vom Vorjahr ersetzt werden.

In einem Zuchtbetrieb, in dem für Drohnenvölker gesorgt werden muss, sollten immer gute Drohnenwaben aufgehoben werden, damit sie bei Bedarf verfügbar sind. Sowohl Drohnenrahmen als auch Drohnenwaben werden nach Möglichkeit mit einem etwas größeren Abstand zu den Nachbarwaben eingehängt, damit die höher verdeckelten Drohnenzellen Raum haben (45 mm statt 35 mm von Rahmenmitte zu

TEIL II

(133) Baurahmen mit Futterteig versehen wird im Frühjahr mitten ins Brutnest eingehängt.

Rahmenmitte). Ebenso wie Pflegevölker sollen Drohnenvölker eng gehalten werden. Viele Bienen auf engstem Raum sind für die Aufzucht von Drohnen von entscheidender Bedeutung, denn auch in der Natur ist es so, dass ein Volk bei Raumnot Drohnen aufzieht und in Schwarmstimmung kommt.

Voraussetzung für die Aufzucht von vielen gut gepflegten Drohnen sind starke Völker (134), die mit Pollen reichlich versehen sind. Gegebenenfalls kann mit Brutwaben ohne Drohnenzellen verstärkt werden. Der Pollen soll in der Nähe der Brut eingelagert sein. Bei Pollenmangel ist es am besten, Pollenwaben zuzugeben. Auch die Futtervorräte müssen reichlich bemessen sein. Deshalb sind die Drohnenvölker, wie die Pflegevölker für die Aufzucht von Königinnen, bei Bedarf (möglichst mit Honiglösung) zu füttern. Auch wenn der Drohnenbau bestiftet ist, kann man sich noch nicht darauf verlassen, dass die Brut aufgezogen wird. Besonders Eier, aber auch Larven werden bei Witterungsrückschlägen aufgefressen. Das muss man wissen und bei der Terminplanung berücksichtigen. Wenn die erste Drohnenwabe oder der erste Drohnenrahmen kleine Maden enthält, wird er als zweite Wabe an den Rand des

Brutnestes gestellt. Dann werden nur noch Drohnenrahmen, aber keine Drohnenwaben mehr gegeben. Mehr als zwei Rahmen mit Drohnen werden gleichzeitig kaum gepflegt. Gibt man einen dritten oder gar vierten hinzu, ohne einen anderen z. B. für ein Drohnenpflegevolk zu entnehmen, wird meist nur Arbeiterbau ausgeführt.

(134) Viele Bienen auf engstem Raum sind das Erfolgsrezept bei der Aufzucht von Drohnen.

Drohnenpflegevölker

Ähnlich wie bei der Königininzucht besteht auch die Möglichkeit, Drohnenbrut in anderen Völkern, in sogenannten Drohnenpflegevölkern aufziehen zu lassen. Allerdings wird man mit solchen Drohnenpflegevölkern nur in Ausnahmefällen bei sehr isoliert gelegenen Belegstellen mit geringer Beschickung oder aber für die künstliche Besamung arbeiten. Die Arbeit mit Drohnenpflegevölkern ist aufwendiger, und man wird lediglich eine begrenzte Anzahl von Völkern hierfür einsetzen. Für Rassebelegstellen mit vielen Drohnenvölkern ist dieses Verfahren nicht zu empfehlen. Folgende Gegebenheiten können zur Arbeit mit Drohnenpflegevölkern zwingen:

1. Es sind mehr Drohnenvölker für die Belegstelle erforderlich, als zur Verfügung stehen. Man möchte von einem besonders guten Volk über einen langen Zeitraum viele paarungsfähige Drohnen haben.

2. Die Drohnenvölker haben den Höhepunkt der Entwicklung überschritten oder mussten wegen Schwarmstimmung entweiselt werden. Wenn die nachgezogene Königin begattet ist, werden die Drohnen abgetrieben.

Am besten werden Drohnen in Völkern gepflegt, die sich in aufsteigender Entwicklung befinden und viel offene Brut haben. Drohnenpflegevölker kann man durch Entnahme oder Zugabe von Brutwaben zu jeder gewünschten Zeit in bester Verfassung halten.

Wenn man nicht eigens für den Zweck der Drohnenpflege starke Ableger zusammenstellen will, sucht man sich frühzeitig, ev. schon im Herbst, starke, gesunde Völker aus. Es müssen nicht unbedingt Völker mit Reinzuchtköniginnen sein. Im Gegenteil, schwarmlustige Völker mit standbegatteten Königinnen pflegen die Drohnen besser als solche mit Reinzuchtköniginnen, die auf Schwamträgheit ausgewählt sind.

Drohnenpflegevölker dürfen keine eigenen Drohnen haben. Das kann auf verschiedene Weise erreicht werden. Welches Verfahren man wählt, hängt davon ab, zu welchem Zeitpunkt man die Drohnen benötigt.

1. Wenn die Drohnen schon für die erste Belegstellenzeit (Ende Mai/Anfang Juni) gebraucht werden, ist es am besten, in den ausgewählten Drohnen-

pflegevölkern keine eigenen Drohnen zum Schlüpfen kommen zu lassen. Vom Frühjahr an sieht man die Völker alle 10 – 14 Tage gründlich durch und zerstört dabei mit einem Federkiel oder Stockmeißel alle verdeckelten Drohnenzellen. Außerdem bekommen die Völker zwei Baurahmen, die umschichtig erst nach dem Verdeckeln ausgeschnitten werden. Sobald ein Drohnenrahmen aus dem ausgewählten Drohnenzuchtvolk mit Maden oder gedeckelter Drohnenbrut zur Verfügung steht, wird er zugehängt. Drohnenwaben mit Eiern dürfen noch nicht umgehängt werden, weil Eier fast ausnahmslos wieder entfernt werden. Außerdem muss man dafür sorgen, dass die Königin des Pflegevolkes keine Eier in den zugehängten Drohnenrahmen legen kann, oder er muss nach etwa 20 Tagen entnommen werden. Zweckmäßig ist es, Königin oder Drohnenrahmen in den Honigraum zu bringen. Ist das Volk schon sehr stark, wird der Drohnenrahmen zwischen drei oder vier offenen Brutwaben im Honigraum untergebracht und das Flugloch geöffnet. Bei etwas schwächeren Völkern ist es besser, die Königin mit zwei oder drei Brutwaben in den Honigraum und den Drohnenrahmen in den Brutraum zwischen die Brut zu geben. Später kann dann noch ein zweiter Drohnenrahmen zugehängt werden. Selbstverständlich müssen den ganzen Sommer hindurch bei jeder Nachschau weiterhin die eigenen Drohnenzellen des Volkes zerstört werden. Wenn man aber dafür sorgt, dass das Volk nur gut ausgebaute Waben ohne Drohnenzellen erhält und die Mittelwände sorgfältig eingelötet sind, bereitet das keine Schwierigkeiten. Bei zwei zugegebenen Drohnenrahmen setzt ein Volk kaum noch eigene Drohnenbrut an.

2. Drohnenpflegevölker, die erst später im Jahr benötigt werden und bis dahin in der Gruppe der übrigen Völker verbleiben sollen, müssen durchgesiebt werden. Es empfiehlt sich aber nicht, das ganze Volk abzufegen und durch einen Siebkasten laufen zu lassen. Viel besser geht das Ausscheiden der Drohnen durch das Absperrgitter im Kasten. Im Magazin ist das relativ einfach, ähnlich wie beim Aussieben der Bienen für Begattungsvölkchen. Man braucht dazu eine leere Beute mit drei Zargen. Die erste wird leer auf ein Bodenbrett an den Standplatz des Volkes gestellt und mit einem Absperrgitter abgedeckt. Dann sucht man aus dem zur Seite gestellten Volk die Königin heraus und bringt sie mit den vor dem Flugloch abgefegten Brutwaben in die zweite Zarge über das Gitter. Auf diese zweite Zarge gibt man ein weiteres Absperrgit-

ter. Darauf kommt der abgedeckte Honigraum mit den ebenfalls abgefegten Honigwaben. Am nächsten Tag wird das Volk auf ein neues Bodenbrett gestellt und das Flugloch mit einem Absperrgitter gesichert. Erst dann wird die leere Einheit, in der sich die Drohnen gesammelt haben, abseits vom Stand ausgefegt. So ist man sicher, dass sich keine Drohnen im Volk befinden.

Nicht ganz so einfach lässt sich das Verfahren im Blätterstock oder anderen Hinterbehandlungsbeuten durchführen. In solchen Beuten muss zuerst die Königin herausgesucht und anschließend der Honigraum leergefegt werden. Dann bringt man die Königin und die abgefegten Brutwaben nach oben. Der Brutraum bleibt bis zum folgenden Tag ohne Waben. Nachdem er ebenfalls ausgefegt ist, wird das Flugloch mit einem Gitter gesichert, und die Honigwaben werden wieder eingestellt. Bei der nächsten Nachschau bringt man die Königin mit einigen Brutwaben nach unten. Selbstverständlich müssen jeweils alle Drohnenzellen zerstört werden. Ein Baurahmen sollte nicht fehlen. Die möglichst verdeckelte Drohnenwabe aus einem Drohnenvolk kann gleich oder auch erst später zugegeben werden.

3. Aufbau von Drohnenpflegevölkern (nach RUTTNER)
   2 Tage vor dem Schlüpftermin einer Drohnenwabe wird in der üblichen Weise ein Brutableger in folgender Zusammensetzung und Reihenfolge gebildet:
   1 Honig-Pollenwabe,
   2 reife, gut mit Bienen besetzte Brutwaben,
   1 verdeckelte Drohnenwabe samt Bienen,
   2 verdeckelte, gut mit Bienen besetzte Brutwaben,
   1 Honig-Pollenwabe,
   1 Futtertasche mit mindestens 1 kg Zuckerteig
   Selbstverständlich muss jegliche Drohnenbrut auf den Arbeiter-Brutwaben zerstört werden. Gibt es schon geschlüpfte Drohnen, dann sind die Brutwaben abzukehren und die Bienen zu sieben. Der Ableger erhält eine schlüpfreife Weiselzelle oder muss sich im Notfall selbst eine Königin nachziehen. Drohnenableger werden ohne Honigraum auf die Belegstelle gebracht, am besten in 10 bis 12 Rahmen fassenden Magazinen. Zu Beginn können sie mit einem Schied eingeengt werden. Nach 3 Tagen Kellerhaft werden die so erstellten Ableger entweder zunächst unter Absperrgitter abseits vom Stand aufgestellt oder sofort zur Belegstelle transportiert.

Sicherung vor dem Zuflug fremder Drohnen

Auf einigen Belegstellen können die Drohnenvölker überwintert werden. Aber oft ist das nicht möglich. Manchmal wird eine Drohnenvölkergruppe von mehreren Züchtern gestellt und erst mit den Königinnen zur Belegstelle gebracht. Wenn es nicht möglich ist, die Drohnenvölker auf die Belegstelle zu transportieren, ehe auf den Ständen die ersten Drohnen fliegen, muss unter allen Umständen der Zuflug fremder Drohnen verhindert werden. Auch können die Zuchtdrohnen in andere Völker abwandern. Um beides auszuschalten, kann man die für die Belegstelle vorgesehenen Völker isoliert, mindestens 500 m vom nächsten Stand entfernt aufstellen. Aber auch dann sind die Drohnenvölker mit einem Drohnenabsperrgitter von 5,2 mm Stabweite zu schützen. Dieses Gitter soll in der Fluglochnische schräg nach unten geneigt angebracht werden oder vor einem nach oben abgedeckten Vorsatz (135). Dieses Gitter behindert den Bienenflug nicht, und durch die Schrägstellung sind die Drohnen, da sie den Himmel nicht sehen können, nicht so aufgeregt. Trotz der Nische kann es an warmen Tagen bei starkem Drohnenbesatz Schwierigkeiten geben.

Wenn die Völker noch nicht zur Belegstelle transportiert werden können, muss das Gitter mit Wasser besprizt und für kurze Zeit gegen Abend entfernt werden. Bei großer Hitze hat es sich bewährt, vor der Flugfront einen Gartenregner einzusetzen. Man kann die Drohnen auch im Honigraum eines Volkes über Absperrgitter halten.

Aber das ist ebenfalls nicht über längere Zeit möglich. Bei Magazinen mit hohem Unterboden kann man den Ausflug der Drohnen mit einem Gitter über dem Boden verhindern. In beiden Fällen ist eine zusätzliche Sicherung vor dem Flugloch gegen den Zuflug fremder Drohnen notwendig. Andernfalls ist kurz vor dem Verbringen der Völker auf die Belegstelle das Gitter zu entfernen und der Boden auszutauschen.

(135) Vorsatz mit Drohnengitter.

Überprüfung der Drohnenvölker

Da stark beschickte Belegstellen einen sehr großen Einfluss auf die Zuchtpopulation in einem Landesverband ausüben, sollten die Drohnenvölker vor der Eröffnung der Belegstellen nicht nur vom Imker, der die Drohnenvölker stellt, begutachtet werden, sondern zusätzlich von einer zweiten Person (z. B. Züchterringleiter). Dabei sind der Gesundheitszustand, die ausreichende Zahl von Drohnen und die Eigenschaften des Volkes (Friedfertigkeit und Wabensitz) zu überprüfen. Auch das Vorhandensein der Originalkönigin ist zu kontrollieren und ihr Zeichen mit den Angaben auf der Zuchtkarte abzugleichen. Über die Begutachtung der Völker ist ein Protokoll anzufertigen und zu unterschreiben. Dieses Protokoll verbleibt beim Belegstellenleiter und wird mit dem Jahresbericht eingereicht.

Transport der Drohnenvölker zur Belegstelle

Auf jeden Fall muss beim Transport eine Überhitzung der Drohnenvölker vermieden werden, da es sonst zu einer Schädigung der Spermien kommen kann (siehe Kap. 13.3). Für den Transport gilt, was bei allen Wanderungen zu beachten ist. Alle Teile in der Beute müssen fest sitzen, Einzelteile fest miteinander verbunden sein. Der Transport zu Insel- und Hochgebirgsbelegstellen dauert oft länger als eine gewöhnliche Wanderung und muss gelegentlich über Tag bei großer Wärme durchgeführt werden. Es ist selbstverständlich, dass die Kästen ausreichende Lüftung und einen großen Trommelraum haben müssen. Wenn es kritisch wird, kann man mit einem nassen Schwamm, Eiswürfeln oder Kühlblocks (für Kühltaschen) Kühlung schaffen. Diese gibt man in den Trommelraum oder direkt an die Lüftung. Auch ein häufiges Sprühen von Wasser durch die Lüftungsöffnungen hilft gegen Überhitzung.

Zusätzlicher Trommelraum kann bei Magazinen durch Auf- oder Untersetzen einer Leerzarge geschaffen werden. Bei anderen Beuten können für die Dauer der Wanderung einige Honigwaben entnommen werden.

Wenn der Transport über Tag stattfinden muss und die Fluglöcher deshalb schon am frühen Morgen oder am Abend vorher geschlossen werden müssen, dürfen die Völker nicht an ihrem Standort verbleiben, sondern müssen kühl und dunkel untergebracht werden.

Aufstellung der Drohnenvölker auf der Belegstelle

Früher wurden die wenigen Drohnenvölker in der Regel in einer Belegstellenhütte untergebracht. Heute dagegen finden meistens einfache Freistände (136), Wandergestelle oder Böcke Verwendung. Eine Aufstellung auf gepressten Strohballen ist für raue Lagen empfehlenswert.

Der Platz selbst sollte so gewählt werden, dass er trocken ist, die Völker Sonne bekommen und nicht in Kaltlöchern stehen. Den Ausflug wählt man am besten nach Süd-Osten. Die Flugrichtung soll sich nicht mit der der Begattungsvölkchen kreuzen. Nach Möglichkeit sollten die Drohnenvölker abseits, am besten ganz am Rand der Belegstelle oder außerhalb des eigentlichen Belegstellengeländes aufgestellt werden. Dann kann man sie auch während der Flugzeiten von Königinnen bearbeiten.
Bei Belegstellen am Ende von langgezogenen Tälern hat sich nach PECHHACKER die Aufstellung der Drohnenvölker etwas vor der eigentlichen Belegstelle talauswärts bewährt, um so die Belegstelle selbst vor dem Zuflug fremder Drohnen abzuschirmen.

(136) Freistände mit Drohnenvölkern auf der Belegstelle Rehwinkel / Niedersachsen (Foto ENGLERT).

TEIL II

(137) Bei mangelnder Tracht werden die Drohnen schon vorzeitig im Jahr abgetrieben.

Haltung der Drohnen – Pflege der Drohnenvölker auf der Belegstelle

Auf der Belegstelle muss dafür gesorgt werden, dass die Drohnen immer bestens gepflegt und nicht vorzeitig abgetrieben werden. Wichtig ist, dass die Drohnenvölker nicht nur sehr gute Futtervorräte haben, sondern dass sie bei Trachtmangel zusätzlich laufend gefüttert werden. Nur wenn sie ständig viel offene Brut zu versorgen haben, werden sie auch Drohnen optimal pflegen. Honigfutterteig sollte – außer bei Volltracht – immer zur Verfügung stehen.

Werden die Drohnenvölker aus einer Volltracht (z. B. Raps) auf die Belegstelle verbracht, wo in der Regel nur geringe Tracht vorhanden ist, kann es zum Ausfressen von Drohnenbrut und zum vorzeitigen Abtrieb von Drohnen kommen (137). Hier ist unbedingt durch Fütterung Abhilfe zu schaffen.

Gut bewährt hat es sich, für Völker und Begattungsvölkchen auf dem Belegstellengelände eine Tränke aufzustellen. Am Anfang wird das Wasser zum Anlocken leicht angesüßt (im Verhältnis 1:10). Im übrigen darf im Freien nicht flüssig gefüttert werden, weil die Gefahr der Räuberei auf Belegstellen mit den vielen kleinen Völkchen besonders groß ist. Deshalb muss auch sehr sorgfältig verfahren werden, wenn die

Drohnenvölker in länger andauernden trachtlosen Zeiten flüssig gefüttert werden. Andererseits darf nach guter Tracht, wenn die Honigräume gefüllt sind, der Honig nicht wie üblich entnommen werden. Im Juli führt das Abernten des Honigraumes zum vorzeitigen Abtrieb der Drohnen, auch wenn man reichlich Futter belässt. Muss nach sehr guter Tracht geschleudert werden, darf man höchstens jede dritte Honigwabe entnehmen.

Das Schwärmen der Drohnenvölker muss unbedingt verhindert werden. Wenn ein Drohnenvolk in Schwarmstimmung kommt, wird die Königin mit einem Ableger entnommen und auf der Belegstelle aufgestellt. Neun Tage später müssen die Nachschaffungszellen bis auf eine ausgebrochen werden. Sobald die nachgezogene Königin in Eiablage ist, werden die Drohnen abgetrieben. Eine nochmalige Entweiselung kommt zwar in Frage, doch arbeitet man besser mit neu aufgebauten Drohnenpflegevölkern. Sie nehmen auch schlecht versorgte Drohnen aus den anderen Drohnenvölkern bereitwillig auf.

Auf den meisten Belegstellen ist der Belegstellenleiter nur ein oder zwei Tage in jeder Woche vor Ort und kontrolliert dabei auch die Drohnenvölker. In Ausnahmefällen können die Völker aber erst nach 2-3 Wochen wieder nachgesehen werden. Wichtig ist, dass der Futterstrom nicht abreist. Dafür muss auch bei unregelmäßiger Kontrolle gesorgt werden.

Wenn die Drohnenvölker sachgemäß betreut und gefüttert werden, halten sie die Drohnen bis weit in den August. Auf den ostfriesischen Inseln pflegen die Völker wegen der guten Spätsommertracht die Drohnen meist bis spät in den September, ohne dass zusätzliche Maßnahmen erforderlich sind.

Oft wird noch im Juli Drohnenbrut angelegt. Wenn die daraus entstehenden Drohnen aber nicht mehr vor dem Ende der Betriebszeit der Belegstelle voll paarungsfähig werden, sollte man sie nicht mehr aufziehen lassen. Unter ungünstigen Umständen könnte es sonst zu einem Übergewicht zu junger Drohnen kommen, wobei die älteren Drohnen schlecht gepflegt werden mit der Folge, dass die zur Paarung aufgestellten Königinnen nur mangelhaft begattet werden.

Schutz vor ansteckenden Bienenkrankheiten

Für jeden Belegstellenbetrieb ist es erforderlich, dass für die angelieferten Begattungseinheiten ein Gesundheitszeugnis mitgeliefert wird, damit über Belegstellen keine Bienenkrankheiten übertragen werden. Somit ist es auch selbstverständlich, dass die Drohnenvölker selbst gesund und frei von ansteckenden Bienenkrankheiten sein müssen. Aus diesem Grunde wird empfohlen, dass jährlich – rechtzeitig vor Beginn der Belegstellensaison aus jedem Volk Futterkranzproben entnommen und zur Untersuchung auf Faulbrutsporen an eine zugelassene Untersuchungsstelle geschickt werden. Dabei sollte eine Sammelprobe nicht mehr als 12 Völker umfassen (Empfehlung des LAVES, Bieneninstitut Celle).

Maßnahmen gegen die Varroose

Varroamilben bevorzugen für ihre Vermehrung Drohnenbrut. Völker, in denen die Aufzucht von Drohnen während der ganzen Saison gefördert wird, sind daher in besonderer Weise der Varroose ausgesetzt. Die Milben finden hier optimale Bedingungen für ihre Vermehrung. Zum anderen kommt es aus den Begattungsvölkchen über den Verflug von Bienen zu einem ständigen Fremdeintrag von Milben. Gleichzeitig besteht die Forderung, die Drohnenvölker die ganze Saison über in ausreichender Stärke zu halten. Die Drohnen in den Völkern sollen möglichst nicht durch Varroamilben geschädigt sein. Es hat sich gezeigt, dass Drohnen, die in ihrer Entwicklungszeit durch Varroamilben befallen waren, nicht oder nur begrenzt paarungsfähig sind (siehe Kap. 13.2). Daher ist bereits im Vorjahr ihrer Verwendung bei allen Drohnenvölkern eine Varroabehandlung durchzuführen, damit die Völker mit möglichst wenigen Milben auf die Belegstelle kommen.

Wird während der Belegstellensaison ein zu starker Varroabefall oder gar schon eine Schädigung einzelner Völker festgestellt, hilft nur noch eine sofortige Behandlung mit einem zugelassenen Pyrethroid (z. B. bei Bayvarol) Es darf dann allerdings kein Honig mehr geerntet werden.

16.5.4. Management der Drohnenvölker auf Toleranzbelegstellen

Anders als auf konventionellen Belegstellen werden die Drohnenvölker auf Toleranzbelegstellen einer ständigen Konfrontation mit dem Parasiten ausgesetzt, in dem sie nicht oder nur sehr eingeschränkt gegen Varroose behandelt werden, weil man die anschließende natürliche Selektion nutzen will.

Gegen Ende der Saison hat sich als wesentliche Grundlage einer Völkerführung ohne chemische Bekämpfungsmaßnahmen nach Erfahrungen des Bieneninstituts Kirchhain eine einmalige, vollständige Entnahme aller verdeckelten Brutwaben bewährt. Die Entnahme sollte nach Möglichkeit frühestens 6 Wochen vor dem Ende der Belegstellensaison erfolgen, damit die Anlage aller zur Paarung benötigten Drohnen bereits abgeschlossen ist. Sofern größere Varroaschäden sichtbar werden, was in der Regel erst bei Befallsgraden von mehr als 15 % Bienenbefall (>15 Milben/10 g Bienen) eintritt, müsste ggf. früher eingeschritten werden.

(138) Belegstelle Norderney. Entnahme von Brutwaben zum Aufbau von Sammelbrutablegern.

Die mit wenig ansitzenden Bienen entnommenen Brutwaben dienen zum Aufbau von Sammelbrutablegern (138). Diese sollten im Belegstellenbereich verbleiben und können durch eine Behandlung mit Thymol (Präparate Thymovar® oder

Apiguard®) oder Ameisensäure saniert werden. Sie entwickeln sich bei entsprechender Pflege zu überwinterungsfähigen Völkern. So können Ausfälle von Drohnenvölkern, die dem hohen Befallsdruck nicht standhalten konnten, in der Regel aus dem Bestand heraus kompensiert werden.

Um das Verlustrisiko zu begrenzen, empfiehlt sich eine regelmäßige Befallskontrolle der Drohnenvölker anhand von Bienenproben. Um eine gesunde Winterbienenaufzucht zu ermöglichen, sollte der Bienenbefall Anfang August unter 5 % (<5 Milben/10 g Bienen) liegen. Bei höheren durchschnittlichen Befallswerten sollten die Drohnenvölker einer Sommerbehandlung mit Thymol (Thymovar® oder Apiguard®) oder Ameisensäure unterzogen werden.

Mehrjährige Versuche haben gezeigt, dass Völker mit einem durchschnittlichen Varroabefall bis zu 5 % der Winterbienen (<5 Milben/10 g Bienen im Oktober/November) in der Regel für einen Einsatz als Drohnenvölker in der nachfolgenden Saison geeignet sind. Eine Winterbehandlung wird daher nur im Notfall bei einer deutlichen Überschreitung dieses Wertes empfohlen. Hierzu eignet sich insbesondere eine einmalige Sprühbehandlung mit 15 %iger Milchsäure, da diese eine zuverlässige Wirksamkeit von etwa 75 %-80 % bietet. So wird eine wirksame Befallsabsenkung erreicht ohne den Befallsdruck völlig aufzuheben.

Bewirtschaftungskonzept der Drohnenvölker für Toleranzbelegstellen (nach BÜCHLER)

Zeitraum	Maßnahme
Juni/Juli	Einweiseln der Königinnen für die nächstjährige Drohnenaufzucht
Anfang August	Befallskontrolle, AS od. Thymol Behandlung bei Befall > 5 %
September/Oktober	Auflösen schwacher und kranker Völker
November/Dezember	Befallskontrolle, Milch- od. Oxalsäurebehandlung bei Befall > 5 %
Juni/Juli (6 Wo. vor Belegstellenschluss)	Vollständige Entnahme der verdeckelten Brut, Aufbau u. Behandlung (AS od. Thymol) der Sammelbrutableger, Einweiseln der Königinnen für die nächstjährige Drohnenaufzucht

Es ist sinnvoll, wenn alle für den nächstjährigen Belegstelleneinsatz vorgesehenen Völker und Ableger möglichst frühzeitig mit den gewünschten Königinnen beweiselt werden. So können sich die Unterschiede in der Krankheitsanfälligkeit durch einen langen, ungestörten Entwicklungszeitraum bis zur Drohnenaufzucht deutlich ausprägen.

16.5.5. Wechsel der Drohnenvölker

Drohnenvölker sollten während der Saison auf einer Belegstelle nur in besonderen Ausnahmefällen gewechselt werden, da dies immer mit erheblichen Schwierigkeiten und zusätzlichen Arbeiten verbunden ist. Ein Wechsel wird bisweilen nur auf Inselbelegstellen praktiziert, um möglichst verschiedene Geschwistergruppen von Drohnen zum Einsatz zu bringen und um eine möglichst große genetische Vielfalt zu erhalten. Die Drohnenvölker für die zweite Hälfte in einer Saison sind besonders zu behandeln. Sie sollen so geführt werden, dass sie sich erst möglichst spät entwickeln und mit der Erzeugung von Drohnenbrut auch später als die anderen Völker beginnen; ggf. sind die Völker zu schröpfen. Bis zum Verbringen auf die Belegstelle sollte man eine Leerzarge mit Absperrgitter unter diese Völker setzen. Unmittelbar vor dem Transport auf die Belegstelle werden dann die Völker auf neue Böden gesetzt. Eventuell zugeflogene, fremde Drohnen bleiben in der Leerzarge mit dem Absperrgitter am alten Standort zurück und werden später abgeschlagen. Sämtliche Drohnenbrut, die mehr als 40 Tage vor dem ersten Einsatz erzeugt wird, kann zuvor ausgeschnitten werden. Dennoch im Volk geschlüpfte Drohnen lässt man durch Öffnen des Deckels abfliegen. Hilfreich ist es, die Drohnenvölker bis zu ihrem Einsatz isoliert – ca. 500 m vom nächsten Bienenstand entfernt – aufzustellen.

Vor allem müssen mit den Drohnenvölkern, die ausgetauscht werden, auch sämtliche Begattungsvölkchen abgeräumt werden. Die Völkchen müssen zwar drohnenfrei sein, wenn sie auf die Belegstelle gebracht werden, aber dort erhalten sie oft Zuflug von Drohnen aus den Drohnenvölkern. Auch ließe sich beim Verbleib der Begattungsvölkchen auf der Belegstelle nicht eindeutig die Vaterschaft für die Nachkommen klären, da zwischen Begattung und Eiablage je nach Witterung und Zustand der Völkchen bis zu 20 Tage liegen können. Deshalb bedarf es besonderer Sorgfalt, wenn ohne Übergangszeit eine Drohnenvölkergruppe gegen eine andere ausgetauscht werden muss. Erst wenn die Fluglöcher sowohl aller Begattungsvölkchen als auch der Drohnenvölker geschlossen sind, dürfen die der nächsten Serie geöffnet werden. Es dürfen zu diesem Zeitpunkt keine Drohnen mehr unterwegs sein. Deshalb darf der Austausch nur außerhalb der Flugzeit der Drohnen erfolgen.

16.5.6. Maßnahmen bei Überwinterung der Drohnenvölker auf der Belegstelle

Die Entscheidung, ob die Drohnenvölker auf einer Belegstelle überwintert werden können, ist von den dort gegebenen Trachtverhältnissen im Spätsommer und im Frühjahr als auch von der Höhenlage abhängig. Bei Lagen von mehr als 600 Metern über NN setzt in der Regel die Frühjahrsentwicklung erst später ein. Auf den Inseln ist hingegen eine Überwinterung wegen der guten Spätsommertracht häufig möglich.

Wenn die Drohnenvölker auf der Belegstelle überwintert werden, bedeutet das in jedem Fall einen vermehrten Arbeitsaufwand, denn die Völker müssen auch außerhalb der Zuchtzeit gut gepflegt werden und es sind Maßnahmen gegen die Varroose durchzuführen. Außerdem muss bei Linienbelegstellen mit jedem Wechsel der Linie eine neue Geschwistergruppe von Königinnen eingeweiselt werden. Die Umweiselung soll am Ende der Zuchtperiode auf einer Linienbelegstelle mit begatteten und gezeichneten Königinnen durchgeführt werden. Nur in Ausnahmefällen sollte eine Umweiselung mittels Ablegern im Frühjahr erfolgen. Dann muss aber sämtliche Drohnenbrut in den Völkern vor dem Schlüpfen ausgeschnitten werden. Auf einer Rassebelegstelle kann man auch mit Weiselzellen arbeiten, mit denen Völker gegen Ende der Zuchtsaison umgeweiselt werden.

16.6. Anlieferung und Betreuung der Begattungsvölkchen

Nicht nur der Züchter sondern auch der Imker hat rechtzeitig vor Beginn der Königinnenzucht seine Zuchtplanungen vorzunehmen: Wie viele Königinnen benötigt er für die kommende Saison, wann müssen die Königinnen zur Verfügung stehen, sind sie für Wirtschaftsvölker oder für die weitere Selektion vorgesehen usw. Danach richtet sich die Entscheidung, wo die Königinnen begattet werden sollen und wie sie in Begattungseinheiten (Ableger für Standbegattung, Mehrwaben- oder Einwabenkästchen für Belegstellen) unterzubringen sind. In den Fachzeitschriften und im Internet werden rechtzeitig vor Beginn der Zuchtsaison die Angaben über Öffnungs- und Anlieferungstermine, Drohnenvölker und Beschickungsmodalitäten angegeben. Alle diese Dinge sind zu beachten.

Zum anderen sind bei der Beschickung eine Reihe zusätzlicher Punkte zu berücksichtigen, auf die man bei einer Standbegattung nicht so sehr zu achten hat. Die Beschickung einer Belegstelle ist mit erheblichem zusätzlichen Aufwand und mit Kosten verbunden, so dass schon aus diesem Grunde die Sendungen sehr sorgfäl-

tig vorbereitet werden sollten. Das Begattungsergebnis auf einer Belegstelle ist im Wesentlichen von der Vorbereitung durch den Anlieferer abhängig. Es kann nur in geringem Umfang vom Belegstellenleiter beeinflusst werden. Vielen Sendungen sieht man schon bei der Anlieferung an, ob der Beschicker ein gutes Begattungsergebnis erzielen wird oder ob er viele Ausfälle zu erwarten hat.

Der Belegstellenleiter ist für die Annahme der Begattungsvölkchen, ihre ordnungsgemäße Betreuung und ihre Rücksendung, die Einhaltung der Vorschriften, die Eintragungen in die Belegstellenbücher, das Ausfüllen des Paarungsnachweises auf der Zuchtkarte sowie für die Berichterstattung an den jeweiligen Landesverband verantwortlich.

16.6.1 Wahl der Belegstelle

Sowohl für den Imker als auch für den Züchter stellt sich die Frage, wo er die Königinnen, die er aus einem leistungsgeprüften – evtl. sogar gekörten – Volk gezogen hat, begatten lassen soll. Für Wirtschaftsköniginnen reicht in der Regel die Begattung am Stand oder auf einer Vereinsbelegstelle aus. Hier soll der Aufwand möglichst gering sein. Wenn in der Umgebung selektiertes Material überwiegt, kann man mit diesen Königinnen leistungsfähige und friedfertige Völker aufbauen. Wenn in der Umgebung allerdings eine Rassebelegstelle vorhanden ist, lohnt es sich, die Begattungseinheiten dorthin zu bringen. Dabei ist zu berücksichtigen, dass die Begattungsvölkchen frei von Drohnen sein müssen.

Wer selbst Selektion betreiben will, ist hingegen auf eine kontrollierte Paarung seiner Königinnen angewiesen. Diese wird bei Rassebelegstellen nur bedingt vorausgesetzt. Bei Linienbelegstellen auf dem Land oder auf den Inseln wird in der Regel ein bestimmtes Vater (4 a)- Volk angegeben. Somit hat der Züchter exakte Angaben für die mütterliche und väterliche Abstammung seiner später zu prüfenden Völker. Im Rahmen der Zuchtwertschätzung, an der die meisten Carnica-Züchter – aber auch viele Züchter der Dunklen Biene – teilnehmen, ist dies von Bedeutung. Mit Hilfe dieser Belegstellen lassen sich auch die verschiedenen Zuchtlinien, die traditionsgemäß in vielen Ländern gehalten werden, weiterführen. Die Angaben (Leistung, Eigenschaften, Abstammung) über die auf den einzelnen Belegstellen vorhandenen Vatervölker (siehe Kap. 16.5.1) werden von den Betreibern schon früh im Jahr angegeben, so dass jeder Züchter die Möglichkeit hat, Eigenschaften der Vatervölker zu beurteilen und Verwandtschaftsverhältnisse mit seinem Material zu überprüfen, um so ggf. Inzucht zu vermeiden.

Für Nachzuchten aus zuchtwertgeschätzten Völkern bietet die vom Länderinstitut für Bienenkunde Hohen Neuendorf e. V. betreute Internetseite eine außerordentlich wertvolle Hilfe. Hier kann man bei www.beebreed.eu unter dem Menüpunkt » Zuchtwerte → Zuchtplanung für Beleg- und Besamungsstellen « bei Eingabe der vollständigen Zuchtbuchnummer der Mutter (139 a), aus der man die Jungköniginnen gezogen hat, fiktive Zuchtwerte sowie den Inzuchtgrad geplanter Nachzuchten bei Beschickung verschiedener Belegstellen berechnen. Für die Eigenschaften (Honigleistung, Sanftmut, Wabensitz, Schwarmneigung und Varroatoleranz) werden einzelne Zuchtwerte für jede Belegstelle angegeben (139 b), darüber hinaus auch ein Gesamtzuchtwert. Durch Eingabe der Wichtung für einzelne Eigenschaften – je nach dem auf welches Merkmal besonderes Gewicht gelegt wird – wird ein Gesamtzucht-

(139 a) Eingabemaske mit den Daten für die Mutter der Jungköniginnen.

*Anmerkung: Die Zuchtbuchnummer setzt sich aus vier Zahlen zusammen z. B. 6-42-97-2010. Die erste Zahl ist die Codenummer für den Landesverband, die zweite die Codenummer für den Züchter. Die dritte Zahl bedeutet die Zuchtbuchnummer der Königin, die vierte das Geburtsjahr der Königin.

Länderinstitut für Bienenkunde Hohen Neuendorf e.V.

Tel. 03303-293830 / Fax. 03303-293840 / Mail: info@beebreed.eu

zurück zum Formular

Zuchtwerte geplanter Nachkommen

Code Königin 2a
6-42-97-2010

			Besetzung der Belegstellen im Jahr 2012							zu erwartender Zuchtwert in %						
LV	Nr.	Name	von	bis	P	LV4A	Z4A	NR4A	J4A	HO	SF	WS	SN	VI	GZW	
										\multicolumn{5}{c}{Wichtung in %}			
										15	15	15	15	40		
17	6	Juist	29.05.	23.08.	2	18	102	98	2008	110	119	118	110	122	122	Details
17	4	Langeoog	28.05.	14.08.	2	17	27	7	2009	112	123	121	113	123	125	Details
17	5	Norderney	29.05.	14.08.	2	7	45	277	2009	112	116	115	112	129	126	Details
17	3	Wangerooge	28.05.	14.08.	2	17	2	114	2008	106	116	115	110	121	120	Details

(139 b) Für die Töchter der oben angegebenen Zuchtköniginnen werden automatisch fiktive Zuchtwerte bei Beschickung unterschiedlicher Belegstellen berechnet. Auch weitere Details, wie z. B. der Inzuchtgrad, können abgefragt werden.

wert berechnet. Dies ist für die Zuchtplanung der Züchter eine wesentliche Hilfe und macht die Zuchtarbeit sehr viel effektiver.

Um bei der Zucht auf Widerstandsfähigkeit größere Fortschritte zu erzielen, bietet sich die Beschickung von Toleranzbelegstellen mit mehreren 4a-Völkern, die speziell hinsichtlich Varroatoleranz geprüft wurden, an. Da hier in der Regel kein bestimmtes 4a-Volk angegeben wird, kann im Rahmen der Zuchtwertschätzung systembedingt die väterliche Seite nur unzureichend berücksichtigt werden. Diese Belegstellen spielen jedoch eine wichtige Rolle, um den Zuchtfortschritt hinsichtlich Widerstandsfähigkeit gegenüber Krankheiten in die Landesbienenzucht zu übertragen. Toleranzbelegstellen sind mittlerweile gleichmäßig über das Land verteilt und somit für jeden Imker günstig zu erreichen. Sie können allgemein der Imkerschaft für eine Beschickung empfohlen werden.

16.6.2. Richtige Vorbereitung der Begattungsvölkchen

Auf den Belegstellen werden weder Mühe noch Kosten gescheut, ein gutes Ergebnis zu erreichen. Es werden so viele Drohnenvölker aufgestellt, dass während der ganzen Betriebszeit ausreichend Drohnen vorhanden sind. Des Weiteren trägt jede Belegstellenleitung für fachkundige, gewissenhafte Dauerbetreuung der aufgestellten Begattungsvölkchen Sorge, denn so mancher festzustellende oder zu erwartende Schaden kann gebessert oder abgewendet werden. Erfolge oder Misserfolge sind bei solcher Handhabung dann eigentlich nur den Züchtern selbst zuzuschreiben. Deshalb sollten zum beiderseitigen Nutzen und reibungslosen Betrieb auf der Belegstelle einige Punkte besonders beachtet werden, ohne dass hier das große Gebiet der Aufzucht von Königinnen behandelt werden soll.

Königinnen

Königinnen sind möglichst in kleinen Serien in gesunden und entwicklungsfreudigen Pflegevölkern aufzuziehen. Nur fehlerlose, nach Größe und Lebenskraft ausgelesene Königinnen sollten weiterverwendet werden. Sie dürfen nicht beim Zeichnen flugunfähig gemacht werden. Eine Flugkontrolle im geschlossenen Raum vor dem Zusetzen erscheint zweckmäßig. Alle Königinnen sind mit der vorgeschriebenen Jahresfarbe zu zeichnen. Es ist empfehlenswert, Plättchen mit Nummern zu verwenden (Verflug auf der Belegstelle). Die Nummer der Königin kann mit einem Klebeplättchen auf dem EWK vermerkt werden. So stellt man einen eventuellen Verflug der Königin auf der Belegstelle später leicht fest.

Die Königinnen sollten ein Alter von 4 – 8 Tagen haben, bevor sie auf die Belegstelle geschickt werden.

Vorbereitung der Begattungskästchen

Es sind möglichst nur kommerziell hergestellte oder genormte Begattungskästchen zu verwenden. Hier sind Mängel im Laufe der Jahre bereits ausgemerzt worden. Eigenkonstruktionen sind möglichst zu vermeiden.

Auf vielen Belegstellen (z. B. Inselbelegstellen) sind wegen der besseren Kontrolle nur Einwabenkästchen (EWK) zugelassen. Hier sollten nur genormte und bewährte EWK benutzt werden. Um Millimeter längere oder breitere verursachen bei der Einbringung in die Schutzhäuschen Schwierigkeiten und Mehrarbeit. Möglichst sind

die kleinen EWK (⅓ NM) zu verwenden, da für die größeren nach Zander nur eine beschränkte Anzahl von Schutzkästen zur Verfügung steht. Die Fluglochverschlüsse dürfen nicht hervorstehen und müssen am besten ins Holz eingearbeitet sein (140 b). Ihr völliges Festsitzen, ebenso das der Bodenschieber und Deckel müssen kontrolliert werden. Die Bodenlüftungen müssen sauber und bei Bedarf (Totenfall) zu entfernen sein (140 a). Vor der Verwendung von Absperrgittern innerhalb der EWK wird abgeraten. Schwache Völkchen müssen bei Kälte Gelegenheit haben, sich mit ihren Königinnen in einen der oberen Räume zurückziehen zu können. Oft kommen dann dort die Königinnen schnell in Eiablage.

(140 a u. b) Bei den EWK sollte der Bodenschieber beweglich und die Vorbauscheibe eingelassen sein, andernfalls kann sie sich beim Einstellen in das Schutzhaus verdrehen.

Die Begattungskästchen sind vor jedem Gebrauch zwecks Verhütung von Nosema gründlich zu reinigen, die Waben sind auszuschneiden und sämtliche Kunststoff- Holz- und Glasteile mit 2 %iger Ätzkalilauge (chemisch nicht reines Ätznatron ist nicht teuer), Soda- oder P3-Lösung zu scheuern. Ferner ist auch peinlichst darauf zu achten, dass sämtliche vorjährigen Teigreste aus der Futterkammer entfernt werden.

Die Rähmchen bzw. Trägerleisten für die Waben sind mit einem 2 cm – 3 cm breiten Leitstreifen aus einer Mittelwand zu versehen. Ansonsten wird Wirrbau errichtet, was die Kontrolle sehr erschwert. Ein Drahten der Rähmchen (dort wo es möglich ist) ist im Hinblick auf einen gefahrlosen Transport empfehlenswert.

Flüssigfutter ist bei einer Beschickung von Belegstellen völlig ungeeignet. Der Futterteig darf nicht so weich sein, dass er verlaufen kann. Sonst können besonders bei den EWK alter Konstruktion mit kleinem Zugang zum Futterraum (142) nur einzelne Bienen an diesen gelangen und das Völkchen leidet Hunger. Bei Selbstzuberei-

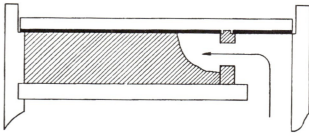

(141) Einfüllen des Futterteiges. Auch in den unteren Bereich des Kästchens wird ein Stück Futterteig gegeben.

(142) Futterteig in der Futterkammer. Der Zugang muss gewährleistet sein.

tung des Teiges aus Honig und Puderzucker darf kein Wasser verwendet werden. Der Teig wird sonst hart und kann nicht aufgenommen werden. Verelenden, Verhungern oder Ausziehen der Völkchen sind die Folge. Gut eignet sich erfahrungsgemäß der für diese Zwecke im Handel angebotene Teig. Mit ihm gab es bisher keine Misserfolge. Nicht nur die Futterkammer des Begattungskästchens sollte mit Teig gefüllt werden, sondern auch auf dem Boden unter dem späteren Wabenbau sollte man einen Klumpen Futter bieten (Achtung, nicht vor das Flugloch legen) (141). Die Völkchen bauen dann schneller. Es ist zweckmäßig, wenn die Futterkammer auf der ganzen Breite zugänglich ist (142). Bei EWK älterer Bauart mit nur engem Zugang empfiehlt es sich, das Trennungsschied zwischen Futter- und Beweiselungskammer mit der Kneifzange um ca. 1 cm zu kürzen und ein Stückchen Glas über die ganze Länge des EWK zu legen. Bei Futtermangel wird auf der Belegstelle nachgefüttert.

(143) Besiedeln der EWK. Die Kästchen sind in Reihe gelegt, die Scheiben liegen griffbereit. In jedes Kästchen kommt eine Schöpfkelle (1/4 Liter) Bienen.

TEIL II

(144) Besiedelte EWK. Das linke Kästchen ist zu stark, das rechte zu schwach gefüllt. Die ruhige Traube soll – wie beim mittleren Kästchen – etwa den halben Raum ausfüllen.

Besiedlung der Begattungskästchen

Drohnen dürfen nicht mit auf die Belegstelle gelangen. Daher sind die Begleitbienen sorgfältig durchzusieben. Beim Vorhandensein nur eines einzigen Drohns geht die gesamte Sendung des Imkers unweigerlich auf seine Kosten und unter Erhebung der vollen Belegstellengebühr zurück.

Zur Füllung der EWK sind möglichst nur Bienen aus den Pflegevölkern zu verwenden! Sie haben die richtige Zusammensetzung (⅔ Jungbienen und ⅓ Altbienen). Auch nehmen sie die junge Königin als ihre Vertrauten ohne weiteres an. In Ausnahmefällen können auch von Brutwaben abgefegte Jungbienen in Frage kommen. Vor dem Durchsieben muss man die Altbienen abfliegen lassen! Bienen aus Völkern in Schwarmstimmung sollten nicht verwendet werden. Sie stechen die Königinnen oftmals ab. Auch sollten keine Stecher als Begleitbienen genommen werden. Sie bereiten auf der Belegstelle viel Verdruss.

Die Begattungseinheiten dürfen nicht zu stark mit Bienen gefüllt werden. Bei Einwabenkästchen genügt eine gestrichene Suppenkelle (¼ l) voll davon wenn sie angefeuchtet sind, und ein wenig mehr sind nötig, wenn sie trocken bleiben (143). Die ruhige Bienentraube soll etwa ½ Stunde nach dem Füllen das halbe Kästchen ausfüllen (144). Bei Mehrwabenkästchen sind geringfügig mehr Bienen zu verwenden. Zu starke Völkchen sind in Gefahr, auf dem Transport zu leiden, auf der

Belegstelle auszuziehen oder den Futterteig zu schnell aufzuzehren. Meist wird jedoch mit Bienen zu sehr gespart. Sind es dann noch überwiegend Altbienen (häufig noch Nosematräger), ziehen die Völkchen schnell aus oder fliegen sich kahl. Die Königinnen sind dann meist verloren.

Vor dem Zusetzen tut man gut daran, die Königin mit lauwarmem Wasser zu benetzen. Sie verhält sich dann ruhiger und wird besser angenommen. Bei Einwabenkästchen lässt man sie einfach durch das Flugloch zulaufen. Langsam läuft sie im Kästchen empor und wird sicher angenommen. Bei Mehrwabenkästchen gibt man die angefeuchtete Königin direkt beim Besiedeln der Kästchen in die eingefüllte noch nasse Bienenmenge.

Völkchen, die daheim noch nicht zu bauen angefangen haben, dürfen nicht abgeschickt werden. Es hat sich bewährt, die Völkchen nach zwei Tagen Kellerhaft im Freien – in ausreichender Entfernung zu dem Stand von dem die Bienen zur Besiedelung der Kästchen entnommen wurden – bei kleinem Flugloch in tiefem Schatten aufzustellen. So kann man sie 2 – 5 Tage halten. Sie fliegen aus und sammeln Wasser. Die Bienen können abkoten und sind weniger gestresst, als wenn sie direkt nach der Kellerhaft zum Versand gebracht werden.

Bei solchen Völkchen, die nach Tagen noch nicht bauen, stimmt etwas nicht (Königin?, Futterteig?, Zusammensetzung des Völkchens?, Zugang zum Futter?, Temperatur im Aufstellungsraum?). Königinnen solcher Völker sind, wenn überhaupt vorhanden, Todesanwärter. Vor dem Versand sollten Einwabenkästchen auf das Vorhandensein der Königinnen kontrolliert werden. Bei warmem Wetter spritze man mit dem Zerstäuber vor dem Abtransport etwas kaltes Wasser durch die Lüftungsgitter. Man kann auch den gefüllten Transportkasten zu etwa ¼ kurz ins Wasser tauchen.

Transportgestelle
Die Beschickung sicherer, isoliert gelegener Belegstellen (z. B. Insel- oder Hochgebirgsbelegstellen) erfolgt in der Regel mit Einwabenkästchen. Hier sollten nur Transportgestelle bis zu 6 oder 7 EWK verwendet werden (145).

Oft ist ein längerer Transport für die Begattungsvölkchen erforderlich und sie müssen mehrmals umgeladen werden. Von der Spedition kommen sie auf das Schiff und auf

(145) Transportkasten mit Gaze für weite Transporte geeignet.

(146) Transportgestell für Mehrwabenkästen.

der Insel müssen sie vom Belegstellenleiter durch die Dünen getragen werden. Wenn mit dem Transport fremde Personen befasst sind oder öffentliche Verkehrsmittel (z. B. Passagierschiffe zu den Inseln) benutzt werden, müssen die Transportkästen absolut bienendicht sein. Gut bewährt haben sich die genormten Transportgestelle mit Gaze (145). Ungeeignet sind Transportgestelle, die einen geschlossenen Deckel haben und auch sonst nicht genügend belüftet sind. Hier kommt es immer wieder zum Verbrausen von Völkchen während des Transports. Irgendwelche Behelfskisten aus Pappe oder Holz mit oftmals völlig unzureichender Lüftung sowie mit mangelhaften Verschlüssen dürfen nicht verwendet werden.

Auch für Mehrwabenkästchen gibt es geeignete Transportgestelle (146). Wenn der Transport durch die Imker selbst bis zur Belegstelle erfolgt, ist in der Regel kein mit Gaze geschützter Transportkasten erforderlich.

Signieren der Sendungen und Begleitpapiere.
Sämtliche Transportgestelle und Begattungskästchen müssen gut lesbar mit Namen und Anschrift des Beschickers versehen sein. Immer wieder kommt es vor, dass zugekaufte Kästchen oder Transportgestelle noch mit falschen Anschriften von Vorbesitzern versehen sind. Gut bewährt haben sich kleine Aufkleber, die Namen, Anschrift und aktuelle Telefonnummer des Beschickers enthalten.

Sofern Zuchtkarten Verwendung finden, können diese ausgefüllt mit einem Reißstift am Deckel des EWK befestigt oder unter den Deckel gelegt werden. Es ist aber nicht zu vermeiden, dass diese beim Transport oder auf der Belegstelle verschmutzen. Daher ist es ratsam, die Zuchtkarten in einem mit Namen und Anschrift des Züchters versehenen Umschlag beizulegen, wobei individuelle Angaben zur Königin (z.B. Nummer auf dem Opalithplättchen oder Muttervolk bei Königinnen von mehreren Zuchtvölkern) noch offen bleiben. Der Belegstellenleiter kann dann den Belegstellennachweis auf der entsprechenden Anzahl von Zuchtkarten quittieren und der Züchter kann die Zuchtkarten den einzelnen Begattungskästchen bzw. den Königinnen zuordnen. Insbesondere bei größeren Sendungen ist damit der Belegstellenleiter in seiner knapp bemessenen Zeit auf der Belegstelle überfordert.

Jeder Züchter hat vor der Beschickung oder spätestens mit der ersten Sendung ein amtliches Gesundheitszeugnis einzureichen. Bei Beschickern aus benachbarten EU Ländern ist dies in deutscher Sprache vorzulegen. Die Belegstellenleiter haben Anweisung, Sendungen, für die kein gültiges Gesundheitszeugnis vorliegt, umgehend an den Züchter zurückzuschicken.

Beim Versand ist auf die exakte Anschrift der Belegstelle zu achten. Ferner ist unbedingt der Annahmetermin zu berücksichtigen. Rücksendepapiere sind in jedem Falle beizulegen.

16.6.3. Kontrolle der angelieferten Sendungen auf der Belegstelle

Auf den Belegstellen sollen die Begattungsvölkchen in genormten Einwabenkästen angeliefert werden. Der Belegstellenleiter kann auch Mehrwabenkästen zulassen. Die angelieferten Völkchen müssen absolut drohnenfrei sein. Sämtliche Königinnen sollen mit der jeweiligen Jahresfarbe möglichst individuell (mit Nummer) gezeichnet sein. Der Belegstellenleiter hat dies zu kontrollieren (147). Bei Einwabenkästchen ist die Kontrolle einfacher, bei Mehrwabenkästchen vielfach überhaupt nicht möglich. Hier muss man sich auf die Aussagen der Anlieferer verlassen. Drohnenabspergitter vor den Fluglöchern von Mehrwabenkästchen können hier eine gewisse Sicherheit bieten. Man muss jedoch wissen, dass kleine Drohnen die Gitter passieren können. Auf den meisten Inselbelegstellen und auf einigen Linienbelegstellen sind deshalb nur Einwabenkästchen zugelassen. Werden auch nur in einem Kästchen Drohnen festgestellt, hat der Belegstellenleiter die gesamte Sendung zurückzuweisen. Dies geschieht in der Regel unter Berechnung der vollen Belegstellengebühren.

Für den Betrieb und die Beschickung einer Belegstelle gilt außerdem die Bienenseuchenverordnung. Der Belegstellenleiter hat die Vorlage einer amtstierärztlichen Gesundheitsbescheinigung zu verlangen. Belegstellen dürfen aus Sperrgebieten, in denen die Amerikanische Faulbrut amtlich festgestellt wurde, nicht beschickt werden. Aber auch Züchter, auf deren Stand die Tracheenmilbe oder andere Krankheiten (z. B. Akutes Bienenparalyse-Virus) vorhanden sind, sollten eine Belegstelle bis zur Tilgung der Krankheit nicht beschicken, um die Bestände anderer Züchter nicht zu infizieren.

(147) Kontrolle der ankommenden Einwabenkästen, insbesondere ist auf Drohnenfreiheit zu achten.

Manchmal sind Lüftung und Flugloch der Kästchen durch tote Bienen verstopft. Durch Herausziehen des unteren Schiebers kann Abhilfe geschaffen werden. In zu weichem Futter können Bienen verklebt sein. Zu hartes Futter kann nicht abgenommen werden. Auch in diesen Fällen muss der Belegstellenleiter helfend eingreifen. Auf feuchtes und klebendes Futter gibt man etwas Puderzucker, Kristallzucker, Stroh, Gras oder auch Tannennadeln, zu hart gewordenes Futter lockert man mit dem Messer auf und gibt ganz wenig Wasser dazu. Gelegentlich müssen zerbrochene Glasscheiben ersetzt oder verklebt werden. Dazu ist es zweckmäßig, Scheiben genormter Größe auf der Belegstelle vorzuhalten. Wenn Völkchen sehr schwach sind, die Königin tot am Boden liegt oder die Kästchen bienenleer sind, muss das sofort vermerkt werden. Für diese Notizen sowie für das Notieren des Datums der Eiablage haben sich Klebezettel auf dem äußeren Deckel der EWK gut bewährt.

16.6.4. Aufstellen der Begattungsvölkchen

Belegstellen sollen nach Möglichkeit während der Flugzeit der Königinnen nicht betreten werden. Das Aufstellen der Völkchen sollte deshalb bei gutem Wetter, das Paarungsflüge zulässt, nur am Abend oder am Morgen erfolgen.

(148) Bei großer Hitze und nach langen Transporten ist eine Wassergabe zweckmäßig.

TEIL II

(149) Damit die EWKs sich bis zum Aufstellen nicht zu sehr aufheizen, müssen sie im Transportkasten auf Lücke stehen, ggf. ist ein Kästchen herauszunehmen

Auf schwierig zu erreichenden Belegstellen ist diese Forderung aber nicht immer zu erfüllen. Die Völkchen sollen in jedem Fall erst aufgestellt werden, wenn sie sich nach dem Transport etwas beruhigt haben. Damit sie sich nicht zu stark erwärmen sind sie in den Transportgestellen auf Lücke zu setzen (149). Bei großer Hitze ist eine Wassergabe empfehlenswert (148).

 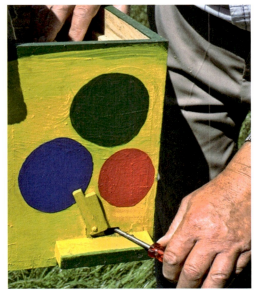

(150 a u. b) Einstellen der EWK in die Schutzhäuschen. Mit einem Schraubenzieher wird die Übereinstimmung der Öffnungen überprüft.

Wenn aus Zeitmangel auch am Vormittag oder gar über Tag Begattungsvölkchen aufgestellt werden müssen, gibt man zunächst nur das kleine Flugloch (Vorbauscheibe) frei oder befestigt ein kleines Stück Absperrgitter vor dem äußeren Flugloch (150 a u. b). Erst am Abend oder am nächsten Morgen gibt man den Ausflug für die Königin frei. So verhindert man, dass Völkchen gleich ausziehen. Nach dem Aufstellen wird im Belegstellenbuch notiert, welche Schutzhäuschen besetzt bzw. von welchem Beschicker die Völkchen angeliefert wurden.

(151) Mehrwabenkästchen auf Baumstümpfen mit entgegengesetzten Flugrichtungen.

(152) Mehrwabenkästchen mit wechselnder Fluchtrichtung auf einfachem Gestell in Arbeitshöhe (Foto: W. DYRBA).

Mehrwabenkästen können zwar direkt am Boden aufgestellt werden, dies wird jedoch nicht empfohlen, weil es in unmittelbarer Bodennähe häufig kalt ist, die Kästchen schnell einwachsen, und die Arbeit am Boden sehr unbequem ist. Für Holzkästen sind Unterlagen aus Styropor o. ä. zu empfehlen. Hartschaumkästen können auf Baumstümpfen (151), umgelegten Baumstämmen oder Gestellen aufgestellt werden, nicht dagegen auf kalten Betonunterlagen. Gut bewährt haben sich besondere Konstruktionen aus Stahlprofilen für jeweils 4 Mehrwabenkästchen (152). Pfähle für die Schutzhäuschen sollen verschieden lang sein (0,50 m -1,00 m über dem Boden).

TEIL II

(153) Falsch: Schutzhäuschen in gleicher Höhe und in ausgerichteten Reihen.

(154) Richtig: Schutzhäuschen in unterschiedlicher Höhe zwischen strauchartigem Bewuchs.

Gern nutzt man Unebenheiten im Gelände aus. Kaltlöcher sollte man jedoch meiden. Eine Orientierungshilfe für die Bienen bietet ein unterschiedlicher Bewuchs. Einförmige Plätze im Innern von Wäldern oder ohne höheren Bewuchs (Wiesen, Heiden) sind ungeeignet. Die Kästen sollen weitläufig im Gelände verteilt in einem Abstand von mindestens 2 m - 3 m aufgestellt werden. Wegen der besseren Übersicht beim Arbeiten stellt man sie in lockeren Reihen auf, die aber nicht streng ausgerichtet sein sollen (153 u. 154). Die Begattungsvölkchen sollen abseits von den Drohnenvölkern stehen, und die Flugbahnen sollen sich nicht kreuzen. Es ist bekannt, dass Sonneneinstrahlung eine wichtige Rolle spielt und die Königinnen häufig erst ausfliegen, wenn das Flugbrettchen Sonne bekommt.

Die Kästen dürfen aber keinesfalls praller Sonne ausgesetzt sein. Die Gefahr des Ausziehens ist dann größer. Besser ist eine Aufstellung im Halbschatten. Auch der Wind muss berücksichtigt werden. Bei ungünstiger Lage sollte durch geeignete Anpflanzung für Windschutz gesorgt werden. Eine Aufstellung an dunklen Stellen, z. B. in dichten Gehölzen oder unter Bäumen ist zu vermeiden. Hier sind – wie langjährige Erfahrungen gezeigt haben – die Paarungsergebnisse geringer oder die Paarungen erfolgen verzögert. Immer wieder hat sich gezeigt, dass es Plätze mit größeren Verlusten gibt und solche, an denen die Königinnen schnell in Eiablage gehen. Darauf sollte man achten. Wenn man die Notizen früherer Jahre zu Hilfe nimmt, lassen sich beim Aufstellen der Kästchen ungünstige Standorte vermeiden.

Auf einigen Belegstellen bereiten Ameisen Schwierigkeiten, weil sie in die Begattungsvölkchen ziehen und die Völkchen ausräubern. Hier hilft ein Bestreichen der Holzpflöcke mit Wollfett. Größere Wirksamkeit erreicht man aber mit Pfählen aus Stahlprofilen, bei denen auf halber Höhe ein mit Wasser oder Speiseöl zu füllender Behälter angebracht ist, den die Ameisen nicht überwinden können.

16.6.5. Durchsicht und Bestimmung der Eiablage

Sämtliche Arbeiten an den Begattungsvölkchen (Durchsicht, Nachfüttern und Einsammeln) dürfen nur außerhalb der Flugzeit der Königinnen vorgenommen werden, um sie bei den Ausflügen nicht zu stören. Das kann zu Verlusten führen. An warmen Tagen sollte man sich daher zwischen 12.00 Uhr und 17.00 Uhr nicht im Bereich der Begattungsvölkchen bewegen. Dies gilt auch für Belegstellenbesucher.

(155) Königinnen fliegen erst bei Temperaturen über 20 °C aus. Zunächst unternehmen sie Orientierungsflüge bevor sie zum Hochzeitsflug ausfliegen.

(157) Kontrolle der Einwabenkästchen. Sind Stifte oder offene Brut vorhanden, ist die Königin begattet.

Das Futter in den Begattungskästchen reicht in der Regel für 14 Tage. Stehen die Völkchen länger, müssen die Vorräte kontrolliert und bei Bedarf ergänzt werden. Dazu ist auf den Belegstellen Honigfutterteig bereitzuhalten. Invertzuckerteig und Flüssigfutter sind ungeeignet. Gut bewährt hat sich dagegen der im Handel befindliche Königinnenfutterteig. Eine Nachfütterung nimmt besonders auf stark frequentierten Belegstellen viel Zeit in Anspruch und wird in der Regel gesondert berechnet. Auf großen Landbelegstellen informiert der Belegstellenleiter die Züchter im Allgemeinen telefonisch über den Notzustand der Völkchen. So können diese dann selbst nachfüttern.

Die erste Kontrolle der EWK kann erfolgen, wenn die Temperatur an einigen Tagen über 20 °C angestiegen ist, frühestens jedoch nach einer Woche. Findet man eine größere bestiftete Wabenfläche, kann man davon ausgehen, dass die Königin vollständig begattet ist. Das Datum des Beginns der Eiablage wird auf dem EWK vermerkt. Sind schon Larven oder gar verdeckelte Brut vorhanden, wird zurückgerechnet (160 u. 161). Weiterhin wird die Vorbauscheibe auf die kleine Öffnung gestellt, damit das Völkchen mit der begatteten Königin nicht ausziehen kann. Geht die Königin später an einer Krankheit ein, findet man sie am Boden des Kästchens. In diesem Fall kann sie untersucht werden. Findet man dagegen nur einzelne Stifte, können diese von eierlegenden Arbeitsbienen stammen, obwohl die Königin noch vorhanden ist. Hier ist eine spätere Nachkontrolle notwendig.

Bei Kälteeinbrüchen ziehen sich schwächere Völkchen gern in den Futterraum zurück und errichten dort eine kleine Wabe. Nach der Begattung beginnt die Königin hier mit der Eiablage. Deshalb ist ein Absperrgitter vor der Futterkammer nicht zu empfehlen. Der Belegstellenleiter sollte ggf. auch den Futterraum kontrollieren.

(158) Weiselloses Völkchen mit Weiselnäpfchen.

Je nach Witterungsverlauf und den Gegebenheiten auf der Belegstelle gibt es etwa 20 % - 30 % Königinnenverluste. Weisellose Völkchen erkennt man am Verhalten der Bienen und an ihrem Zustand. Sie sind meist unruhiger, verlieren Bienen an andere Völkchen und werden mit der Zeit schwächer. Häufig haben weisellose Völkchen in

(159) Gelege von Arbeitsbienen (Foto: Institut Oberursel).

der Mitte der Wabe, wo sonst das Brutnest angelegt wird, Pollen eingelagert. Hat ein Volk seine Königin in den ersten Tagen auf der Belegstelle verloren, wird die Wabe nicht weiter ausgebaut. Meist werden Drohnenzellen und Weiselnäpfchen angesetzt (158). Bisweilen findet man Näpfchen aber auch in weiselrichtigen Völkchen.

In weisellosen Völkchen können die Arbeitsbienen besonders bei großer Wärme nach etwa 10 Tagen mit der Ablage von Drohneneiern beginnen. Diese Zeitspanne gilt für die Carnica. Sie ist nach MAUL (mündliche Mitteilung) jedoch auch abhängig von der Bienenrasse. Bei einigen Rassen (z. B. Tellbiene) ist dieser Zeitraum deutlich geringer. Diese Eier von Arbeitsbienen werden unregelmäßig und jeweils zu mehreren in den Zellen abgelegt (159). Solch ein Gelege darf nicht mit dem von jungen begatteten Königinnen verwechselt werden, die bisweilen auch mehrere Stifte in eine Zelle legen. Dies kann auf einen Reifungsprozess, aber auch auf Platznot zurückzuführen sein. Manchmal werden über dem Gelege von Arbeitsbienen Weiselzellen angesetzt. Die Larven rutschen nach einigen Tagen ab und kommen nicht zur Entwicklung.

(160) Geschlossenes Brutnest im EWK einer vollständig begatteten Königin.

Findet man in einem Kästchen neben normaler Brut keine frischen Stifte, jedoch Nachschaffungszellen, kann man sicher sein, dass die Königin nicht mehr vorhanden ist. Sie kann entweder noch einmal ausgeflogen und dabei verloren gegangen oder an einer Krankheit eingegangen sein.

Geht eine Königin trotz günstiger Witterung nach zwei bis drei Wochen nicht in Eiablage, so ist das meist auf Krankheiten, Anomalien oder Beschädigungen zurückzuführen. Ein längeres Warten hat keinen Sinn.

Immer wieder kommt es vor, dass Völkchen ausziehen. Ursache können zu stark gefüllte Begattungskästchen oder ein falsches Bienengemisch (zu viele Altbienen) sein. Ausziehende Völkchen fliegen häufig zusammen, wobei in einem solchen Schwarm mehrere Königinnen einige Stunden geduldet werden. Ein Auseinandersortieren und Einlogieren in die alten Begattungskästchen macht viel Arbeit und bringt meistens wenig Erfolg. Sinnvoller ist es, zusammengezogene Schwärme in einen Ablegerkasten einzuschlagen und auf dem Belegstellengelände aufzustellen.

Ebenso wie das Datum des Beginns der Eiablage wird gegebenenfalls auch die Verlustursache auf dem Klebezettel vermerkt (*W = weisellos, A = ausgezogen, U = unbegattet*). Diese Angaben werden später beim Einsammeln und Zurücksenden der Kästchen in das Belegstellentagebuch übernommen.

Im Gegensatz zu den EWK´s werden Mehrwabenkästchen wegen des größeren Aufwandes vom Belegstellenleiter nicht oder nur stichprobenweise kontrolliert. In der Regel verbleiben sie drei Wochen auf der Belegstelle und werden dann ohne Kontrolle oder nach einer stichprobenartigen Durchsicht zurückgeschickt.

(161) Brutnest einer unvollständig begatteten Königin mit Drohnenzellen durchsetzt.

16.6.6. Rücksendung
Die Rücksendung der Völkchen sollte so früh wie möglich erfolgen. Man braucht nicht zu warten, bis die Brut verdeckelt ist. Sobald sich ein Transportkasten füllen lässt, kann er auf den Weg gebracht werden. Königinnen, die unter normalen Witterungsbedingungen nach 3 Wochen noch nicht in Eiablage sind, werden ebenfalls zurückgeschickt. Bei kaltem Wetter kann diese Zeit ausnahmsweise auf vier Wochen ausgedehnt werden. Allerdings sind Königinnen, die erst nach so langer Zeit mit der Eiablage beginnen, häufig von geringerer Qualität und werden vorzeitig von den Bienen in ihren Völkern ausgewechselt.

Annahme und Rücksendung erfolgen auf den meisten Belegstellen an bestimmten Wochentagen, aber stets so, dass Sendungen per Spedition nicht über das Wochenende erfolgen. Diese Termine werden vor Beginn der Zuchtsaison in den Fachzeitschriften, in Rundschreiben oder im Internet bekanntgegeben. Selbstanlieferung und -abholung müssen vorher mit dem Belegstellenleiter vereinbart werden. Bei Transport mit Spedition, Post und Schiff müssen die Rücksendepapiere bei Anlieferung vom Züchter mitgegeben werden.

Das Einsammeln der Begattungsvölkchen soll morgens oder abends erfolgen. Dabei kommen nur solche Kästchen in Frage, bei denen ein ordentliches Brutnest zweifelsfrei erkennbar ist, und solche, die weisellos oder leer sind. Allein die Beobachtung eines Begattungszeichens bei einer Königin genügt nicht. Sie fliegt eventuell noch einmal aus. Hier muss man wirklich warten, bis Stifte vorhanden sind. Die Fluglöcher werden geschlossen. Wo keine Vorbauscheiben angebracht sind, mit Schaumstoff, Papier oder Wachs. Beim Einstellen in die Transportkästen ist darauf zu achten, dass die Kästchen fest sitzen. Die Rücksendepapiere werden beigefügt. Auf einzelnen Belegstellen werden die Transportkästen verplombt, um sie vor fremdem Zugriff zu schützen. Die Völkchen werden noch einmal getränkt und dann bis zum weiteren Transport kühl gestellt.

Bei sehr heißem Wetter ist zu prüfen, ob es sinnvoller ist, die Kästen noch in ihrem Schutzhaus auf der Belegstelle zu belassen, um sie nicht während des Transportes der Gefahr des Verbrausens auszusetzen. In der Regel lehnen Transportunternehmen die Beförderung von Bienen bei Temperaturen von über 28 °C ab. Deshalb muss sich der Belegstellenleiter vor dem Einsammeln der Begattungskästchen informieren, ob ein Transport möglich ist.

Sendungen, bei denen gravierende Fehler des Beschickers zu verzeichnen sind, wird bei der Rücksendung eine Liste mit angekreuzten Beanstandungen (siehe Kopiervorlage im Anhang, Seite 323) beigefügt.

16.7. Dokumentation

Ein ordnungsgemäßer Betrieb auf Belegstellen ist nur möglich, wenn die wichtigsten Daten schriftlich festgehalten werden. Außerdem sind für kontrolliert gepaarte Königinnen Zuchtkarten (unterer Abschnitt) auszufüllen, aus denen die wichtigsten Daten über die Paarung und Abstammung der Drohnenvölker zu ersehen sind.

Immer wieder kommt es vor, dass Beschicker mit ihren Sendungen ein unbefriedigendes Begattungsergebnis erzielten. Dann wird häufig versucht, die Schuld einem Fehler des Belegstellenleiters oder einem Mangel an geschlechtsreifen Drohnen auf der Belegstelle zuzuschreiben. Dabei haben in den meisten Fällen die Beschicker selbst ein schlechtes Begattungsergebnis zu vertreten. Allein aus diesem Grunde ist eine genaue Beurteilung und Dokumentation der Auffälligkeiten bei den angelieferten Sendungen dringend zu empfehlen.

16.7.1. Führung des Belegstellenbuches

Nach den Zuchtrichtlinien des Deutschen Imkerbundes muss auf allen anerkannten Belegstellen ein Belegstellenbuch geführt werden (162). Eine ordnungsgemäße Führung in Verbindung mit der Nummerierung der Schutzhäuschen ermöglicht dem Belegstellenleiter eine gute Übersicht über alle erforderlichen Arbeiten. Auch Hilfskräfte und Vertretungen finden sich dadurch schnell zurecht. Beim D.I.B. sind dazu genormte Vordrucke (siehe Kopiervorlage im Anhang, Seite 312) erhältlich.

In der Kopfzeile des Belegstellenbuches werden die Angaben zu den aufgestellten Drohnenvölkern festgehalten. Hier werden die Anzahl der Drohnenvölker, ihre Abstammung, ggf. die Zuchtlinie und die Körberichtsnummern vermerkt. Werden die Drohnenvölker auf der Belegstelle während der Zuchtsaison nicht gewechselt, genügt diese Eintragung auf der ersten Seite des entsprechenden Jahres.
Jede aufgestellte Königin wird unter einer laufenden Nummer in das Belegstellenbuch eingetragen. Bei Anlieferung von EWK wird auch die Nummer des Schutzkastens an-

gegeben, damit man die Kästchen schnell und vollzählig wiederfindet. Wichtig ist auch die exakte Anschrift des Züchters, möglichst mit Telefonnummer, um diesen im Bedarfsfalle über die Rücksendung oder über Mängel informieren zu können. Insbesondere ist die Spalte „*Zustand der Einwabenkästchen*" vom Belegstellenleiter auszufüllen, damit später bei etwaigen Reklamationen eine Beurteilung möglich ist. Alle Mängel sind hier zu vermerken. In gravierenden Fällen empfiehlt sich die Anfertigung von Digitalfotos (z. B. mit einem Mobiltelefon). Diese sind häufig ein aussagekräftiges Beweismittel.

Unter der Rubrik „*Ergebnis*" wird der Beginn der Eiablage bzw. "*unbegattet*" oder die Verlustursache (W= weiselos, A= ausgezogen) vermerkt.
Eintragungen in den Spalten „*Tag der Ankunft*" und „*Tag der Abholung*" sind für spätere Reklamationen wichtig. Es kommt immer wieder vor, dass Sendungen auf dem

Landesverband: Weser-Ems (17)								Jahr: 2001	
Tagebuch der Belegstelle: Langeoog (4) (Nummer und Namen)						Leiter: Karl Nahlz			
Drohnenvölker			Rasse/Linie: C-P(Petersen)			Züchter: Saathoff (27)			
Zuchtbuch Nr.: 55-70/2000			16 Tö. von: 7-129-18/38			Körbericht: W-E 1051			
Nr.	Name des Züchters	Wohnort des Züchters	Tag der Ankunft	Einwabenkästchen		Schutz-kasten Nummer	Ergebnis		Tag der Abholung	Gebühr
				Zustand	Nummer		In Eiabl. seit	unbe-gattet	verloren	
401	K. Meuschel	Nethener Weg	26.6.	gut	a	42	10.7			11.7	7,-
402					b		5.7				
403		26180 Rastede			a	43			A		Rückgeld 2,-
404		Tel. 04402/7485			b		5.7				
405					a	44	6.7				
406					b		7.7				
407					a	45	10.7				
408	↓	↓	↓	↓	b		7.7			↓	↓
409	F. Tiesler	Barden/leth 31	26.6	gut	a	30	10.7			18.7	7,-
410		26931 Elsfleth			b				W		Telefon 2,-
411		Tel. 04485/205			a	31			W		
412					b		12.7				

(162) Seite aus dem Belegstellentagebuch (Auszug).

Transport zu lange liegen und die Völkchen dadurch Schaden nehmen. Aber auch für die Beurteilung der Zuchtsaison, ob die Serien lange oder kurz auf der Belegstelle verweilten, sind diese Angaben von Bedeutung.

Unter „Anmerkungen" werden besondere Eingriffe oder Auslagen, wie Nachfütterung, Telefongebühren, Rollgeld usw. festgehalten, die nachher bei der Abrechnung berücksichtigt werden müssen.

Bei der Anlieferung von Mehrwabenkästchen, die in der Regel nicht kontrolliert werden, beschränkt man sich auf die notwendigsten Eintragungen. Hier genügen die laufende Nummer, Name und Anschrift des Züchters, Tag der Ankunft und Tag der Rücksendung. Mit diesen Aufzeichnungen läßt sich aber nur wenig über den Begattungserfolg auf der Belegstelle aussagen. Hier ist man auf Rückmeldungen der Züchter angewiesen.

16.7.2. Ausfüllen der Paarungsnachweise

Viele Züchter senden für ihre Königinnen Zuchtkarten mit auf die Belegstelle. Bei EWK werden diese zumeist mit einem Reißnagel am Deckel befestigt (163).

(163) Die Zuchtkarten mit Angaben zur Königin sind auf dem Deckel der Einwabenkästen befestigt.

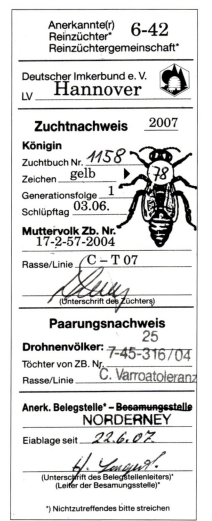

(164) Der Zuchtnachweis wird vom Züchter, der Paarungsnachweis vom Belegstellenleiter ausgefüllt.

Bei anderen Kästchen werden sie in Briefumschlägen beigefügt. Der Paarungsnachweis auf diesen Karten ist vom Belegstellenleiter auszufüllen. Anzahl der Drohnenvöker, Zuchtbuchnummer des Vatervolkes *(Töchter von:)* und *Rasse/Linie* sowie Name der Belegstelle werden meistens schon vorher ausgefüllt. Bei größeren Belegstellen lohnt sich die Anfertigung eines Stempels. *Eiablage seit* wird erst nach dem Einsammeln eingetragen. Zum Schluss werden die Karten vom Belegstellenleiter unterschrieben (164). Ist eine Königin unbegattet, wird die Karte nicht unterschrieben. Für weisellose oder ausgezogene Kästchen wird der Paarungsnachweis durchgestrichen.

Schicken Züchter keine Zuchtkarten mit, können sie von der Belegstelle ausgefüllte Paarungsnachweise (unterer Teil der gelben Zuchtkarte) für die begatteten Königinnen erhalten. Auf vielen Belegstellen werden jeder Sendung Abstammungsnachweise der Drohnenvölker beigefügt. Auf Insel- und Linienbelegstellen sollte dies die Regel sein. Auf diesen Abstammungsnachweisen finden sich meist noch weitere Angaben, wie Körformel, Leistung und Eigenschaften des/der Vatervölker. Auch die Zuchtwerte für Honigleistung, Sanftmut und Schwarmneigung sollen – sofern vorhanden – mit angegeben werden (siehe auch Abb.127, Kap.16.5.1).

Im Rahmen der Zuchtwertschätzung verfügen fast alle Belegstellen über eine Kodierung nach Landesverband und laufender Nummer, unter der sie im Landesverband registriert sind. Diese Nummer ist in der Regel im Kopf hinter dem Namen der Belegstelle angegeben. Diese Nummer ist für den Züchter von Bedeutung, wenn er seine späteren Ergebnisse im Rahmen der Zuchtwertschätzung eingeben will.

16.7.3. Berichterstattung

Am Ende der Saison hat der Belegstellenleiter dem Zuchtobmann seines Imker-/Landesverbandes einen Bericht vorzulegen. In diesem müssen zunächst Veränderungen bei der Anzahl der Bienenvölker im Schutzbereich der Belegstelle enthalten sein. Weiter muss angegeben werden, welche und wie viele Völker im Schutzbereich der Belegstelle mit neuen Königinnen beweiselt wurden. Die Abstammung der Königinnen ist zu benennen.

Die Anzahl der Drohnenvölker auf der Belegstelle, deren Abstammung und Körberichte sind vorzulegen, ebenso eventuelle Berichte über eine Begutachtung der Völker durch Dritte (siehe Seite 197) und Ergebnisse von Untersuchungen der Futterkranzproben auf Faulbrutspuren.

Es ist die Zahl der angelieferten und begatteten Königinnen anzugeben. Das Begattungsergebnis ist außerdem in Prozenten zu ermitteln. Besondere Vorkommnisse sind zu melden.

Der Zuchtobmann hat die Belegstellenberichte seines Verbandes zusammenzustellen und zu prüfen. Ihm bzw. beauftragten Personen des Imker-/Landesverbandes sind auf Verlangen weitere Einblicke in alle Aufzeichnungen, Zuchtunterlagen, Belegstellenbücher, Gesundheitszeugnisse usw. zu gewähren. Im regelmäßigen Turnus sollte sich der Zuchtobmann durch eine Besichtigung während der Betriebszeit einen Eindruck von der Qualität der Einrichtung verschaffen.

16.8. Erlöschen der Anerkennung von Belegstellen

Die Anerkennung einer Belegstelle erlischt, wenn
- die Zuchtpopulation im vorgeschriebenen Schutzbereich nicht mehr den Zuchtrichtlinien entspricht. Das ist immer dann der Fall, wenn die im Schutzbereich stehenden Völker nicht regelmäßig umgeweiselt werden oder Imker mit fremden, die Zucht störenden Völkern in den Schutzbereich einer Belegstelle einwandern.

- ein nicht geköhrtes Drohnenvolk aufgestellt wird. Dies ist insbesondere dann der Fall, wenn die Abstammung auch nur eines Drohnenvolkes nicht bekannt ist,

die Mutter dieses Volkes (4 a-Volk) nicht gekört ist oder bei der Carnica eine Merkmalsuntersuchung nicht vorliegt.

– die Zuchtpopulation ohne Genehmigung des Imker-/Landesverbandes wechselt. Gegen einen Wechsel wird der Imker-/Landesverband keine Einwände haben, besonders dann, wenn die Betreiber der Belegstelle mehrheitlich diesen Wechsel wünschen. Zuvor ist dies jedoch dem Imker-/Landesverband mit Angabe der umzuweiselnden Völker im Schutzbereich bekannt zu geben und seine Genehmigung einzuholen.

– sonstige grobe Verstöße gegen die Zuchtrichtlinien des Deutschen Imkerbundes oder Bestimmungen des Imker-/Landesverbandes festgestellt werden. Dazu können fehlende Berichterstattung an den Zuchtobmann, Fehlen von Gesundheitszeugnissen, unvollständige Aufschreibungen usw. gehören.

Die Anerkennung wird durch den Imker-/Landesverband, in dessen Bereich die Belegstelle liegt, widerrufen. Dies wird im Verbandsorgan bekannt gegeben.

Beim Auftreten von anzeigepflichtigen Bienenkrankheiten in den Drohnenvölkern oder bei den Völkern in unmittelbarer Umgebung der Belegstelle ruht die Anerkennung gemäß den Auflagen der Veterinärbehörde.

16.9. Überprüfung von Belegstellen

Die Zuverlässigkeit einer Belegstelle ist von mehreren Faktoren abhängig, deren wichtigster der bienenfreie Umkreis ist. Doch auch die Topographie spielt eine wesentliche Rolle. Sie wird jedoch oft überschätzt. Die Sicherheit einer Belegstelle ist somit schwer abschätzbar.

Relativ unproblematisch ist die Überprüfung von Rassebelgstellen. Gemäß Definition soll auf diesen Belegstellen lediglich die Paarung innerhalb der Rasse sichergestellt sein. Als Mittel der Überprüfung dient hier eine Merkmalsuntersuchung, mit deren Hilfe die drei europäischen Bienenrassen auseinanderzuhalten sind und ein Fremdeinschlag relativ sicher zu erkennen ist. Für die züchterische Praxis wird die Merkmalsuntersuchung seit mehr als 50 Jahre konsequent in der Zucht der Dunklen Biene,

TEIL II

aber vor allem bei der Carnica eingesetzt. Mit der Merkmalsuntersuchung ist es gelungen, die Carnica in Deutschland außerhalb ihres natürlichen Verbreitungsgebietes – trotz unsicherer Belegstellen – ohne ständige Importe rein weiterzuführen und ihre Eigenschaften nicht nur zu festigen, sondern sogar erheblich zu verbessern. Dies ist eine enorme, nicht zu unterschätzende züchterische Leistung. Die Überprüfung von Rassebelgstellen erfolgt in der Form, dass eine bestimmte Anzahl (üblicherweise zwischen 20 und 30) dort begattete Königinnen, die selbstverständlich aus reinrassigen, in der Regel gekörten Völkern nachgezogen sind, hinsichtlich ihrer Arbeitsbienen biometrisch untersucht werden. Normalerweise werden dazu 50 Arbeitsbienen herangezogen, für eine orientierende Beurteilung reichen in vielen Fällen schon 30 Tiere aus. Bei dem Ergebnis *„rassetypisch"* haben die Paarungen innerhalb der gewünschten Rasse stattgefunden, bei dem Ergebnis *„merkmalsmäßig unzulässig"* waren Drohnen einer fremden Rasse an der Begattung beteiligt.

Eine weitere Burteilungsmöglichkeit der Zuverlässigkeit einer Belegstelle bietet in vielen Fällen die vom Länderinstitut für Bienenkunde Hohen Neuendorf e.V. betreute Internetseite www.beebreed.eu. Hier werden für jede Belegstelle die Ergebnisse der Merkmalsuntersuchungen von Arbeitsbienen aller dort begatteten Königinnen über Jahre hinweg registriert, so dass man über die Zahl der Königinnen mit *„rassetypischen"* bzw. mit *„merkmalsmäßig unzulässigen"* Nachkommen ein Beurteilungskriterium für die Belegstelle erhält. Die Ergebnisse sind für jedermann in der jeweiligen Belegstellenliste unter dem gelben i-icon einsehbar und als Entscheidungshilfe für die Wahl einer Belegstelle nutzbar.

Die zuvor geschilderten Möglichkeiten treffen aber nur Aussagen darüber, ob die Paarungen innerhalb der gewünschten Rasse stattgefunden haben. Sie geben keine exakten Aussagen darüber, ob an der Paarung ausschließlich die Drohnen der Belegstelle beteiligt waren oder zusätzlich rassetypische Drohnen der Umgebung.

Ein durch Zahlen fundiertes Ergebnis gibt hier der Cordovan-Test, kurz cd-Test genannt. Man bedient sich dabei der Cordovan-Biene, einer lederbraunen Mutante (165). Der Name ist abgeleitet von der spanischen Stadt Cordoba (sprich Kordowa), in der sehr viel Leder verarbeitet wird. Die cd-Mutante unterscheidet sich deutlich durch ihre hellbraune Panzerfärbung von den bei uns vorkommenden Rassen. Weitere Unterscheidungsmerkmale sind das hellere Flügelgeäder und die Ausfärbung der

(165) Die Mutante Cordovan ist aufgrund ihrer lederbraunen Ausfärbung deutlich von Carnicabienen zu unterscheiden. (Foto: INSTITUT FÜR BIENENKUNDE OBERURSEL).

Hinterbeine. Für eine wirtschaftliche Verwendung kommt die Muntante nicht in Frage. Dagegen ist sie für wissenschaftliche Versuche recht interessant. Das Cordovan-Merkmal ist rezessiv, d.h. es tritt nur bei Nachkommen von Königinnen auf, die von cd-Drohnen begattet wurden. Die Paarung von cd-Drohnen mit cd-Königinnen liefert also cd-Bienen, die Kreuzung von Carnica-Drohnen und cd-Königinnen hingegen ergibt im äußeren Erscheinungsbild Carnica-Bienen, da das Cordovan-Merkmal genetisch unterlegen (rezessiv) ist. Nun paart sich eine Königin – wie im Kapitel 9.2 beschrieben - nicht nur mit einem, sondern mit mehreren Drohnen. In der Regel sind es 12, es können aber bis zu 25 Drohnen sein. In der Samenblase mischen sich die Samenpakete der einzelnen Drohnen mehr oder weniger, und je nachdem, was für ein Samenfaden ein Ei befruchtet, entsteht eine cd- oder eine dunkel ausgefärbte Biene. Aus den Nachkommen einer Königin, den Arbeitsbienen, kann man also auszählen, zu welchem Prozentsatz Cordovan- bzw. dunkle Sperma-Anteile in der

Spermatheka der Königin vorhanden sind. Ist eine Königin fehlbegattet, liefert sie nur dunkle Bienen (Carnica oder Mellifera); ist sie mischgepaart, liefert sie neben cd-Bienen einen mehr oder weniger großen Anteil Carnica- bzw. Mellifera-Bienen, und ist sie rein gepaart, treten nur Cordovan-Bienen auf. Exakte Rückschlüsse auf die Anzahl der an der Paarung beteiligten Cordovan- und dunklen Drohnen lassen sich nach heutigen Erkenntnissen aus dem Cordovan Test nicht herleiten, da die Spermaanteile der verschiedenen an der Paarung beteiligten Drohnen nicht zu gleichen Anteilen in der Spermatheka der Königin vertreten sind (siehe Kap. 10.5).

Der cd-Test lässt sich einfach in der Weise durchführen, indem auf einer Belegstelle cd-Königinnen und cd-Drohnenvölker aufgestellt werden. Anhand der Nachkommen der Königinnen kann anschließend der Prozentsatz der reinen Nachkommen ausgezählt werden (166).

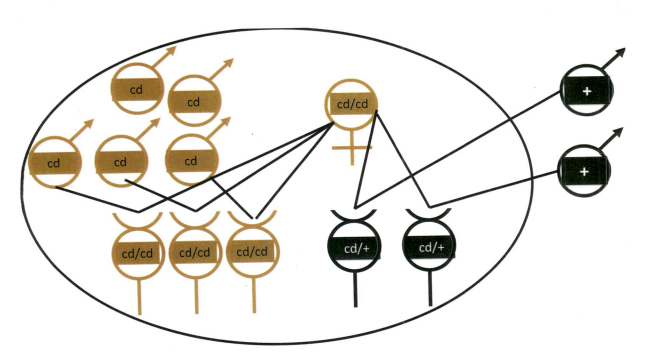

(166) Paarungen zwischen den (cd/cd)- Königinnen und den (cd)- Drohnen im Bereich der Belegstelle führen zu "lederbraunen" (cd/cd)- Arbeiterinnen. Paarungen mit den dunklen (+)- Drohnen ("Fremddrohnen") aus der weiteren Umgebung dagegen ergeben dunkle (cd/+)- Arbeiterinnen. Hier ist ein Verhältnis von 3 Reinpaarungen zu 2 Fremdpaarungen dargstellt.

Cordovan-Völker oder -Königinnen für Belegstellentests wird man in der Regel durch Vermittlung der bienenwissenschaftlichen Institute erhalten können. Auch verschiedene Zuchtbetriebe in den USA bieten Cordovan-Königinnen an. Als Drohnenvölker eignen sich bereits Völker mit fehl- und mischbegatteten cd-Königinnen. Sie liefern reine cd-Drohnen. Auch cd-Königinnen kann man aus Völkern mit mischbegatteten cd-Königinnen ziehen, da man die reinen cd-Nachkommen deutlich an ihrer Färbung erkennt und für die Versuche auswählen kann.

Der cd-Test sollte unter normalen Belegstellenverhältnissen durchgeführt werden, um die gewonnenen Ergebnisse auf die Praxis übertragen zu können. So sollte der Zeit-

Lfd. Nr.	Belegstelle	Min. rad.	Datum / Jahr	Zahl Droh. Völk.	Kön. Zahl	Verlust	Anzahl Königinnen mit % cd-Nachkommen				Ges. % cd
							0	1-50	51-99	100	
1	Tagles (Lunz)	5	1963	4	14	-	0	3	9	2	63,0
2	Ellboden (Lunz)	5	1963	4	13	-	3	5	3	2	38,0
3	Eisenerz (Steiermark)	3	1963	4	23	-	3	20	0	0	12,0
4	Hoher Sinn (Steiermark)	4	1963	4	23	-	5	17	1	0	15,0
5	Neusiedler See	5,5	1963	4	28	-	6	21	1	0	18,0
6	Neusiedler See	5,5	1964	4	26	-	1	19	4	2	39,0
7	Potersalp (Schweiz)	?	1966	1	15	4	1	0	5	5	ca. 81,0
8	Buchborn (Hessen)	2,5	02.-04.06.1966	?	6	-	0	3	3	0	46,1
9	Buchborn (Hessen)	2,5	12.-14.06.1966	?	5	-	0	5	0	0	17,4
10	Herzberg (Hessen)	2,5	10.-20.07.1967	?	9	3	0	6	0	0	14,1
11	Bathildishütte (Hessen)	3	Anf. Aug. 1967	?	10	-	0	4	6	0	56,5
12	Linderhof (Bay. Alpen)	7	1969	(3800 ♂♂)	24	1	0	- (13) -		10	82,1
13	Linderhof (Bay. Alpen)	10	1969	(8000 ♂♂)	26	-	0	0	2	24	98,5
14	Hollenstein (Lunz)	4,5	22.05.-08.06.71	4	20	9	2	3	3	3	56,0
15	Oisklause (Lunz)	(4,5)	08.06.-07.07.71	4	25	8	0	0	6	11	94,7
16	Oisklause (Lunz)	(4,5)	22.07.-12.08.71	4	18	1	0	5	11	1	63,0
17	Rehwinkel (Nieders.)	5,5	Juli 1971	8	24	6 (7)	0	2	13	2	70,0
18	Rosskopf (Hessen)	ca. 4	21.06.-07.07.71	5	14	8	0	4	1	1	51,5
19	Hirschborn (Hessen)	ca. 4	21.06.-07.07.71	4	14	6	1	6	0	1	33,1
20	Kasselgrund (Hessen)	2,5	21.06.-07.07.71	5	14	6	0	8	0	0	28,7
21	Katzenbach (Hessen)	2,5 Rz. Geb.	12.-20.07.1971	4	17	6	7	4	0	0	11,2
22	Maarwiese (Hessen)	3	12.-20.07.1971	5	18	6	4	6	2	0	30,0
23	Napoleonstock (Hessen)	2,5	12.-20.07.1971	5	18	3	9	4	2	0	20,8
24	Ellboden	5	1971	?	8	-	0	0	6	2	82,8

(167) Ergebnisse verschiedener Cordovanversuche (zusammengestellt von MAUL 1972).

raum für den Test innerhalb der üblichen Belegstellenbetriebszeit liegen, zu der auch in der Umgebung der Belegstelle die Drohnen der dort vorhandenen Völker fliegen. Vor oder nach der Bellegstellensaison durchgeführte Tests liefern verzerrte Ergebnisse. Für die Dauer des cd-Tests müssen die Belegstellen natürlich für Beschickungen geschlossen werden. Die Drohnenvölker sind zu entfernen. Ist dies nicht möglich, ist der Drohnenflug in diesen Völkern für den Versuchszeitraum zu unterbinden.

Für den cd-Test sind so viele cd-Drohnenvölker aufzustellen, wie unter normalen Belegstellenverhältnissen Drohnenvölker vorhanden sind. Eine Über- oder Unterbesetzung an cd-Drohnenvölkern ergibt nicht oder nur schlecht mit dem normalen Belegstellenbetrieb vergleichbare Ergebnisse.

In den siebziger Jahren wurden von BÖTTCHER, RUTTNER, MAUL und anderen viele Belegstellentests mit Cordovan-Bienen durchgeführt (167). Die Ergebnisse für die praktische Zuchtarbeit waren sehr ernüchternd. Allerdings muss auch erwähnt werden, dass alle diese Versuche mit sehr wenigen Drohnenvölkern – wie es seinerzeit für den normalen Belegstellenbetrieb üblich war – durchgeführt wurden.

Auf vielen Belegstellen werden heute schon wesentlich mehr Drohnenvölker eingesetzt. Ein Einsatz vieler Drohnenvölker, die nicht nur auf dem Belegstellengelände selbst sondern in der Umgebung aufgestellt werden, kann bei Landbelegstellen mit einem bienenfreien Umkreis von ca. 7 km zu wesentlich verbesserten Reinpaarungsergebnissen führen. Dies haben die Versuche im Rahmen eines Forschungsprojektes auf der Belegstelle Gehlberg / Thüringen im Jahr 2010 gezeigt. Beim Einsatz von

- 29 Drohnenvölkern wurden 21,6 % Nachkommen, die auf Fremddrohnen zurückzuführen sind,
- 53 Drohnenvölkern wurden 8,5 % Nachkommen, die auf Fremddrohnen zurückzuführen sind,
- 77 Drohnenvölkern wurden 1,0 % Nachkommen, die auf Fremddrohnen zurückzuführen sind,

ermittelt. In einem zweiten Durchgang in der zweiten Hälfte der Saison 2010 wurde ein etwas höherer Anteil an Nachkommen von fremden Drohnenvölkern festgestellt (BÜCHLER 2012).

In neurer Zeit haben molekulargenetische Methoden verstärkt an Bedeutung für die Zuchtpraxis gewonnen. Auf Basis der DNA Analyse wurden erstmals die Paarungen auf den Inseln Neuwerk, Baltrum, Norderney und Langeoog überprüft (DUSTMANN, v. d. OHE). 2010 wurden aber auch die Landbelegstellen Gehlberg und Haßberge im Rahmen des bereits oben erwähnten Forschungsprojektes überprüft (BÜCHLER, siehe oben). Durch dieses Verfahren können Anzahl und Herkunft der verschiedenen, an der Paarung beteiligten Drohnen ermittelt werden. Allerdings können durch die bei der Biene vorliegende hohe Rate der Rekombinationen (Crossing over etc.) im Verlauf der Reifeteilung (siehe Kap. 3) Schwierigkeiten bei der Zuordnung der Arbeiterinnen entstehen. Der Aufwand für eine molekulare „Vaterschaftsbestimmung" ist größer als bei einem Cordovan-Test. Daher ist fraglich, ob dieses Verfahren in Zukunft für die Überprüfung von Belegstellen routinemäßig eingesetzt werden kann.

16.10. Einsatzmöglichkeiten und Maßnahmen zur Verbesserung der Landbelegstellen

Die Cordovan-Versuche auf vielen Landbelegstellen haben eindeutig gezeigt, dass ein bienenfreier Umkreis von 4 km - 6 km, wie er bei vielen Landbelegstellen gegeben ist, für eine exakte Züchtung zu gering ist und man nur mit einem relativ geringen Anteil an Reinpaarungen rechnen kann (siehe Abb. 167). Lediglich wenige Belegstellen mit einem größeren bienenfreien Umkreis oder einer isolierten Lage im Gebirge bilden eine Ausnahme und können daher gezielt für die Erstellung von Linienzuchten und Linienkombinationen eingesetzt werden. Auf den meisten Landbelegstellen ist mit einem mehr oder weniger hohen Anteil von Fremd- und Mischpaarungen zu rechnen. Die Zahl der wirklich reingepaarten Königinnen ist gering. Diesbezüglich darf man sich keinen Illusionen hingeben. Außerdem erkennt man Mischpaarungen bei der Carnica anhand einer Merkmalsüberprüfung nur selten, da viele Völker in der Umgebung der Belegstellen schon Carnica-Charakter aufweisen. Das erschwert ohne Zweifel die Selektion. Viele Landbelegstellen können daher für eine Linienzucht oder exakte Zucht nicht eingesetzt, sondern nur als Rassebelegstellen betrieben werden.

Dies bedeutet jedoch keine Abwertung der Landbelegstellen. Sie haben einen großen ideellen Wert. Sie verfügen über ein regionales Einzugsgebiet und werden schon seit Jahren von einer bestimmten Gruppe von Imkern beschickt. Im Betrieb und in der Beschickung sind sie wesentlich billiger als die Insel- oder Hochgebirgsbelegstellen. Zum anderen bilden sie für ihr Einzugsgebiet einen Kristallisationspunkt in der Zucht. Es bilden sich Züchtergruppen, auf den Belegstellen kommen interessierte Imker zusammen, es werden Erfahrungen ausgetauscht, und der Zuchtgedanke wird gefördert und weiter verbreitet. Allein schon aus diesem Grunde wäre die Aufgabe der Landbelegstellen sicherlich ein Fehler. Andererseits darf man aber, wie nachgewiesen, den wahren züchterischen Wert der Landbelegstellen nicht überschätzen. Mit dieser Einschränkung kann man sie durchaus wirkungsvoll für die Praxis einsetzen.

Die Aufgabe der Landbelegstellen liegt in der Breitenarbeit, in der Erstellung von Wirtschafts-Rassenköniginnen. Für diese ist eine hundertprozentige Paarungskontrolle nicht erforderlich. Hier muss man von den Idealvorstellungen abrücken und sich mit dem praktisch Erreichbaren zufrieden geben, denn der Aufwand muss in einem vernünftigen Verhältnis zum Ergebnis stehen. Wichtig ist, dass die Paarungen überwiegend innerhalb der gewünschten Rasse stattfinden, denn wir benötigen eine vitale und vor allem eine friedfertige Biene. Dieses Ziel erreicht man auf einer einigermaßen zuverlässigen Landbelegstelle wesentlich besser als in einem Gebiet mit fremdrassigen Bienen. Daher sollten Imker gerade die Landbelegstellen in ihrer näheren Umgebung verstärkt nutzen. Die Ergebnisse auf einer Landbelegstelle werden verbessert, wenn folgende Punkte besonders beachtet werden:

– Einsatz vieler Drohnenvölker,
– flächendeckende Umweiselung der Umgebung,
– Verwendung einwandfreien Zuchtmaterials.

16.10.1. Einsatz vieler Drohnenvölker

Bei einer als Rassebelegstelle geführten Landbelegstelle ist es nicht erforderlich, dass sämtliche Völker derselben Linie angehören. Es muss lediglich sichergestellt sein, dass die dort aufgestellten Völker reinrassige Drohnen liefern. Als Drohnenvölker eignen sich auch F1-Völker mit Nachzuchtköniginnen aus gekörten Zuchtvölkern. Diese erzeugen reine Drohnen. Die Verwendung von Drohnenvölkern verschiedener Abstammung wirkt sich dabei keineswegs negativ aus. In vielen Fällen ist dadurch sogar eine Vitalitätssteigerung infolge unterschiedlichen Erbgutes

zu erwarten. Die Drohnenvölker brauchen auch nicht alle auf dem Bellegstellengelände untergebracht zu werden. Wegen ungünstiger Trachtverhältnisse ist dies in vielen Fällen nicht einmal empfehlenswert.

Es genügt vollkommen, die Drohnenvölker im Radius von 1 km - 2 km um die Belegstelle herum aufzustellen. Nach WOYKE u. a. ist dies sogar vorteilhafter (siehe Kap. 6.2.4). Wichtig ist vor allem der Einsatz ausreichend vieler Drohnenvölker. Maßgebend ist hier weniger die Zahl der zur Begattung aufgestellten Königinnen als vielmehr das Zahlenverhältnis zwischen den Belegstellendrohnen und den zufliegenden fremden Drohnen. Es soll möglichst ein Übergewicht an Belegstellendrohnen erreicht werden. Die in den Zuchtrichtlinien des D.I.B. angegebene Zahl von 8 - 10 Drohnenvölkern ist eine Minimalforderung. Jedes zusätzliche Drohnenvolk wirkt sich positiv aus. Im Bereich vieler Landbelegstellen werden heute bereits dreißig und mehr Drohnenvölker gehalten (168).

16.10.2. Flächendeckende Umweiselung der Umgebung

Dies ist ebenfalls ein wesentlicher Faktor, der in vielen Fällen nicht genügend beachtet wird. Alle Völker im Umkreis von 12 km um die Belegstelle kommen als potenzielle Drohnenvölker in Betracht. Sie sollten daher auf die Population der Belegstelle umgeweiselt werden. Dies ist leichter, wenn man die betroffenen Imker für die Zucht gewinnen kann und ihnen regelmäßig Zuchtstoff aus gekörten Völkern zur Verfügung stellt. Es genügt, wenn F1-Völker am Stand fliegen. Doch nicht alle Imker im Bereich einer

(168) Durch die Aufstellung vieler Drohnenvölker auf dem Belegstellengelände und in unmittelbarer Umgebung wird die Paarungssicherheit erheblich verbessert, wie hier auf einer Landbelegstelle im Ötschergebiet / Österreich.

Belegstelle werden sich selbst mit der Aufzucht von Königinnen befassen. Diesen wird man immer wieder schlüpfreife Weiselzellen, begattete Königinnen oder Ableger zur Verfügung stellen. In Bayern und Brandenburg hat man die Umgebung der Großbelegstellen systematisch über vorgebrütete Weiselzellen umgeweiselt und auf diese Weise große Reinzuchtgebiete für die Carnica geschaffen. Das ist eine ständige Aufgabe, die sehr viel Mühe und Arbeit erfordert, aber letzten Endes doch Erfolg bringt. So kann man auf vielen Landbelegstellen in einem Carnica-Reinzuchtgebiet heute anhand der Merkmalsbeurteilung nur noch selten Fremdeinschlag einer anderen Rasse feststellen, weil die Paarungen überwiegend mit Drohnen der Carnica-Rasse stattfinden.

16.10.3 Verwendung einwandfreien Zuchtmaterials

Dies ist eine der wichtigsten Voraussetzungen. Die Arbeitsbienen, die später Leistung und Eigenschaften eines Volkes bestimmen, erhalten 50 % des Erbgutes von der Mutter, die anderen 50 % über das Sperma der Drohnen. Die Auswahl des Zuchtvolkes hat der Züchter in der Hand. Daher sollte man nicht von einem beliebigen guten Volk nachziehen. Zunächst muss sein züchterischer Wert ermittelt und durch eine Körung, ggf. durch eine Zuchtwertschätzung bestätigt werden. Geprüftes und gekörtes Zuchtmaterial steht bei vielen Züchtern zur Verfügung. Wenn man davon ausgeht, dass auf einer Landbelegstelle etwa 50 % der dort aufgestellten Drohnen zur Paarung gelangen und die Königinnen aus gekörten Völkern gezogen wurden, so hat man später in seinen Völkern 75 % reines Material. Das ist auf jeden Fall befriedigend und reicht für Wirtschaftsvölker aus. Hat man mit diesem Material Erfolg, sollte man von diesen Königinnen jedoch nicht ohne eine sorgfältige Prüfung und Körung weiterzüchten. Stattdessen sollte man sich wieder von einem Züchter geprüftes, kontrolliert gepaartes Ausgangsmaterial beschaffen, das sich bereits bewährt hat. So wird der Erfolg nicht ausbleiben.

Auf den meisten Landbelegstellen werden von bekannten, zuverlässigen Züchtern Mehrwabenkästchen zugelassen. Dabei wird auf eine Kontrolle auf Drohnenfreiheit in den Begattungsvölkchen verzichtet. Die wenigen eventuell eingeschleppten Drohnen stören die Zucht nur unwesentlich im Vergleich zu den zufliegenden fremden. Jeder Beschicker ist darüber hinaus im eigenen Interesse bestrebt, keine Drohnen auf die Belegstelle mitzuliefern. Auf vielen Landbelegstellen können die Nachteile der Mehrwabenkästchen gegenüber Einwabenkästchen vernachlässigt werden.

17. Künstliche Besamung

Auch mit Hilfe der künstlichen Besamung ist es möglich, das gewünschte, geprüfte Zuchtmaterial zusammenzuführen. Die künstliche Samenübertragung ist in der Bienenzucht keineswegs neu. Sie wird schon seit über 60 Jahren praktiziert. Zu Anfang hat es große Schwierigkeiten gegeben, das Besamungsverfahren zum Erfolg zu führen. Zwei Pioniere unter den Forschern trugen maßgeblich zur Entwicklung der künstlichen Besamung bei. MACKENSEN, USA, führte die Kohlensäurenarkose ein und wirkte wesentlich an der Gestaltung der heute üblichen Besamungsapparatur mit. LAIDLAW, USA, entdeckte die Scheidenklappe im Geschlechtskanal der Bienenkönigin und fand auch die Möglichkeit, dieses Hindernis mittels einer Sonde zu umgehen.

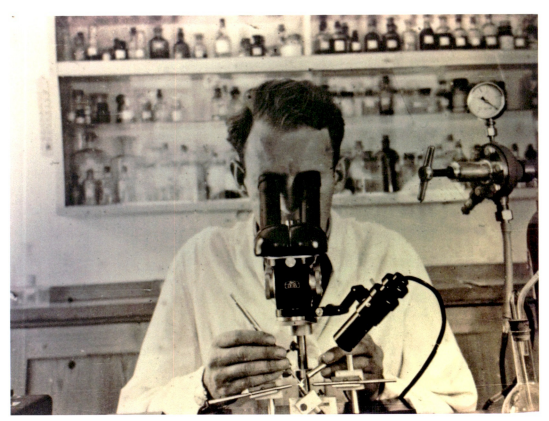

(169) Prof. Dr. F. RUTTNER mit dem modifizierten Mackensen-Besamungsgerät (Foto RUTTNER).

Die Methode wurde ständig weiterentwickelt, zunächst vorwiegend für wissenschaftliche Zwecke. Seit den sechziger Jahren hat das Verfahren verstärkt an Bedeutung für die Züchtungspraxis gewonnen. 1969 erfolgte durch F. RUTTNER und den Deutschen Imkerbund die Gründung der Besamungsstation am Institut für Bienenkunde in Oberursel (169). Viele passionierte Züchter befassten sich seit dieser Zeit mit dem Besamungsverfahren und erlernten rasch die Technik. Sehr bald entwickelten sie auch eigene Geräte in Anlehnung an das amerikanische Grundmodell. 1971 wurden Besamungsstellen erstmals in die Zuchtrichtlinien des Deutschen Imkerbundes aufgenommen.

Es ist nicht Aufgabe dieser Abhandlung, die Technik der künstlichen Besamung erschöpfend zu beschreiben. Hierfür gibt es spezielle Schriften und Bücher. Das Verfahren soll lediglich kurz geschildert werden, damit sich der Züchter den technischen Ablauf vorstellen kann und die daraus resultierenden Anforderungen an die Pflege und Haltung der Drohnen und Königinnen besser versteht.

17.1. Vorbereitung des Tiermaterials

Wichtige Voraussetzung für die Besamung sind geschlechtsreife Tiere und eine exakte Terminplanung. Drohnen benötigen vom Ei bis zur Geschlechtsreife etwa 40 Tage, Königinnen etwa 22 Tage. Deshalb ist zunächst mit der Drohnenaufzucht zu beginnen (siehe Kap. 16.5.3).

17.1.1. Drohnen

Bei der Aufzucht, Haltung und Pflege der Drohnen für die künstliche Besamung ist besondere Sorgfalt anzuwenden. Der Erfolg einer Besamungsaktion ist nicht nur von der Aufzucht der Königinnen abhängig, sondern in besonderem Maße von der Konstitution der Drohnen. Fehler bei der Aufzucht oder Haltung machen sich sofort bemerkbar und stellen bisweilen den Erfolg einer sorgfältig geplanten Besamungsaktion in Frage. Drohnen für die künstliche Besamung sollten deshalb immer von erfahrenen Züchtern bereitgestellt werden. Es ist auch von Vorteil, wenn man dabei nicht alles auf eine Karte setzt und bei größeren Besamungsaktionen mehrere Züchter mit dieser Aufgabe betraut.

Für die Auswahl der Drohnenvölker gelten bei der künstlichen Besamung die gleichen Vorgaben wie bei Belegstellen (siehe Kap. 16.5.1). Auch hier lassen sich Inzuchtgrad sowie fiktive Zuchtwerte für Nachzuchten aus zuchtwertgeschätzten Völkern beim Einsatz bestimmter Vater- (4a) Völker ermitteln (siehe Kap. 16.6.1).

Die Technik und die Anwendungsbereiche der künstlichen Besamung bringen es jedoch mit sich, dass für die Haltung und Pflege der hier benötigten Drohnen – im Vergleich zu Drohnen auf Belegstellen – weitere Punkte beachtet werden müssen.

Die zur Besamung optimale Geschlechtsreife erreichen Drohnen erst ab dem 16. Lebenstag. Während der Reifungsphase benötigt der Drohn Wärme und gute Ernährung durch Ammenbienen. Er hält sich deshalb gern im Brutnest auf. Ältere Drohnen hingegen findet man auf den Randwaben. Gegen Ende der Saison, oft schon Ende Juli, sind die Bienen nicht mehr bereit, Drohnen zu pflegen. Hier können die Völker durch Entweiselung und offene Brutwaben (nach WINKLER) zur Weiterpflege stimuliert werden.

Sicherung der Drohnenherkunft
Grundsätzliche Bedingung für die Anwendung des Besamungsverfahrens ist die Sicherung der Drohnenherkunft. Es ist bekannt, dass sich gerade Drohnen oft von Volk zu Volk innerhalb eines Standes verfliegen. Daher sind bei der künstlichen Besamung besondere Vorkehrungen gegen den Verflug zu treffen. Es gibt dazu mehrere Möglichkeiten:

a Gesperrte Drohnen
Gut bewährt haben sich Vorsatzkästen (siehe Seite 196 Abb.135), die ein schräg nach vorn geneigtes Absperrgitter aufweisen. Die Drohnen, die sich hier in der Mittagszeit hinter dem Gitter sammeln, laufen nach oben und stören auf diese Weise nicht den geschäftigen Flug der Arbeitsbienen. Das vorgezogene Dach schirmt die Sonne etwas ab, so dass die Drohnen ruhig bleiben. Wenn man die Drohnen für die Besamung benötigt, wird die Veranda einfach von hinten abgeschiebert. Die Drohnen werden im geschlossenen Raum entnommen.

Eine andere Möglichkeit, gewünschte Drohnen für die Besamung zu erhalten, besteht darin, Drohnenwaben in Honigräume über Absperrgitter zu geben. Diese Honigräume müssen zunächst drohnenfrei gemacht werden. Bei dieser Methode ist das Abfangen

TEIL II

(170) Ein Absperrgitter über dem Unterboden verhindert das Abfliegen eigener und das Zufliegen fremder Drohnen.

(171) Die Drohnen laufen in den hellen, aufgesetzten Käfig, durch dessen Absperrgitter die Arbeitsbienen ins Freie gelangen. Die Drohnen bleiben im Käfig zurück.

zwar etwas aufwendiger, aber bei Besamungen in geringerem Umfang ist das Verfahren durchaus praktikabel.

In Kirchhain hat sich die Drohnenhaltung in Magazinen mit hohem Unterboden bewährt, wobei das Absperrgitter zwischen unterster Zarge und Unterboden liegt (170). Die Drohnen bleiben hier ganz im Dunkeln abgesperrt und sind dadurch ruhiger. Bei Bedarf werden sie durch ein besonderes Loch im Deckel oder über einen Käfig, der auf den Deckel oder die zurückgeschlagene Folie auf den Waben gestellt wird, entnommen (171).

b Gezeichnete Drohnen

Eine weitere jedoch recht arbeitsaufwendige Möglichkeit der sicheren Herkunftsbestimmung ist das Zeichnen der Drohnen. Auch hier bringt man die Drohnenwaben zum Schlüpfen in den Honigraum über das Absperrgitter. Alle zwei Tage werden die geschlüpften Drohnen mit einem wasserfesten Lack (Plakalack) gezeichnet (172). Gut bewährt hat sich der Eddingstift 751 (erhältlich im Schreibwarenhandel) oder ein Lackmalstift zum Zeichnen von Königinnen. Durch Verwendung unterschiedlicher Farben kann man entweder das Alter der Drohnen oder aber die Drohnenherkunft markieren. Zum Zeichnen entnimmt man die Drohnenwaben in den Morgen- oder Abendstunden aus der Zarge über dem Absperrgitter und hält sie leicht schräg. Die frisch geschlüpften, unbeholfenen Drohnen bewegen sich nur langsam und sind mühelos zu markieren. Sind alle Drohnen geschlüpft, wird das Absperrgitter entfernt. Die Drohnen können dann frei fliegen. Zur Besamung werden sie vom Flugloch oder von der Wabe (gern sitzen reife Drohnen auf Randwaben) abgefangen. Die so gehaltenen Drohnen stülpen meist besser und haben mehr Sperma als die hinter Absperrgitter gehaltenen.

c Isoliert aufgestellte Drohnenvölker

In der Praxis bewährt hat sich der Einsatz mobiler Besamungsstellen auf Landbelegstellen. Die hier vorhandenen Drohnenvölker stehen isoliert und sind gegen den Zuflug fremder, unerwünschter Drohnen weitgehend geschützt. Die Herkunft der Drohnen in diesen Völkern ist gesichert. Weitere Maßnahmen sind nicht erforderlich. Die Qualität der frei fliegenden Drohnen für die Spermagewinnung, besonders bei guter Versorgung der Völker, ist hervorragend.

(172) Mit Eddingstift markierte Drohnen.

Anlieferung von Drohnen zu Besamungsstellen
Der Vorteil des Besamungsverfahrens liegt in der Möglichkeit, eine Vielzahl von Drohnenherkünften zu verwenden, während auf einer Belegstelle jeweils Drohnen nur einer Linie aufgestellt werden können. Diese verschiedenen Drohnenherkünfte müssen aber getrennt gehalten und häufig auch zu den Besamungsstellen angeliefert werden. Daraus ergibt sich die Notwendigkeit zur Haltung der Drohnen in relativ kleinen Volkseinheiten (Drohnenablegern). Darunter versteht man allgemein Brutableger, die eine oder mehrere Waben mit Drohnenbrut enthalten.

Folgende Anforderungen werden an einen Drohnenableger gestellt:

- Drohnenzucht und Königinnenzucht müssen aufeinander abgestimmt sein. Die Drohnen müssen zur Besamung mindestens 16 Tage alt sein, d. h. die Drohnenwaben müssen ca. 25 Tage vor dem Umlarvtermin der Königinnen in die Drohnenvölker zur Bestiftung gegeben worden sein.
- Die zu einer Besamungsstelle angelieferten Drohnen sollen möglichst alle älter als 16 Tage sein.
- Wegen der Inzuchtgefahr (Brutlücken infolge gleicher Sexfaktoren) sollen stets Drohnenwaben mehrerer Völker (mindestens 3, besser 4 bis 6) einer Linie verwandt werden. Diese Waben/Wabenteile können in einem Ableger zusammengestellt werden.
- Für jede zu besamende Königin sollten aus Sicherheitsgründen mindestens 25 – 35 gut gepflegte Drohnen angeliefert werden.
- Drohnenableger sollten über eine Stärke von mindestens 7 Waben verfügen. Die Pflegestimmung wird durch Flüssigfütterung, Weisellosigkeit oder eine unbegattete Königin und offene Brut erhalten.
  Nach Empfehlungen des Bieneninstituts Kirchhain wird ein Drohnenableger wie folgt hergestellt:

Bei mehreren Drohnenvölkern werden Waben mit größeren Drohnenecken zur Bestiftung eingesetzt. Man erhält diese notfalls durch Ausbrechen von Ecken aus normalen Brutwaben, die dann schnell mit Drohnenbau ausgebaut und bestiftet werden. Etwa dreieinhalb Wochen nach der Bestiftung der Drohnenecken wird der Ableger aus diesen Brutwaben zusammengestellt. Die Drohnenecken sollten sich dabei wegen der größeren Zellhöhe nicht gegenüberliegen. Der Ableger bekommt keine Königin, sondern offene Arbeiterbrut, um Nachschaffungsmöglichkeit und gute Pflegestimmung zu gewährleisten. Die Bienen für den Ableger werden zuvor durchgesiebt, 1,5 kg – 2 kg sind erforderlich. Neben Brutwaben mit Drohnenecken sind Vorratswaben mit Honig und Pollen erforderlich. Außerdem wird am Rand ein Leerrähmchen als Pufferraum eingesetzt, das nach vier oder fünf Tagen gegen eine Wabe mit junger Brut ersetzt werden kann, um die Pflegestimmung weiterhin zu erhalten. Der Ableger verbleibt zwei Wochen am Stand des Imkers, bevor er zur Besamungsstelle transportiert und für die Besamung eingesetzt werden kann. Während dieser Zeit ist er vor Zuflug fremder Drohnen durch ein Gitter zu schützen.

TEIL II

Eine weitere Möglichkeit zur Bildung von Drohnenablegern besteht darin, geschlüpfte Drohnen aus ausgewählten und abgesperrten Drohnenvölkern in einen weisellosen Ableger zu fegen. Die Bienen dieses Ablegers müssen durchgesiebt sein. Die Brutwaben dürfen keine Drohnenbrut enthalten. Dieses Verfahren ist weniger aufwendig, erlaubt aber keine sichere Altersbestimmung der Drohnen. Empfehlenswert ist es nach MAUL, die Drohnenwaben im Honigraum des betreffenden Volkes schlüpfen zu lassen und durch Abfegen aller sonstigen umzuhängenden Brutwaben sicherzustellen, dass keine Fremddrohnen in den Honigraum gelangen. Solche Ableger sollten außerhalb der Hauptflugzeit gebildet werden.

Beim Transport der Drohnenvölker ist eine Überhitzung unbedingt zu vermeiden (siehe Kap. 13.3.1), weil dadurch die Spermien der Drohnen geschädigt werden können. Der Transport zur Besamungsstelle muss mindestens einen Tag vor der Spermaaufnahme erfolgen, andernfalls sind die Drohnen streßbedingt zur Spermaabgabe weniger geeignet.

17.1.2 Königinnen

Mit der Aufzucht von Königinnen beginnt man etwa 22 Tage vor dem geplanten Besamungstermin (173). Zur Haltung der Königinnen haben sich bei Anwendung des Besamungsverfahrens Mehrwabenkästchen aus Schaumstoff (z. B. Kirchhainer Kästchen, Apidea, Mini-Plus oder Ableger im Standmaß) besonders bewährt. Sie sind wärmeisolierend, und das ist später für den Beginn der Eiablage von Bedeutung. Kleinere Kästchen, Einwabenkästen oder gar Käfige in Brutschränken sind weniger geeignet. Nach WOYKE hängen die Ergebnisse der Besamung in großem Maße von der Temperatur nach der Besamung ab. Königinnen, die mit nur wenigen Bienen im Brutschrank bei 24 °C gehalten wurden, zeigten eine deutlich geringere Füllung der Spermatheka. Daher wirkt sich eine Wabengasse in den Begattungskästchen und ein guter Bienenbesatz immer förderlich auf das Besamungsergebnis und den Beginn der Eiablage aus.

Die Fluglöcher der Begattungskästchen sind mit einem Absperrgitter zu sichern, damit die Königinnen nicht ausfliegen können. Die Kästchen sollten auch nicht in praller Sonne, sondern vorzugsweise im Schatten aufgestellt werden. Gerade bei hohen Temperaturen werden die jungen Königinnen durch das Völkchen gejagt und zum Ausflug gedrängt (siehe auch Kap. 4.2), wobei es leicht zu Beschädigungen durch das Absperrgitter des Flugloches kommen kann. Um diese Gefahren zu reduzieren, sollten die Königinnen auch möglichst früh – zwischen dem 9. oder 12. Tag – besamt werden.

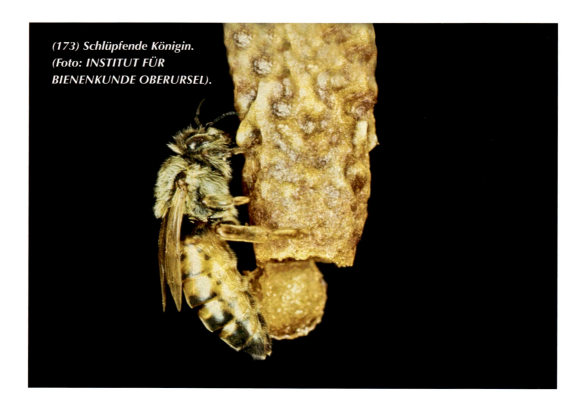

(173) *Schlüpfende Königin.*
(Foto: INSTITUT FÜR BIENENKUNDE OBERURSEL).

Um den Beginn der Eiablage nach der Besamung zu beschleunigen, ist neben der Kohlendioxid-Narkose (CO_2-Narkose) während der Besamung eine zweite Kohlendioxidbehandlung der Königin erforderlich. Diese zusätzliche CO_2– Behandlung kann vor oder nach der Besamung erfolgen und dauert etwa drei bis fünf Minuten. Längere Begasungszeiten können – wie die Erfahrungen gezeigt haben – zu Schädigungen und damit zu einem vorzeitigen Austausch der besamten Königinnen durch die Bienen führen. Aus arbeitstechnischen Gründen und wegen der besseren Wanderung der Spermien in die Spermatheka hat sich die Behandlung mindestens 3 Stunden (in der Regel jedoch einen Tag) vor dem Besamungstermin als besonders vorteilhaft erwiesen. Dazu werden die Königinnen aus ihren Völkchen herausgefangen, in kleine Käfige gesperrt und in ein Gefäß gegeben, in das CO_2 aus einer Druckflasche oder – wie in der Abbildung gezeigt – aus einer Einwegkapsel strömt (174). Die Gasmenge wird über ein Reduzierventil reguliert. Die Königinnen werden nach dem Erwachen in den Käfigen bis zur Besamung wieder in ihre Völkchen zurückgegeben.

TEIL II

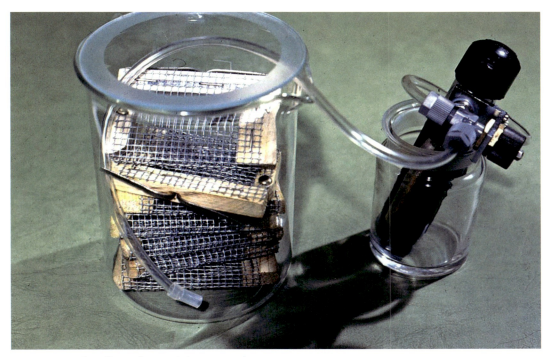

(174) CO_2-Behandlung der Königinnen vor der Besamung.

17.2. Arbeitsplatz und Geräte

Für die Spermaaufnahme und die Besamung ist ein heller, sauberer Arbeitsplatz mit Stromanschluss erforderlich (175). Der Tisch soll stabil sein und eine glatte, leicht zu reinigende Arbeitsplatte haben; Tisch- und Stuhlhöhe müssen auf die Größe des Besamers abgestimmt sein.

Kurze Wege zu den Drohnenvölkern und Begattungsvölkchen erleichtern die Arbeit. Folgende Geräte werden benötigt:

a) Besamungsgerät mit Besamungsspritze
b) Stereomikroskop mit geeigneter Beleuchtung
c) Narkoseeinrichtung
d) Käfig für die Drohnen
e) Labormaterial- und geräte

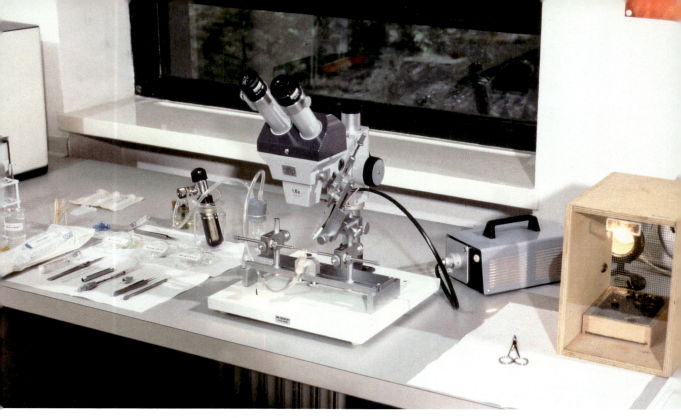

(175) Arbeitsplatz: In der Mitte das Besamungsgerät, links (sterile Seite), Labormaterial und -intrumente, rechts Käfig für die Drohnen.

17.2.1. Besamungsgerät mit Besamungsspritze

Im Handel werden Besamungsgeräte unterschiedlicher Bauart angeboten. Im Bild ist das Mackensen-Gerät modifiziert nach SCHLEY zu sehen. Das Besamungsgerät (176) besteht aus einer stabilen Grundplatte. Rechts und links auf dieser befinden sich zwei Säulen, die die Lagerblöcke für die Halter mit den Häkchen zum Öffnen der Stachelkammer tragen. Mittels Kugelführung können die Handgriffe mit den Haken feinfühlig bewegt werden, ohne dass ruckartige Bewegungen auftreten. An der rechten Säule ist über dem Lagerblock der Spritzenhalter angebracht, der die Besamungsspritze aufnimmt. Bei der Spritze handelt es sich um eine Kolbenbesamungsspritze mit auswechselbaren Zylindern. Als Kanülen dienen ausgezogene Glaskapillaren mit einer geschliffenen und polierten Mündung. Zwischen den beiden Stativsäulen ist der Königinnenhalter platziert. Das Heranführen der Spritze erfolgt mittels Zahn und Trieb. Die Spritze selbst lässt sich in drei Ebenen bewegen. Zur Besamung befindet sich die Königin im Königinnenhalter.

TEIL II

(176) MACKENSEN-Besamungsgerät (nach SCHLEY modifiziert).

1 Grundstativ
2 linke Stativsäule mit Kugelblock
3 rechte Stativsäule mit Kugelblock
4 Königinnenhalter mit Halteröhrchen
5 Besamungsspritze
6 Drehknopf des Zahnstangentriebes
7 Ventralhaken
8 Dorsal- oder Stachelhaken

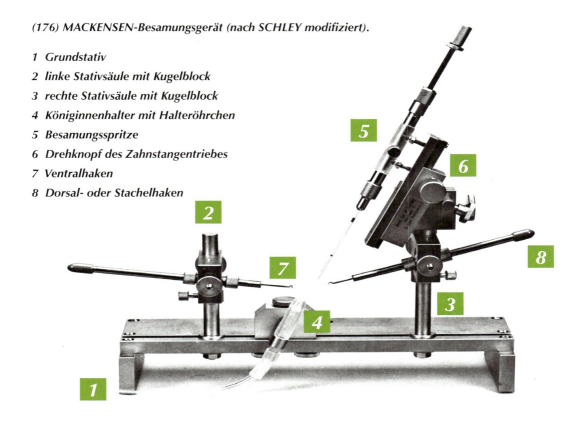

17.2.2. Stereomikroskop mit geeigneter Beleuchtung

Das Stereomikroskop soll einen Arbeitsabstand von 70 mm bis 100 mm aufweisen. Für die Spermaaufnahme kommt eine Vergrößerung von 15x bis 25x (Okular 10x, Objektiv 1,5x bis 2,5x) in Betracht. Eine funktionsgerechte Beleuchtung ist für die Durchführung der Besamung unerlässlich. Wichtig ist, dass der Lichtpegel in die geöffnete Stachelkammer der Königin leuchtet, ohne dass die Schleimhäute der Wärme ausgesetzt werden. Für diesen Zweck ist eine Kaltlichtlampe (Glasfaser- oder LED-Lampe) besonders geeignet.

17.2.3. Narkoseeinrichtung

Zur Narkose der Königin während der Besamung wird CO_2 aus einer Druckflasche oder aus einer Einwegflasche mit Reduzierventil über eine Waschflasche in das Königinnenhalterröhrchen geleitet (177). Über die zwischengeschaltete halb gefüllte

Waschflasche kann durch die aufsteigenden Glasblasen die Stärke des Gasstromes kontrolliert werden. Der Königinnenhalter ist so beschaffen, dass kein reines Kohlendioxid, sondern mit Luft vermischtes Gas in die Tracheen der Königin gelangt. Der Königinnenhalter weist feine Bohrungen auf, aus denen das Gas ungehindert ausströmen kann.

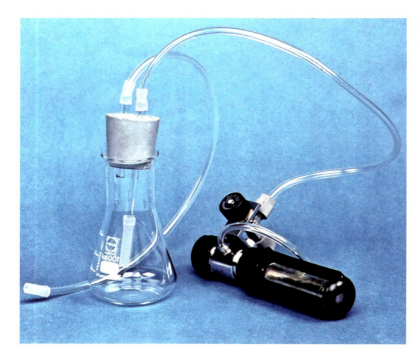

(177) Narkoseeinrichtung.

17.2.4. Käfig für die Drohnen

Drohnen, die in kleinen Käfigen ohne Bienen untergebracht sind, verlieren schnell ihre Aktivität und geben weniger Sperma ab. Deshalb ist es zweckmäßig, sie unmittelbar vor der Spermaaufnahme in einen Flugkäfig zu geben, aus dem heraus sie schnell abzufangen sind (178). Bienen in einem separaten Käfig mit Futterteig, der auf dem Bodenbrett des Flugkäfigs liegt, können die Drohnen durch eine weitmaschige Gaze füttern (178 und 180). Vorn ist der Flugkäfig mit einer hochschiebbaren Plexiglasscheibe versehen. Auf der gegenüberliegenden Seite befindet sich Drahtgaze oder eine Glasscheibe. Durch eine Lampe wird von der Rückseite her für die erforderliche Wärme gesorgt.

TEIL II

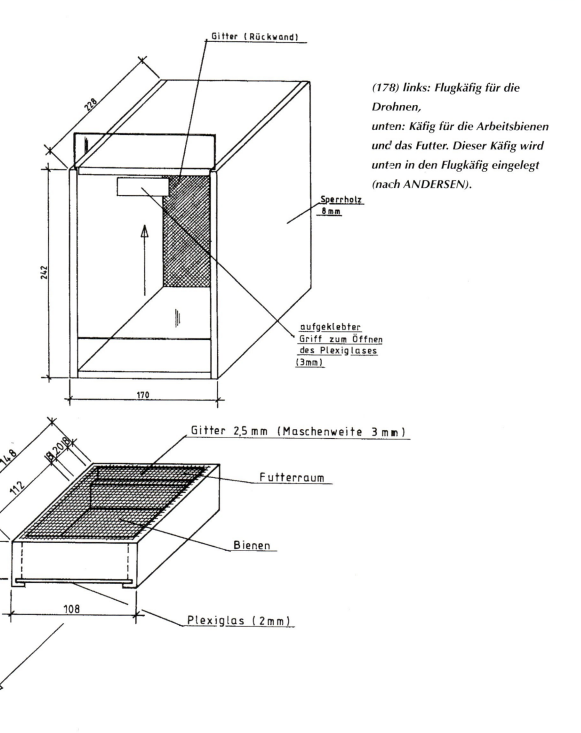

(178) links: Flugkäfig für die Drohnen,
unten: Käfig für die Arbeitsbienen und das Futter. Dieser Käfig wird unten in den Flugkäfig eingelegt (nach ANDERSEN).

17.2.5. Labormaterial- und geräte

Chemikalien

Die Stopperlösung, mit der die Besamungsspritze vor Beginn der Spermaaufnahme aufgefüllt wird, hat einen erheblichen Einfluss auf den Besamungserfolg. Der ph-Wert muss bei 8,5 liegen. Als Stopperlösung haben hat sich ein Ebersperma-Verdünner (KIEW) sowie die einfach herzustellende Salzlösung nach HYES oder ein Tris-Puffer bewährt. Zur Vermeidung von Infektionen fügen einige Besamer Antibiotika (Penicillin-G und Streptomycin) hinzu.

Ferner wird eine Labor-Reinigungslösung für die Glas-Besamungsspritzen benötigt, die auch hartnäckige Spermarückstände in den Kapillaren beseitigt (Mucasol, Edisonite), sowie destilliertes Wasser zum Nachspülen. Wichtig ist auch ein Flächendesinfektionsmittel für den Tisch, ein mildes Mittel zur Händedesinfektion und Alkohol 70 %, z. B. zur Zwischenreinigung der Häkchen.

Laborgeräte

Zur Sterilisation hitzebeständiger Teile wird ein Autoklav bzw. ein Dampfdrucktopf benötigt. Zum Trennen aufgeschwemmten Spermas vom Verdünner (bei Anwendung der Spermahomogenisierung) braucht man eine Zentrifuge (Tischmodell mit Schwingrotor). Zweckmäßig ist auch eine Spiritusflamme oder ein Bunsenbrenner. Eine Wasserstrahlpumpe zur Reinigung der Gaskapillaren ist vorteilhaft, aber nicht unbedingt erforderlich.

Labormaterial

Neben diversen Glasflaschen für die Chemikalien und sterilisierbaren Behältern mit Deckel (Instrumente und Petrischalen aus Glas) werden Einwegspritzen (10.50 ml) mit Sterilfilter-Vorsätzen (Porengröße 0,2 µm), Pasteurpipetten, sterile Zellstofftupfer oder Wattestäbchen, eine kleine Schere, Pinzette sowie Alufolie benötigt.

Hygienemaßnahmen

Bei der instrumentellen Besamung ist es notwendig, Infektionsgefahren nach Möglichkeit von vornherein auszuschließen oder durch Abtötung der Krankheitserreger abzuwenden. Besonders gefährlich für die Königin sind die bienenspezifischen Keime an der Körperoberfläche oder die Exkremente von Bienen oder Drohnen. Arbeitsplatte und Besamungsapparat (besonders Königinnen-Einlauf- und –Halterröhrchen) müssen mehrmals täglich mit den vorgenannten Laborreinigern desinfiziert werden. Alle hitzebeständigen Teile (Glas und Metall) wie Besamungskanülen mit Quetschdichtung, Besamungsspritze, Petrischalen, Zellstoffpuffer. Sonde und Häkchen (ohne Halter) werden täglich in Autoklaven bei 120 °C - 140 °C oder im Dampftopf (10 min - 15 min ohne Aufheizzeit) sterilisiert. Die Sterilfiltrierung der Stopperlösung stellt eine wichtige Sicherheitsmaßnahme dar. Die Lösung wird in eine Einwegspritze aufgezogen. Vor diese Spritze wird ein Einwegfilter (Ø 30 mm, Porengröße der Membran 0,2 µm) gesteckt (179). Die sterile Stahlkanüle kommt auf den Filter. So kann bei Bedarf immer frisch filtrierter Verdünner entnommen werden.

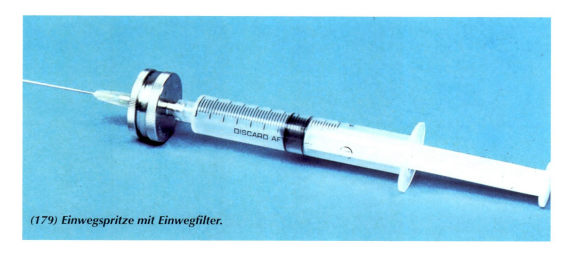

(179) *Einwegspritze mit Einwegfilter.*

17.3. Spermaaufnahme

Zur Vorbereitung der Spermagewinnung wird der Zylinder der Besamungsspritze mit sterilfiltrierter Stopperlösung gefüllt. Durch leichtes Klopfen mit dem Finger gegen den Spritzenzylinder entweichen die Luftblasen. Der Spritzenzylinder wird in das Spritzengehäuse gesetzt, das schmale Vorderteil des Zylinders ragt aus dem Spritzengehäuse heraus. Mittels einer Muffe und Quetschdichtung wird die Glasspitze befestigt. Über die Kolbenspindel wird die Flüssigkeitssäule bis auf einen kleinen Luftraum (2 mm - 4 mm) in der Glasspritze nach vorn gedrückt. Die hintere Gewindemuffe wird aufgeschraubt. Anschließend erfolgt die Montage am Besamungsgerät. Bei allen Arbeiten ist darauf zu achten, dass die Enden der Kapillaren aus hygienischen Gründen nicht mit den Fingern in Kontakt kommen. Die Aufsteckplatte mit dem Halteröhrchen für die Königin kann für die Spermaaufnahme entfernt werden, damit mehr Raum zur Verfügung steht. Der Lichtkegel der Beleuchtung und das Blickfeld des Mikroskops (15 - 25 fache Vergrößerung) werden auf die Spitzenmündung eingestellt.

Die im Flugkäfig von Arbeitsbienen gepflegten Drohnen (180) werden zur Spermagewinnung einzeln entnommen. Der Drohn wird an Kopf und Bruststück zwischen Daumen und Zeigefinger gehalten, die Rückenseite des Abdomens zeigt nach oben (181). Rollen sowie leichter Druck wirken sich bei reifen Drohnen günstig auf die Kontraktion der Hinterleibsmuskulatur aus, deutlich fühlbar am Hartwerden des Abdomens. Es kommt zur ersten Phase der Ausstülpung des Begattungsorgans. Weiterer Druck führt zur vollständigen Eversion und Ejakulation. Reifes Sperma ist am cremefarbenen Aussehen zu erkennen (182). Oft überzieht es den weißen Schleimpfropfen des Endophallus. Solches Sperma haben nur Drohnen, die 16 bis 20 Tage alt sind und sich in guter Verfassung befinden. Drohnen, die entweder noch nicht reif sind oder sich in einem schlechten Pflegzustand befinden, erkennt man daran, dass ihr Hinterleib beim Rollen und Druck nicht erhärtet. Auch gewaltsames Auspressen führt hier nicht zur Ejakulation.

(180) Im Flugkäfig werden die Drohnen von den gesperrten und mit Futter versorgten Arbeitsbienen (kleiner Käfig) gefüttert.

TEIL II

Beim Aufsaugen des Spermas wird die Spermaoberfläche mit der äußersten Spitze der Spritze nur leicht berührt. Sperma von älteren Drohnen lässt sich leichter und damit schneller aufnehmen. Ein Flüssigkeitsfilm zwischen Schleim und Sperma mindert die Gefahr der Aufnahme von Schleim.

(181) *Drohn zwischen Daumen und Zeigefinger.*

(182) *Reifes Sperma, zu erkennen am cremefarbenen Aussehen (Foto: INSTITUT FÜR BIENKUNDE OBERURSEL).*

(183) *Aufziehen des Spermas.*

Durch die Adhäsionswirkung nimmt die Kapillare das Sperma sofort an (183). Der Drohn kann während des Aufsaugens sogar etwas zurückgezogen werden. Beim Aufziehen des Spermas darf kein Schleim in die Spritze gelangen, um ein Verstopfen durch Propfenbildung in der Kanüle zu vermeiden. Falls Schleim angesaugt wird, muss dieser gleich wieder herausgedrückt werden.

Analog zur natürlichen Paarung wird auch bei der instrumentellen Besamung das Sperma mehrerer Drohnen nacheinander aufgenommen. Für eine Besamung werden mindestens 8 µl (1 µl = 1/1000 cm³) verwendet, das entspricht der Spermamenge, die von 8 bis 10 reifen Drohnen gewonnen werden kann. Diese Menge ergibt in einer Glaskapillare von 1,5 mm Außen- und etwa 0,8 mm Innendurchmesser eine

Spermasäule von 14 mm – 15 mm. Oft wird die Spermamenge für die Besamung mehrerer Königinnen in einer Spritze aufgezogen. Bei Bedarf wird die Kanülenspritze mit einem sterilen Tupfer gereinigt. Ein Tropfen Verdünner verschließt die Kapillare, um ein Austrocknen zu vermeiden. Damit ist die Spritze zur Besamung vorbereitet.

Die Aufnahme des Spermas nimmt bei der künstlichen Besamung die meiste Zeit in Anspruch, vor allem dann, wenn die Drohnen nicht in optimaler Verfassung sind.

17.4 Spermamischung

Seit dem Nachweis der Mehrfachpaarung der Bienenkönigin ist es Praxis, auf Belegstellen und bei Besamungsstationen ein breites Spektrum von Drohnenmaterial zur Anpaarung zu verwenden, um eine möglichst große genetische Vielfalt zu erhalten. Die Spermamenge, die eine Königin aufnehmen kann, ist begrenzt, und nur etwa 1/10 der aufgenommenen Menge wird in der Spermatheka gespeichert. Bei der natürlichen Paarung erhält die Königin das Sperma portionsweise von 8 - 25 Drohnen. Auch bei der herkömmlichen Besamung wird es in der Sequenz der Drohnen – allerdings in der Regel von nur 8 - 10 Drohnen – schichtweise in eine dünne Glaskapillare aufgenommen, bevor es der Königin injiziert wird. Nach der Umlagerung in die Spermatheka der Königin ist das Sperma gut durchmischt, jedoch sind die Drohnen zu ungleichen Anteilen mit ihrem Erbgut repräsentiert (siehe Kap. 10.5).

Um die genetische Vielfalt zu erhöhen, wird von einigen Besamern (BRAUSSE und anderen) die Spermamenge von mehreren hundert Drohnen aus verschiedenen Völkern aufgenommen und durch Rühren in kleinen Glasgefäßen gemischt. In wie weit damit eine vollkommene und gleichmäßige Durchmischung stattfindet, ist nicht geklärt.

KAFTANOGLU und PENG (1980) beschreiben jedoch ein Verfahren, mit dem man ein gleichmäßiges Vorhandensein aller verschiedenen Spermien in der Spermatheka der Königinnen erreichen kann, die sogenannte Spermamischtechnik oder Spermahomogenisierung (184). Für die Praxis bedeutet das, dass man Sperma von mehreren hundert Drohnen poolen, d. h. zu einer Gesamtheit zusammenfassen kann. Dabei wird das Sperma aller Drohnen mit Spermaverdünner (etwa 10-fache Menge des Spermavolumens) aufgeschwämmt und durch Rühren oder mittels einer

TEIL II

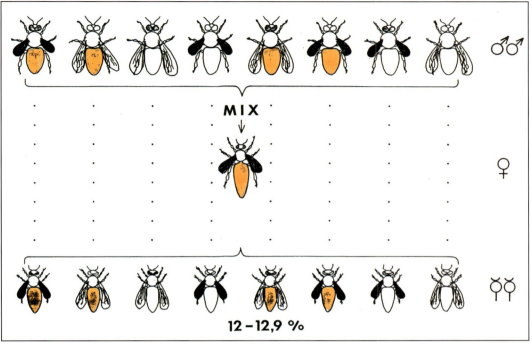

(184) *Eine dreifach mutierte Königin (helle Farbe, rosa Augen und verkürzte Flügel) wird mit dem Sperma von 8 Drohnen besamt, die jeweils eine andere Kombination der Mutation tragen. Nur bei der Spermamischtechnik schlüpfen von jedem Drohn gleich viele Nachkommen. Theoretisch wären es jeweils 12,5 %, beim praktisch durchgeführten Versuch ergaben sich Werte zwischen 12 % und 12,9 %. (Zeichnung KÜHNERT).*

Pasteurpipette vermischt. Anschließend werden mit einer Zentrifuge (bei 1000 g) Sperma und Verdünner getrennt. Für dieses Verfahren ist die Verdünnerlösung von besonderer Bedeutung. Nach MORITZ eignet sich die "Kiew" Lösung weniger. Mit Tris-Puffer wurden die besten Ergebnisse erzielt.

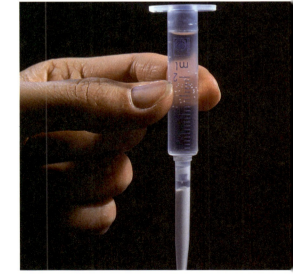

(185) *Durch Zentrifugieren werden Sperma und Verdünner voneinander getrennt (Foto: INSTITUT FÜR BIENENKUNDE OBERURSEL).*

Das Verfahren ergibt folgende Vorteile:

1. Die Spermatheka der Königin enthält nach der Besamung viel mehr genetisch unterschiedliche Spermien als bisher. Die genetische Vielfalt der Nachkommen im Volk wird damit erhöht.

2. Gruppen von Königinnen können mit genetisch identischem Sperma besamt werden. Dadurch sind zuverlässigere Aussagen bei der Leistungsprüfung möglich, denn genetisch bedingte Variation kann nur von seiten der Königin kommen.

3. Die Planung und Organisation von Zuchtprogrammen wird erleichtert, da auf der Gattenseite eine einheitliche Mischung des Spermas der für das jeweilige Programm selektierten Drohnen eingesetzt werden kann.

Bei der Anwendung der Spermamischtechnik ist, wie überhaupt bei der Besamung, auf strengste Einhaltung aller Hygienemaßnahmen zu achten. Die Kontaminierung nur einer Samenportion in der Mischung kann einen Totalausfall der Serie verursachen. Ein Zuchtprogramm unter Anwendung der Spermamischtechnik ist ein arbeitsintensives Unternehmen, in dem es auf exakte Zeitplanung ankommt. Die gleichzeitige Aufzucht sehr vieler Drohnen von vielen Linien, parallel mit der Aufzucht der entsprechenden Jungköniginnen, muss gut geplant und koordiniert werden.

In der Praxis hat sich gezeigt, dass Königinnen, bei denen für die Besamung die Spermamischtechnik angewandt wurde, häufig früher ausfallen und nur selten das zweite Leistungsjahr durchstehen.

Der Nachteil der Spermamischtechnik liegt in der Tatsache, dass bei dem Einsatz vieler Drohnenvölker mit unterschiedlichen Müttern (4 a) die Anwendung der Zuchtwertschätzung nicht möglich ist, da diese bei der Berechnung immer nur eine gemeinsame Mutter für die Drohnenvölker vorsieht. Daher wird das Verfahren auf spezielle Zuchtprogramme beschränkt bleiben.

17.5. Besamungsvorgang

Die in der Regel am Vortag bereits mit CO_2 behandelte und gekäfigte Königin wird zwischen Daumen und Zeigefinger gegriffen und in das Einlaufröhrchen dirigiert. Am Ende dieses Röhrchens befindet sich nur eine kleine Öffnung, die die Königin nicht passieren kann. Sie kriecht deshalb – mit ihrem Hinterteil voran – zurück in das bereitgehaltene Halteröhrchen des Königinnenhalters, das man direkt vor die Öffnung des Einlaufröhrchens hält. Durch leichtes Pusten in das Halteröhrchen kann man etwas nachhelfen. Anschließend wird das Röhrchen mit der Königin auf den Königinnenhalter aufgesteckt und dieser am Block des Gerätes unter ca. 70° Neigung fixiert. Dabei zeigt die Rücken(Dorsal)seite der Königin nach rechts (vom Besamer aus betrachtet). Die letzten drei Bauchschuppen dürfen aus dem Halteröhrchen herausragen (186).

Nun wird die Kohlensäurenanlage zur Ruhigstellung der Königin in Betrieb gesetzt. Der Gasstrom wird so reguliert, dass die in der Waschflasche perlenden Blasen nicht zu stark sprudeln. Anfangs bewegt die Königin noch den Hinterleib, wird dann aber

(186) Königin im Halteröhrchen
(Foto: INSTITUT FÜR BIENENKUNDE OBERURSEL).

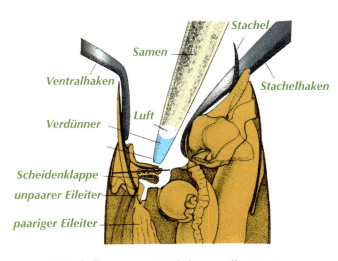

1. Stachelkammer mit Häkchen geöffnet. Spritze wird auf den Scheideneingang justiert.

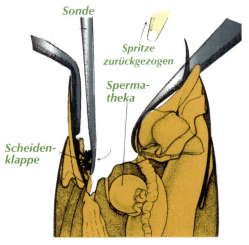

2. Spritze wird zurückgezogen Scheidenklappe mit Vaginalsonde zur Seite gedrückt!

3. Einführen der Spritze vorbei an der Scheidenklappe in die Öffnung des unpaaren Eileiters (Geschlechtsöffnung). Anschließend Zurückziehen der Sonde.

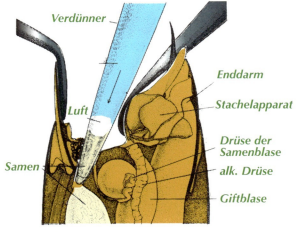

4. Die Spritze wurde noch um 1,5 mm vorgeschoben. Einspritzen des Samens in die paarigen Eileiter

(187) Besamungsvorgang bei Benutzung des herkömmlichen Dorsalhakens ohne Loch und mit Hilfe einer Sonde (Zeichnung: CAMARGO und GONCALVES aus F. RUTTNER „Die instrumentelle Besamung der Bienenkönigin").

TEIL II

zusehends ruhiger. Mit den beiden Häkchen wird die Stachelkammer geöffnet (187.1 und 188 a). Zunächst wird der Ventralhaken (links vom Besamer aus gesehen) an die Königin herangeführt und unter Mikroskopkontrolle hinter der letzten Bauchschuppe ganz am Ende des Hinterleibes eingehakt. Sitzt dieses linke Häkchen, das nur leicht anzuziehen ist, wird der Dorsal- oder Stachelhaken angesetzt. Die Stachelkammer wird vorwiegend mit dem rechten Haken auseinander gezogen (187.1 und 188 a). Bei Benutzung der Dorsalhaken ohne Loch muss die Vaginalöffnung zusätzlich mit einer Handsonde freigelegt werden (187.2 und 188 c).

a – Stachelkammer mit Ventral- (links) und Dorsalhaken (rechts) geöffnet.

b – Blick in die geöffnete Stachelkammer.

c – mit der Sonde wird die Scheidenklappe zur Seite gedrückt.

d – Einspritzen des Samens in die paarigen Eileiter.

(188) Besamungsvorgang bei Benutzung des herkömmlichen Dorsalhakens ohne Loch und mit Hilfe einer Sonde (Fotos: INSTITUT FÜR BIENENKUNDE OBERURSEL).

Mit neueren Dorsalhaken (Lochhaken) (189 a), Stachelgreifer mit Druckknopf oder einer Pinzette (189 b) anstelle des Dorsalhakens wird der Stachelapparat angehoben und die Scheidenöffnung direkt sichtbar. Die geöffnete Stachelkammer bietet dem Betrachter ein Bild runzliger Haut mit Hauteinfaltungen und Vertiefungen. Deutlich sichtbar sind die Stachelbögen, zwei chitinöse braune Bögen, die die Basis des Stachels bilden. Mit den beiden gegenüberliegenden Hautfalten bildet diese ein Dreieck, dessen Spitze nach links gerichtet ist. In der Mitte dieses Dreiecks liegt die Geschlechtsöffnung, die als faltige Einmündung zu erkennen ist (188 b).

(189 a) Einsatz des Lochhakens.

(Fotos: INSTITUT FÜR BIENENKUNDE OBER-URSEL)

(189 b) Einsatz einer Pinzette.

TEIL II

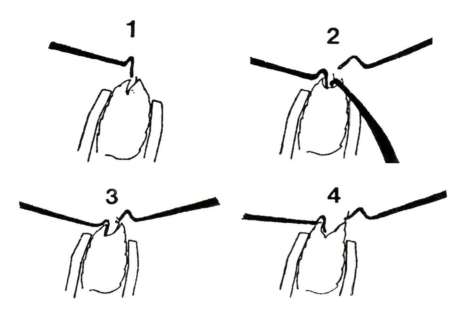

(190) Öffnen der Stachelkammer mit dem Lochhaken: 1 Ansetzen des Ventralhakens, 2 + 3 Einfädeln des Stachels in das Loch des Dorsalhakens - hier mit Hilfe einer Sonde 4 Öffnen der Stachelkammer.

Mit einem sterilen Tupfer wird der Verdünnertropfen, der die Kapillare gegen Austrocknung verschlossen hat, entfernt. Unter einer Neigung von ca. 65° wird die Besamungsspritze auf die Scheidenöffnung justiert und die Spritze ca. 1,5 mm in die Scheidenöffnung eingeführt (187.3 und 188 d). Vorsichtig wird der Drehknopf der Spritze betätigt und dadurch das Sperma injiziert. Ist die Spritze richtig eingeführt (187.4), fließt das Sperma ohne spürbaren Widerstand in die Ovidukte der Königin, ohne dass davon etwas in die Stachelkammer austritt. Der Fluss des cremig wolkigen Spermas in der Kanüle ist unter dem Mikroskop deutlich sichtbar.

Ist die notwendige Spermamenge (8 µl) erreicht, stoppt man die Spermazufuhr. Die Spritze wird hochgezogen und wieder gegen Austrocknung gesichert. Vorsichtig werden die Häkchen herausgehoben und nach hinten weggeschwenkt. Der Besamungsvorgang ist damit abgeschlossen.

Beim geübten Besamer läuft der Besamungsvorgang meistens so schnell ab, dass die Königin noch etwas im Königinnenhalter belassen werden muss, um sie einer ausreichend langen CO_2-Narkose zu unterziehen (3 min.).

17.6. Nach der Besamung

Die noch betäubte Königin wird aus dem Röhrchen in die hohle Hand herausgepustet. Ihr wird ein Deckflügel um ⅓ gekürzt, um ein späteres Ausfliegen zu einem unkontrollierten Begattungsflug zu verhindern.

In der Praxis haben sich zwei verschiedene Methoden beim Zurücksetzen der Königin etabliert:

– Unter Futterteig- oder Zellstoffverschluss (191). Hier ist zu beachten, dass die Königin sich schon frei im Käfig bewegt und nicht unter der Narkosewirkung die Beine durch eine Öffnung steckt.
– In voller Narkose in einer Zellstoffmulde (Weiselwiege), die in einer Wabengasse leicht eingesenkt wird. Die Bienen haben dann sofort Pflegekontakt zur Königin. Um Abstechverluste zu verhindern, ist die volle Narkose der Köngin Bedingung.

(191) Zusetzen der Königin im Käfig. Die Öffnung wird mit angefeuchtetem Zellstoff verschlossen.

Ein Absperrgitter vor dem Flugloch des Begattungskästchens ist zusätzlich unerlässlich, denn die besamten Königinnen versuchen, das Völkchen zu einem Paarungsflug zu verlassen und würden dann infolge des gestutzten Flügels verloren gehen.

Je vorteilhafter die Pflege- und Temperaturbedingungen im Begattungsvölkchen sind, desto besser ist die Wanderung der Spermien in die Spermatheka gesichert und umso früher beginnt die Königin mit der Eiablage. In dem Begattungsvölkchen sollte Brutnesttemperatur herrschen, was nur beim Vorhandensein mehrerer Wabengassen gewährleistet ist. Bei unzureichenden Temperaturen und fehlender Stimulation seitens der Bienen kann es zu Pfropfenbildung des Spermas und somit zu Legestörungen oder Unfruchtbarkeit der Königin kommen.

Frühestens nach sieben Tagen sollte die erste Kontrolle stattfinden und anhand der vorhandenen Brut der Beginn der Eiablage errechnet werden. Verdeckelte Arbeiterbrut (9 Tage nach Beginn der Eiablage) bestätigt den Erfolg der Besamung.

Häufig wird behauptet, dass besamte Königinnen nach erfolgter Eiablage noch einen Paarungsflug unternehmen. WOYKE konnte jedoch anhand von besamten Cordovan-Königinnen (Cordovan-Königinnen x Cordovan-Drohnen) nachweisen, dass dies nicht der Fall ist. Die von ihm besamten Königinnen erzeugten während ihres gesamten Lebens nur Cordovan-Bienen.

17.7. Möglichkeiten und Grenzen der künstlichen Besamung

Die künstliche Besamung der Bienenköniginnen bietet gegenüber der natürlichen Paarung interessante Möglichkeiten. Abgesehen davon, dass man unabhängig von Wetter, Tageszeit und Ort arbeiten kann und oftmals weite Transportwege zu Belegstellen entfallen, ist die Methode außerdem in jeder Hinsicht effektiv. Die Besamungsergebnisse liegen bei versierten Besamungstechnikern mit über 90 % höher als bei natürlichen Paarungen. Letzteres wird besonders im Vergleich mit Ergebnissen von isoliert gelegenen Belegstellen auf den Inseln oder im Hochgebirge deutlich, die bei schlechtem Wetter Erfolge von nur 70 % und weniger aufweisen. Außerdem hat der einzelne Züchter dort keinen Einfluss auf die aufgestellten Drohnenvölker.

Bei der künstlichen Besamung ist es möglich, am Besamungsstandort für die einzelnen Königinnen unterschiedliche Drohnenherkünfte einzusetzen, wohingegen auf der Belegstelle für alle Königinnen nur eine einzige Drohnenherkunft zur Verfügung steht. Dadurch kann eine Zuchtpopulation in viel größerer genetischer Breite weitergeführt werden. Der Inzucht kann damit entscheidend entgegengewirkt werden.

Wenn auch die künstliche Besamung erlaubt, verschiedene Drohnenherkünfte zu verwenden, so ist doch die Gefahr einer zu engen Verwandtschaftszucht (Inzucht) nicht zu leugnen. Bei zu enger Inzucht geht nicht nur die Vielseitigkeit von Anlagen verloren, sondern es können auf der anderen Seite auch schädliche Anlagen angehäuft werden. Allgemein äußert sich das durch Verlust an Vitalität. Die Besamung mit Drohnen allein aus einem Volk kann im Einzelfall schnell zu lückenhafter Brut führen. Dies liegt im Geschlechtsbestimmungsmechanismus der Honigbiene begründet (siehe Kap. 3.3). Bei ungünstiger Partnerwahl kann man, wie das angeführte Beispiel (192 a - g) zeigt, schon in zwei Generationen zu Völkern mit 50 % Brutlücken gelangen. Ein Volk kann immer nur Drohnen mit zwei verschiedenen Sex-Faktoren liefern. Um eine möglichst große Vielfalt zu erreichen, sollten deshalb bei der instrumentellen Besamung immer Drohnen aus mehreren Völkern und niemals aus nur einem Volk allein verwendet werden.

Sperma von Drohnen soll sich in Glaskapillaren, die an ihren Enden verschlossen werden, über einen Zeitraum von maximal 15 Wochen bei Temperaturen zwischen 13 °C und 15 °C lagern und verschicken lassen (nach POOLE und TABER 1970). Nach eigenen Erfahrungen konnte das Sperma noch nach 6 Wochen bei einer Lagerung von 15 °C erfolgreich eingesetzt werden. Für bestimmte Zuchtprogramme und für den Austausch von Zuchtmaterial ist dies von besonderer Bedeutung. WEGENER führte am Länderinstitut für Bienenkunde Hohen Neuendorf Versuche zur Langzeitkonservierung von Drohnensperma mit flüssigem Stickstoff (Kryokonservierung) durch. Das von ihm entwickelte Verfahren ist jedoch noch nicht praxisreif.

Mit der künstlichen Besamung lassen sich eine Reihe von Zuchtexperimenten und -programmen ausführen, die sonst überhaupt nicht realisierbar wären. Da der einzelne Drohn nur über eine Garnitur von Chromosomen verfügt, gibt es bei ihm keine verdeckten Erbanlagen. Man kann jeden zur Besamung bestimmten Drohn anschauen und ist sicher, dass es sich bei den registrierten Erbmerkmalen um ein unverfälschtes Abbild seiner Erbausstattung handelt. Alle Spermien eines einzelnen Drohns sind genetisch identisch. Erst die Summe vieler Drohnen eines Volkes kann die Erbausstat-

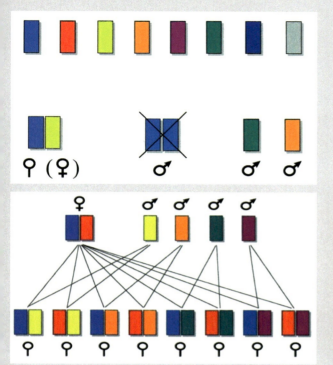

(192 a) Es gibt etwa 100 verschiedene Geschlechtsbestimmungs-(Sex)-Faktoren, von denen hier einzelne durch farbige Symbole dargestellt sind. Jedes befruchtete Ei enthält zwei solcher Faktoren – einen von der Mutter(Königin) und einen vom Vater (Drohn). Sind sie verschieden, so entsteht eine weibliche Larve, also eine Arbeiterin oder eine Königin. Sind sie gleich, so entsteht als Sonderfall eine Drohnenlarve, die jedoch von den Bienen entfernt wird. Sie hinterlässt eine Brutlücke. Normale Drohnen entstehen aus unbefruchteten Eiern und haben nur einen Sex-Faktor.

Durch Inzucht kann es in wenigen Generationen zu lückenhaften Brutnestern kommen (Abb. 192 b - g).

(192 b) Eine Königin weist in ihrer Spermatheka andere als ihre eigenen Sex-Faktoren auf. Die befruchteten Eier enthalten verschiedene Sex-Faktoren; es entstehen also immer weibliche Larven.

(192 c) Das Brutnest ist geschlossen und fast lückenlos. Einzelne brutfreie Zellen können durch verstreute Futtereinlagerungen entstehen.

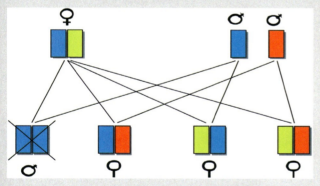

(192 d) Eine der Nachzuchtköniginnen wird nun auf die Drohnen der Ausgangskönigin zurückgekreuzt. Daraus ergibt sich eine Kombination verschiedener Faktoren in ¾ der Fälle, zu ¼ kommen gleiche Faktoren zusammen.

(192 e) Das Brutnest dieses Volkes weist 25 % Brutlücken auf.

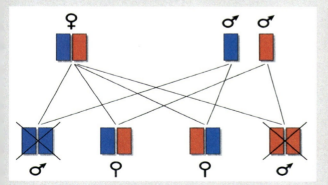

(192 f) Wird eine der Enkeltöchter zurückgekreuzt, kommen jeweils zur Hälfte verschiedene und gleiche Faktoren zusammen.

(192 g) Die Folge ist ein Brutausfall von 50 %.

tung seiner Königin repräsentieren. Hier bieten sich Ansatzpunkte für die Erforschung von Erbmerkmalen. Auch morphologische Merkmale können auf diesem Wege in der Züchtung Berücksichtigung finden (KRUBER).

Der Einsatz der Spermamischtechnik ermöglicht es, über mehr Generationen als mittels sicherer Belegstellen oder herkömmlicher Besamung innerhalb geschlossener Populationen ohne die Anpaarung fremden Materials ein Zuchtprogramm zu betreiben. Inzucht und das Auftreten von Brutlücken infolge diploider Drohnen (siehe Kap. 3.3) können vermieden werden.

Bezüglich der Anwendung der künstlichen Besamung wurden eine Reihe von Vorteilen genannt. Häufig wird eingewandt, das künstliche Zusammenführen von Königinnen und Drohnen beeinträchtige die natürliche Auslese. Der Züchter könne Drohnen verwenden, die weniger leistungsfähig und im Extremfall zur natürlichen Paarung nicht mehr fähig seien. Man könne den Tieren ihre Mängel nicht ansehen. Dem ist entgegenzuhalten, dass Leistungsprüfungen im Zuchtsystem mit eingebunden bleiben müssen. Da die Paarungspartner bekannt sind, werden auftretende Erbschäden auf Grund der vorhandenen Aufzeichnungen – vor allem im Rahmen der Zuchtwertschätzung – sogar schneller aufgedeckt und erkannt.

17.8. Organisation von Besamungsaktionen

Viele Züchter haben das Besamungsverfahren zwar erlernt, aber ihnen fehlt in der Hauptsaison, wo Arbeiten für die Königinnenzucht sowie Leistungsprüfung, Schwarmkontrolle, Honigernte und Aufbau neuer Prüfvölker anfallen, häufig die Zeit, größere Serien für andere Züchter zu besamen. Im Laufe der Jahre entstanden deshalb mobile Besamungsstationen, deren Betreiber selbst häufig keine oder nur wenige Bienenvölker bewirtschaften und die während der Zuchtsaison von Züchterring zu Züchterring fahren, um dort Besamungen durchzuführen. Häufig werden von diesen Stationen jährlich einige hundert bis mehrere tausend Königinnen besamt, so dass hier eine gewisse Routine vorhanden ist, über die ein Züchter, der jährlich nur wenige Königinnen besamt, niemals verfügen kann. Besamungsaktionen mit solchen mobilen Besamungsstationen sind außerordentlich effektiv, da bei sorgfältiger Vorbereitung an einem Wochenende 100 bis 150 Königinnen besamt werden können, so dass die Kosten häufig nicht wesentlich höher liegen als die bei der Beschickung weit entfernter Belegstellen im Hochgebirge oder auf den Inseln. Zudem ist man von der

Witterung unabhängig. Daher werden heute besonders im Binnenland zunehmend mehr Königinnen für die Leistungsprüfung über die künstliche Besamung erstellt.

Im Folgenden sollen die Punkte behandelt werden, die auf Grund langjähriger Erfahrungen bei der Durchführung solcher Besamungsaktionen besonders beachtet werden sollten.

17.8.1 Terminplanung

Die Termine für solche Besamungsaktionen müssen mit allen Beteiligten, d. h. Leiter der Besamungsstellen, Drohnenvolklieferanten und Züchtern abgestimmt werden.

Gern werden sehr frühe Termine – möglichst noch Ende Mai – gewünscht, um früh im Jahr begattete Königinnen zu erhalten. Aber besonders bei der Aufzucht der Drohnen kann es immer wieder Rückschläge geben, so dass für viele Gebiete in Deutschland Termine im Mai problematisch sein können. Am Ende der Saison ist der Kalender häufig durch fehlende Pflege der Drohnen eingeschränkt, so dass Termine in der Regel im Juni oder Juli festzulegen sind. Die Termine sollten rechtzeitig allen interessierten Züchtern mitgeteilt werden, damit diese die Anzahl ihrer zu besamenden Königinnen anmelden können. Zu diesem Zeitpunkt sollte auch schon bekannt sein, welche Drohnenherkünfte (4 a-Völker) zur Verfügung stehen. So haben die Züchter die Möglichkeit, über die vom Länderinstitut für Bienenkunde Hohen Neuendorf e.V. betreute Internetseite fiktive Zuchtwerte sowie den Inzuchtgrad für geplante Nachzuchten aus zuchtwertgeschätzten Völkern ihres Bestandes für verschiedene Anpaarungen zu ermitteln (siehe Kap. 16.6.1), um sich dann für eine oder mehrere bestimmte Anpaarungen zu entscheiden. Aus der Anzahl der angemeldeten Königinnen und den gewünschten Anpaarungen ist zu ermitteln, wie viele Drohnenvölker vorzubereiten sind und welcher Zeitraum für die Besamungsaktion anzusetzen ist.

Wenn bekannt ist, in welchen Züchterringen die Besamungsstelle zu früheren Terminen Besamungsaktionen abhält, kann ggf. mit diesen der Austausch von Spermaportionen vereinbart werden. Aufgezogenes Drohnensperma in Kapilaren ist bei Temperaturen von 13 °C - 15 °C problemlos ca. 6 Wochen haltbar, ohne dass es an Qualität verliert (siehe Kap. 11.4 und Kap. 17.7). Die meisten Besamungsstellen verfügen über temperaturregelnde Transporteinrichtungen, so dass es ihnen möglich ist, bei früher liegenden Besamungsaktionen zusätzliches Sperma aufzuziehen und für die nächsten Termine mitzubringen. In den zurückliegenden Jahren wurden damit sehr positive Erfahrungen gesammelt. Insbesondere bei einem unvorhergesehenen Ausfall von Drohnenvölkern kann damit die Abhaltung einer Besamungsaktion in vielen Fällen noch ermöglicht werden.

17.8.2 Auswahl der Örtlichkeit

Zunächst wird für die Besamung ein geeigneter, möglichst gefliester Raum benötigt (193), der vor der eigentlichen Besamungsaktion gründlich zu reinigen ist. Stromanschluss ist zwingend erforderlich. Ein geeigneter Arbeitsplatz zum Ausfangen der Drohnen und für die Besamung muss vorhanden sein (siehe Kap.17.2). Der Raum muss heizbar sein und während der Arbeiten eine Temperatur von ca. 24 °C aufweisen.

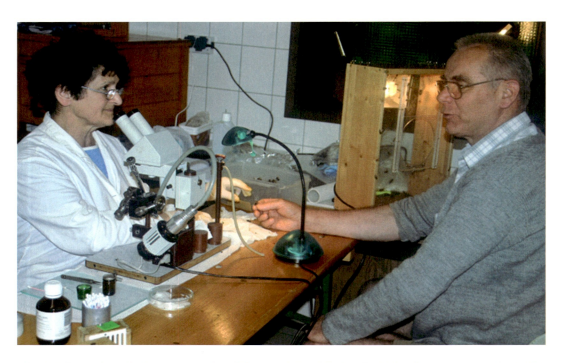

(193) Viele anerkannte Besamungsstellen führen auf den Ständen der Imker Besaumungen durch. Die entsprechenden Apparaturen werden mitgebracht und in geeigneten Räumen aufgebaut. Hier die Besamungsstelle von Frau WINKLER / Hohen Neuendorf.

Die Entfernung zu den aufgestellten Drohnenvölkern und Begattungseinheiten mit den Königinnen sollte möglichst klein sein, denn durch lange Wege werden die Arbeiten – vor allem bei schlechter Witterung – erschwert.

Auch sollten an dem Platz möglichst wenige fremde Völker, die bei der Aktion nicht benötigt werden, vorhanden sein. Ideal ist es, wenn man alle fremden Völker für den Zeitraum der Besamungsaktion auf andere Stände verbringt. Es kommt immer wieder vor, dass bei der Öffnung der Begattungseinheiten Unachtsamkeiten begangen werden und in trachtloser Zeit besteht die Gefahr der Räuberei. Dadurch können alle Vorbereitungen zunichte gemacht werden. Besonders Ende Juli besteht dazu eine große Gefahr.

17.8.3 Drohnen- und Königinnenaufzucht

Die Heranzucht einer ausreichenden Zahl geschlechtsreifer brünftiger Drohnen zu einem bestimmten Zeitpunkt erfordert größeres Können als die Aufzucht von Königinnen. Deshalb sollte diese Aufgabe immer von einem oder mehreren erfahrenen Züchtern wahrgenommen werden.

Die Aufzucht der Drohnen hat wie für die Belegstellen – zeitlich gesehen – am frühsten zu beginnen, am besten 45 bis 50 Tage vor dem eigentlichen Besamungstermin. Man kann sich nicht darauf verlassen, dass mit Einhängen der Drohnenwabe alles glatt verläuft. Häufig werden bei Witterungsrückschlägen im Frühjahr sowohl Drohneneier als auch – larven ausgefressen, so dass alle darauf aufbauenden Termine hinfällig werden. Deshalb sind für die Aufzucht der Drohnen genügend Völker in der entsprechenden Volksstärke vorzubereiten und bei Bedarf ständig zu füttern (siehe Kap. 17.1.1).

Wegen der Inzuchtanfälligkeit (siehe Kap. 3.3 und Kap. 17.7) sollten für jede Drohnenherkunft mindestens drei, besser sechs Geschwistervölker vorbereitet werden. Jeweils 50 Drohnen dieser einzelnen Völker sind bei der Carnica (und Dunklen Biene) für eine Merkmalsuntersuchung und eine daran anschließende Körung als Drohnenvolk zu einer Merkmalsuntersuchungsstelle einzusenden. Später können die Drohnen der einzelnen Herkünfte in ein oder zwei Völkern vereinigt werden.
Durch Austausch der alten Königin gegen eine junge, unbegattete Königin kann die Pflegestimmung in diesen Völkern stimuliert werden. Weiter ist es wichtig, dass Drohnenbrut, die zeitlich zu spät angelegt wurde und deren Drohnen zum vorgesehenen

Besamugstermin ihre Reife noch nicht erreicht hätten, ausgeschnitten oder auf andere Völker verteilt wird, denn ein Vorhandensein vieler zu junger Drohnen wirkt sich negativ auf die Pflege der reifen Drohnen aus. Besonders stimulierend auf die Pflege der Drohnen wirkt das Vorhandensein von offener Brut (Zugabe einer Brutwabe).

Die Aufzucht der Königinnen (Umlarven) hat zweckmäßiger Weise 22 Tage vor dem eigentlichen Besamungstermin bei den einzelnen Züchtern zu beginnen. Dann haben die Königinnen bei der Besamung ein Alter von ca. 10 Tagen. Die Züchter sollten aber bei der Aufzucht nicht alles auf ein Pflegevolk setzen, sondern stets mehrere Pflegevölker verwenden. Hier bietet sich die Zusammenarbeit mehrerer Züchter an, die gemeinsam aus einem Zuchtvolk Serien in verschiedenen Pflegevölkern ansetzen. So wird bei dem Ausfall einer Serie der Besamungstermin nicht in Frage gestellt und kann dennoch mit der geplanten Anzahl an Königinnen beschickt werden.

17.8.4 Kontrolle der gemeldeten Zahlen

Etwa 3- 4 Tage vor dem eigentlichen Besamungstermin sollte der Organisator der Veranstaltung die genauen Zahlen der anzuliefernden Königinnen und die Anzahl der benötigten Spermamengen (Portionen) der einzelnen Drohnenherkünfte noch einmal abfragen. Zu diesem Zeitpunkt hat jeder Züchter seine Königinnen in Begattungseinheiten untergebracht und kann exakte Zahlen nennen. Erst mit Vorliegen dieser Zahlen können Listen mit dem Gesamtbedarf an Spermamengen für die einzelnen Drohnenherkünfte erstellt und der Zeitraum für die gesamte Besamungsaktion und deren zeitlicher Ablauf geplant werden. Gerade in den letzten Tagen vor einem geplanten Termin kommt es immer wieder durch wenig erfahrene Imker (Ausfall ganzer Serien, zu geringes Königinnenalter bei nachgesetzten Serien, Abstechen der Königinnen beim Zusetzen, Verlust der jungen Königinnen beim Ausfangen) zu Veränderungen, die den zeitlichen Ablauf einer Besamungsaktion stark durcheinander bringen können.

17.8.5 Anlieferung, Aufstellung und Pflege der Drohnenvölker

Die Drohnenvölker sind am besten zwei bis drei Tage vor der eigentlichen Besamungsaktion anzuliefern. Völker, die erst am Tage der geplanten Spermaaufnahme angeliefert werden, sind häufig nicht einsetzbar, da die Drohnen noch durch den Transport gestresst sind und kein Sperma abgeben (siehe Kap.17.1.1) Erst, wenn sie sich nach etwa ein bis zwei Tagen beruhigt haben, sind sie wieder einsetzbar.

Die Drohnenvölker sind – möglichst abseits von anderen Völkern – an einem sonnigen Standort aufzustellen. Sind die Drohnen nicht gezeichnet, ist ihr Flug durch entsprechend angeordnete Absperrgitter zu unterbinden.

Drohnen mit vollem Darm koten spätestens beim Ausstülpen während der Spermaaufnahme. Um ihren Darm vorher zu entleeren, muss ihnen die Möglichkeit zum Ausflug gegeben sein. Dies geschieht an warmen Tagen, zweckmäßiger Weise nach 18.00 Uhr und zwar nach Drohnenherkünften getrennt. Dazu öffnet man Deckel und Folie des Drohnenvolkes so, dass eine etwa 10 cm – 15 cm breite Öffnung entsteht. Schnell stürzen die eingesperrten Drohnen ans Licht und fliegen unter lautem Brummen aus. Nach etwa einer halben Stunde kann man den Deckel des Volkes wieder schließen. Damit die Drohnen nicht auf andere Völker – auch nicht die Drohnenvölker anderer Abstammungen – fliegen, sind vor dieser Aktion sämtliche Fluglöcher zu schließen. Arbeitet man mit gezeichneten Drohnen oder nur einer Drohnenherkunft auf einem isoliert gelegenen Stand ohne fremde Völker, kann auf diese Maßnahme verzichtet werden.

Weiter ist darauf zu achten, dass der Futterstrom in den Drohnenvölkern nicht abreißt (Flüssigfütterung in kleinen Mengen am Abend).

17.8.6 Anlieferung der Begattungseinheiten

Die Züchter sollten angewiesen werden, für die Unterbringung ihrer Königinnen nur Mehrwabenkästchen zu verwenden (siehe Kap. 17.1.1). Da die Königinnen bis zum Beginn der Eiablage nicht ausfliegen dürfen, ist bei jedem Kästchen ein Absperrgitter anzubringen, das den Ausflug verhindert. Bei den im Handel befindlichen Begattungskästchen ist dieses Absperrgitter meist außen angebracht. Dies ist jedoch unzweckmäßig. Die Königin wird, wenn sie brünftig ist, von den Bienen durch das Volk getrieben und zum Ausflug gedrängt (siehe Kap. 4.2). Wenn sich das Absperrgitter außen am Kästchen befindet, wird die Königin häufig in das trichterförmige Flugloch gedrängt und es kommt zu Verletzungen insbesondere an den Beinen (194). Um dies zu verhindern, sollten die Absperrgitter innen vor den Fluglochzugängen angebracht sein.

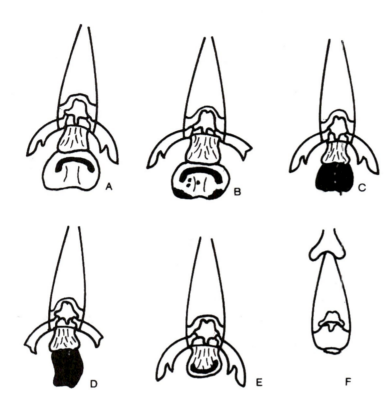

(194) Typische Verletzugen des Pretarsus (Krallenglied).
A - normal;
B - schwarze Flecken auf Saugnäpfen und fehlendes Ende einer Klaue;
C - schwarzes Saugnäpfchen;
D - schwarzes Saugnäpfchen und fehlendes Ende bei allen Klauen;
E - vertrocknetes und zusammengeschrumpftes Saugnäpfchen;
F - durch einen Biss zerrissener Pretarsus.
(Zeichnung: WOYKE, aus MORITZ „Die instrumentelle Besamung der Bienenkönigin").

Ein bis zwei Tage vor dem eigentlichen Besamungstermin sind die jungen Königinnen zu käfigen. Dies sollte zweckmäßiger Weise noch am Stand des Züchters erfolgen, da diese Arbeiten am Besamungsstandort viel Unruhe mit sich bringen. Das Ausfangen der jungen Königinnen, die in ihren Begattungseinheiten sehr schnell auf den Waben herumlaufen, hat grundsätzlich nur in den frühen Morgenstunden (vor 9.00 Uhr) oder am Abend (nach 19.00 Uhr) zu erfolgen. Zu anderen Zeiten fliegen die Königinnen sehr schnell auf und sind dann häufig verloren. Auf jeden Fall sollte immer ein Zerstäuber mit Wasser bereit stehen, um die Königin durch Ansprühen zu beruhigen.

Als Käfige eignen sich die im Handel befindlichen Iltiskäfige aber auch die Versandkäfige aus Kunststoff (z. B. Nicot). In diese Käfige werden die Jungköniginnen ohne Begleitbienen und ohne Futter gegeben. Jeder Käfig muss unverwechselbar und mit wasserfestem Stift mit der Nummer des Begattungskästchens und dem Zeichen der

Königin (z. B. ⑤) beschriftet werden. Immer wieder kommt es bei größeren Besamungsaktionen zu Verwechslungen, wo nur die eindeutige Kennzeichnung Sicherheit verschafft und gewährleistet, dass jede Königin sowohl nach der CO_2 Narkose als auch nach der Besamung wieder in ihr eigenes Begattungskästchen gelangt. Papieraufkleber sind ungeeignet. Sie werden von den Bienen häufig in kurzer Zeit abgenagt. Die Käfige mit den Königinnen werden in eine gut mit Bienen besetzte Wabengasse gehängt.

Nah am Besamungsstandort wohnende Züchter liefern ihre Königinnen in den Abend- oder Morgenstunden ein bis zwei Tage vor der eigentlichen Besamungsaktion an. Die Völkchen können sich dann zuvor einfliegen und werden auch erst einige Tage nach dem Besamungstermin, wenn sich die Völkchen wieder beruhigt haben, mit nach Hause genommen. Diese Vorgehensweise ist optimal. Bei weit entfernt wohnenden Züchtern kann die Anlieferung aber auch am Tage der Besamung selbst erfolgen. Bei diesen Kästchen wird dann der Flug am Besamungsstandort nicht freigegeben, sondern sie verbleiben in einem etwas kühleren und möglichst dunklen Raum. Zur CO_2 Narkose und zur Besamung wird dann der Käfig möglichst so entnommen, dass keine Bienen abfliegen. Dazu wird in die Abdeckfolie der Kästchen eine entsprechende Öffnung geschnitten.

Wird von der Möglichkeit der Anlieferung und Abholung an einem Tag Gebrauch gemacht, müssen die Ankunftszeiten der einzelnen Züchter und alle Termine genau kalkuliert werden. Alle benötigten Spermamengen müssen schon am Vortag aufgezogen sein. Außerdem ist zu berücksichtigen, dass zwischen CO_2 - Narkose und Besamung eine Zeitspanne von mindestens drei Stunden liegen muss und nach der Besamung die Königinnen mindestens zwei Stunden in ihren Völkchen sein und sich frei bewegen sollen, bevor der Heimtransport vorgenommen wird.

Für jede Königin hat der Züchter eine Zuchtkarte vorzubereiten, auf der die Angaben zur Königin selbst, Zuchtbuchnummer, Zeichen, Abstammung und Schlüpftermin vermerkt sind. Auf dem unteren Teil sind die Angaben zu den Drohnenvölkern anzugeben. Diese Angaben können schon vorher erfolgen oder werden vom Leiter der Besamungsaktion vorgenommen. Auf jeden Fall muss auf jeder Zuchtkarte die Nummer der Begattungseinheit (am besten auf der Rückseite) vermerkt sein.

17.8.7 Ablauf der Besamungsaktion

Meist werden Besamungsaktionen für mindestens 2 Tage angesetzt. Bei entsprechender Vorbereitung können dabei bis zu 150 Königinnen besamt werden.

Am ersten Tag, nachdem sämtliche Geräte aufgebaut und der Raum auf entsprechende Temperatur aufgeheizt wurde, erfolgt die Spermaaufnahme. Hier zeigt sich, ob alle Vorbereitungen gut getroffen wurden. Unzureichend vorbereitete Drohnen führen oft zu einer erheblichen Zeitverzögerung. Zu diesem Zeitpunkt muss feststehen, wie viele Spermaportionen von jeder Herkunft benötigt werden, damit keine Zeit für das Aufziehen nicht benötigter Spermamengen vergeudet wird. Eine genaue Buchführung ist dazu erforderlich. Sämtlich benötigtes Sperma sollte möglichst am Vortag der eigentlichen Besamung aufgezogen sein.

(195) Abfangen der gezeichneten Drohnen von der Wabe. Zur Überführung in das Besamungslabor werden sie in einen kleinen Käfig gegeben.

TEIL II

(196) Flugkasten für die Drohnen. Eine Glühbirne an der Rückseite sorgt für die erforderliche Temperatur.

Die Drohnen werden, sofern sie gezeichnet sind und frei fliegen können, am Flugloch oder von den Waben der geöffneten Völker – bevorzugt sitzen sie auf den Randwaben – nach Bedarf abgesammelt (195) und in den Flugkäfig im Besamungsraum gegeben (196).

Nicht gezeichnete Drohnen sind mittels Käfig, der über die Beute gestellt wird, abzunehmen, so dass die Drohnen sicher dem Drohnenvolk zuzuordnen sind (171). Bei Begattungsaktionen auf isolierten Ständen oder Belegstellen mit nur einer Drohnenherkunft und keinerlei fremden Völkern kann sowohl auf das Zeichnen als auch auf das Abfangen mittels Käfig verzichtet werden.
Bei ungünstiger Witterung oder längerer Bevorratung der Drohnen im Flugkäfig kann es zweckmäßig sein, in den Flugkäfig für die Drohnen einen Käfig mit Futter und Jungbienen zu geben, damit die Drohnen entsprechend gepflegt und stimuliert werden (siehe Kap. 17.3). Schnell sammeln sich die Drohnen auf der Gaze des Käfigs und werden von den Bienen gefüttert.

Parallel zur Spermaaufnahme erfolgt die erste CO_2 Narkose der jungen Königinnen aus den Begattungseinheiten, die schon zuvor angeliefert wurden. Dazu werden sie zu 5 bis 10 Stück in einen Transportbehälter gegeben und in dem Besamungsraum der CO_2 Narkose unterzogen. Unmittelbar danach, wenn sie wieder aufgewacht sind, werden sie im Käfig wieder in ihre Begattungseinheit gesetzt. Diese Arbeiten werden meist von den anliefernden Züchtern ausgeführt. Bei Begattungseinheiten, die am Besamungsstandort nicht frei fliegen gelassen werden, erfolgt die CO_2 Narkose ca. 3 Std. vor der eigentlichen Besamung.

Die eigentlichen Besamungen werden durchgeführt, wenn möglichst alle benötigten Spermamengen aufgenommen sind, meist am zweiten für die Aktion angesetzten Tag. Das ist natürlich abhängig von der Gesamtzahl der zu besamenden Königinnen. Die Besamung selbst nimmt – soweit alle Vorbereitungen sorgfältig getroffen sind – nur wenige Minuten in Anspruch. Dazu werden die am Vortag oder mindestens 3 Stunden zuvor mit CO_2 behandelten Königinnen von den Züchtern aus ihren Völkchen entnommen und zur Besamung gebracht, wo sie dann zunächst nacheinander einzeln in den Flugkäfig gegeben werden, um sich ggf. an der kühleren Plexiglasscheibe zu entleeren um dann anschließend besamt zu werden.

Nach der Besamung wird – wie bereits beschreiben – ein Flügel gestutzt und die Gliedmaßen werden kontrolliert. Zuchtbuchnummer, Kästchennummer sowie Zeichen der Königin und Herkunft des eingesetzten Drohnenspermas werden im Besamungsbuch notiert, ebenso wie festgestellte Beschädigungen der Königin. Somit können die Zuchtkarten anschließend ausgefüllt werden. Später kann das Besamungsbuch für Kontrollen oder zur Überprüfung von Ausfällen herangezogen werden.

In der Regel werden die Königinnen in der Reihenfolge der eingesetzten Spermaherkünfte zur Besamung gebracht. Anschließend werden sie wieder – wie zuvor beschrieben (siehe Kap. 17.6) – in ihre Begattungseinheiten gesetzt.
An sorgfältig vorbereiteten Begattungsaktionen können in kurzer Zeit viele Königinnen unabhängig von der Witterung mit unterschiedlichen Drohnenherkünften besamt werden. Die Ergebnisse über viele Jahre liegen häufig über 90 %. Daher werden diese Aktionen in den letzten Jahren zunehmend gern von den Züchtern genutzt.

17.9. Besamte und natürlich gepaarte Königinnen im Vergleich

Immer wieder wird die Frage gestellt, ob künstlich besamte Königinnen hinsichtlich Lebensdauer und Leistung den natürlich gepaarten gleichwertig sind. Es wird eingewandt, dass
- künstliche besamte Königinnen im Durchschnitt weniger Spermien in der Spermatheka aufweisen als natürlich gepaarte,
- die Königinnen durch die CO_2 Narkose oder bei der Besamung geschädigt werden,
- durch den Einsatz weniger Drohnenvölker ein höherer Inzuchtgrad besteht.

Seit etwa 40 Jahren wird die instrumentelle Besamung in der Züchtungspraxis eingesetzt. Heute beherrschen viele Imker das Verfahren, und auf zahllosen Wirtschaftsständen wird mit künstlich besamten Königinnen gearbeitet.

Es trifft zu, dass in den Anfangsjahren bisweilen bei den Besamungsstellen größere Ausfälle zu verzeichnen waren und viele Königinnen gegenüber den natürlich gepaarten eine kürzere Lebensdauer aufwiesen (HARBO und SZABO 1984). Daher wurde empfohlen, besamte Königinnen nicht für Wirtschaftszwecke, sondern nur für die Nachzucht einzusetzen, und sie möglichst nicht in Vollvölkern, sondern nur in Ablegern zu halten.

Heute gilt dies nicht mehr. Die Ergebnisse bei gut geführten Besamungsstellen weisen ein Besamungsergebnis zwischen 90 % und 100 % auf. Es kann nach ordnungsgemäß begonnener Eiablage im späteren Verlauf zu einzelnen Verlusten infolge Infektionen oder zu Drohnenbrütigkeit der Königin kommen.

Diese Ausfälle spielen aber zahlenmäßig keine große Rolle. Der Füllungsgrad der Samenblase schwankt etwa um den Mittelwert von 5 Millionen Spermien und liegt damit etwas unter den Durchschnittswerten bei natürlich gepaarten Königinnen. Dennoch hat sich vielfach bestätigt, dass besamte Königinnen mit diesem Samenvorrat auch in sehr starken Völkern voll beansprucht werden können (197). Lediglich am Ende des zweiten Leistungsjahres besteht eine Tendenz zu größeren Ausfällen und häufigerer Drohnenbrütigkeit gegenüber natürlich gepaarten Königinnen. Deshalb ist es ratsam, bereits nach dem ersten Leistungsjahr – also im zweiten Jahr – von besamten Königinnen bei Vorliegen überdurchschnittlicher Zuchtwerte nachzuziehen.

Gewisse Schwierigkeiten gibt es allerdings noch bei der Anwendung der Spermamischtechnik. Hier wurden im 2. Leistungsjahr größere Ausfälle verzeichnet.

In vielen Wirtschaftsbetrieben und auf den niedersächsischen Leistungsprüfständen liegen seit mehr als 20 Jahren Vergleichswerte zwischen künstlich besamten und inselbegatteten Königinnen vor. Es zeigte sich dabei anhand von Brutflächenmessungen und Leistungsvergleichen, dass die besamten Königinnen in Brutumfang und in der Leistung den natürlich gepaarten Königinnen nicht nachstehen.

(197) **Brutnest einer besamten Königin.**

TEIL II

Anhand von ca. 50.000 Datensätzen, die im Rahmen der Zuchtwertschätzung am Länderinstitut für Bienenkunde Hohen Neuendorf in den Jahren 2001 bis 2011 (Königinnen der Jahrgänge 2000 bis 2010) zentral erfasst wurden, konnte BIENEFELD die Leistungen und Eigenschaften von Völkern mit künstlich besamten, Insel- und Landbelegstellen - begatteten Königinnen vergleichen. Dabei zeigte sich, dass der Honigertrag bei Völkern mit künstlich besamten Königinnen über dem von Völkern mit natürlich gepaarten Königinnen (Insel- und Landbelegstellen) lag (198 a). Der etwas größere Unterschied zu den auf Landbelegstellen begatteten Königinnen kann daraus erklärt werden, dass die auf Landbelegstellen möglichen Fehlpaarungen nicht auf Grund von Heterosis zu Leistungssteigerungen sondern auf Grund eines Teils nicht selektierter Gene zu geringeren Erträgen führten. Ähnlich verhält es sich mit der Sanftmut (198 b).

Die künstliche Besamung stellt damit bei Bienenköniginnen nicht nur die sicherste Paarungsart dar, sondern sie ist durchaus gleichwertig wie die natürliche Paarung.

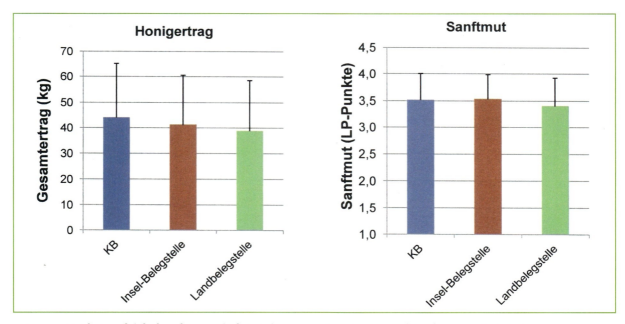

(198 a u. 198 b) Vergleich der phänotypischen Leistungen (Honigertrag und Sanftmut) zwischen den Paarungstypen künstliche Besamung, Inselbelegstelle und Landbelegstelle. Der Honigertrag ist in kg angegeben, die Sanftmut mit Punkten (1 - 4), wobei 4 Punkte die maximal zu erreichende Bewertung darstellt. (BIENEFELD 2012).

17.10. Besamungsstellen nach den Zuchtrichtlinien des D.I.B.

Die Zuchtrichtlinien des Deutschen Imkerbundes definieren Besamungsstellen als Einrichtungen, an denen erfahrene Personen (anerkannte Besamungstechniker) kontrollierte Paarungen im Sinne der Zuchtrichtlinien mittels künstlicher Besamung vornehmen.

17.10.1. Anerkennung von Besamungsstellen

Die Anerkennung eines Besamungstechnikers bzw. einer Besamungsstelle erfolgt durch den Imker-/Landesverband, in dessen Bereich die Besamungsstelle liegt und der Besamungstechniker seine Mitgliedschaft hat. Der Besamungstechniker muss natürlich die Technik der künstlichen Besamung in Theorie und Praxis beherrschen und darüber hinaus analog zum Belegstellenleiter in der Lage sein,
- Drohnen, die nicht den vorgelegten Angaben des Züchters entsprechen, zu erkennen,
- Mängel bei den angelieferten Völkchen festzustellen und
- Krankheiten bei den angelieferten Völkchen und bei den Drohnenvölkern zu erkennen.

Alle Besamungen sind auf entsprechenden Formblättern (Besamungsbuch) zu protokollieren, damit sich der für die Anerkennung zuständige Zuchtobmann einen Überblick über die Zuverlässigkeit und den Umfang der bisher durchgeführten Besamungen verschaffen kann.

Daher gelten als Voraussetzung für die Anerkennung
- nachgewiesene Beherrschung der Technik des Besamungsverfahrens,
- Nachweis der Teilnahme an Königinnenzucht-, Kör- und Bienengesundheitslehrgängen und
- Verwendung der Zuchtvordrucke des D.I.B, insbesondere des Besamungsbuches.

Die anerkannten Besamungsstellen werden ebenso wie die anerkannten Belegstellen in der Regel vor jeder Saison mit den Betriebszeiten und den vor Ort zur Verfügung stehenden Drohnenvölkern in den Verbandsorganen bzw. im Internet veröffentlicht.

17.10.2. Betrieb von Besamungsstellen

Zur Besamung dürfen nur Drohnen aus gekörten Drohnenvölkern benutzt werden. Den Nachweis hat der Lieferant der Drohnen gegenüber der Besamungsstelle zu erbringen. Er hat entsprechende Abstammungs- und Körnachweise vorzulegen. Dies ist erforderlich, weil die Besamungsstelle durch Unterschrift auf der Zuchtkarte die Verwendung entsprechender Drohnenvölker bescheinigt. Für eine Besamung sollten möglichst Drohnen aus mehreren – mindestens drei – Geschwistervölkern verwendet werden. Bei der Verwendung von Drohnen nur eines Volkes stellen sich zu leicht Brutlücken ein. Es können für die Besamung auch verschiedene Völker – z. B. Cousinen ersten oder zweiten Grades – eingesetzt werden. Dies ist jedoch bei der späteren Auswertung im Rahmen einer Zuchtwertschätzung problematisch, ebenso wie der Einsatz der Spermamischtechnik mit vielen nicht verwandten Völkern. Im Rahmen eines gemeinschaftlichen Zuchtprogrammes sollte man daher möglichst für jede einzelne Besamung nur Drohnen aus Geschwistervölkern verwenden.

Der Einsatz nicht gekörter Völker kann für Probezuchten und besondere Fragestellungen interessant sein. Für Königinnen, die mit Drohnen aus nicht gekörten Völkern besamt wurden, darf die Zuchtkarte des D.I.B. nicht verwendet werden.

Der Betreiber der Besamungstelle muss analog zum Belegstellenbuch ein Besamungsbuch (Kopiervorlage im Anhang S. 313) führen, in das alle Besamungen einzutragen sind (199). Bei eventuellen späteren Unklarheiten und Rückfragen liefern diese Eintragungen wertvolle Aufschlüsse. Verwechslungen von Königinnen können vermieden, die Anpaarung jederzeit nachgeschlagen und im Falle von Fehlschlägen Ursachen ermittelt werden. Es wird sich z. B. zeigen, ob bestimmte Herkünfte regelmäßig schlecht abschneiden oder besonders infektionsanfällig sind. Ein sorgfältig geführtes Besamungsbuch erlaubt einen guten Einblick in die Arbeit der Besamungsstelle. Aber auch zur eigenen Kontrolle ist die Buchführung für den Besamungstechniker wichtig. Nur so kann festgestellt werden, ob die Technik wirklich im Laufe der Zeit verbessert wurde. Der Vordruck enthält in der Kopfleiste die allgemeinen Angaben über die Besamungsstelle. Der übrige Raum ist in drei Spalten gegliedert. Die erste enthält Angaben zur Königin, die zweite zu den Drohnenvölkern und die dritte zur Besamung (Insemination). Die Angaben über die Königin werden der Zuchtkarte entnommen. Der Schlüpftag ist von besonderer Bedeutung, weil danach der Zeitpunkt für die Besamung bestimmt wird.

Abweichend vom Belegstellenbuch werden die Angaben zu den Drohnenvölkern für jede Königin gesondert eingetragen, da für jede Besamung anderes Drohnenmaterial verwendet werden kann. In der Regel werden in den Spalten „Zb.-Nr." und „Körschein-Nr." mehrere Völker eingetragen. Man kann hier auch die gemeinsame Mutter der Drohnenvölker mit dem Hinweis „Töchter von" angeben.

In den Spalten für Besamung wird in der ersten Spalte „Insem." Menge des übertragenen Spermas (in µ) und Datum eingetragen. Die Kohlendioxyd (CO_2)-Behandlung kann vor oder nach der Besamung erfolgen. Dieses Datum wird in die Spalte „CO_2" eingetragen. Unter „Eiablage seit" wird das Datum der Eiablage vermerkt; Ausfälle werden hier ebenfalls angegeben, so dass sich aus dieser Spalte der Besamungserfolg ermitteln läßt. Unter „Bemerkungen" werden Besonderheiten, die bei der Besamung auffallen (z. B. „große" oder „kleine Königin", „Beschädigung der Haftlappen" an den Füßen) vermerkt.

Besamungsbuch
Besamungsstelle: Chr. Winkler, Franzstraße 12, 16540 Hohen Neuendorf
Jahr: 2005 Seite: 2
Landesverband: Weser-Ems

	Königin				Drohnenvölker			Besamung / Insemination		
Lfd-Nr.	Name/Anschrift Tel./des Züchters	KBK Nr.	Rasse/Linie Zb.-Nr.	Schlüpftag	Name/Anschrift Tel./des Züchters	Rasse/Linie ZB.-Nr.	Körschein Nr.	Insem. Menge/Dat	CO_2	Eilage seit. Bemerkungen
11	F.K. Tiesler, Bardenfleth 31, 26931 Elsfleth	13	C-T 10/75 17-2-11/05	24.05. (23)	F. K. Tiesler, Bardenfleth 31, 26931 Elsfleth	C-T 07 Töchter von 17-2-86/03 K	849 W.-E.	8 µl 04.06.	03.06.	11.06.
12	↓	17	C-T 10/75 17-2-12/05	24.05. (24)	↓	↓	↓	↓	↓	11.06.
13	↓	21	C-T 10/75 17-2-13/05	24.05. (25)	↓	↓	↓	↓	↓	11.06. 1 Haftlappen beschädigt

(199) Besamungsbuch.

Dem Züchter, der keine eigenen Drohnen für die Besamung seiner Königin stellt, sollen Abstammungsunterlagen über die zur Besamung verwendeten Drohnen (siehe Kap. 16.5.1 (127)) ausgehändigt werden. Diese Unterlagen sollen auch Angaben über Körformel, Leistung und Eigenschaften sowie Zuchtwerte der Vater (4 a)-Völker enthalten. Analog zu den Belegstellen müssen die Paarungsnachweise auf den Zuchtkarten ausgefüllt werden.

Auch für den Betrieb und die Beschickung der Besamungsstelle gilt die Bienenseuchenverordnung. Der Leiter der Besamungsstelle hat vom Anlieferer die Vorlage einer amtstierärztlichen Gesundheitsbescheinigung zu verlangen. Aus Sperrgebieten, in denen die Amerikanische Faulbrut amtlich festgestellt wurde, dürfen Besamungsstellen nicht beschickt werden. Nach Genehmigung durch den Amtstierarzt können jedoch Besamungen am Stand des Züchters durchgeführt werden.

Viele Besamungsstellen werden als mobile Lohnbesamungsstellen betrieben. Die Besamungen werden direkt bei den Züchtern mit dort vorhandenen Drohnen durchgeführt. Dadurch werden häufig bessere Erfolge erzielt, da der Transport der Drohnen zu den Besamungsstellen oft mit Schwierigkeiten verbunden ist. Auch wird hierdurch der Einsatz einer Vielzahl von Drohnenvölkern gewährleistet, wodurch einer Genverarmung entgegengewirkt wird. Im Hinblick auf amtstierärztliche Anordnungen kann der Einsatz mobiler Besamungsstationen von Vorteil sein, weil dadurch ein Verbringen von Königinnen und Drohnenvölkern zu den Besamungsstationen nicht erforderlich ist.

17.10.3. Kontrolle von Besamungsstellen

Analog zum Belegstellenleiter ist auch jeder anerkannte Besamungstechniker bzw. Leiter einer anerkannten Besamungsstelle verpflichtet, dem Zuchtobmann seines zuständigen Imker-/Landesverbandes Jahresberichte vorzulegen. Diese müssen enthalten:
- Anzahl aller besamten Königinnen sowie Anzahl und Prozentsatz der in Eiablage gegangenen Königinnen. Bei Feststellung des Besamungserfolges ist die Besamungsstelle in der Regel auf Rückmeldungen der Züchter angewiesen. Melden diese nicht von sich aus, so sind die Zahlen zu erfragen. Als hilfreich hat sich erwiesen, die unterschriebenen Zuchtkarten erst nach Meldung der in Eiablage

gegangenen Königinnen auszuhändigen. Sind die Besamungsstellen als mobile Einrichtungen auch über die Imker-/Landesverbandsgrenzen hinaus tätig oder werden Königinnen aus anderen Verbänden angeliefert, so sind diese Zahlen mit zu melden.
- Namen und Anschriften der Züchter, die Königinnen angeliefert haben. Diese Angaben können aus dem Besamungsbuch entnommen werden.
- Herkunft und Körschein (bei zentraler Erfassung im Imker-/Landesverband genügt die Angabe der Nummer) aller verwendeten Drohnenvölker. Diese Angaben sind ebenfalls aus dem Besamungsbuch zu entnehmen.

Die Besamungsstellen sind darüber hinaus verpflichtet, den Beauftragten des Imker-/Landesverbandes Einblick in die Besamungsstelle und die Besamungsbücher zu gewähren. In regelmäßigen Abständen sollte der Zuchtobmann eines Verbandes zu diesem Zweck die Besamungsstellen während der Betriebszeit aufsuchen. Dies ist gleichzeitig eine vertrauensbildende Maßnahme, bei der er vor Ort Einblick in die geleistete Zuchtarbeit nimmt und sich einen guten Überblick über die Zuverlässigkeit und Professionalität der Einrichtung verschaffen kann.

17.10.4. Erlöschen der Anerkennung
Die Anerkennung einer Besamungsstelle erlischt bei:
- Schriftlichem Verzicht auf Anerkennung,
- Verlust der Mitgliedschaft im Imker-/ Landesverband
- Verwendung nicht genehmigter Drohnenvölker,
- Verstößen gegen die Zuchtrichtlinien des D.I.B.

Zum letzten Punkt gehören insbesondere fehlende Berichterstattung und mangelnde Bereitschaft, dem Zuchtobmann oder Beauftragten des Imker-/Landesverbandes Einblick in den Betrieb der Besamungsstelle zu gewähren. Auch vorsätzlich falsche Angaben auf den Zuchtkarten führen zur Aberkennung. Die Anerkennung wird durch den zuständigen Imker-/Landesverband widerrufen. Dies wird im Verbandsorgan bekannt gegeben.

18 Standbegattung, Beleg- und Besamungsstellen in der imkerlchen Praxis

Hinsichtlich ihres Interesses an der Züchtung und damit auch an der Paarungskontrolle sind die Imker in drei verschiedene Gruppen einzuteilen: Züchter, Vermehrer und Bienenhalter.

Nur eine relativ kleine Gruppe von Imkern (in Deutschland ca. 5 %) betreibt aktive Zuchtarbeit. Diese beschäftigen sich mit den sehr aufwendigen Leistungs- und Eigenschaftprüfungen ihrer Völker. Die Züchter der Carnica-Rasse und in beschränktem Umfang die der Dunklen Biene beteiligen sich an der zentralen Datenerfassung und Zuchtwertschätzung, die vom Länderinstitut für Bienenkunde Hohen Neuendorf e. V. durchgeführt wird. Für ihre Arbeit sind kontrolliert gepaarte Königinnen Voraussetzung. Sie sind deshalb auf sichere Belegstellen oder die künstliche Besamung angewiesen.

Aufwand und Betriebskosten für die künstliche Besamung liegen recht hoch. Sie sind in der Regel höher als bei der Beschickung und dem Betrieb der Inselbelegstellen. Daher wird man über die Besamungsstellen, deren Kapazität naturgemäß begrenzt ist, die Breitenwirkung von Belegstellen nie erreichen. Dort, wo die Beschickung der sicheren Inselbelegstellen durch die große Entfernung unverhältnismäßig hohe Kosten verursacht, gewinnen die Besamungsstellen jedoch für die Praxis größere Bedeutung. So ist es auch zu erklären, dass gerade im mittleren und südlichen Deutschland etliche Besamungsstellen eingerichtet und mit vielen Königinnen beschickt werden. Dagegen werden sie im Norden wegen der kostenmäßig günstigeren Inselbelegstellen nur geringer angenommen.

Insgesamt sind in den Imker-/Landesverbänden in Deutschland ca. 75 Besamungstechniker bzw. Besamungsstellen anerkannt. Über diese Einrichtungen laufen jährlich ca. 10.000 Königinnen. Im Vergleich dazu sind insgesamt in Deutschland 16 Insel-, 39 Linien- und 40 Rassebelegstellen anerkannt, auf denen insgesamt ca. 70.000 Königinnen jährlich zur Paarung angeliefert werden (Stand 2012).

Der technische Aufwand für die künstliche Besamung ist relativ groß. Geübte Besamer können an einem Tag - auch bei entsprechenden Vorbereitungen und mit Hilfe

von Fachkräften – selten mehr als 60 - 75 Besamungen durchführen. Die Spermaaufnahme nimmt dabei die meiste Zeit in Anspruch.

Ziel der künstlichen Besamung ist es, exakt geplante und kontrollierte Paarungen zu erreichen. Die Besamung stellt allerdings nur ein technisches Verfahren dar und sagt noch nichts über den züchterischen Wert der betreffenden Königin aus. Auch künstlich besamte Königinnen vermögen nur das zu leisten, was auf Grund ihrer Erbanlagen, die bei der Auswahl des Zucht- und Drohnenmaterials zusammengeführt wurden, in ihnen vorhanden ist. Die Anwendung der künstlichen Besamung ist nur dann sinnvoll, wenn sie im Rahmen eines wohl durchdachten Zuchtprogrammes eingesetzt wird.

Gegenüber den sicheren Belegstellen hat das Besamungsverfahren aber den Vorteil, dass die Möglichkeit der Verwendung verschiedener Drohnenherkünfte theoretisch unbegrenzt ist, während auf einer Belegstelle jeweils nur eine Drohnengruppe aufgestellt werden kann. Das Besamungsverfahren ermöglicht daher die Fortführung unterschiedlicher Linien vieler Züchter und wirkt bei geplantem und gezieltem Einsatz einer genetischen Verarmung unseres Zuchtmaterials entgegen. Darüberhinaus ist es mit Hilfe der Spermamischtechnik möglich, neue Zuchtprogramme durchzuführen und Inzuchtschäden weitgehend zu vermeiden.

Für den Hauptteil der Imker ist dieser züchterische Aufwand zu hoch. Sie kaufen sich kontrolliert gepaarte Königinnen oder beschaffen sich Zuchtstoff von Instituten, Züchtern oder Leistungsprüfständen in ihrer Umgebung. Bei der Carnicabiene und in begrenztem Umfang bei der Dunklen Biene haben sie darüber hinaus die Möglichkeit, sich über die vom Länderinstitut für Bienenkunde Hohen Neuendorf e. V. betreute Internetseite www.beebreed.eu über Eigenschaften und Zuchtwerte von Völkern verschiedener Züchter zu informieren, um so ihre Entscheidungen für die Beschaffung von Zuchtmaterial zu treffen. Mit diesem Material produzieren sie standbegattete Wirtschaftsköniginnen, um bei geringem Aufwand den züchterischen Erfolg zu nutzen. Teilweise werden auch Belegstellen zur Paarung, in seltenen Fällen die künstliche Besamung genutzt. Diese Gruppe macht in Deutschland ca. 20 % – 30 % der Imkerschaft aus.

Darüber hinaus trägt diese Gruppe von Imkern ganz entscheidend dazu bei, den Zuchtfortschritt in die Landesbienenzucht zu übertragen: Durch die parthenogeneti-

TEIL II

(200) Königin bei der Eiablage im Volk. Auch bei standbegatteten Königinnen sind die Bienen häufig einheitlich grau, friedfertig und zeigen gute Leistungen.

sche Entstehung der Drohnen geben die Völker dieser Imker, auch wenn sie nur über standbegattete Königinnen verfügen, das Erbgut der selektierten Völker weiter.

Davon profitiert die dritte – überwiegende – Gruppe von Imkern, die sich überhaupt nicht an der züchterischen Verbesserung der Biene beteiligen. Die Aufzucht von Königinnen überlassen sie in der Regel den Völkern selbst. Allenfalls werden noch Ableger gebildet, um Verluste auszugleichen, wobei jedoch nur selten auf die Eigenschaften der zur Vermehrung gebrachten Völker geachtet wird. Durch die freie Paarung ihrer Königinnen mit den Zuchtdrohnen aus der Umgebung ihrer Stände werden sie jedoch kostenfrei am Zuchtfortschritt beteiligt.

Dieses System ist bei der zuvor genannten Struktur der Imkerschaft dann besonders erfolgreich, wenn in einem Gebiet mit einer einzigen Bienenrasse gezüchtet wird bzw. die unter Selektion stehenden verschiedenen Populationen (z. B. Carnica und Buckfast) untereinander nicht zu Kreuzungen mit unerwünschten Eigenschaften führen. Deshalb ist es in Deutschland durch eine über Jahrzehnte währende Zuchtarbeit gelungen, dass auch die Landbiene auf den Ständen, wo keine Selektion betrieben wird, gute Eigenschaften zeigt: Die Völker sind heute auch hier in vielen Fällen ausgesprochen friedfertig und zeigen gute Leistungen (200).

ANHANG

Anhang

Richtlinien für das Zuchtwesen des Deutschen Imkerbundes (ZRL)

Belegstellentagebuch (Kopiervorlage)

Besamungsbuch (Kopiervorlage)

Leitfaden für die Belegstellenarbeit (Kopiervorlage)

Merkblatt über die Beschickung von Belegstellen (Kopiervorlage)

Beanstandungsliste für Belegstellenbeschicker (Kopiervorlage)

Gesetzliche Bestimmungen zum Belegstellenschutz in den verschiedenen Bundesländern

Erläuterung wichtiger Fachbegriffe

Deutscher Imkerbund e.V.
Villiper Hauptstraße 3 – 53343 Wachtberg

| Richtlinien für das Zuchtwesen des Deutschen Imkerbundes (ZRL) | |

Stand: 2002

1. Aufgaben

Der Deutsche Imkerbund e. V. (D.I.B.) fördert eine flächendeckende Bienenhaltung, um die Bestäubung insektenblütiger Pflanzen sicherzustellen. Voraussetzung hierfür ist die Bereitstellung sanftmütiger, leistungs- und widerstandsfähiger Bienenvölker. Dies wird durch eine sorgfältige Prüfung und Auslese von Zuchtvölkern mit wertvollem Erbgut sowie deren planmäßige Vermehrung und Anpaarung erreicht. Die Zuchtrichtlinien (ZRL) beschreiben Grundlagen und Ziele einer planmäßigen Bienenzüchtung. Sie regeln die Anerkennung von Züchtern, Zuchteinrichtungen und Zuchtmaterial im Sinne einer Qualitätssicherung.

2. Gliederung und Zuständigkeit der Zuchtleitung

2.1 Zuchtleitung des Deutschen Imkerbundes:

Die Zuchtleitung besteht aus Züchtertagung und Beirat für das Zuchtwesen. Die Züchtertagung umfaßt die Beauftragten der dem D.I.B. angeschlossenen Imker-/Landesverbände. Jede Zuchtpopulation ist in der Zuchtleitung vertreten. Sie tritt mindestens einmal jährlich zusammen und erarbeitet Richtlinien für die Gestaltung der Zuchtarbeit, für die einheitliche Anerkennung der Züchter und Beleg-/Besamungsstellen sowie für die Prüfung und Bewertung von Zuchtvölkern und Zuchtlinien. Die Züchtertagung gibt sich eine Geschäftsordnung. Der Beirat für das Zuchtwesen wird auf Vorschlag der Züchtertagung vom D.I.B. ernannt.

2.2 Landeszuchtleitung:

Jeder Imker-/Landesverband wählt oder ernennt einen Obmann für das Zuchtwesen des Imker-/Landesverbandes (Landeszuchtobmann). Im übrigen bleibt den Imker-/Landesverbänden die organisatorische Gestaltung des Zuchtwesens in ihrem Bereich überlassen, jedoch sollte jede Zuchtpopulation Berücksichtigung finden. Die Imker-/Landesverbände sind die Träger der Bienenzüchtung. Sie führen die Anerkennung der Züchter und Beleg-/Besamungsstellen sowie die Prüfung und Bewertung von Zuchtvölkern und Zuchtlinien nach den Richtlinien des D.I.B. durch. Die Landeszuchtleitungen sind berechtigt, höhere Anforderungen zu stellen.

ANHANG

3. Zuchtmaterial

Die Zucht erfolgt im Rahmen anerkannter Zuchtpopulationen. Diese können
1. auf der Basis einer nach bestimmten Körpermerkmalen und/oder Nutzungseigenschaften stabilisierenden Selektion innerhalb einer **geographischen Rasse** oder
2. durch Kombination mehrerer geographischer Rassen und nachfolgender stabilisierender Selektion nach bestimmten Merkmalen und/oder Nutzungseigenschaften **(Zuchtrasse)**

entstanden sein. Zuchtpopulationen müssen über eine ausreichende Völkerzahl verfügen, damit der Fortbestand über mehrere Generationen sicher gestellt werden kann.

Die heute in Deutschland verbreitete Landbiene zeigt überwiegend Carnica-Charakter. Das in Verkehr gebrachte Bienematerial darf bei der Kreuzung mit der Landbiene zu keiner Verschlechterung der Verhaltenseigenschaften führen. Für neu anzuerkennende Zuchtpopulationen muss der Nachweis hierfür erbracht werden.
Die An- und Aberkennung einer Zuchtpopulation erfolgt durch die Zuchtleitung des D.I.B..

4. Zuchtmethoden

Die Zucht kann auf folgende Weise erfolgen:

4.1 Reinzucht
Zucht von Königinnen aus gekörten Muttervölkern einer anerkannten Zuchtpopulation und ihre Paarung mit Drohnen aus gekörten Drohnenvölkern derselben Zuchtpopulation. Die Paarung erfolgt auf anerkannten Belegstellen oder durch anerkannte Besamungsstellen. Die Reinzucht zielt auf die Verbesserung der additiven Genwirkung.

4.2 Kreuzungszucht
Zucht von Königinnen aus gekörten Muttervölkern einer anerkannten Zuchtpopulation und ihre Paarung mit Drohnen aus gekörten Drohnenvölkern einer anderen anerkannten Zuchtpopulation. Die Paarung erfolgt auf anerkannten Belegstellen oder durch anerkannte Besamungsstellen. Kreuzungszucht zielt auf die Nutzung von Heterosiseffekten und dient nicht zur Fortführung einer Zuchtpopulation.

4.3 Kombinationszucht
Die Kombinationszucht zählt zu den Reinzuchtverfahren. Hierbei wird nach Einkreuzung einer neuen Zuchtpopulation oder der Kombination mehrerer Zuchtpopulationen in stabilisierender Selektion auf bestimmte Merkmale und/oder Nutzungseigenschaften gezüchtet. Die Paarung erfolgt auf anerkannten Belegstellen oder durch anerkannte Besamungsstellen.

4.4 Kontrollierte Vermehrungszucht:
Zucht von Königinnen aus gekörten Muttervölkern. Die Paarung kann auf beliebige Weise erfolgen. Die Vermehrungszucht dient nicht zur Fortführung einer Zuchtpopulation.

5. Anerkennung und Kontrolle der Züchter

Anerkannte Züchter und die Mitglieder anerkannter Züchtergemeinschaften müssen erfahrene Imker sein, die die Grundlagen der Aufzucht und der Züchtung in Theorie und Praxis beherrschen und den züchterischen Wert eines Volkes beurteilen können.

5.1 Anerkennung
Für die Anerkennung sind die Imker-/Landesverbände zuständig, in denen die Züchter oder Züchtergemeinschaften Mitglied sind. Voraussetzung für die Anerkennung sind:
- 5.1.1 Nachweis der Teilnahme des Züchters oder der Mitglieder der Züchtergemeinschaft an Königinnenzucht-, Kör- und Bienengesundheitslehrgängen
- 5.1.2 Besitz von mindestens 20 Völkern bei Reinzüchtern. Besitz von mindestens 50 Völkern bei Züchtergemeinschaften. Die Völker müssen derselben Zuchtpopulation angehören. Mindestens 2 Zuchtvölker sollten gekört sein.
- 5.1.3 Beurteilung der Völker gemäß den „Empfehlungen zur Leistungsprüfung" des D.I.B.
- 5.1.4 Verwendung der Zuchtvordrucke des D.I.B.
- 5.1.5 Nachgewiesene Tätigkeit im Sinne der Reinzucht über drei Generationen unter Beibehaltung des gleichen Materials. Die Selektion muß auf Grund von Leistungsprüfergebnissen erfolgt sein. Die Ergebnisse müssen vollständig im (Betriebs-) Zuchtbuch erfaßt sein.

5.2 Betriebsführung
Um eine einwandfreie Durchführung der Zucht und eine Überwachung der Leistung zu sichern, ist der Züchter oder die Züchtergemeinschaft verpflichtet:
- 5.2.1 zur Führung der Stockkarte bzw. Volksgeschichte,
- 5.2.2 zur Führung eines (Betriebs-) Zuchtbuches für alle gezüchteten Königinnen mit Angaben der Leistungen und Eigenschaften für die im eigenen Betrieb verwendeten Königinnen,
- 5.2.3 alle Königinnen mit der jeweiligen Jahresfarbe individuell zu zeichnen.

5.3 Zuchtkarte (grau)
Für jede anerkannte Population (Population Carnica und Population Buckfast) gibt es eine eigene Zuchtkarte. Die Karte besteht aus einer oberen Hälfte als Zuchtnachweis (mit Angaben zur Königin) und einer unteren Hälfte als Paarungsnachweis. Die ausgefüllte Karte wird der Königin zur Belegstelle/Besamungsstelle beigefügt.

ANHANG

5.4 Kontrolle
Die Züchter und Leiter der Züchtergemeinschaften sind verpflichtet
- 5.4.1 jährlich Zuchtberichte vorzulegen
- 5.4.2 den Beauftragten des Imker-/Landesverbandes auf Verlangen Einblick in ihre Betriebe und Zuchtunterlagen zu gewähren
- 5.4.3 nach Aufforderung durch den Imker-/Landesverband an externen Leistungsprüfungen teilzunehmen
- 5.4.4 alle Leistungsprüfdaten für eine zentrale Erfassung und Auswertung zur Verfügung zu stellen.

5.5 Erlöschen der Anerkennung
Die Anerkennung als Züchter oder Züchtergemeinschaft erlischt durch:
- 5.5.1 schriftlichen Verzicht auf Anerkennung
- 5.5.2 Verlust der Mitgliedschaft beim Landesverband
- 5.5.3 Änderung der Voraussetzungen für die Anerkennung, in Verkehr bringen von Nachzuchten aus nicht gekörten Völkern, nicht genehmigter Wechsel der Zuchtpopulation, unzureichende Offenlegung der Zuchtunterlagen oder sonstige Verstöße gegen die ZRL. Die Anerkennung wird durch den Imker-/Landesverband widerrufen.

6. Anerkennung und Kontrolle von Vermehrungsbetrieben

Vermehrungsbetriebe sind Imkereien, die Königinnen aus gekörten Völkern erzeugen und abgeben. Sie dienen somit der Verbreitung wertvollen Zuchtgutes.

6.1 Anerkennung
Vermehrungsbetriebe müssen von einem sachkundigen Imker geführt werden, der die Grundlagen der Aufzucht in Theorie und Praxis beherrscht und den züchterischen Wert eines Volkes beurteilen kann.

Für die Anerkennung sind die Imker-/Landesverbände zuständig, in denen der Züchter Mitglied ist. Anerkannt können nur solche Betriebe werden:
- 6.1.1 die den Nachweis der Teilnahme an Königinnenzucht-, Kör- und Bienengesundheitslehrgängen erbringen
- 6.1.2 die mindestens 50 Königinnen jährlich abgeben,
- 6.1.3 die über mindestens 20 Völker verfügen,
- 6.1.4 die ausschließlich Nachzuchten aus gekörten Völkern abgeben,
- 6.1.5 die Zuchtvordrucke des D.I.B. verwenden,

6.2 Betriebsführung
Zur Überwachung einer einwandfreien Nachzucht ist der Vermehrungsbetrieb verpflichtet,
- 6.2.1 ein (Betriebs-) Zuchtbuch mit Eintragungen (linke Seite) aller gezüchteten Königinnen zu führen,
- 6.2.2 alle Königinnen mit der jeweiligen Jahresfarbe zu zeichnen,
- 6.2.3 nach Aufforderung durch den Imker-/Landesverband an externen Leistungsprüfungen teilzunehmen.

6.3 Zuchtkarte (gelb)
Zuchtnachweis (mit Angaben zur Königin) und gegebenenfalls Paarungsnachweis. Die Karte wird ausgefüllt und der Königin bei kontrollierter Paarung zur Belegstelle/Besamungsstelle beigefügt bzw. dem Käufer mit der unbegatteten Königin ausgehändigt.

6.4 Kontrolle
Der Leiter des Vermehrungsbetriebes ist verpflichtet, jährlich Zuchtberichte vorzulegen. Er muß den Beauftragten des Imker-/Landesverbandes auf Verlangen Einblick in den Betrieb und die Zuchtunterlagen gewähren.

6.5 Erlöschen der Anerkennung
Die Anerkennung eines Vermehrungsbetriebes erlischt durch:
- 6.5.1 schriftlichen Verzicht auf Anerkennung,
- 6.5.2 Verlust der Mitgliedschaft des Züchters beim Imker-/Landesverband,
- 6.5.3 Änderung der Voraussetzungen für die Anerkennung, Verwendung nicht gekörter Völker oder sonstige Verstöße gegen die ZRL. Die Anerkennung wird durch den Imker-/Landesverband widerrufen.

7. Belegstellen

Belegstellen sind Plätze, die der Paarung der Königinnen mit ausgewählten Drohnen dienen. Jede Belegstelle erhält einen Namen. Für jede Belegstelle ist ein sachkundiger Imker als Belegstellenleiter zu benennen, der Erfahrungen auf dem Gebiet der Körung und Drohnenzucht besitzt und die Teilnahme an Lehrgängen für Königinnenzucht-, Kör- und Bienengesundheitslehrgängen nachweisen kann.

7.1 Arten von Belegstellen
Es werden folgende Arten von Belegstellen unterschieden:
- 7.1.1 Anerkannte Inselbelegstelle:
  Belegstelle auf einer bienenfreien Insel, die mindestens 3 km über Wasser vom Festland entfernt ist. Befinden sich auf einer Insel Belegstellen verschiedener Linien, so ist die Vorschrift 7.1.2 anzuwenden.

ANHANG

7.1.2   Anerkannte Landbelegstelle:
Die Umgebung der Belegstelle ist als Schutzbereich auszuweisen. Aufgrund einer Empfehlung der internationalen Bienenzüchterorganisation Apimondia soll der Schutzbereich einen Radius von mindestens 7 km um die Belegstelle umfassen. In diesem Bereich dürfen nur Völker der jeweiligen Linie bzw. Rasse vorhanden sein.

7.1.2.1   Anerkannte Linienbelegstelle:
Es muß Gewähr dafür gegeben sein, daß alle im Schutzbereich der Belegstelle aufgestellten Völker mit Königinnen versehen sind, die von gekörten Zuchtmüttern der Zuchtlinie der Belegstelle abstammen. Verantwortlich hierfür ist der Belegstellenleiter.

7.1.2.2   Anerkannte Rassebelegstelle:
Es muß Gewähr dafür gegeben sein, daß alle im Schutzbereich der Belegstelle aufgestellten Völker derselben Zuchtpopulation angehören. Verantwortlich hierfür ist der Belegstellenleiter.

7.2 Anerkennung:

Die Anerkennung einer Belegstelle erfolgt auf Antrag durch den zuständigen Imker-/Landesverband, ggf. in Verbindung mit den zuständigen Behörden. Dem Antrag ist eine Karte beizufügen, auf der die Lage der Belegstelle und der Bienenstände bis 7,5 km (besser bis 10 km) Entfernung eingetragen ist. Bei Vorhandensein eines Gebietes einheitlicher Zuchtpopulation ist dieses anzugeben. Gleichzeitig ist der vorgesehene Schutzbereich zu kennzeichnen. Eine namentliche Liste der Imker, deren Bienenstöcke sich zur Zuchtzeit im Schutzbereich befinden, ist dem Antrag beizufügen. Aus der Aufstellung muß die Anzahl aller Völker und der bereits auf die entsprechende Zuchtpopulation umgeweiselten Völker ersichtlich sein. Die Anerkennung der Belegstelle und die damit verbundene Festlegung des Schutzbereiches kann nur nach Überprüfung durch Beauftragte des Imker-/Landesverbandes erfolgen.

7.3 Betrieb

Auf anerkannten Belegstellen dürfen nur gekörte Drohnenvölker aufgestellt werden. Es ist für eine größtmögliche Drohnendichte Sorge zu tragen. Verantwortlich hierfür sind der Belegstellenleiter und die mit der Haltung der Drohnenvölker beauftragen Personen.

Je 25 (max. 50) Begattungsvölkchen, die sich gleichzeitig auf der Belegstelle befinden, muß ein gekörtes Drohnenvolk aufgestellt werden. Es sollten jedoch mindestens 8 (besser 10) Drohnenvölker vorhanden sein.

Die Aufstellung der Drohnenvölker auf der Belegstelle muß vor Beginn des Drohnenfluges erfolgen oder der Zuflug fremder Drohnen muß durch Absperrgitter verhindert werden.

Die Begattungsvölkchen sollen in EWK auf die Belegstelle geliefert werden. Mit Zustimmung des Belegstellenleiters sind auch Mehrwabenkästchen zugelassen. Sie müssen völlig droh-

nenfrei sein. Werden auch nur in einem Kästchen Drohnen festgestellt, kann die gesamte Sendung zurückgewiesen werden.
Für den Betrieb und die Beschickung gilt außerdem die Bienenseuchen-Verordnung. Der Belegstellenleiter kann die Vorlage einer Gesundheitsbescheinigung verlangen.

Für jede Belegstelle ist eine Belegstellenordnung zu erstellen. Der Belegstellenleiter ist für die Einhaltung der Vorschriften, die Eintragungen in die Belegstellenbücher, die Ausfüllung des Paarungsnachweises auf der Zuchtkarte und für die Berichterstattung an den Imker-/Landesverband verantwortlich.

7.4 Kontrolle
Der Belegstellenleiter ist verpflichtet, jährlich Zuchtberichte vorzulegen. Diese müssen enthalten:
- Veränderungen der Zahl der Bienenvölker im Schutzbereich,
- Aktualisierung des Nachweises der Zuchtpopulation der Völker im Schutzbereich gem. 7.2.,
- Anzahl der aufgestellten und der gepaarten Königinnen.

Den Beauftragten des Imker-/Landesverbandes ist auf Verlangen Einblick in den Betrieb und die Zuchtunterlagen zu gewähren.

7.5 Erlöschen der Anerkennung
Die Anerkennung einer Belegstelle erlischt, wenn
7.5.1 die Drohnenpopulation im vorgeschriebenen Schutzbereich nicht mehr den ZRL entspricht,
7.5.2 ein nicht gekörtes Drohnenvolk aufgestellt wird,
7.5.3 die Zuchtpopulation ohne Genehmigung des Imker-/Landesverbandes wechselt,
7.5.4 sonstige grobe Verstöße gegen die ZRL des D.I.B. oder Bestimmungen des Imker-/Landeverbandes festgestellt werden.
Die Anerkennung wird durch den Imker-/Landesverband widerrufen.

8. Besamungsstellen

Besamungsstellen sind Einrichtungen, an denen anerkannte Besamungstechniker kontrollierte Paarungen im Sinne der ZRL mittels künstlicher Besamung vornehmen.

8.1 Anerkennung
Die Anerkennung von Besamungstechnikern bzw. Besamungsstellen erfolgt durch den zuständigen Imker-/Landesverband.

Voraussetzungen für diese Anerkennung sind:
8.1.1 nachgewiesene Beherrschung der Technik des Besamungsverfahrens

ANHANG

8.1.2   Nachweis der Teilnahme an Königinnenzucht-, Kör- und Bienengesundheitslehrgängen,
8.1.3   Verwendung der Zuchtvordrucke des D.I.B., insbesondere des Besamungsbuches.

8.2   Betrieb

Zur Besamung dürfen nur Drohnen aus gekörten Drohnenvölkern benutzt werden. Die Verwendung nicht gekörter Völker bedarf der vorherigen Abstimmung mit der Zuchtleitung der jeweiligen Population. Jede Besamung ist in das Besamungsbuch einzutragen.

Für den Betrieb und die Beschickung der Besamungsstelle ist die Bienenseuchen-Verordnung maßgebend. Der Leiter der Besamungsstelle kann vom Anlieferer die Vorlage einer Gesundheitsbescheinigung verlangen.

8.3 Kontrolle

Die Besamungsstellen sind verpflichtet, Jahresberichte vorzulegen. Diese müssen enthalten:
– Anzahl der besamten Königinnen und Besamungserfolg,
– Namen der Züchter der Königinnen,
– Herkunft der verwendeten Drohnenvölker.

Sie müssen den Beauftragten des Imker-/Landesverbandes auf Verlangen Einblick in die Besamungsstelle und die Besamungsbücher gewähren.

8.4 Erlöschen der Anerkennung

Die Anerkennung einer Besamungsstelle erlischt bei
8.4.1   schriftlichem Verzicht auf Anerkennung
8.4.2   Verlust der Mitgliedschaft im Landesverband
8.4.3   Verwendung nicht genehmigter Drohnenvölker
8.4.4   Verstößen gegen die ZRL des D.I.B.

Die Anerkennung wird durch den Imker-/Landesverband widerrufen.

9. Körwesen

Körung ist die Anerkennung der Nachzuchtwürdigkeit eines Bienenvolkes. Für die einzelnen Zuchtpopulationen sind die jeweiligen Zuchtziele und Merkmale festzulegen. Die Standards der anerkannten Zuchtpopulationen sind im Anhang aufgeführt.

Die Körung erfolgt als
– Zuchtvolk (zur Nachzucht von Königinnen)
– Drohnenvolk (zur Erzeugung von Drohnen)

9.1 Voraussetzungen für die Körung

9.1.1 Körung als Zuchtvolk (2 a-Volk)
Nachweise sind zu erbringen für
- Abstammung
- Eigenleistung
- Geschwisterleistung

9.1.1.1 Abstammung
Auf dem Abstammungsnachweis des Körscheines müssen zwei Vorfahrengenerationen vollzählig aufgeführt werden. Diese Völker sollen gekört sein oder es müssen entsprechende Leistungs- und Eigenschaftsnachweise vorliegen.

Eine Merkmalsuntersuchung oder sonstige Methode zur sicheren Identifikation (z. B. DNA-Analyse) der Zuchtpopulation dient der Überprüfung der Reinpaarung und damit der Abschätzung der Erbsicherheit. Sie ist somit Bestandteil der Körung.

9.1.1.2 Eigenleistung
Die Bewertung der Honigleistung und der Eigenschaften erfolgt frühestens nach einem Prüfjahr gemäß den „Empfehlungen zur Leistungsprüfung" des D.I.B. Neben dem Honigertrag werden bei der Eigen- und Geschwisterleistung weitere Eigenschaften nach folgenden Kriterien bewertet:

- Sanftmut   sehr sanft – sanft – nervös – bösartig
- Wabensitz   fest – ruhig – laufend – flüchtig
- Winterfestigkeit   gut – mittel – gering – fehlt
- Frühjahrsentwicklung   sehr schnell – schnell – normal – langsam
- Volksstärke   sehr stark – stark – normal – schwach
- Schwarmtrieb   fehlt – leicht lenkbar – schwer lenkbar – sehr stark

Die Eigenschaften „Sanftmut" und „Wabensitz" sind als Durchschnittswerte der Aufzeichnungen zu ermitteln. Die im Rahmen einer zentralen Zuchtwertschätzung ermittelten Zuchtwerte sind ggf. anzugeben. Weiter sollte Widerstandsfähigkeit gegenüber Krankheiten, insbesondere Varroatose berücksichtigt werden. Hierzu wird auf die vom D.I.B. herausgegebenen „Empfehlungen zur Durchführung von Varroatoleranzprüfungen" verwiesen.

9.1.1.3 Geschwisterleistung
Honigleistung und Eigenschaften aller geprüften Geschwister gleicher Anpaarung (mindestens fünf) sind entsprechend nachzuweisen. Hierzu sollen auch Völker auf anderen Ständen mit einbezogen werden.

ANHANG

9.1.2 Körung als Drohnenvolk (1 b-Volk)
Voraussetzungen für die Körung als Drohnenvolk sind
— Nachweis der Körung des Muttervolkes
— Nachweis der Merkmale (siehe Anhang)

9.2 Körbefund
Alle erforderlichen Angaben werden im Körschein dokumentiert. Das Ergebnis der Körung wird angegeben.

Die Körung wird durch den Beauftragen der jeweiligen Zuchtpopulation ausgesprochen. Er kann zusätzlich eine weitergehende Beurteilung im Körschein vornehmen. Abweichungen in formeller Hinsicht bei den Imker-/Landesverbänden sind mit der Zuchtleitung des Deutschen Imkerbundes abzustimmen.
Der Imker-/Landesverband hat eine zentrale Erfassung der Körscheine sicherzustellen.
Sind die Angaben unvollständig oder zweifelhaft, ist die Körung abzulehnen.

9.2.1 Körung als Zuchtvolk
Die Körung wird ausgesprochen als
— Klasse A
    Uneingeschränkt nachzuchtwürdig und zur Verwendung als 4a-Volk auf stark frequentierten Belegstellen geeignet (bei Vorliegen von Zuchtwerten alle Werte über 100 %). Mindestens drei Generationen müssen gekört sein.
— Klasse B
    Nachzuchtwürdig (bei Vorliegen von Zuchtwerten Durchschnitt aller Werte über 100 %). Mindestens drei Generationen müssen gekört sein.
— Klasse P
    Verwendung nur für Probezuchten. Nachkommen dieser Völker dürfen nicht in Verkehr gebracht werden.

9.2.2 Körung als Drohnenvolk
Die Körung als Drohnenvolk wird ausgesprochen, wenn
— sein Muttervolk gekört ist,
— die Merkmale dem Standard der Zuchtpopulation entsprechen.

9.3 Abkörung
Ein Volk ist abzukören, wenn
— die Originalkönigin nicht mehr eindeutig identifiziert oder Zuchtstoff bzw. Drohnen nicht mehr sicher auf sie zurückgeführt werden können
— Leistungen und Eigenschaften der Nachkommen Zweifel an der Nachzuchtwürdigkeit aufkommen lassen.

Anhang

Zuchtziele und Merkmalsbeschreibungen der anerkannten Zuchtpopulationen

I. Geographische Rasse Carnica

1.1 Zuchtziele

- Honigleistung   hoch und ausgeglichen
- Sanftmut   sehr sanft – sanft
- Wabensitz   fest – ruhig
- Winterfestigkeit   gut – mittel
- Frühjahrsentwicklung   sehr schnell – schnell
- Volksstärke   sehr stark – stark
- Schwarmtrieb   fehlt – leicht lenkbar
- hohe Widerstandsfähigkeit gegenüber Krankheiten und Parasiten

1.2. Merkmalsbeurteilung

Folgende Körpermerkmale werden beurteilt:

Arbeitsbienen:	**Drohnen:**
Panzerzeichen	Panzerzeichen
Haarlänge	Haarfarbe
Filzbinden	
Cubitalindex	Cubitalindex

Die Beurteilung der Merkmale hat nach folgender Tabelle, die gleichzeitig die Streuungsbreite angibt, zu erfolgen:

Tabelle für Carnica

Arbeitsbienen:	Panzerzeichen			Haarlänge			Filzbinden			Cubitalindex
Klasse	0/e	E	R	k	m	l	F	ff	f	Ø
höchstzul.										über 2,5
Prozentsatz	100	30	–	100	30	–	100	50	–	

Drohnen:	Panzerzeichen			Haarfarbe			Cubitalindex
Klasse	0/i	l	R	br	gr	ge	Ø
höchstzul.							über 1,8
Prozentsatz	100	10	–	–	20*	100	–

* max. 20 % dürfen in den Klassen zwischen lehmgrau und rostbraun liegen.

ANHANG

Unter den Merkmalsklassen der vorstehenden Standard-Tabellen sind die höchstzulässigen Prozentzahlen angegeben, die von rassetypischen Arbeitsbienen und Drohnen erreicht werden dürfen.

Zur Merkmalsuntersuchung eines Zuchtvolkes sind möglichst 50 voll ausgereifte Jungbienen eines Volkes und ebenso viele Drohnen heranzuziehen.

Anmerkung:

Panzerzeichen:	o	(ohne)	= ohne Panzerzeichen
	e	(kleine Ecken)	= Ecken unter 1 mm²
	E	(große Ecken)	= Ecken größer 1 mm²
	R	(Ringe)	= ein oder mehrere Ringe
	I	(große Inseln)	= Farbaufhellung auf dem 2. Ring durch schmale dunkle Brücke getrennt
	i	(kleine Inseln)	= kleine Flecken in der Nähe der Atemlöcher oder Verbreiterung des Sattelstreifens
Haarlänge:	k	(kurz)	= unter 0,35 mm
	m	(mittel)	= 0,35 – 0,40 mm
	l	(lang)	= über 0,40 mm
Haarfarbe:	gr	(grau)	
	ge	(gelb)	nach der Farbskala
	br	(braun)	von GOETZE
	sch	(schwarz)	
Filzbinden:	f	(schmal)	= Filzbinde deutlich schmäler als der dunkle Rand
	ff	(mittel)	= etwa gleich breit
	F	(breit)	= Filzbinde deutlich breiter als der dunkle Rand

Cubitalindex: Bei den Arbeitsbienen erfolgt die Beurteilung des Cubitalindex auf Grund des Mittelwertes (M) und der Variationskurve. In letzterer dürfen bei der C-Biene höchstens 2 % unter 2,00 (Klasse 15) liegen und es darf sich im Bereich von 2,0 bis 2,3 kein Nebengipfel zeigen. In den Klassen 17, 16 und 15 dürfen sich zusammen nicht mehr als 15 % der untersuchten Arbeitsbienen befinden.
Bei den Drohnen erfolgt die Beurteilung des Cubitalindex auf Grund des Mittelwertes (M) und der Variationskurve. Die Einzelwerte dürfen weit streuen. Die Kurve soll nicht unter 1,40 (Klasse 11) beginnen.

Anmerkung zu den Zuchtrichtlinien

Zu 9.1.1.3
Liegen keine Leistungs- und Eigenschaftsnachweise von mindestens 5 weiteren Geschwistervölkern gleicher Anpaarung vor, genügt stattdessen ein Vertrauens (V)- Faktor von > 38 % für die Honigleistung. Dieser wird erreicht, wenn entsprechend umfangreiche Ergebnisse von Vorfahren und Halbgeschwistern vorliegen (Beschluß der D.I.B. Züchtertagung vom 26.03.2004). Die Angaben für diesen Wert können den Tabellen für die Zuchtwerte entnommen werden.

Zu 9.2.1
Körung Klasse Av
Im Rahmen der Arbeitsgemeinschaft Toleranzzucht gibt es noch eine Av-Körung. Hier muss der Zuchtwert für Varroatoleranz über 100 % liegen, mindestens drei der anderen vier Zuchtwerte müssen über 100 % betragen, der vierte Wert muss größer als 95 % sein. (Beschluß der D.I.B. Züchtertagung vom 26.03.2004)

Zum Anhang
Zuchtziele und Merkmalbeschreibung der anerkannten Zuchtpopulationen
I Geographische Rasse Carnica
1.2. Merkmalsbeurteilung.
Bei den Drohnen dürfen keine großen Inseln „I" vorhanden sein. Diese verursachen bei den Arbeitsbienen gelbe Ringe und sind als Bastardzeichen zu werten (siehe Ruttner, F.: Zuchttechnik u. Zuchtauslese bei der Biene, 7. Auflage Ehrenwirth Verlag 1996 S.151 und R. Büchler/ R. Moritz/ F. Tiesler: Zur Paarungssicherheit von Inselbelegstellen. die Biene / ADIZ 2/2005 S. 6 u. 7).

ANHANG

Anerkannte(r) Reinzüchter* Reinzüchtergemeinschaft*

Deutscher Imkerbund e. V.

LV _____

Zuchtnachweis

Königin

Zuchtbuch Nr. _____

Zeichen _____

Generationsfolge _____

Schlüpftag _____

Muttervolk Zb. Nr.

Rasse/Linie _____

_____
(Unterschrift des Züchters)

Paarungsnachweis

Drohnenvölker: _____

Töchter von ZB. Nr. _____

Rasse/Linie _____

Anerk. Belegstelle* – Besamungsstelle

Eiablage seit _____

_____
(Unterschrift des Belegstellenleiters)*
(Leiter der Besamungsstelle)*

*) Nichtzutreffendes bitte streichen

Deutscher Imkerbund e. V.

LV _____

Zuchtnachweis

Königin

Zuchtb. Nr. _____

Zeichen _____

Generationsfolge _____

Schlüpftag _____

Muttervolk Zb. Nr.

Rasse/Linie _____

_____
(Unterschrift des Züchters)

Paarungsnachweis

Drohnenvölker: _____

Töchter von ZB. Nr. _____

Rasse/Linie _____

Anerk. Belegstelle* – Belegstand

Eiablage seit _____

_____
(Unterschrift des Belegstellenleiters)*

*) Nichtzutreffendes bitte streichen

Links: Graue Zuchtkarte für anerkannte Reinzüchter und Mitglieder von Zuchtergemeinschaften.

Rechts: Gelbe Nachzuchtkarte für Vermehrungszüchter.

Landesverband: _____ Jahr: _____

Tagebuch der Belegstelle: .... **Leiter:** ....
(Nummer und Namen)

Drohnenvölker Rasse/Linie: Züchter:
Zuchtbuch Nr.: .... Tö. von: .... Körbericht: ....

Nr.	Name des Züchters	Wohnort des Züchters	Tag der Ankunft	Einwabenkästchen		Schutz-kasten Nummer	Ergebnis			Tag der Abholung	Gebühr
				Zustand	Nummer		In Eiabl. seit	unbe-gattet	verloren		

Besamungsbuch

Besamungsstelle: _____
Jahr: _____ Seite: _____
Landesverband: _____

Lfd.-Nr.	Königin					Drohnenvölker				Besamung / Insemination		
	Name/Anschrift Tel./des Züchters	KBK Nr.	Rasse/Linie Zb.-Nr.	Schlüpf-tag		Name/Anschrift Tel./des Züchters	Rasse/Linie ZB.-Nr.	Körschein Nr.	Insem. Menge/Dat	CO_2	Eilage seit. Bemerkungen

Leitfaden für die Belegstellenarbeit

A) Königinnen für die Drohnenvölker

1. Die Königinnen für die Drohnenvölker müssen aus gekörten, zuchtwertgeschätzten Völkern (Körung Klasse A) stammen.

2. Bei der Entnahme des Zuchtstoffs muss sichergestellt sein, dass dieser zweifelsfrei von der Zuchtkönigin stammt. Diese muss eindeutig vorhanden sein. Es darf sich im Volk keine weitere (ev. Jungkönigin) befinden. Prüfung!

3. Das Zuchtvolk für die Königinnen der Drohnenvölker (4 a-Volk) soll nicht nur vom Züchter selbst, sondern von einer weiteren Person (z.B. Zuchtobmann, Züchterringleiter) begutachtet werden.

4. Für die Drohnenvölker müssen ausreichend viele begattete Königinnen (mindestens 20) erstellt werden. Darüber hinaus sollen weitere Geschwisterköniginnen beim Züchter bzw. bei anderen Züchtern in der Region in Reserve gehalten werden, um im Bedarfsfalle (Ausfälle, Sperrgebiet usw.) auf diese zurückgreifen zu können.

5. Alle Königinnen für Drohnenvölker sind individuell zu zeichnen (Opalithplättchen mit Jahresfarbe und Nummer, ggf. Notierung des Sitzes des Zeichens nach Uhrzeit). Vor der Einweiselung ist jeder Königin ein Deckflügel um ca. ⅓ seiner Länge zu stutzen, damit beim Verlust des Zeichens die Königin als Originalkönigin identifiziert werden kann.

B) Kontrolle der Belegstellen auf Bienenfreiheit (nur bei Inselbelegstellen)

Werden die Drohnenvölker nicht auf der Insel überwintert, soll in jedem Jahr die Bienenfreiheit vor der Saison überprüft werden. Dazu gibt es folgende Möglichkeiten:

- Kontrolle von nektar- und pollenspendenden Pflanzen bei gutem Wetter im gesamten Inselbereich (Achtung!, wild lebende Solitärbienen können zu Verwechslungen führen, daher sind ggf. Wildbienenexperten hinzuzuziehen)

- Auslegen von Futterproben und Erhitzen von Wachs (Brutwaben mit Honig- und Pollenanteilen mittels kleinem Kocher erhitzen).

- In speziellen Fällen sind vor der Belegstellensaison unbegattete Königinnen ohne Drohnen aufzustellen. Die Königinnen sind mindestens 6 Wochen auf Eiablage zu kontrollieren (nach Anlieferung der Drohnenvölker Sperrung auf kleines Flugloch und Schneiden eines Flügels, weitere Prüfung auf Eiablage über ca. 3 Wochen).

ANHANG

Bei Überwinterung der Drohnenvölker auf der Insel kann der Flug dieser Völker für die Dauer der Kontrollmaßnahmen unterbunden werden. (Schließen der Fluglöcher 2 Tage vor der Kontrolle im Hinblick auf im Gelände übernachtende Arbeiterinnen; Achtung: ausreichende Lüftung sichern, Lichteinfall vermeiden, ggf. wässern und kühlen!)

C) Aufbau und Führung der Drohnenvölker

1. Die Drohnenvölker sind im Jahr vor ihrem Einsatz bis spätestens Ende August aufzubauen. Werden dazu während der Belegstellensaison auf der Belegstelle Ableger gebildet, dürfen diese nur mit Bienen und Brut aus den Drohnenvölkern erstellt werden. Bei Umweiselung vorhandener Drohnenvölker auf der Belegstelle sind die Jungköniginnen in Ablegern zuzusetzen. Als Termin ist dafür frühestens der 15. Juli zu wählen, damit sichergestellt ist, dass keine Drohnen von der neuen Königin zum Einsatz kommen. Bei früheren Terminen ist sämtliche Drohnenbrut in den Ablegern zu vernichten.

2. Im Frühjahr – vor der Belegstellensaison – sind die Drohnenvölker von dem Drohnenvolklieferanten und dem Züchter, der die Königinnen stellt bzw. einem anderen erfahrenen Züchter zu begutachten. Dabei ist insbesondere zu überprüfen, ob in allen Völkern die Originalkönigin (Prüfen der Zeichen, Abgleich mit den Zuchtkarten) vorhanden ist. Weiter sind die Volksstärke, die Verhaltenseigenschaften und der Gesundheitszustand zu beurteilen. Hinsichtlich der Körpermerkmale ist bei den Drohnen auf Farbzeichen zu achten. Über die Beobachtungen und Feststellungen ist ein Bericht zu fertigen. Schlechte Volksverfassung, Eigenschaften oder Krankheitssymptome (insbesondere Kalkbrut) müssen zu einem Ausschluss der Drohnenvölker führen.

3. Bei Belegstellen für die Carnica-Rasse sind vor Eröffnung von allen Drohnenvölkern Merkmalsproben (50 Drohnen) zu entnehmen und bei einer vom Verband anerkannten Merkmalsuntersuchungsstelle untersuchen zu lassen.

4. Im zeitigen Frühjahr sind bei der ersten Kontrolle von den Drohnenvölkern Futterkranzproben zu entnehmen (Sammelproben für die gesamte Belegstelle, wobei jedoch eine Probe nicht mehr als 12 Völker umfassen darf) und auf Faulbrutsporen untersuchen zu lassen.

5. Spätestens 6 Wochen vor Belegstelleneröffnung ist jedem Drohnenvolk mindestens eine Drohnenwabe (zu diesem Zweck sind ausgebaute Drohnenwaben vorzuhalten) bzw. Baurahmen in das Brutnestes einzustellen (kann schon im Vorjahr erfolgen). Im Laufe der weiteren Entwicklung soll die Zahl der Drohnenwaben je nach Stärke der Völker auf zwei bis max. drei gesteigert werden.
Bei später Frühjahrentwicklung oder frühzeitiger Belegstelleneröffnung hat es sich bewährt, in den Wintersitz an zentraler Stelle ein bis zwei Waben zu geben, in die hinein zwei ca. 8 cm x 8 cm große Fenster geschnitten wurden, die von den Bienen mit Droh-

nenbau ausgefüllt werden. Diese Waben, die sowohl Arbeiter- als auch Drohnenzellen enthalten, werden rasch bestiftet und enthalten bereits im zeitigen Frühjahr erste Drohnenbrut.

6. Die Drohnenvölker sind möglichst eng zu halten. Der Futterstrom darf niemals abreißen. Bei Bedarf ist zu füttern (Faustregel: Es müssen ständig mindestens 4 beidseitig mit Futter verdeckelte Randwaben vorhanden sein). Eine Honigentnahme führt zur Vernachlässigung der Drohnenpflege und zu einem vorzeitigen Abtrieb der Drohnen. Honigentnahmen während der Belegstellensaison sind daher möglichst zu vermeiden. Ist diese doch erforderlich, ist auf jeden Fall sicher zu stellen, dass der Futterstrom nicht abreißt. Bei ersten Anzeichen eines Drohnenabtriebes während der Saison ist zu füttern. Zur Mitte bzw. zum Ende der Belegstellensaison kann es sinnvoll erscheinen, die Drohnenvölker durch Entnahme der alten Königin (evtl. Ablegerbildung) zu entweiseln. Weisellose Völker pflegen die Drohnen besser. Bei Aufkommen von Schwarmstimmung empfiehlt sich die Bildung von Zwischenablegern.

7. Die Drohnenvölker sind einer sorgfältigen Varroakontrolle und Bekämpfung (Ausnahme Toleranzbelegstellen) zu unterziehen. Dazu ist der spontane Milbenabfall zu Beginn der Saison und Mitte Juni über ca. 1 Woche mittels Windeln zu kontrollieren. Fallen dabei mehr als 5 Milben pro Tag bzw. 35 Milben pro Woche, ist Gefahr im Verzug und eine Behandlung erforderlich. Gegebenfalls ist der Bienenzuchtberater einzuschalten.

8. Werden Drohnenvölker nicht auf der Belegstelle überwintert, ist ca. 3 Wochen vor Belegstelleneröffnung der Zuflug fremder Drohnen durch Anbringung eines Absperrgitters zu verhindern. Sofern bereits erwachsene Drohnen vorhanden sind, müssen diese entfernt werden (ggf. alle Waben abfegen und die Bienen durch ein Absperrgitter einlaufen lassen). Es ist auch sicherzustellen, dass bei dem Einsatz von großflächigen Absperrgittern über einem hohen Unterboden keine fremden Drohnen unter dem Absperrgitter sitzen! (Austausch der Böden vor Transport auf die Belegstelle). Achtung: Drohnenabsperrgitter, die im Handel angeboten werden, sind ungeeignet, da auch kleinere Drohnen passieren können. Geeignet sind normale Absperrgitter für Königinnen, wie sie für Honigräume verwendet werden. Auf ein Absperrgitter kann verzichtet werden, wenn die Drohnenvölker als eigene Gruppe getrennt von anderen Völkern aufgestellt werden. (Abstand zu anderen Völkern mindestens 500 Meter!). Es erscheint ggf. zweckmäßig, im Spätsommer und Frühjahr vor dem Einsatz der Völker auf der Belegstelle pollenreiche Trachten anzuwandern (Raps), damit sich die Drohnenvölker zügig entwickeln.

ANHANG

D) Belegstellenbetrieb

1. Es dürfen nur Sendungen angenommen werden, für die ein gültiges Gesundheitszeugnis vorliegt.

2. Die angelieferten Völkchen sind zur Beruhigung zu tränken und kühl aufzustellen. Missstände bzw. Mängel sind in das Belegstellentagebuch einzutragen. Bei Sendungen mit gravierenden Mängeln (z. B. viele tote Bienen) ist ggf. ein Digitalfoto anzufertigen (wichtig für evtl. spätere Reklamationen).

3. Alle angelieferten EWK's sind auf Drohnenfreiheit zu kontrollieren, Mehrwabenkästchen sind stichprobenartig zu überprüfen. Sendungen, bei denen auch nur ein Drohn gefunden wird, sind an den Züchter kostenpflichtig zurückzuschicken.

4. Die Aufstellung der Völkchen darf nur am Abend oder frühen Morgen erfolgen (Ausnahme: kaltes Wetter oder Regen).

5. Jedes angelieferte Begattungsvölkchen ist in das Belegstellentagebuch (D.I.B. Vordruck), bei EWK's mit der Nummer seines Schutzkästchens einzutragen.

    Das Belegstellentagebuch ist vollständig zu führen, damit es bei späteren Reklamationen als Dokumentation dienen kann.

6. EWK sind regelmäßig zu kontrollieren. Dabei ist insbesondere auf Futtervorräte zu achten (bei Bedarf nachfüttern, gegen Berechnung der Kosten). Bei Mehrwabenkästchen können gesonderte Regelungen getroffen werden.

    Königinnen, bei denen eine Eiablage mit Sicherheit zu erkennen ist (Achtung, nicht nur einzelne Stifte!), können vorzeitig zurückgeschickt werden, wenn die Anzahl der EWK's so groß ist, dass sich ein Transportgestell füllen lässt. (Bisweilen befinden sich Königinnen, insbesondere bei schwächeren Völkchen in der Futterkammer der EWK's. Wird die Königin nicht gefunden, auch diese kontrollieren!).

    Alle anderen EWK's und alle Mehrwabenkästchen sind nach 3 Wochen Aufenthalt auf der Belegstelle zurückzuschicken. (Ausnahme: lang andauernde Schlechtwetterperioden).

7. Das Einsammeln der Begattungsvölkchen sollte außerhalb der Flugzeiten erfolgen (ansonsten Verflug von Bienen und Aufziehen auf andere Begattungseinheiten, Folge: Unruhe und Abstechen von Königinnen).

8. Vom Züchter mitgelieferte Zuchtkarten für begattete Königinnen sind vollständig auszufüllen und zu unterschreiben.
Für nicht begattete oder verlorene Königinnen ist die Zuchtkarte zu entwerten. Werden keine Zuchtkarten mitgeliefert, so erhält der Beschicker für jede begattete Königin einen vollständig ausgefüllten und vom Belegstellenleiter unterschriebenen Belegstellennachweis (unterer Abschnitt der gelben Zuchtkarte).

9. Fehlende Rücksendepapiere sind zu ergänzen (Achtung: Berechnung an den Züchter).

10. Begattungserfolg, Verlustursache und Absendetermin für jedes Begattungsvölkchen ist im Belegstellentagebuch zu vermerken. Bei Mehrwabenkästchen ist man bezüglich des Begattungserfolges häufig auf Rückmeldungen der Züchter angewiesen, weil die Durchsicht der Völkchen auf der Belegstelle mit einem zu hohen Aufwand verbunden ist.

11. Die Rücksendung ist dem Züchter möglichst anzukündigen.

12. Alle Arbeiten auf der Belegstelle zwischen den Begattungsvölkchen sind während der Flugzeiten von Königinnen (Temperaturen > 19 °C, Tageszeit zwischen 11.00 Uhr und 16.00 Uhr) einzustellen. Auch Besucher sollten während dieser Zeit nicht zwischen den Schutzkästen herumlaufen (Gefahr des Verfliegens von Königinnen).

E) Kontrolle der Belegstellen

1. Alle zwei Jahre sollte jede Belegstelle während der Betriebszeit durch Beauftragte des Landesverbandes besucht werden. Dabei sind der Arbeitsablauf auf der Belegstelle und die Belegstellenanlage in Augenschein zu nehmen.

   Der Zustand der Drohnenvölker und das Vorhandensein der Königinnen sind stichprobenartig zu überprüfen. Hierüber ist ein Bericht zu erstellen und dem Besitzer der Belegstelle sowie dem zuständigen Imker-/Landesverband bzw. seinem Beauftragten (Zuchtobmann) vorzulegen.

2. Am Ende jeder Belegstellensaison ist ein ausführlicher Bericht durch den Belegstellenleiter und den Drohnenvolklieferanten vorzulegen. Das Belegstellentagebuch ist einzureichen.

ANHANG

Merkblatt
über die Beschickung von Belegstellen

Auf den Belegstellen werden weder Mühe noch Kosten gescheut, ein gutes Ergebnis zu erreichen. Es werden soviele Drohnenvölker aufgestellt, dass während der ganzen Betriebszeit ausreichend Drohnen vorhanden sind. Des Weiteren trägt jede Belegstellenleitung für fachkundige, gewissenhafte Dauerbetreuung der aufgestellten Begattungsvölkchen Sorge, denn so mancher festzustellende oder zu erwartende Schaden kann gebessert oder abgewendet werden. Erfolge oder Misserfolge sind bei solcher Handhabung dann eigentlich nur den Züchtern selbst zuzuschreiben. Deshalb sollten zum beiderseitigen Nutzen und reibungslosen Betrieb auf der Belegstelle folgende Punkte besonders beachtet werden:

1. Königinnen

Königinnen in kleinen Serien in gesunden und entwicklungsfreudigen Pflegevölkern aufziehen. Nur fehlerlose, nach Größe und Lebenskraft ausgelesene Königinnen verwenden und sie nicht beim Zeichnen flugunfähig machen! Eine Flugkontrolle im geschlossenen Raum vor dem Zusetzen erscheint zweckmäßig. Alle Königinnen sind mit der vorgeschriebenen Jahresfarbe zu zeichnen. Es ist empfehlenswert, Plättchen mit Nummern zu verwenden (Verflug auf der Belegstelle). Die Nummer der Königin kann mit einem Klebeplättchen auf dem EWK bzw. unter dem Deckel des MWK vermerkt werden. So stellt man einen eventuellen Verflug der Königin auf der Belegstelle später leicht fest.

2. Vorbereitung der Begattungsvölkchen

Auf einigen Belegstellen sind wegen der Kontrollmöglichkeiten nur EWK's zugelassen. Nur genormte und bewährte EWK's verwenden. Um Millimeter längere oder breitere Einwabenkästchen (EWK's) verursachen bei der Einbringung in die Schutzhäuschen Schwierigkeiten und Mehrarbeit. Die Fluglochverschlüsse dürfen nicht hervorstehen und müssen am besten ins Holz eingearbeitet sein. Ihr völliges Festsitzen, ebenso das der Bodenschieber und Deckel müssen kontrolliert werden. Die Bodenlüftungen müssen sauber und bei Bedarf (Totenfall) zu entfernen sein. Vor der Verwendung von Absperrgittern innerhalb der EWK's wird abgeraten. Schwache Völkchen müssen bei Kälte Gelegenheit haben, sich mit ihren Königinnen in den Futterraum zurückziehen zu können. Oft kommen dann dort die Königinnen schnell in Eiablage.

Auch bei Verwendung von MWK's sollte man nur auf bewährte Kästchen zurückgreifen. Sie müssen gut stapelbar und zu transportieren sein sowie über eine ausreichende Lüftung verfügen.

Alle Begattungskästchen sind vor jedem Gebrauch zwecks Verhütung von Nosema gründlich zu reinigen, die Waben sind auszuschneiden und sämtliche Kunststoff-, Holz- und Glasteile mit 2 % iger Ätzkalilauge (chemisch nicht reines Ätznatron ist nicht teuer), Soda- oder P3-Lösung zu scheuern. Ferner ist auch peinlichst darauf zu achten, dass sämtliche vorjährigen Teigreste aus der Futterkammer entfernt werden.

Die Rähmchen sind mit einem 2 cm - 3 cm breiten Leitstreifen aus einer Mittelwand zu versehen. Ansonsten wird Wirrbau errichtet, was die Kontrolle sehr erschwert. Ein Drahten der Rähmchen ist bei weitem Transport empfehlenswert.

Flüssigfutter ist nicht geeignet. Der Futterteig darf nicht so weich sein, dass er verlaufen kann. Bei Selbstzubereitung des Teiges aus Honig und Puderzucker darf kein Wasser verwendet werden. Der Teig wird sonst hart und kann nicht aufgenommen werden. Verelenden, Verhungern oder Ausziehen der Völkchen sind die Folge. Gut eignet sich erfahrungsgemäß der für diese Zwecke im Handel angebotene Teig.

Nicht nur der Futterraum sollte mit Teig gefüllt werden, sondern auch unter dem/den Rähmchen sollte man einen Klumpen Futter bieten (Achtung, nicht vor das Flugloch legen). Die Völkchen bauen dann schneller. Es ist zweckmäßig, wenn die Futterkammer auf der ganzen Breite zugänglich ist. Deshalb darf man sie nicht bis unter die Abdeckung füllen. Bei Futtermangel wird auf der Belegstelle nachgefüttert.

Drohnen dürfen nicht mit auf die Belegstelle. Daher sind die Begleitbienen sorgfältig durchzusieben. Beim Vorhandensein nur eines einzigen Drohns geht die gesamte Sendung des Imkers unweigerlich auf seine Kosten und unter Erhebung der vollen Belegstellengebühr zurück.

Zur Füllung der Begattungskästchen möglichst nur Bienen aus Pflegevölkern verwenden! Sie haben die richtige Zusammensetzung (⅔ Jungbienen und ⅓ Altbienen). Auch nehmen sie die Jungweisel ohne weiteres an. In Ausnahmefällen können auch von Brutwaben abgefegte Jungbienen in Frage kommen. Vor dem Durchsieben Altbienen abfliegen lassen! Keine Bienen aus Völkern in Schwarmstimmung verwenden.

Keine Stecher als Begleitbienen verwenden! Sie bereiten viel Verdruss auf den Belegstellen.

Keine zu starke Füllung der Begattungskästchen mit Begleitbienen! Bei EWKs genügt eine gestrichene Suppenkelle (¼ l) wenn sie angefeuchtet sind, und ein wenig mehr sind nötig, wenn sie trocken bleiben. Die ruhige Bienentraube soll etwa ½ Stunde nach dem Füllen das halbe Kästchen ausfüllen. Bei Mehrwabenkästchen sind nur wenig mehr Bienen erforderlich. Zu starke Völkchen sind in Gefahr, auf dem Transport zu leiden, auf der Belegstelle auszuziehen oder den Futterteig zu schnell aufzuzehren. Meist wird jedoch mit Bienen zu sehr gespart.

ANHANG

Sind es dann noch vorwiegend Altbienen (häufig noch Nosematräger), ziehen die Völkchen schnell aus oder fliegen sich kahl. Die Königinnen sind dann meist verloren.

Vor dem Zusetzen tut man gut daran, die Königin mit lauwarmen Wasser zu benetzen. Sie verhält sich dann ruhiger und wird besser angenommen. Bei Mehrwabenkästchen gibt man sie direkt zu den angefeuchteten Bienen, bei EWKs lässt man sie einfach durch das Flugloch zulaufen. Langsam läuft sie im Kästchen empor und wird sicher angenommen.

Keine Völkchen absenden, die daheim noch nicht zu bauen anfingen! Nach ein- bis zweitägiger Kellerhaft wird ein Aufstellen der Begattungsvölkchen im Freien, jedoch im Schatten und bei kleinem Flugloch empfohlen. Lieber einige Tage länger stehen lassen! Bei solchen Völkchen, die nach Tagen noch nicht bauen, stimmt etwas nicht (Königin?, Futterteig?, Zusammensetzung des Völkchens?, Zugang zum Futter?, Temperatur im Aufstellungsraum?). Königinnen solcher Völker sind, wenn überhaupt vorhanden, Todesanwärter. Vor dem Versand sollten zumindest bei EWKs alle Kästchen auf Vorhandensein der Königinnen kontrolliert werden. Bei warmem Wetter spritze man mit dem Zerstäuber vor dem Abtransport etwas kaltes Wasser durch die Lüftungsgitter.

3. Transportgestelle

Nur Kästen mit 6 oder 7 Begattungskästchen verwenden! Größere Transporteinheiten sind zu schwer. Oft ist ein längerer Transport mit Verladungen (Spedition, Schiff) erforderlich. Die Transportkästen müssen bei Benutzung von Speditionen oder öffentlichen Verkehrsmitteln (z. B. Schiff) absolut bienendicht sein. Gut bewährt haben sich die genormten Transportgestelle mit Gaze. Ungeeignet sind Transportgestelle, die einen geschlossenen Deckel haben und auch sonst nicht genügend belüftet sind. Hier kommt es immer wieder zum Verbrausen von Völkchen während des Transports. Irgendwelche Behelfskisten aus Pappe oder Holz mit oftmals völlig unzureichender Lüftung sowie mit mangelhaften Verschlüssen dürfen nicht verwendet werden.

Schäden gibt es selten. Auch weitesten Transport überstehen, Königinnen und Völkchen gut, wenn sie gut verpackt sind. Sehr wichtig ist, dass die Begattungskästchen so fest im Transportkasten stehen, dass sie sich auch bei starken Erschütterungen nach keiner Richtung bewegen können. Bei EWKs müssen die Scheiben fest sitzen. Das kann man durch Dazwischenschieben von Papier oder Wellpappe leicht erreichen. Dem Glasbruch kann man auch durch Verwendung der sehr zweckmäßigen und auch Gewicht ersparenden Plexiglasscheiben vorbeugen.

4. Signieren

Sämtliche Transportgestelle und Begattungskästchen müssen gut lesbar und unverwischbar (wasserfester Filzstift) die Namen der Anlieferer tragen. Es kommt immer wieder vor, dass

geliehene oder alt gekaufte Kästen nicht umsigniert wurden, was auf der Belegstelle zu unangenehmen Verwechslungen führen kann. Gut bewährt haben sich auch kleine Aufkleber, die Namen, Anschrift und aktuelle Telefonnummer des Beschickers enthalten.

Bei größeren Sendungen ist es ratsam, die Zuchtkarten in einem mit Namen und Anschrift des Züchters versehenen Umschlag beizulegen, wobei individuelle Angaben zur Königin (z.B. Nummer auf dem Opalithplättchen oder Muttervolk bei Königinnen von mehreren Zuchtvölkern) noch offen bleiben. Der Belegstellenleiter kann dann den Belegstellennachweis auf der entsprechenden Anzahl von Zuchtkarten quittieren und der Züchter kann die Zuchtkarten den einzelnen Begattungskästchen bzw. den Königinnen zuordnen. Insbesondere bei größeren Sendungen ist damit der Belegstellenleiter in seiner knapp bemessenen Zeit auf der Belegstelle überfordert. Bei kleineren Sendungen kann die vom Züchter ausgefüllte Zuchtkarte auch mit einer Reißzwecke auf dem Deckel des EWK's oder unter dem Deckel des MWK's befestigt werden.

Jeder Züchter hat vor der Beschickung oder spätestens mit der ersten Sendung ein amtliches Gesundheitszeugnis einzureichen. Bei Beschickern aus benachbarten EU Ländern ist dies in deutscher Sprache vorzulegen. Die Belegstellenleiter haben Anweisung, Sendungen, für die kein gültiges Gesundheitszeugnis vorliegt, umgehend an den Züchter zurückzuschicken.

Beim Versand ist auf die exakte Anschrift der Belegstelle zu achten. Ferner ist unbedingt der Annahmetermin zu berücksichtigen. Rücksendepapiere sind in jedem Falle beizulegen.

5. Zusammenfassung kleinerer Sendungen

Es ist sehr vorteilhaft, wenn sich nahe beieinander wohnende Züchter bei der Lieferung zusammentun. Wenn zwei oder mehr Transportkästen angeliefert werden, kann der erste schon zurückgeschickt werden, sobald er sich füllen lässt. Andernfalls muss die ganze Sendung damit warten, bis die letzte Königin legt.

Für größere Züchtergemeinschaften erscheint es ratsam, Sammeltransporte durchzuführen. Dadurch können die hohen Transportkosten erheblich gesenkt werden. Rechtzeitige Zuchtplanungen sind dazu in Abstimmung mit den Belegstellenterminen erforderlich. Größere Sendungen sind dem Belegstellenleiter zuvor zu avisieren.

Misserfolge können auf Belegstellen mit großer Sicherheit vermieden werden. Treten sie ein, muss der Anlieferer immer zuerst die Schuld bei sich selbst suchen.

ANHANG

Liste für Beanstandungen

Sie erzielten auf der Belegstelle ein unbefriedigendes Begattungsergebnis. Die Ursachen sind auf folgende Gründe zurückzuführen:
- fehlerhafte Königin (Flügel verklebt, verdreht usw.)
- zu wenig Bienen
- zu viele Bienen (Ausziehen des Begattungsvölkchens)
- zu viele Altbienen
- Futter zu knapp, zu hart oder zu weich
- Völkchen haben nicht richtig gebaut, unharmonisch? (überwiegend Altbienen)

Weiterhin ist uns aufgefallen:

- EWK sind nicht genormt und verursachen beim Einbringen in die Schutzkästen Schwierigkeiten
- EWK sind schlecht oder gar nicht signiert
- Transportgestelle sind ungeeignet (6-8 EWK sind am handlichsten)
- Rücksendepapiere fehlen
  (stets mehrere Rücksendepapiere ausgefüllt beilegen, damit auch einzelne Transportkästen zurückgeschickt werden können)
- Fluglochscheiben stehen vor
- Futterkammer ist nur schwer zugänglich
- EWK-Scheiben sitzen lose, sind zerbrochen
- EWK sind stark verschmutzt (Nosemainfektion)
- Absperrgitter zwischen Brutraum und Beweiselungskammer sollte entfernt werden
- Lüftungsgitter lassen sich nicht oder nur schwer bewegen
- EWK-Rähmchen sind nicht gedrahtet

Bitte fassen Sie diese Beanstandungen nicht als Kritik auf! Sie sollen dazu beitragen, Fehler zu vermeiden und hohe Begattungsergebnisse zu erzielen.

Ihr Belegstellenleiter

* (zutreffendes ankreuzen

Gesetzliche Bestimmungen zum Belegstellenschutz in den verschiedenen Bundesländern

BAYERN

Auszug aus:

Bayerischen Tierzuchtgesetz (BayTierZG)

vom 10. August 1990 (GVBl S. 291 , BayRS 7824-1-L) ,
zuletzt geändert durch Gesetz vom 20. Dezember 2007 (GVBl S. 976)

Gültigkeit ab 01.01.2008

Art. 13 Bienen

(1) 1 Bienenzuchtbetriebe, die jährlich mehr als 50 Bieneköniginnen in Verkehr bringen, müssen ihre Zuchtvölker Prüfungen auf Eignung und Leistung unterstellen. 2 Die Prüfungsergebnisse sind zu veröffentlichen.

(2) Betriebe im Sinn von Absatz 1 müssen ihre Bienenvölker in erforderlichem Maß auf übertragbare Krankheiten tierärztlich untersuchen lassen.

(3) 1 Die Landesanstalt für Weinbau und Gartenbau kann auf Antrag Bienenzuchtstätten , welche die Gewähr für die Zucht leistungsfähiger Bienen bieten, als Bienenbelegstellen anerkennen, sofern in dem von ihr entsprechend den wissenschaftlichen Erkenntnissen festzulegenden Umkreis keine weiteren Bienenvölker oder nur solche gehalten werden, die der von der Belegstelle gewählten Zuchtrichtung entsprechen. 2 Die Anerkennung einschließlich der Festlegung des Umkreises ist öffentlich bekannt zu machen.

(4) In den im Anerkennungsbescheid festgelegten Umkreis um eine Bienenbelegstelle dürfen keine Bienenvölker verbracht werden, es sei denn, diese entsprechen der von der Bienenbelegstelle gewählten Zuchtrichtung

Auszug aus:

Verordnung
über den Vollzug des Tierzuchtrechts (Bayerische 'Tierzuchtverordnung - BayTierZV) Vom 12. Februar 2008

§ 4
Prüfung auf Eignung und Leistung bei Bienenköniginnen, Anerkennung von Bienenbelegstellen

(1) ¹Die Prüfung der von Zuchtbetrieben eingesandten Bienenköniginnen durch die Landesanstalt für Weinbau und Gartenbau erstreckt sich auf Honigleistung und weitere Merkmale, insbesondere Sanftmut, Wabensitz, Schwarmneigung und Varroatoleranz. ²Die Prüfung umfasst mindestens zwölf Geschwisterköniginnen je Zuchtbetrieb und Zuchtrichtung. ³Die Prüfdauer beträgt mindestens ein Jahr. ⁴Die Zuchtbetriebe erhalten einen schriftlichen Prüfbericht.

ANHANG

(2) ¹Bienenbelegstellen sind anerkannte Paarungsplätze, an denen die reinzüchterische Anpaarung von Bienenköniginnen mit den dort gehaltenen Drohnen stattfinden soll. ²Der Umkreis um eine' Bienenbelegstelle im Sinn des. Art. 13 Abs. 3 BayTierZG beträgt in der Regel 7,5 km im Radius. ³Wer eine Bienenbelegstelle betreibt kann beantragen, dass der Umkreis auf bis zu 10 km im Radius erweitert wird. ⁴Im genannten Umkreis dürfen auch nach der Anerkennung als Belegstelle keine anderen Bienenvölker - ausgenommen solche der von der Belegstelle gewählten Zuchtrichtung gehalten werden. ⁵Während der Zuchtsaison vom 1. Mai bis 31. August ist beim Verbringen von Bienenvölkern, die der Zuchtrichtung der Belegstelle entsprechen, im festgelegten Umkreis auf Drohnenfreiheit und Unterbindung des Drohnenflugs zu achten. ⁶Imkerinnen und Imkern, deren Bienenvölker sich im festgelegten Umkreis befinden, haben den Anweisungen der für den Betrieb der Bienenbelegstelle verantwortlichen Personen Folge zu leisten. ⁷Entgegen Art. 13 Abs. 4: Bay TierZG verbrachte Bienenvölker sind unverzüglich zu entfernen. ⁸Die öffentliche Bekanntgabe der Entscheidungen im Sinn des Art. 13 Abs. 3 Satz 2 BayTierZG erfolgt in der Imkerfachpresse und in den örtlichen Zeitungen.

Auszug aus:

**Richtlinien zum
Vollzug tierzuchtrechtlicher Vorschriften
(TierzR)
Bekanntmachung des Bayerischen Staatsministeriums
für Landwirtschaft und Forsten
vom 9. September 2008 Az.: L 5/R 5-7401-1678**

9. Leistungsprüfungen bei Bienen sowie Anerkennung von Bienenbelegstellen

9.1   Prüfung auf Eignung und Leistung in der Bienenzucht an Bienenprüfhöfen

9.1.1 Anmeldung und Zulassung
Anmeldungen zur Prüfung sind an die Bayerische Landesanstalt für Weinbau und Gartenbau
(LWG) zu richten. Anmeldeschluss ist der 30. März des jeweiligen Jahres.
Der Anmeldung sind beizufügen:
– Gesundheitszeugnis,
– Körschein mit Abstammungsnachweis,
– Angabe der benutzten Belegstelle oder der Standbegattung.
Die LWG entscheidet über die Zulassung.

9.1.2 Anlieferung

Die Anlieferung erfolgt in Königinnen-Versand-Käfigen. Die Königinnen müssen in der Farbe des Geburtsjahres gezeichnet sein. Die Anlieferung erfolgt auf Abruf im Zeitraum vom 15. Juni bis 15. Juli des jeweiligen Jahres; die angelieferten Königinnen werden von der LWG erworben. Der Anlieferer kann nach abgeschlossener Prüfung vom Rückkaufsrecht über die Königinnen seiner Herkunft Gebrauch machen. Verpackungs- und Transportkosten sind vom Beschicker zu tragen.

9.1.3 Durchführung der Prüfung

Die Anzahl der anzuliefernden Königinnen sowie eine mögliche Aufteilung auf die einzelnen Prüfhöfe werden von der LWG vor Beginn der Anlieferung festgelegt. Wegen möglicher Einweiselungsverluste sind weitere Geschwisterköniginnen derselben Zuchtserie bis Ende August bereitzuhalten.

In der Prüfung werden folgende Kriterien je Volk und Herkunft, absolut und relativ zum Standortdurchschnitt sowie relativ zum Durchschnitt aus der Summe aller Standorte festgestellt:
– Honigleistung,
– Anfälligkeit gegenüber Krankheiten und Parasiten,
– Entwicklung von Brut- und Volksstärke einschließlich der spezifischen Merkmale Winterfestigkeit und Frühjahrsentwicklung,
– Verhalten hinsichtlich Sanftmut, Wabensitz und Schwarmneigung.
  Zusätzlich werden je Prüfgruppe festgehalten:
– Königinnenverluste, getrennt nach Jahreszeit und Jahr einschließlich der Verlustursache;
– vollständige Merkmalsuntersuchung je Volk.

9.1.4 Veröffentlichung der Prüfungsergebnisse

Die LWG veröffentlicht die Ergebnisse der Prüfung in der Fachpresse.

9.1.5 Zurückziehung, Zurückweisung, Abbruch und Ausschluss von der Prüfung

Die Zurückziehung einzelner in der Prüfung befindlicher Königinnen oder der gesamten Prüfgruppe seitens des Beschickers, d. h. der Rücktritt von der Prüfung, ist während der Prüfungszeit nicht gestattet. Die LWG kann im Einvernehmen mit der Leitung des Prüfhofes Königinnen vor Beginn der Prüfung zurückzuweisen, wenn Gründe vorliegen, die ein aussagefähiges Prüfergebnis infrage stellen, insbesondere wenn Königinnen mit ihren Begleitbienen in einem schlechten Gesundheitszustand eintreffen, wenn Missbildungen festgestellt werden oder wenn nicht die erforderliche Anzahl von Königinnen eingesandt wurde.

Die LWG kann vor Ablauf der Prüfungszeit die Prüfung abbrechen, wenn dies aus zwingenden Gründen z. B. bei Drohnenbrütigkeit oder Verlust der Königinnen erforderlich ist.

Die LWG kann einzelne Herkünfte von der Beurteilung der Ergebnisse oder Teilergebnisse ausschließen, wenn am Ende der Prüfperiode weniger als die Hälfte der angelieferten Königinnen vorhanden ist.

ANHANG

9.2 Anerkennung als Bienenbelegstelle

9.2.1 Antragstellung

Der Antrag auf Anerkennung einer Belegstelle ist schriftlich an die LWG zu richten. Aus dem Antrag muss die genaue Anschrift des Antragstellers und der Name der anzuerkennenden Belegstelle hervorgehen.

Mit dem Antrag sind folgende Unterlagen einzureichen:
- eine topographische oder digitale Karte (Maßstab 1:25.000) mit genauer Einzeichnung der Belegstelle und aller Bienenstände im Umkreis von 7,5 km bzw. bis zu 10 km;
- eine Liste, in der die eingezeichneten Bienenstände mit den Namen der Imker und den Völkerzahlen zusammengestellt sind, sowie eine schriftliche Erklärung, dass damit alle Bienenstände im beantragten Umkreis erfasst wurden;
- eine Liste aller Gemeinden, Gemeindeteile und Weiler, die im Schutzkreis und ggf. im erweiterten Bereich liegen, nach Landkreisen geordnet;
- eine schriftliche Erklärung des für die Belegstelle Verantwortlichen, dass die Bienevölker, die nicht der von der Bienenbelegstelle gewählten Zuchtrichtung entsprechen, im Umkreis von 7,5 km auf die Zuchtrichtung der in der Belegstelle gehaltenen Bienen in angemessener Frist umgeweiselt sind bzw. werden oder entfernt werden;
- ein Nachweis fachlicher Kenntnisse der für die Leitung der Belegstelle verantwortlichen Person (z. B. Berufsausbildung Tierwirt, mehrjährige Erfahrung, Lehrgänge etc.);
- eine schriftliche Erklärung des Kreisvorsitzenden der Imkervereine, dass die Bienenbelegstelle in keinem Wandergebiet liegt;
- der Entwurf einer Belegstellenordnung, aus der ein reibungsloser Belegstellenbetrieb ersichtlich wird.

Die LWG hat sicherzustellen, dass die Änderungen der anerkennungsrelevanten Tatbestände unverzüglich ihr mitgeteilt werden.

9.2.2 Bekanntmachung der Anerkennung und des Widerrufs

Die Anerkennung einschließlich der Festlegung des Schutzkreises und ggf. des erweiterten Bereichs sowie die Aberkennung der Belegstelle wird von der LWG in der Imkerfachpresse und in den örtlichen Zeitungen öffentlich bekannt gemacht. Gleichzeitig werden die jeweiligen Kreisverwaltungsbehörden davon in Kenntnis gesetzt, um Wanderimker im Rahmen des Vollzugs der Bienenseuchen-VO auch auf die bestehenden Schutzbereiche der Belegstelle hinweisen zu können.

Die LfL, Abteilung Förderwesen und Fachrecht (AFR) erhält einen Abdruck der Anerkennungsschreiben bzw. der Widerrufe.

Die in Bayern staatlich anerkannten Belegstellen

Belegstelle	Regierungsbezirk	Schutzbereich
Am Kühweiher	Oberpfalz	7,5 km
An den drei Wassern	Oberbayern	10 km
Anzntal	Oberbayern	7,5 km
Bleckenau	Schwaben	10 km
Bodenwiese	Oberfranken	7,5 km
Bramandlberg	Niederbayern	10 km
Freisinger Moos	Oberbayern	7,5 km
Giebelhaus	Schwaben	7,5 km
Gramschatzer Wald	Unterfranken	7,5 km
Gunzesrieder-Ostertal	Schwaben	10 km
Haßberge	Unterfranken	7,5 km
Hochgrat (BIV)	Schwaben	10 km
Hufeisen	Oberfranken	7,5 km
Königswald	Niederbayern	7,5 km
Michaelsgraben	Oberfranken	7,5 km
Pfaffenkopf	Oberbayern	7,5 km
Rachel-Diensthütte	Niederbayern	10 km
Raggert	Oberbayern	7,5 km
Sankt Johann	Oberpfalz	10 km
Sauschütte	Oberbayern	7,5 km
Schellenberg	Niederbayern	10 km
Scheppacher Forst	Schwaben	10 km
Sonnwendjoch (VBB)	Oberbayern	10 km
Spessart	Unterfranken	7,5 km
Tiergarten	Mittelfranken	10 km
Unterwieser Wald (VBB)	Oberbayern	7,5 km
Wendelstein	Oberbayern	7,5 km

ANHANG

BRANDENBURG

Brandenburgisches Bienenzuchtgesetz (BbgBienG)
Vom 08. Januar 1996 (GVBl.I/96, [Nr. 01], S.3),
geändert durch Artikel 28 des Gesetzes vom 23. September 2008
(GVBl.I/08, [Nr. 12], S.202, 209)

Der Landtag hat das folgende Gesetz beschlossen:

§ 1
Gesetzeszweck

(1) Zur Erhaltung der in Brandenburg standortgebundenen Zucht leistungsfähiger, vitaler und friedfertiger Bienen ist bei der Bienenzucht die Reinpaarung, insbesondere der bodenständigen Rasse Carnica, sicherzustellen.

(2) Reinpaarung im Sinne dieses Gesetzes ist die gezielte Paarung mit Drohnen, die an den anerkannten Paarungsplätzen (Bienenbelegstellen) gehalten werden.

§ 2
Zuständige Behörden

(1) Soweit in diesem Gesetz oder in aufgrund dieses Gesetzes erlassenen Rechtsverordnungen nichts anderes bestimmt ist, obliegt die Ausführung dieses Gesetzes den Landkreisen und kreisfreien Städten als Pflichtaufgabe zur Erfüllung nach Weisung.

(2) Die Aufsicht über die nach Absatz 1 zuständigen Behörden führt das Ministerium für Ernährung, Landwirtschaft und Forsten. Für die Durchführung der Aufsicht gelten die Bestimmungen des § 131 Abs. 1 der Kommunalverfassung des Landes Brandenburg in Verbindung mit den §§ 108 bis 121 der Kommunalverfassung des Landes Brandenburg.

§ 3
Verordnungsermächtigungen, Aufstellungsgenehmigungen

(1) Der Minister für Ernährung, Landwirtschaft und Forsten wird ermächtigt, durch Rechtsverordnung die Voraussetzungen für die Anerkennung von Paarungsplätzen als Bienenbelegstellen und das Anerkennungsverfahren zu regeln.

(2) Die Kreisordnungsbehörden werden ermächtigt, durch Verordnung zum Schutz der Bienenbelegstellen Schutzbereiche festzusetzen. Der Schutzbereich soll einen Radius von zehn Kilometern um die Bienenbelegstelle haben. Im Schutzbereich dürfen außer den Drohnenvölkern der Bienenbelegstelle nur solche Bienenvölker gehalten werden, die der für die Bienenbelegstelle bei der Anerkennung festgelegten Zuchtherkunft entsprechen. Vor Erlaß der Verordnung sind der zuständige Amtstierarzt, die untere Forstbehörde und der Landesimkerverband zu hören.

(3) Die vorübergehende Aufstellung von Bienenvölkern in einem Schutzbereich bedarf für den Zeitraum vom 15. Mai bis zum 15. August der Genehmigung der Kreisordnungsbehör-

den; vor der Entscheidung sind der zuständige Amtstierarzt und der Landesimkerverband zu hören. Die Genehmigung darf nur versagt werden, wenn der Zweck dieses Gesetzes gefährdet würde oder die Gefahr einer Übertragung ansteckender Bienenkrankheiten besteht.

§ 4
Ordnungswidrigkeiten

(1) Ordnungswidrig handelt, wer vorsätzlich oder fahrlässig einer aufgrund des § 3 erlassenen Rechtsverordnung zuwiderhandelt, soweit sie für einen bestimmten Tatbestand auf diese Bußgeldvorschrift verweist.

(2) Die Ordnungswidrigkeit kann mit einer Geldbuße bis 20 000 Deutsche Mark geahndet werden.

(3) Gegenstände, auf die sich eine Ordnungswidrigkeit bezieht oder die zur Vorbereitung der Begehung einer Ordnungswidrigkeit verwendet worden sind, können eingezogen werden. § 23 des Gesetzes über Ordnungswidrigkeiten findet Anwendung.

(4) Für die Verfolgung und Ahndung von Ordnungswidrigkeiten sind die Kreisordnungsbehörden zuständig.

§ 5
Inkrafttreten, Außerkrafttreten

Dieses Gesetz tritt am Tage nach der Verkündung in Kraft. Gleichzeitig tritt die Anordnung über den Einsatz von Bienenvölkern zur Blütenbestäubung von Obst-, Ölfrucht- und Vermehrungskulturen sowie zur Nutzung sonstiger Kultur- und Naturtrachten vom 18. September 1987 (GBl.I Nr. 25 S. 243) außer Kraft.

Potsdam, den 8. Januar 1996
Der Präsident des Landtages Brandenburg
Dr. Herbert Knoblich

Die Belegstellen in Brandenburg mit gesetzlich geschütztem Umkreis

Belegstelle	Ordnungsbehördliche Verordnung der Landkreise	vom	Schutzbereiche vom 15.05. - 15.08.
Bergperle	Prignitz	15.08.1996	10-km-Radius
Hohenheide*	Havelland	17.06.1996	10-km-Radius
Kohnert-Buche	Oberhavel	12.06.1996	10-km-Radius
Lattbusch	Märkisch-Oderland	15.04.1996	10-km-Radius
Rotkäppchen	Spree-Neiße	19.06.1997	10-km-Radius
Schorfheide-Wildfang	Barnim	25.04.2008	10-km-Radius
Waldhof	Prignitz Ostprignitz-Ruppin	10.03.2011	10-km-Radius 10-km-Radius

* Ein Teil des Schutzbereiches liegt in Sachsen-Anhalt und ist dort geschützt (siehe Sachsen-Anhalt)

ANHANG

HESSEN

Auszug aus:

Hessisches Gesetz über Naturschutz und Landschaftspflege
(Hessisches Naturschutzgesetz - HENatG)

Vom 16. April 1996 (GVBl.
I S. 145; 1997 S. 429; 2000 S. 588; 2001 S. 434; 18.6. 2002 S. 364)

§ 25
Aussetzen und Ansiedeln von Tieren und Pflanzen

(3) Abs. 1 und 2 gelten nicht für die Imkerei. Die für die Tierzucht zuständige Ministerin oder der für die Tierzucht zuständige Minister kann durch Rechtsverordnung nähere Bestimmungen für das Halten von Honigbienen treffen, insbesondere über

1. die Einführung, die Voraussetzungen und das Verfahren einer Zulassungspflicht für
a) das Betreiben von Belegstellen für Honigbienen,
b) das zeitweilige Verlegen von Bienenvölkern zur Blütenbestäubung bei Obst-, Ölfrucht- und Vermehrungskulturen sowie zur Nutzung sonstiger Kultur- und Naturtrachten,

2. die Errichtung von Schutzgebieten für Belegstellen nach Nr. 1 Buchst. a einschließlich ihrer Voraussetzungen sowie

3. die zum Schutz der Belegstellen nach Nr. 1 Buchst. a erforderlichen Verbote und Verhaltenspflichten.

Mit der Rechtsverordnung kann juristischen Personen des privaten Rechts die Befugnis zur Erteilung von Zulassungen nach Nr. 1, zur Errichtung von Schutzgebieten nach Nr. 2 und zur Wahrnehmung der Verwaltungsaufgaben nach Nr. 3 im eigenen Namen und in den Handlungsformen des öffentlichen Rechts übertragen werden.

Verordnung über Belegstellen für Honigbienen
Vom 15. April 2004   GVBl. I S. 191

Aufgrund des § 25 Abs. 3 Satz 2 des Hessischen Naturschutzgesetzes in der Fassung vom 16. April 1996 (GVBl. I S. 145), zuletzt geändert durch Gesetz vom 1. Oktober 2002 (GVBl. I S. 614), wird verordnet:

§ 1
Errichtung von Schutzgebieten

(1) Für die nach dieser Verordnung zugelassenen Belegstellen für Honigbienen (Belegstellen) werden auf Antrag Schutzgebiete festgesetzt.

(2) Das Schutzgebiet wird innerhalb eines Radius von bis zu zehn Kilometern um den Standort der zugelassenen Belegstelle festgesetzt. Die Festsetzung des Schutzgebietes wird öffentlich bekannt gegeben.

(3) Das Einwandern von Honigbienenvölkern in festgesetzte Schutzgebiete ist nur zulässig, wenn es sich um Honigbienenvölker der gleichen Zuchtrichtung handelt, für die die Belegstelle eingerichtet wurde. Einwandern von Honigbienenvölkern ist das zeitweilige oder dauerhafte Verlegen von Honigbienenvölkern zur Blütenbestäubung bei Obst-, Ölfrucht- oder Vermehrungskulturen oder zur Nutzung sonstiger Kultur- oder Naturtrachten.

(4) Honigbienenvölker innerhalb des Schutzgebietes dürfen nur mit Königinnen der Zuchtrichtung, für die die Belegstelle zugelassen wurde, beweiselt oder umgeweiselt werden.

§ 2
Zulassungsvoraussetzungen

(1) Eine Belegstelle wird von der zuständigen Behörde zugelassen, wenn

1. innerhalb eines Radius von mindestens sieben Kilometern um den vorgesehenen Standort der Belegstelle keine Honigbienenvölker anderer Zuchtrichtung als der für die Belegstelle vorgesehenen gehalten werden,

2. eine Umweiselung aller im Umkreis von drei Kilometern stehenden Honigbienenvölker auf die Zuchtrichtung der Belegstelle mit Königinnen erfolgt ist, die unmittelbar von gekörten Zuchtvölkern der entsprechenden Zuchtrichtung abstammen,

3. die Belegstelle nicht in einem Gebiet liegt, das seit Jahren regelmäßig von Imkerinnen und Imkern angewandert wird (Wandergebiet),

4. Ausstattung, Größe und Verkehrsanbindung der Belegstelle einen störungsfreien Betrieb der Belegstelle ermöglichen,

5. die für die Leitung der Belegstelle verantwortliche Person

a) fachliche Kenntnisse durch

aa) Berufsausbildung zur Tierwirtin oder zum Tierwirt mit Schwerpunkt Bienenhaltung oder

bb) vergleichbare Kenntnisse aufgrund mehrjähriger Erfahrung auf dem Gebiet der Bienenzucht und der Teilnahme an Bienenkrankheits- und -zuchtlehrgängen und

b) die zur Leitung einer Belegstelle erforderliche persönliche Zuverlässigkeit nachweist,
6. die Belegstelle nach der vorzulegenden Belegstellenordnung für jedermann zugänglich ist, der die darin enthaltenen und alle weiteren einschlägigen rechtlichen Bestimmungen, insbesondere die Vorgaben der Bienenseuchen-Verordnung in der Fassung vom 3. November 2004 (BGBl. I S. 2739), geändert durch Verordnung vom 20. Dezember 2005 (BGBl. I S. 3499), erfüllt.

ANHANG

(2) Die Belegstellenordnung muss Aussagen enthalten zu
1. Anlieferungsort und Abholungsort der Begattungsvölkchen mit entsprechenden Terminen,
2. zulässigen Begattungskästen,
3. den Voraussetzungen für einen Ausschluss oder die Zurückweisung von Begattungsvölkchen mit Drohnen,
4. der Pflicht zur Vorlage einer amtlichen Gesundheitsbescheinigung über die angelieferten Bienen sowie
5. der Art und Weise der Markierung der Königin und beizufügende Zuchtkarte.

Sie kann die Höhe eines Benutzungsentgeltes regeln.

§ 3
Pflichten der Leitung einer Belegstelle

(1) Die Leitung der Belegstelle dokumentiert die Zahl der zur Paarung aufgestellten Königinnen, alle Maßnahmen in Verbindung mit der Beweiselung und Umweiselung sowie alle auftretenden Störungen und Besonderheiten, die den Belegstellenbetrieb beeinflusst haben.

(2) Die Leitung der Belegstelle veranlasst jährlich Merkmalsuntersuchungen an Arbeiternachkommen von mindestens zehn zu Beginn und zehn gegen Ende der Saison auf der Belegstelle gepaarten Königinnen in einer von der Zulassungsbehörde anerkannten Merkmalsuntersuchungsstelle, die eine Überprüfung der Paarung innerhalb der angestrebten Zuchtrichtung ermöglichen. Die Untersuchungspflicht erstreckt sich jeweils auch auf die Zuchtköniginnen, von denen die untersuchten Königinnen abstammen.

(3) Die Leitung der Belegstelle hat Hinweise auf Verstöße gegen § 1 Abs. 3 Satz 1 oder § 1 Abs. 4 zu prüfen und der zuständigen Behörde mitzuteilen.

(4) Die Leitung der Belegstelle hat jährlich bis zum 31. Dezember der zuständigen Behörde einen Bericht über den Belegstellenbetrieb des betreffenden Jahres vorzulegen. Der Bericht enthält insbesondere Angaben über Veränderungen, die den Betrieb der Belegstelle und deren personelle oder sonstigen Zulassungsvoraussetzungen betreffen. Dem Bericht sind beizufügen:
1. die Dokumentation nach Abs. 1,
2. die Merkmalsuntersuchungsbefunde nach Abs. 2 und
3. Kopien der Körscheine aller für die Beweiselung und Umweiselung verwendeten Zuchtvölker.

§ 4
Verfahrensvorschriften, Überwachung

(1) Der Antrag auf Zulassung einer Belegstelle ist schriftlich an die zuständige Behörde zu richten. Es ist der amtliche Antragsvordruck unter Beifügung der dort geforderten Unterlagen zu verwenden.

(2) Die zuständige Behörde überwacht den ordnungsgemäßen Betrieb der Belegstelle. Personen, die von der zuständigen Behörde beauftragt sind, dürfen im Rahmen von Satz 1 die Betriebseinrichtungen der Belegstelle und alle Honigbienenstände innerhalb eines Schutzge-

bietes betreten und dort

1. Besichtigungen vornehmen,

2. Honigbienenproben gegen Empfangsbescheinigung ohne Entschädigung entnehmen und

3. mit dem Belegstellenbetrieb in Zusammenhang stehende Unterlagen einsehen und prüfen.

§ 5
Aufhebung eines Schutzgebietes

Die Aufhebung eines Schutzgebietes kann von Amts wegen erfolgen, wenn

1. die fachlichen oder persönlichen Voraussetzungen nach § 2 Abs. 1 Nr. 5 für die Person, die die Leitung der Belegstelle verantwortlich übernommen hat oder übernehmen soll, nicht gegeben sind,

2. den Pflichten nach § 3 von der Leitung der Belegstelle in zwei aufeinander folgenden Jahren nicht nachgekommen wird,

3. auf der Belegstelle über einen Zeitraum von zwei aufeinander folgenden Jahren eine sichere Anpaarung von Honigbienenköniginnen mit Drohnen (männliche Bienen) einer bestimmten Zuchtrichtung, die auf Sanftmut, Leistungsfähigkeit und Krankheitstoleranz ausgelesen wird, nicht gewährleistet wird. Ein Fremdpaarungsanteil von unter fünf Prozent ist unschädlich,

4. auf der Belegstelle jährlich nicht mindestens 400 Honigbienenköniginnen zur Paarung aufgestellt werden oder

5. die erneute Umweiselung aller im Umkreis von drei Kilometern stehenden Honigbienenvölker auf die Zuchtrichtung der Belegstelle nicht in mindestens zweijährigem Turnus vorgenommen wird.

§ 6
Zuständige Behörde

Zuständige Behörde im Sinne dieser Verordnung ist der Landesbetrieb Landwirtschaft Hessen.

§ 7
Ordnungswidrigkeiten

Ordnungswidrig im Sinne des § 57 Abs. 3 Nr. 9 Buchst. a des Hessischen Naturschutzgesetzes handelt, wer vorsätzlich oder fahrlässig § 1 Abs. 3 Satz 1 oder § 1 Abs. 4 zuwiderhandelt.

§ 8
In-Kraft-Treten, Außer-Kraft-Treten

Diese Verordnung tritt am Tage nach der Verkündung in Kraft. Sie tritt mit Ablauf des 31. Dezember 2014 außer Kraft.

ANHANG

Die Belegstellen in Hessen mit gesetzlich geschütztem Umkreis

Belegstelle	Landkreis	geschützter Umkreis
Dillkreis	Lahn-Dillkreis	7,0 km
Katzenbach/Hesselgrund*	Mahrburg-Biedenkopf	7,0 km
Hohe Rhön*	Fulda	7,0 km

* Anerkennung beantragt

MECKLENBURG-VORPOMMERN

**Gesetz zum Schutz der Bienenbelegstellen und zur Regelung der Bienenwanderung (Landesbienengesetz Mecklenburg-Vorpommern - LBienG M-V)
Vom 24. April 2001
Der Landtag hat das folgende Gesetz beschlossen:**

§ 1
Gesetzeszweck

Bienen erfüllen als staatenbildende und staatenüberwinternde Insekten durch ihre Bestäubungsleistung einen wesentlichen Beitrag bei der Erhaltung der Artenvielfalt von Flora und Fauna sowie zur Ausschöpfung der Ertragsfähigkeit landwirtschaftlicher Nutzpflanzen. Ihre Haltung und Zucht bedarf daher der besonderen Fürsorge und Förderung.

§ 2
Bienenbelegstellen

(1) Belegstellen sind anerkannte Paarungsplätze, an denen die Reinpaarung von Bienenköniginnen mit den dort gehaltenen Drohnen stattfindet.

(2) Das für die Bienenzucht zuständige Ministerium kann in Zusammenarbeit mit den Landesimkerverbänden durch Rechtsverordnung Schutzbereiche um Bienenbelegstellen ausweisen, ändern oder auflösen.

(3) Der Schutzbereich nach Absatz 2 hat einen Halbmesser von bis zu acht Kilometern und ist den natürlichen Gegebenheiten anzupassen.

(4) Im Schutzbereich um eine Bienenbelegstelle ist es verboten, Bienenvölker anderer Zuchtlinien als die von der Belegstelle gehaltenen Bienenvölker zu halten oder dorthin zu verbringen. Das für Bienenzucht zuständige Ministerium kann für besondere Zuchtzwecke Ausnahmen zulassen.

(5) Widerrechtlich in Schutzbereichen aufgestellte Bienenvölker sind unverzüglich zu entfernen. Kommt ein Bienenhalter dieser Pflicht trotz Aufforderung durch die zuständige Behörde nicht nach, so kann diese die im Sicherheits- und Ordnungsgesetz vorgesehenen Zwangsmit-

tel einsetzen und insbesondere die Rückführung der Bienenvölker zum Heimatstandort auf Kosten und Gefahr des Eigentümers vornehmen.

§ 3
(aufgehoben)

§ 4
Zuständige Stellen

Die Ausführung dieses Gesetzes obliegt den Landkreisen und kreisfreien Städten als Aufgabe des übertragenen Wirkungskreises.

§ 5
(aufgehoben)

§ 6
Ordnungswidrigkeiten

(1) Ordnungswidrig handelt, wer vorsätzlich oder fahrlässig

1. entgegen § 2 Abs. 4 Bienenvölker anderer Zuchtlinien als die von der Belegstelle gehaltenen Bienenvölker in dem Schutzbereich hält oder dorthin verbringt, ohne dass dies für besondere Zuchtzwecke zugelassen ist,
2. einer vollziehbaren Auflage zuwiderhandelt, die einer Ausnahmeregelung nach § 2 Abs. 4 Satz 2 beigefügt ist,

(2) Ordnungswidrigkeiten werden mit Geldbußen bis zu 10.000 Euro geahndet.

(3) Zuständige Behörden für die Verfolgung von Ordnungswidrigkeiten sind die Landräte der Landkreise und die Oberbürgermeister (Bürgermeister) der kreisfreien Städte.

§ 7
In-Kraft-Treten, Außer-Kraft-Treten

(1) Das Gesetz tritt am Tage nach seiner Verkündung in Kraft.

(2) Gleichzeitig tritt die Anordnung über den Einsatz von Bienenvölkern zur Blütenbestäubung von Obst-, Ölfrucht und Vermehrungskulturen sowie zur Nutzung sonstiger Kultur- und Naturtrachten vom 18. September 1987 (GBl. DDR I Nr. 25 S. 243) außer Kraft. Die auf der Grundlage bisherigen Rechts staatlich anerkannten Schutzbereiche bleiben bis zum 31. Dezember 2002 bestehen, es sei denn, dass sie vorher durch eine Verordnung nach § 2 Abs. 2 aufgelöst oder ersetzt worden sind.

Das vorstehende Gesetz wird hiermit verkündet.

Schwerin, den 24. April 2001

Der Ministerpräsident   Der Minister für Ernährung, Landwirtschaft, Forsten und Fischerei
Dr. Harald Ringstorff   Till Backhaus

ANHANG

Verordnung über Schutzbereiche um Bienenbelegstellen
(Bienenbelegstellenverordnung - BienBStVO M-V)
Vom 3. April 2012

Aufgrund des § 2 Absatz 2 des Landesbienengesetzes Mecklenburg-Vorpommern vom 24. April 2001 (GVOBl. M-V S. 95), das durch Artikel 4 Nummer 4 des Gesetzes vom 1. August 2006 (GVOBl. M-V S. 634) geändert worden ist, verordnet das Ministerium für Landwirtschaft, Umwelt und Verbraucherschutz nach Anhörung des Landesverbandes der Imker Mecklenburg und Vorpommern e. V. und des Landesverbandes der Buckfastimker Mecklenburg-Vorpommern e. V.:

§ 1
Schutzbereiche

(1) Um folgende Bienenbelegstellen werden Schutzbereiche ausgewiesen:

1. „Ruden"; der Schutzbereich umfasst das gesamte Gebiet der Insel Ruden,

2. „Greifswalder Oie"; der Schutzbereich umfasst das gesamte Gebiet der Insel Greifswalder Oie,

3. „Dornbusch" auf der Insel Hiddensee, Landkreis Vorpommern-Rügen (Gemarkung Kloster, Flur 3, Flurstücke 17 und 18); der Schutzbereich hat einen Radius von acht Kilometern (Anlage 1),

4. „Müritzhof" in Waren, Landkreis Mecklenburgische Seenplatte (Gemarkung Waren, Flur 57, Flurstück 1/2); der Schutzbereich hat einen Radius von acht Kilometern (Anlage 2),

5. „Müggenburg" in der Rostocker Heide, Landkreis Rostock (Gemarkung Rostocker Heide, Flur 3, Flurstück 29); der Schutzbereich hat einen Radius von acht Kilometern (Anlage 3),

6. „Meileneiche" in Krakow am See, Landkreis Rostock (Forstamt Sandhof, Abteilung 3511a4); der Schutzbereich hat einen Radius von acht Kilometern und reicht in den Landkreis Ludwigslust-Parchim hinein (Anlage 4),

7. „Jasnitz" in Picher, Landkreis Ludwigslust-Parchim (Gemarkung Jasnitz, Flur 2, Flurstück 6/1); der Schutzbereich hat einen Radius von acht Kilometern (Anlage 5),

8. „Mönchgut" in Middelhagen, Landkreis Vorpommern-Rügen (Gemarkung Philippshagen, Flur 4, Flurstück 3/1); der Schutzbereich hat einen Radius von acht Kilometern (Anlage 6).

(2) Die Grenzen der Schutzbereiche nach Absatz 1 Nummer 3 bis 8 sind in den Übersichtskarten der Anlagen 1 bis 6 gekennzeichnet. Die Anlagen 1 bis 6 sind Bestandteil dieser Verordnung.

§ 2
Schutzzweck

Die Ausweisung der Schutzbereiche dient der weitgehenden Sicherung der Reinpaarung der an den Belegstellen gehaltenen Bienenvölker.

§ 3
Auskunftsstelle für die Zuchtlinien

Auskunftsstelle für die Zuchtlinien, die an den jeweiligen Belegstellen gehalten werden, ist für den Schutzbereich nach § 1 Absatz 1 Nummer 1 der Landesverband der Buckfastimker Mecklenburg-Vorpommern e. V., Galliner Chaussee 2, 19258 Boizenburg und für die Schutzbereiche nach § 1 Absatz 1 Nummer 2 bis 8 der Landesverband der Imker Mecklenburg und Vorpommern e. V., Wallstraße 45, 19053 Schwerin.

§ 4
Inkrafttreten, Außerkrafttreten

Diese Verordnung tritt am Tag nach der Verkündung in Kraft und am 31. August 2017 außer Kraft.

Schwerin, den 3. April 2012

Der Minister für Landwirtschaft,
Umwelt und Verbraucherschutz
Dr. Till Backhaus

Die Belegstellen in Mecklenburg-Vorpommern mit gesetzlich geschütztem Umkreis

Belegstelle	geschützt durch Verordnung des Landkreises	geschützter Umkreis
Dornbusch	Vorpommern-Rügen	8 km Wasser
Greifswalder Oie	Ostvorpommern	gesamte Insel
Ruden	Ostvorpommern	gesamte Insel
Jasnitz	Ludwigslust-Parchim	8 km
Meileneiche	Rostock / Ludwigslust / Parchim	8 km
Mönchgut	Vorpommern-Rügen	8 km
Müggenburg	Rostock	8 km
Müritzhof	Mecklenburgische Seenplatte	8 km

ANHANG

NIEDERSACHSEN

Gesetz zur Regelung der Bienenwanderung und zum Schutze der Belegstellen vom 10. Januar 1953
Ausfertigungsdatum:10.01.1953

Zum 31.01.2012 aktuellste verfügbare Fassung der Gesamtausgabe
Stand: letzte berücksichtigte Änderung: § 1 geändert durch Artikel I Nr. 15 und § 3 Abs. 2 aufgehoben durch Artikel II Nr. 5 des Gesetzes vom 21.06.1972 (Nds. GVBl. S. 309)

§ 1

(1) Die Landkreise und kreisfreien Städte können zur Regelung der Bienenwanderung und zum Schutze von Belegstellen durch Verordnung für den Umfang ihres Gebietes oder für Teile des Gebietes bestimmen, daß die Aufstellung von Bienenvölkern der Genehmigung bedarf, wenn die Bienenvölker

>a) zur Nutzung von vorübergehenden Trachten außerhalb ihres ständigen Aufstellungsortes oder
>b) innerhalb des Schutzbezirks von Insel-oder Reinzuchtbelegstellen

aufgestellt werden sollen.

(2) Der Schutzbezirk umfaßt bei Inselbelegstellen das gesamte Gebiet der Inseln. Für Reinzuchtbelegstellen ist er durch die Landkreise und kreisfreien Städte nach Anhörung der Landwirtschaftskammer in der nach Absatz 1 zu erlassenden Verordnung zu bestimmen.

(3) Die Genehmigungspflicht gemäß Absatz 1 kann auf bestimmte Zeiträume begrenzt werden.

§ 2

Soweit gemäß § 1 eine Genehmigung für die Aufstellung von Bienenvölkern vorgeschrieben ist, darf sie nur versagt werden, wenn

>a) ausreichende Tracht für die Bienenvölker am Aufstellungsort und in seiner Umgebung unter Berücksichtigung der bereits aufgestellten Bienenvölker nicht vorhanden ist, oder
>b) die Gefahr einer Übertragung ansteckender Bienenkrankheiten besteht, oder
>c) die Benutzung von Belegstellen gefährdet sein würde.

§ 3

(1) Den Landkreisen und den kreisfreien Städten wird die Aufgabe übertragen, über die Genehmigungen nach §§ 1 und 2 zu entscheiden.

(2) (aufgehoben)

(3) Zur Deckung der durch das Genehmigungsverfahren entstehenden Kosten können die Landkreise und die kreisfreien Städte Gebühren erheben.

§ 4

(1) Ordnungswidrig handelt, wer einer Vorschrift einer auf Grund des § 1 erlassenen Verordnung zuwiderhandelt, soweit die Verordnung für einen bestimmten Tatbestand auf diese Bußgeldvorschrift verweist.

(2) Die Ordnungswidrigkeit kann mit einer Geldbuße geahndet werden.

(3) Verwaltungsbehörden im Sinne des § 36 Abs. 1 Nr. 1 des Gesetzes über Ordnungswidrigkeiten sind die Landkreise und die kreisfreien Städte.

§ 5

Dieses Gesetz tritt am Tage nach seiner Verkündung in Kraft.

Hannover, den 10. Januar 1953

Der Niedersächsische Ministerpräsident Kopf

Der Niedersächsische Minister für Ernährung Landwirtschaft und Forsten
von Kessel

Ausführungsbestimmungen zum Gesetz zur Regelung der Bienenwanderung und zum Schutze der Belegstellen

RdErl. d. ML v. 13.04.1981, 203-60235-44 - GültL 50/2 -

Zur Ausführung des Gesetzes zur Regelung der Bienenwanderung und zum Schutze der Belegstellen vom 10.01.1953 (Nds. GVBl. Sb. 1 S. 660), zuletzt geändert durch Artikel 1 § 1 Nr. 15 und Artikel II Nr. 5 des Fünften Gesetzes zur Verwaltungs- und Gebietsreform vom 21.06.1972 (Nds. GVBl. S. 309), wird folgendes bestimmt:

Zu § 1:

1. Der Schutzbezirk gemäß § 1 für Reinzuchtbelegstellen ist für einen Umkreis von mindestens sechs km Halbmesser festzusetzen (§ 1 Abs. 2 Satz 2).

2. Für Reinzuchtbelegstellen in Heidewandergebieten ist die Genehmigungspflicht bis zum 25.07. eines jeden Jahres zu begrenzen (§ 1 Abs. 3). Die Möglichkeit zur Versagung der Genehmigung nach § 2 Buchst. a und b bleibt hiervon unberührt.

Zu § 2:

3. Der Antrag auf Erteilung der Genehmigung zur Aufstellung von Bienenvölkern zur Nutzung von vorübergehenden Trachten außerhalb ihres ständigen Aufstellungsortes ist nach dem Muster der Anlage 1 zu stellen.

ANHANG

4. Die Genehmigung zur Aufstellung von Bienenvölkern (Muster: Anlage 2) setzt neben der nach § 2 Buchst. b erforderlichen Beachtung der Vorschriften der Bienenseuchenverordnung i. d. F. vom 20.06.1979 (BGBl. 1 S. 661), geändert durch Verordnung vom 18.04.1980 (BGBl. 1 S. 441), in erster Linie eine Nachprüfung der Trachtmöglichkeiten am Aufstellungsort voraus (§ 2 Buchst. a). Hierbei sollten nicht nur evtl. vorliegende Erfahrungswerte aus den Vorjahren, sondern auch bienenbiologische und landschaftsökologische Gesichtspunkte Berücksichtigung finden. Eine Tracht kann als ausreichend angesehen werden, wenn die Lebensbedürfnisse des Bienenvolkes - hierzu zählen auch die Anlage von erntefähigen Vorräten - während der Trachtzeit bei normalem Witterungsablauf erfüllt werden, ohne dass eine zusätzliche Fütterung des Bienenvolkes seitens des Imkers notwendig ist.

Als Anhaltspunkt für die Besetzung von Trachtflächen durchschnittlicher Güte, insbesondere von Heideflächen, ist eine Zahl von drei bis vier Völkern je ha zugrunde zu legen. Für geschlossene Obst- und Raps-Anbaugebiete sind im Normalfall acht Völker je ha anzusetzen. Für die Aufstellung weiterer Völker ist der Nachweis überdurchschnittlich guter Trachtverhältnisse zu erbringen. Wird der Einsatz von Bienenvölkern zu Bestäubungszwecken durch Prämien vergütet, richtet sich die Zahl der aufzustellenden Bienenvölker nach dem Bedarf des Auftraggebers.

5. Die Benutzung einer Reinzuchtbelegstelle ist insbesondere dann gefährdet (§ 2 Buchst. c), wenn innerhalb des Schutzbezirkes der Belegstelle Bienenvölker - auch Drohnenvölker und Begattungsvölkchen - aufgestellt werden sollen. In diesen Fällen ist die Genehmigung zu versagen.

Zu § 3:

6. Die zuständige Behörde entscheidet über die Genehmigung nach Anhörung eines Bienenwanderwartes. Dieser und zwei Stellvertreter werden von ihr für die Dauer bis zu drei Jahren berufen. Den an der Bienenwanderung interessierten Gruppen ist Gelegenheit zu geben, geeignete Personen für die Berufung vorzuschlagen. Als solche Gruppen kommen die Kreisgruppen des Landesimkerverbandes sowie sonstige nicht dem Landesverband angehörende örtliche Imkervereinigungen in Betracht.

7. Die nach Nr. 6 berufenen Bienenwanderwarte und ihre Stellvertreter sind an einer Entscheidung nach § 2 des Gesetzes nicht zu beteiligen, wenn sie durch die Entscheidung als Eigentümer oder Besitzer von Grundstücken oder als Besitzer von Bienenvölkern wirtschaftlich betroffen werden können oder aus sonstigen Gründen eine Besorgnis der Befangenheit besteht.

8. Bei Verstößen gegen die gesetzlichen Vorschriften über die Aufstellung von Bienenvölkern kann die zuständige Behörde neben Geldbußen auch die Entfernung der ohne Genehmigung aufgestellten Bienenvölker - ggf. mit Mitteln des Verwaltungszwangs - verfügen.

9. Der RdErl. vom 27.06.1953 (Nds. MBl. S. 281) wird aufgehoben.

An die Landkreise, kreisfreien und großen selbständigen Städte sowie selbständigen Gemeinden.

- Nds. MBl. Nr. 1911981 S. 435

Die Belegstellen in Niedersachsen mit gesetzlich geschütztem Umkreis

Belegstelle	geschützt durch Verordnung des Landkreises	vom	geschützter Umkreis
Baltrum	Aurich	13.01.1982	gesamte Insel
Borkum	Leer	25.02.1999	gesamte Insel
Juist	Aurich	13.01.1982	gesamte Insel
Langeoog	Wittmund	13.03.1975	gesamte Insel
Norderney	Aurich	13.01.1982	gesamte Insel
Spiekeroog	Wittmund	13.03.1975	gesamte Insel
Wangerooge	Friesland	11.03.1985	gesamte Insel
Elberger Moor	Emsland Grafschaft Bentheim	23.05.2005 10.07.1987	6 km 4 km
Englands Tannen	Emsland	23.05.2005	6 km
Gartower Forst	Lüchow-Dannenberg	03.04.1992	7 km
Lautenthal	Goslar	06.05.1974	6 km
Leyhörn	Aurich	07.06.2000	3,5 km
Neuenhof	Cuxhaven Stade	25.11.1994 30.06.1997	7 km 7 km
Torfhaus	Goslar	20.09.1984	5 km

ANHANG

RHEINLAND-PFALZ

Landesgesetz zum Schutze von Belegstellen für Bienen
Vom 03. Februar 1965*

letzte berücksichtigte Änderung: § 1 geändert durch Artikel 15 des Gesetzes vom 06.07.1998 (GVBl. S. 171)

§ 1

(1) Die Kreisverwaltungen und die Stadtverwaltungen der kreisfreien Städte können zum Schutz von Belegstellen für Bienen Schutzbezirke durch Rechtsverordnung festsetzen; die Landkreise und die kreisfreien Städte nehmen die Aufgabe als Auftragsangelegenheit wahr. Vor Erlaß der Verordnung sind das Veterinäramt und der örtlich zuständige Landesimkerverband zu hören. Der Schutzbezirk ist in der Regel für einen Umkreis (Halbmesser) von 2 bis 4 km festzusetzen.

(2) In der Rechtsverordnung kann bestimmt werden, daß die Aufstellung von Bienenvölkern innerhalb eines Schutzbezirkes der Genehmigung bedarf. Die Genehmigungspflicht kann zeitlich begrenzt werden.

(3) Rechtsverordnungen nach Absatz 1 sind innerhalb ihres Geltungsbereiches in der für Polizeiverordnungen üblichen Form zu verkünden.

§ 2

Die Genehmigung für die Aufstellung von Bienenvölkern nach § 1 darf nur versagt werden, wenn
a) die Benutzung von Belegstellen gefährdet sein würde oder
b) die Gefahr einer Übertragung ansteckender Bienenkrankheiten besteht.

§ 3

(1) Die Genehmigung nach § 1 erfolgt auf Antrag. Zuständig sind die in § 1 Abs. 1 genannten Behörden.

(2) Vor der Entscheidung sind das Veterinäramt und der örtlich zuständige Landesimkerverband zu hören.

§ 4

(1) Ordnungswidrig handelt, wer vorsätzlich oder fahrlässig einer auf Grund des § 1 erlassenen Rechtsverordnung zuwiderhandelt, sofern sie für einen bestimmten Tatbestand auf diese Bußgeldbestimmung verweist.

(2) Die Ordnungswidrigkeit kann mit einer Geldbuße geahndet werden.

(3) Verwaltungsbehörde im Sinne des § 36 Abs. 1 Nr. 1 des Gesetzes über Ordnungswidrigkeiten ist die Genehmigungsbehörde (§ 3 Abs. 1).

(4) Die ohne Genehmigung in Schutzbezirken aufgestellten Bienenvölker sind auf Anordnung der Genehmigungsbehörde (§ 3 Abs. 1) zu entfernen.

§ 5

Die zur Durchführung dieses Gesetzes erforderlichen Rechts- und Verwaltungsvorschriften erläßt der Minister für Landwirtschaft, Weinbau und Forsten im Benehmen mit dem Minister für Umwelt und Gesundheit.

§ 6*

Dieses Gesetz tritt am Tage nach seiner Verkündung in Kraft.
(Satz 2: Aufhebungsbestimmung) *)Satz 1: Verkündet am 19. 2. 1965

Durchführung des Landesgesetzes zum Schutze von Belegstellen für Bienen

Verwaltungsvorschrift des Ministeriums für Landwirtschaft, Weinbau und Forsten vom 15. Oktober 1986 (729 - 183)

Auf Grund des § 5 des Landesgesetzes zum Schutze von Belegstellen für Bienen vom 3. Februar 1965 (GVBl. S. 10), zuletzt geändert durch Artikel 14 des Gesetzes vom 7. Februar 1983 (GVBl. S. 17), BS 7824-2, und der Verordnung vom 19. April 1974 (GVE31. S. 182, BS 14-1-12), wird im Benehmen mit dem Ministerium für Umwelt und Gesundheit folgendes bestimmt:

1 Schutzbezirk

1.1 Die Festsetzung des Schutzbezirkes erfolgt auf schriftlichen Antrag des Trägers der Belegstelle durch Rechtsverordnung.

Der Antrag muss mindestens enthalten:

1.1.1 Angaben über die züchterische Zweckbestimmung der Belegstelle.

1.1.2 die Darstellung der Bezeichnung des Ortes der Belegstelle und der vorgeschlagenen Grenzen des Schutzbezirkes in einem Lageplan (möglichst Maßstab 1:25 000),

1.1.3 den Nachweis einer jährlichen Mindestkapazität von 150 aufgestellten Begattungsvölkchen,

1.1.4 eine Erklärung darüber, dass nach Kenntnis des Antragstellers in dem Bereich des vorgeschlagenen Schutzbezirks gegenwärtig außer den Bienenvölkern der Belegstelle keine anderen Bienenvölker aufgestellt sind.

1.2 Vor der Festsetzung des Schutzbezirks und vor Erteilung der Genehmigung zur Aufstellung von Bienenvölkern ist die zuständige Kreisverwaltung - Veterinäramt - zu hören, in deren Bezirk die Belegstelle gelegen ist.

1.3 Gleichzeitig ist der örtlich zuständige Imkerverband insbesondere zu der Benutzungsquote und der Zweckmäßigkeit der Belegstelle zu hören. Örtlich zuständiger Imkerverband ist

1.3.1 für das Gebiet der Regierungsbezirke Koblenz und Trier, mit Ausnahme des Gebietes des Westerwaldkreises und des Rhein-Lahn-Kreises, der Imkerverband Rheinland e. V.,

1.3.2 für das Gebiet des Regierungsbezirks Rheinhessen-Pfalz der Imkerverband Rheinhessen-Pfalz e. V.,

1.3.3 für das Gebiet des Westerwaldkreises und des Rhein-Lahn-Kreises der Imkerverband Nassau e. V.,

1.4 Der Schutzbezirk soll einen Umkreis (Halbmesser) von 4 km nicht überschreiten. Dabei ist eine nach allen Seiten gleichmäßige Begrenzung des Schutzbezirks nicht erforderlich; vielmehr ist den natürlichen Verhältnissen (z. B. Wasserläufe, Straßen, Bahnstrecken, Waldränder) Rechnung zu tragen. In der Rechtsverordnung sind die Bezeichnung des Ortes der Belegstelle und eine Beschreibung der Grenzen des Schutzbezirkes aufzunehmen.

1.5 Die Genehmigungspflicht nach § 1 Abs. 2 des Gesetzes ist auf die Betriebszeit der Belegstellen, in der Regel die Zeit zwischen dem 15. Mai und dem 10. August, zu beschränken.

1.6 Der Schutzbezirk ist durch Rechtsverordnung aufzuheben, wenn eine Belegstelle nicht mehr mit der Mindestkapazität von 150 Begattungsvölkchen beschickt ist. Der örtlich zuständige Imkerverband ist vor der Entscheidung zu hören.

2 Gefährdung der Belegstelle

Die Benutzung von Belegstellen ist im Sinne von § 2 des Gesetzes insbesondere gefährdet, wenn im Schutzbezirk Bienenvölker fremder Abstammung aufgestellt werden. Eine Gefährdung in diesem Sinne liegt nicht vor, wenn diese im Schutzbezirk aufzustellenden Bienenvölker ausweislich des Ergebnisses einer vom Antragsteller zu veranlassenden Untersuchung der Drohnen auf Rassemerkmale der Zuchtrichtung der auf der Belegstelle aufgestellten Vatervölker angehören.

3 Inkrafttreten

Diese Verwaltungsvorschrift tritt am Tage nach der Veröffentlichung in Kraft. Gleichzeitig wird die Verwaltungsvorschrift vom 16. Oktober 1981 (MinBl. S. 757) aufgehoben.

MinBl. 1986, S. 530

Die Belegstellen in Rheinland-Pfalz mit gesetzlich geschütztem Umkreis

Belegstelle	Landkreis	Gesetzlich geschützter Schutzbereich
Erbeskopf	Bernkastel-Wittlich Birkenfeld	4,0 km

ANHANG

Auszug aus:

Sachsen-Anhalt

GVB1. LSA Nr. 27/2010, ausgegeben am 16. 12. 2010
Der Landtag von Sachsen-Anhalt hat das folgende Gesetz beschlossen, das hiermit nach Gegenzeichnung ausgefertigt wird und zu verkünden ist:

Gesetz zur Änderung des Landwirtschaftsgesetzes Sachsen-Anhalt.
Vom 10. Dezember 2010.

§ 1

Das Landwirtschaftsgesetz Sachsen-Anhalt vom 28. Oktober 1997 (GVB1. LSA S. 919), zuletzt geändert durch Artikel 19 des Gesetzes vom 5. November 2009 (GVB1. LSA S. 514, 523), wird wie folgt geändert:
1. Der bisherige § 18 wird § 17.
2. Nach § 17 wird folgender neuer Teil 4 eingefügt:

Teil 4
Schutz von Belegstellen für Bienen

§ 18
Zucht von Bienenvölkern

(1) Bienen leisten als staatenbildende und staatenüberwinternde Insekten durch ihre Bestäubungsleistung einen wesentlichen Beitrag bei der Erhaltung der Artenvielfalt von Flora und Fauna sowie zur Ausschöpfung der Ertragsfähigkeit landwirtschaftlicher Nutzpflanzen. Ihre Haltung und Zucht bedarf daher der besonderen Fürsorge und Förderung.

(2) Zur Erhaltung der in Sachsen-Anhalt standortgebundenen Zucht leistungsfähiger, vitaler und friedfertiger Bienenvölker ist bei der Bienenzucht die Reinzucht durch Königinnen mit ausgewählten Drohnen an anerkannten Paarungsplätzen (Bienenbelegstellen) sicherzustellen.

§ 19
Bienenbelegstellen

(1) Das für Landwirtschaft zuständige Ministerium wird ermächtigt, durch Verordnung Schutzbezirke um Bienenbelegstellen auszuweisen, zu ändern oder aufzulösen. In der Verordnung nach Satz 1 können nähere Bestimmungen zum Schutz der Bienenbelegstellen getroffen werden, insbesondere über

1. die Errichtung von Schutzbezirken für Belegstellen einschließlich ihrer Voraussetzungen,

2. die zum Schutz der Belegstellen erforderlichen Verbote und Verhaltenspflichten,

3. die Einführung, die Voraussetzungen und das Verfahren einer Zulassungspflicht für das Betreiben von Belegstellen sowie

4. die Errichtung von Schutzbezirken in Sachsen-Anhalt für Belegstellen anderer Bundesländer im Grenzbereich zu Sachsen-Anhalt.

Vor dem Erlass der Verordnung ist der Landesimkerverband Sachsen-Anhalt e. V. anzuhören.

(2) Der Schutzbezirk ist unter Berücksichtigung der natürlichen Gegebenheiten für Belegstellen in der Regel mit einem Radius von mindestens sieben Kilometern bis maximal zehn Kilometern festzusetzen.

(3) Im Schutzbezirk einer Bienenbelegstelle ist es verboten, Bienenvölker oder Drohnen anderer Zuchtlinien als die von der Belegstelle gehaltenen Bienenvölker zu halten oder dorthin zu verbringen. Das für Landwirtschaft zuständige Ministerium wird ermächtigt, in der Verordnung nach Absatz 1 für besondere Zuchtzwecke Ausnahmen zuzulassen. Für die Haltung im Schutzbezirk oder die Verbringung von Bienenvölkern gleicher Zuchtlinien in den Schutzbezirk ist die vorherige Bestätigung des zuständigen Amtstierarztes über die Einhaltung der tierseuchenrechtlichen Vorschriften erforderlich.

(4) Widerrechtlich in Schutzbezirken aufgestellte Bienenvölker sind unverzüglich zu entfernen. Kommt ein Bienenhalter dieser Pflicht trotz Aufforderung durch die zuständige Behörde nicht nach, so kann diese Zwangsmittel einsetzen und insbesondere die Rückführung der Bienenvölker zum Heimatstandort auf Kosten und Gefahr des Eigentümers durchführen.

§ 20
Ordnungswidrigkeiten

(1) Ordnungswidrig handelt, wer
1. entgegen § 19 Abs. 3 Satz 1 Bienenvölker anderer Zuchtlinien als die von der Belegstelle gehaltenen Bienenvölker in dem Schutzbezirk hält oder dorthin verbringt, ohne dass dies für besondere Zuchtzwecke zugelassen ist,

2. einer vollziehbaren Auflage zuwiderhandelt.

(2) Ordnungswidrigkeiten können mit einer Geldbuße bis zu zehntausend Euro geahndet werden.
3. Der bisherige Teil 4 wird Teil 5.
4. Die bisherigen §§ 19 und 20 werden die §§ 21 und 22.

§2
Dieses Gesetz tritt am Tag nach seiner Verkündung in Kraft.

Magdeburg, den 10. Dezember 2010.

Der Präsident des Landtages von Sachsen-Anhalt	Der Ministerpräsident des Landes Sachsen-Anhalt	Der Minister für Landwirtschaft und Umwelt des Landes Sachsen-Anhalt
Steinecke	Prof. Dr. Böhmer	Dr. Aeikens

Verordnung

ANHANG

zur Ausweisung von Schutzbezirken für Bienenbelegstellen (Bienenbelegstellenschutzverordnung — BBSVO).

Vom 16. Januar 2012.

Aufgrund des § 19 Abs. 1 des Landwirtschaftsgesetzes Sachsen-Anhalt vom 28. Oktober 1997 (GVB1. LSA S. 919), zuletzt geändert durch Gesetz vom 10. Dezember 2010 (GVB1. LSA S. 567), in Verbindung mit Abschnitt II Nr. 8 des Beschlusses der Landesregierung über den Aufbau der Landesregierung Sachsen-Anhalt und die Abgrenzung der Geschäftsbereiche vom 3. Mai 2011 (MBI. LSA S. 217), geändert durch Beschluss vom 30. August 2011 (MBI. LSA S. 439), wird nach Anhörung des Imkerverbandes Sachsen-Anhalt e.V. verordnet:

§1
Schutzzweck

Diese Verordnung dient der Ausweisung von Schutzbezirken für Bienenbelegstellen im Land Sachsen-Anhalt und von Schutzbezirken für Bienenbelegstellen anderer Bundesländer im Grenzbereich Sachsen-Anhalts zur Sicherung der Reinzucht durch Königinnen mit ausgewählten Drohnen an anerkannten Paarungsplätzen.

§2
Schutzbezirke

(1) Um die Bienenbelegstellen im Land Sachsen-Anhalt

1. Kaiserstein im Landkreis Altmarkkreis Salzwedel, Gemarkung Letzlingen Flur 9 (Anlage 1), und

2. Hundeluft im Landkreis Wittenberg, Gemarkung Bräsen Flur 3 (Anlage 2),
werden Schutzbezirke von jeweils 7,5 Kilometern Radius ausgewiesen.

(2) Im Grenzbereich des Landes Sachsen-Anhalt zum Land Brandenburg wird ein Schutzbezirk von zehn Kilometern Radius um die Bienenbelegstelle des Landes Brandenburg Hohenheide im Landkreis Havelland, Gemarkung Vieritz Flur 4 Flurstück 4, ausgewiesen (Anlage 3).

(3) Im Grenzbereich des Landes Sachsen-Anhalt zum Freistaat Thüringen wird ein Schutzbezirk von sieben Kilometern Radius um die Bienenbelegstelle des Freistaates Thüringen Birkenmoor im Landkreis Nordhausen, Gemarkung Ilfeld Flur 19 Flurstück 20/22, ausgewiesen (Anlage 4).

(4) Die Grenzen der Schutzbezirke nach den Absätzen 1 bis 3 sind in den Übersichtskarten der Anlagen 1 bis 4 gekennzeichnet. Die Anlagen bestehen jeweils aus einer Auflistung der Fluren sowie einer Übersichtskarte für jede einzelne Bienenbelegstelle und deren Schutzbezirk. Soweit einzelne Fluren nur teilweise innerhalb des Radius liegen, gehören diese vollständig zum jeweiligen Schutzbezirk. Maßgeblich für die genaue Bestimmung der Grenzlinie der vom Schutzbezirk umfassten Fluren ist das amtliche Liegenschaftskataster.

§3

Auskunftsstellen für die Zuchtlinien

Auskunftsstelle für die Zuchtlinien, die an den jeweiligen Bienenbelegstellen gehalten werden, ist für die Schutzbezirke nach § 2 Abs. 1 der Imkerverband Sachsen-Anhalt e.V., für den Schutzbezirk nach § 2 Abs. 2 der Landesverband Brandenburgischer Imker e.V. und für den Schutzbezirk nach § 2 Abs. 3 der Landesverband Thüringer Imker e.V.

§ 4
Aufstellungsgenehmigung für Bienenvölker und Überwachung

(1) Die vorübergehende Aufstellung von Bienenvölkern der für die Bienenbelegstelle zugelassenen Zuchtlinien innerhalb der Schutzbezirke bedarf in der Zeit vom 15. Mai bis 15. August der Genehmigung durch das Amt für Landwirtschaft, Flurneuordnung und Forsten Mitte (Aufstellungsgenehmigung). Dem Antrag auf Genehmigung ist eine Gesundheitsbescheinigung des zuständigen Amtstierarztes beizufügen. Ausgenommen von der Genehmigungspflicht sind die vom Träger der Bienenbelegstelle dort aufgestellten Drohnenvölker.

(2) Die Aufstellungsgenehmigung darf nur versagt werden, wenn durch die vorübergehende Aufstellung von Bienenvölkern im Schutzbezirk die zweckentsprechende Benutzung der Bienenbelegstelle gefährdet wird oder die Gefahr einer Übertragung ansteckender Bienenkrankheiten besteht.

(3) Vor der Entscheidung über den Antrag auf Erteilung einer Aufstellungsgenehmigung sind der für die Bienenbelegstelle örtlich zuständige Amtstierarzt und der nach § 3 örtlich zuständige Imkerverband zu hören.

(4) Das Amt für Landwirtschaft, Flurneuordnung und Forsten Mitte ist für die Überwachung der Einhaltung der Bestimmungen gemäß § 19 Abs. 3 Satz 1 und 3 und Abs. 4 des Landwirtschaftsgesetzes Sachsen-Anhalt zuständig.

§ 5
Inkrafttreten

Diese Verordnung tritt am Tag nach ihrer Verkündung in Kraft.

Magdeburg, den 16. Januar 2012

Der Ministerpräsident für Landwirtschaft und Umwelt
des Landes Sachsen-Anhalt
Dr. Aeikens

ANHANG

Die Belegstellen in Sachsen-Anhalt mit gesetzlich geschütztem Umkreis

Belegstelle	Landkreis	Gesetzlich geschützter Schutzbereich
Hundeluft	Wittenberg Anhalt Bitterfeld Dessau-Roßlau	7,5 km
Kaiserstein	Altmarkkreis Salzwedel Börde, Stendal	7,5 km
Birkenmoor* (Thüringen)	Harz, Südharz	7,0 km
Hohenheide* (Brandenburg)	Jerichower Land, Stendal	10,0 km

* Die Belegstellen befinden sich in den benachbarten Bundesländern, der Schutzbereich reicht aber nach Sachsen-Anhalt und ist auch dort gesetzlich geschützt.

SCHLESWIG-HOLSTEIN

Gesetz zur Förderung der Bienenhaltung
Vom 17. September 1958 i.d.F.d.B. v. 31.12.1971 *)

Stand: letzte berücksichtigte Änderung: Zuständigkeiten und Ressortbezeichnungen ersetzt (LVO v. 12.10.2005, GVOBl. S. 487)

*) Anlage zum Ges. v. 5.4.1971, GVOBl. 1971 S. 182.

§ 1
Belegstellen

(1) Das Ministerium für Landwirtschaft, Umwelt und ländliche Räume kann auf Antrag nach Anhörung der Landwirtschaftskammer Schleswig-Holstein Belegstellen zu Schutzbezirken für die Befruchtung von Bienenköniginnen erklären. Innerhalb der Schutzbezirke dürfen andere Bienenvölker als die Zuchtvölker des Antragstellers nicht aufgestellt werden. Für besondere Zuchtversuche kann das Ministerium für Landwirtschaft, Umwelt und ländliche Räume Ausnahmen zulassen.

(2) Der Schutz kann befristet werden. Er kann widerrufen werden, wenn Voraussetzungen, unter denen er gewährt worden ist, weggefallen sind.

(3) Die Erklärung zum Schutzbezirk und ihr Widerruf werden mit der Bekanntmachung im Amtsblatt für Schleswig-Holstein wirksam.

§ 2
Bienenwanderung

Wer Bienenvölker während der Trachtzeit außerhalb des Heimatkreises aufstellen will, hat dies dem für den Wanderstandort zuständigen Kreis oder der kreisfreien Stadt mindestens drei Wochen vor der Wanderung schriftlich anzuzeigen. Die Anzeige hat den Heimatstandort und den Wanderstandort, die Zahl der für die Wanderung vorgesehenen Bienenvölker sowie Beginn und Ende der Wanderung zu enthalten. Ihr ist die Einverständniserklärung des Grundstücksbesitzers oder des sonst Verfügungsberechtigten des Wanderstandortes beizufügen.

§ 3
Ordnungswidrigkeiten

(1) Ordnungswidrig handelt, wer vorsätzlich oder fahrlässig

a) Bienenvölker außer den Zuchtvölkern innerhalb von nach § 1 Absatz 1 zu Schutzbezirken erklärten Belegstellen aufstellt, ohne dass dies für besondere Zuchtversuche zugelassen ist, Bienenvölker ohne vorherige Anzeige während der Trachtzeit außerhalb des Heimatkreises aufstellt,

ANHANG

b) einer vollziehbaren Auflage zuwiderhandelt, die einer Ausnahmegenehmigung nach § 1 Abs. 1 Satz beigefügt ist. Die Ordnungswidrigkeit kann mit einer Geldbuße geahndet werden. Zuständige Verwaltungsbehörde im Sinne des § 36 Abs. 1 Nr. 1 des Gesetzes über Ordnungswidrigkeiten sind die Landräte und Bürgermeister der kreisfreien Städte.

(2) Ohne vorherige Anzeige aufgestellte Bienenvölker können die örtlichen Ordnungsbehörden auf Kosten und Gefahr des Eigentümers zum Heimatstandort befördern lassen, falls sie trotz Aufforderung nicht innerhalb 48 Stunden entfernt sind.

§ 4
Ausführungsbestimmungen

Das Ministerium für Landwirtschaft, Umwelt und ländliche Räume erläßt die zur Durchführung dieses Gesetzes notwendigen Verwaltungsvorschriften.

§ 5
Inkrafttreten

Dieses Gesetz tritt am 1. Januar 1959 in Kraft.

Erklärung von Belegstellen zu Schutzbezirken für die Befruchtung von Bienenköniginnen

Bekanntmachung des Ministers für Ernährung, Landwirtschaft und Forsten vom 4. September 1963 - III 43/4.09.07-06 -.

Änderungen und Ergänzungen:

1. geänd. Bek. v. 9.1.1972 (Amtsbl. S. 108) [eingearbeitet]

2. geänd. Bek. v. 24.8.1988 (Amtsbl. S. 410) [eingearbeitet]

Nach § 1 des Gesetzes zur Förderung der Bienenhaltung vom 17. September 1958 (GVOBl. Schl.-H. S. 285) erkläre ich widerruflich die nachstehenden Belegstellen zu Schutzbezirken für die Befruchtung von Bienenköniginnen:

1. Belegstelle **Helgoland**, umfassend die Insel Helgoland in ganzer Ausdehnung.

2. Belegstelle **Hooge**, umfassend die Hallig Hooge in ganzer Ausdehnung.

3. Belegstelle **Hamburger Hallig**, umfassend die Hamburger Hallig in ganzer Ausdehnung einschließlich des Deichvorlandes zwischen der Hallig und dem Seedeich des Sönke-Nissen-Kooges.

4. Belegstelle **Puan Klent a. Sylt**, umfassend die Gemeinden Hörnum und Rantum,

5. Belegstelle **Norddorf a. Amrum**, umfassend die Insel Amrum in ganzer Ausdehnung,

Der Träger der Belegstellen ist der Landesverband Schleswig-Holsteinischer und Hamburger Imker e.V.

Innerhalb der Schutzbezirke dürfen andere Bienenvölker als die Zuchtvölker des Trägers der Belegstellen nicht aufgestellt werden.

Verstöße gegen diese Bekanntmachung werden gemäß § 3 des Gesetzes zur Förderung der Bienenhaltung nach dem Gesetz über Ordnungswidrigkeiten vom 25. März 1952 (BGBl. I S. 177) geahndet.

Die Erklärung der Belegstellen zu Schutzbezirken für die Befruchtung von Bienenköniginnen wird mit der Veröffentlichung dieser Bekanntmachung im Amtsblatt für Schleswig-Holstein wirksam.

Erklärung einer Belegstelle zum Schutzbezirk für die Befruchtung von Bienenköniginnen

Bekanntmachung des Ministers für Ernährung, Landwirtschaft und Forsten vom 12. März 1968 - VIII 43/4.09.07-06 -

Änderungen und Ergänzungen:
   1. geänd. Bek. v. 26.9.1972 (Amtsbl. 1972 S. 746) [eingearbeitet]

Nach § 1 des Gesetzes zur Förderung der Bienenhaltung vom 17. September 1958 (GVOBl. Schl.-H. S. 285) erkläre ich nach Anhörung der Landwirtschaftskammer Schleswig-Holstein widerruflich die Belegstelle **List** zum Schutzbezirk für die Befruchtung von Bienenköniginnen jeweils für die Zeit vom 20. Mai bis zum 19. Juli eines jeden Jahres. Die Belegstelle List umfaßt das Gesamtgebiet der Gemeinde List/Sylt und den nördlichen Teil der Gemeinde Kampen bis zur Höhe des Leuchtturms.

Der Träger der Belegstelle ist der Landesverband Schleswig-Holsteinische Imker e. V.

Innerhalb des Schutzbezirkes dürfen andere Bienenvölker als die Zuchtvölker des Trägers der Belegstelle in der Zeit vom 20. Mai bis zum 19. Juli eines jeden Jahres nicht gehalten oder aufgestellt werden.

Verstöße gegen diese Bekanntmachung werden nach § 3 des Gesetzes zur Förderung der Bienenhaltung nach dem Gesetz über Ordnungswidrigkeiten vom 25. März 1952 (BGBl. I S. 177) geahndet.

Diese Bekanntmachung tritt am Tage ihrer Veröffentlichung in Kraft.

ANHANG

Erklärung einer Belegstelle zum Schutzbezirk für die Befruchtung von Bienenköniginnen

Bekanntmachung des Ministers für Ernährung, Landwirtschaft und Forsten vom 25. Februar 1987 - VIII 410/7141.324 -

Aufgrund des § 1 des Gesetzes zur Förderung der Bienenhaltung vom 17. September 1958 (GVOBI. Schl.-H. S. 285), geändert durch Gesetz vom 9. Dezember 1974 (GVOBI. Schl.-H. S. 453), erkläre ich nach Anhörung der Landwirtschaftskammer Schleswig-Holstein die Belegstelle **Nordstrandischmoor** zum Schutzgebiet für die Befruchtung von Bienenköniginnen. Der Schutz wird auf die Zeit vom 10. Mai bis zum 20. Juli jeden Jahres befristet.

Träger der Belegstelle ist der Landesverband Schleswig-Holsteinischer und Hamburger Imker e.V.

Innerhalb der Schutzfrist dürfen in dem Schutzgebiet andere Bienenvölker als die Zuchtvölker des Trägers der Belegstelle nicht aufgestellt werden.

Verstöße gegen diese Verbotsvorschriften können nach § 3 des Gesetzes zur Förderung der Bienenhaltung als Ordnungswidrigkeiten geahndet werden.

Diese Erklärung tritt am Tage nach ihrer Bekanntmachung in Kraft.

Erklärung einer Belegstelle zum Schutzbezirk für die Befruchtung von Bienenköniginnen

Bekanntmachung des Ministers für Ernährung, Landwirtschaft und Forsten vom 19. Februar 1988 - VIII 410/7141.324 -

Aufgrund des § 1 des Gesetzes zur Förderung der Bienenhaltung vom 17. September 1958 (GVOBI. Schl.-H. S. 285), geändert durch Gesetz vom 9. Dezember 1974 (GVOBI. Schl.-H. S. 453), erkläre ich nach Anhörung der Landwirtschaftskammer Schleswig-Holstein die Belegstelle **Pellworm**, umfassend die Insel Pellworm in ganzer Ausdehnung, zum Schutzbezirk für die Befruchtung von Bienenköniginnen.

Träger der Belegstelle ist der Landesverband Schleswig-Holsteinischer und Hamburger Imker e.V.

Innerhalb des Schutzbezirkes dürfen andere Bienenvölker als die Zuchtvölker des Trägers der Belegstelle nicht aufgestellt werden.

Verstöße gegen diese Bekanntmachung können nach § 3 des Gesetzes zur Förderung der Bienenhaltung als Ordnungswidrigkeiten geahndet werden.

Diese Erklärung tritt am Tage nach ihrer Bekanntmachung in Kraft.

Die Belegstellen in Schleswig-Holstein mit gesetzlich geschütztem Umkreis

Belegstelle	Erklärung einer Belegstelle zum Schutzbezirk für die Befruchtung von Bienenköniginnen	Schutzbereich
Helgoland	Bekanntmachung des Ministers für Ernährung, Landwirtschaft und Forsten vom 04.09.1963	gesamte Insel
Hallig Hooge	Bekanntmachung des Ministers für Ernährung, Landwirtschft und Forsten vom 04.09.1963	gesamte Hallig
Hamburger Hallig	Bekanntmachung des Ministers für Ernährung, Landwirtschaft und Forsten vom 04.09.1963	Hamburger Hallig in ganzer Ausdehnung einschließlich des Deichvorlandes zwischen der Hallig und dem Seedeich des Sönke-Nissen-Hooges
Puan Klent a. Sylt	Bekanntmachung des Ministers für Ernährung, Landwirtschaft und Forsten vom 04.09.1963	Gemeindegebiet Hörnum u. Rantum
Norddorf a. Amrum	Bekanntmachung des Ministers für Ernährung, Landwirtschaft und Forsten vom 24.08.1988	gesamte Insel
List a. Sylt	Bekanntmachung des Ministers für Ernährung, Landwirtschaft und Forsten vom 12.03.1968	Gesamtgebiet der Gemeinde List
Nordstrandischmoor	Bekanntmachung des Ministers für Ernährung, Landwirtschaft und Forsten vom 25.02.1987	gesamte Hallig
Pellworm	Bekanntmachung des Ministers für Ernährung, Landwirtschaft und Forsten vom 19.02.1988	gesamte Insel

ANHANG

THÜRINGEN

Thüringer Gesetz zum Schutz von Belegstellen für Bienen (Thüringer Belegstellenschutzgesetz - ThürBSSG -) vom 29. Juni 1995

Der Landtag hat das folgende Gesetz beschlossen:

§ 1

(1) Das Landesverwaltungsamt kann zum Schutz von Belegstellen für Bienen Schutzbezirke durch Rechtsverordnung festlegen und Regelungen zur Aufstellung von Bienenvölkern treffen. Vor Erlaß der Rechtsverordnung sind das örtlich zuständige Veterinär- und Lebensmittelüberwachungsamt bei den Landratsämtern und kreisfreien Städten sowie der Landesverband Thüringer Imker e. V. zu hören.

(2) Der Schutzbezirk ist unter Berücksichtigung der natürlichen Gegebenheiten für Linien- und Rassebelegstellen in der Regel mit einem Radius von mindestens sieben Kilometern bis maximal zehn Kilometern festzusetzen.

§ 2

(1) In der Rechtsverordnung nach § 1 Abs. 1 kann bestimmt werden, dass die Aufstellung von Bienenvölkern innerhalb eines Schutzbezirkes der Genehmigung sowie einer Gesundheitsbescheinigung bedarf. Ausgenommen von der Genehmigungspflicht sind die vom Träger der Belegstelle dort aufgestellten Drohnenvölker. Die Genehmigungspflicht kann zeitlich befristet werden.

(2) Die Genehmigung erfolgt auf Antrag. Genehmigungsbehörde ist das Landesverwaltungsamt.

(3) Vor der Erteilung der Genehmigung sind das örtlich zuständige Veterinär- und Lebensmittelüberwachungsamt bei den Landratsämtern und kreisfreien Städten sowie der Landesverband Thüringer Imker e. V. zu hören.

(4) Die Genehmigungsbehörde nach Absatz 2 kann die Entfernung der ohne Genehmigung in Schutzbezirken aufgestellten Bienenvölker anordnen. Der Aufsteller hat die ohne Genehmigung aufgestellten Bienenvölker zu entfernen.

§ 3

Die Genehmigung nach § 2 darf nur versagt werden, wenn durch die Aufstellung von Bienenvölkern im Schutzbezirk

1. die zweckentsprechende Benutzung von Belegstellen gefährdet sein würde oder
2. die Gefahr einer Übertragung ansteckender Bienenkrankheiten besteht.

§ 4

(1) Ordnungswidrig handelt, wer vorsätzlich oder fahrlässig einer aufgrund des § 1 Abs. 1 erlassenen Rechtsverordnung zuwiderhandelt, sofern sie für einen bestimmten Tatbestand auf diese Bußgeldbestimmung verweist.

(2) Die Ordnungswidrigkeit kann mit einer Geldbuße bis zu zweitausendfünfhundert Euro geahndet werden.

(3) Sachlich zuständige Verwaltungsbehörde nach § 36 Abs. 1 Nr. 1 des Gesetzes über Ordnungswidrigkeiten ist das Landesverwaltungsamt.

§ 5

Die zur Durchführung dieses Gesetzes erforderlichen Verwaltungsvorschriften erlässt der Minister für Landwirtschaft, Naturschutz und Umwelt im Einvernehmen mit dem Minister für Soziales und Gesundheit.

§ 6

Personenbezeichnungen in diesem Gesetz gelten für beide Geschlechter.

§ 7

Dieses Gesetz tritt am Tage nach der Verkündung in Kraft.

Erfurt, den 29. Juni 1995   Der Präsident des Landtags
                               Dr. Pietzsch

Thüringer Verordnung zur Feststellung von Schutzbezirken für Belegstellen von Bienen vom 28.11.2005

Auf Grund des § 1 Abs. 1 des Thüringer Gesetzes zum Schutz von Belegstellen für Bienen (Thüringer Belegstellschutzgesetz – ThürBSSG -) vom 29. Juni 1995 (GVBl. S. 231) und nach Anhörung des Landesverbandes Thüringer Imker e.V. und der Veterinär- und Lebensmittelüberwachungsämter bei den Landratsämtern und kreisfreien Städten verordnet das Thüringer Landesverwaltungsamt:

§ 1
Schutzzweck

Diese Verordnung dient der Festlegung von Schutzbezirken für Belegstellen von Bienen im Freistaat Thüringen zur Sicherung der kontrollierten Paarung der in den Belegstellen aufgestellten Bienenköniginnen.

ANHANG

§ 2
Schutzbezirk

(1) Die örtliche Lage der Bienenbelegstellen ergibt sich aus der als Anlage 1 zu dieser Verordnung veröffentlichten Gesamtübersichtskarte, die aus den Kartenblättern 1 und 2 besteht. Die Gesamtübersichtskarte ist Bestandteil dieser Verordnung.

(2) Der jeweilige Schutzbezirk umfasst die in einem Radius von sieben Kilometern um die einzelne Bienenbelegstelle liegenden Fluren. Soweit einzelne Fluren nur teilweise innerhalb des Radius liegen, gehören diese vollständig zum jeweiligen Schutzbezirk. Die zum Schutzbezirk jeder einzelnen Bienenbelegstelle gehörenden Fluren sind in den Anlagen 2 bis 10 zu dieser Verordnung aufgeführt. Die Anlagen 2 bis 10 bestehen jeweils aus einer Auflistung der Fluren sowie einer Übersichtskarte für jede einzelne Bienenbelegstelle im Maßstab 1 : 100 000 und sind Bestandteil dieser Verordnung. Maßgeblich für die exakte Grenzlinie der vom Schutzbezirk umfassten Fluren ist das amtliche Liegenschaftskataster.

§ 3
Verbote / Aufstellungsgenehmigung

(1) Innerhalb der Schutzbezirke gemäß § 2 ist es verboten, dauerhaft Bienenvölker zu halten, die der für die Bienenbelegstelle bei ihrer Anerkennung durch den Landesverband Thüringer Imker e.V. festgelegten Zuchtherkunft nicht entsprechen.

(2) Die vorübergehende Aufstellung von Bienenvölkern innerhalb der Schutzbezirke bedarf der Genehmigung des Thüringer Landesverwaltungsamtes (Aufstellungsgenehmigung). Dem Antrag ist eine Gesundheitsbescheinigung des örtlich zuständigen Veterinär- und Lebensmittelüberwachungsamtes beizufügen. Ausgenommen von der Genehmigungspflicht sind die vom Träger der Belegstelle dort aufgestellten Drohnenvölker und die in Begattungsvölkchen angelieferten Königinnen.

(3) Die Aufstellungsgenehmigung darf nur versagt werden, wenn durch die vorübergehende Aufstellung von Bienenvölkern im Schutzbezirk die zweckentsprechende Benutzung der Belegstelle gefährdet wird oder die Gefahr einer Übertragung ansteckender Bienenkrankheiten besteht.

(4) Vor der Entscheidung über den Antrag auf Erteilung einer Aufstellungsgenehmigung sind das für die Belegstelle örtlich zuständige Veterinär- und Lebensmittelüberwachungsamt bei dem Landratsamt oder bei der kreisfreien Stadt sowie der Landesverband Thüringer Imker e.V zu hören.

§ 4
Ordnungswidrigkeiten

(1) Ordnungswidrig im Sinne des § 4 Abs. 1 des ThürBSSG handelt, wer vorsätzlich oder fahrlässig gegen das Verbot des § 3 Abs. 1 dieser Verordnung verstößt oder ohne die nach §

3 Abs. 2 dieser Verordnung erforderliche Aufstellungsgenehmigung Bienenvölker vorübergehend aufstellt.

(2) Die Ordnungswidrigkeiten nach Absatz 1 können mit einer Geldbuße bis zu 2.500 € geahndet werden. Sachlich und örtlich zuständig für die Ahndung der Ordnungswidrigkeit ist das Thüringer Landesverwaltungsamt.

§ 5
In-Kraft-Treten

Diese Verordnung tritt am Tage nach der Verkündung in Kraft.

Weimar, 28.11.2005
Landesverwaltungsamt   Der Präsident
                             Stephan
                             Landesverwaltungsamt, Weimar, 28.11.2005
                             Az.: 450.2-7456-01-04/05
                             ThürStAnz Nr. 51/2005 S. 2444 - 2473

Die Belegstellen in Thüringen mit gesetzlich geschütztem Umkreis

Belegstelle	Landkreis	Thüringer Verordnung zur Festlegung von Schutzbezirken für Belegstellen von Bienen vom 28.11.2005
Birkenmoor*	Nordhausen	mind. 7 km (Angabe der Flurstücke lt. Verordnung)
Gehlberg	Ilmkreis	mind. 7 km (Angabe der Flurstücke lt. Verordnung)
Kieferle	Hildburghausen	mind. 7 km (Angabe der Flurstücke lt. Verordnung)
Kirchtal	Schmalkalden-Meiningen	mind. 7 km (Angabe der Flurstücke lt. Verordnung)
Oberhof	Schmalkalden-Meiningen	mind. 7 km (Angabe der Flurstücke lt. Verordnung)
Weißberg-Rennsteig	Sonneberg	mind. 7 km (Angabe der Flurstücke lt. Verordnung)
Wüstenwetzdorf	Saale-Orla-Kreis	mind. 7 km (Angabe der Flurstücke lt. Verordnung)

* Ein Teil des Schutzbereiches liegt in Sachsen-Anhalt und ist dort geschützt (siehe Sachsen-Anhalt).

ANHANG

Erläuterung wichtiger Fachbegriffe

Abdomen:	Hinterleib
Ableger:	Neues Volk, aus Brutwaben oder Bienen aus einem oder mehreren Völkern gebildet.
Absperrgitter:	Gitter mit einem Stababstand von 4,2 mm, das ein Passieren von Arbeitsbienen ermöglicht, nicht dagegen der Königin oder Drohnen.
Allele:	Unterschiedliche Formen eines Gens, das sich an einem bestimmten Ort (Locus) auf einem Chromosom befindet.
Amerikanische (Bösartige) Faulbrut:	Anzeigepflichtige Krankheit der Bienenbrut, hervorgerufen durch das Stäbchenbakterium Paenibacillus larvae.
Apidea: (Handelsname)	Mehrwabenkästchen aus Schaumstoff.
Ausziehen:	Bienenvolk oder Begattungsvölkchen verlässt seine Behausung einschl. Wabenbau. Ursache können bei Begattungsvölkchen Futtermangel oder falsches Bienengemisch sein.
Autoklav:	Gerät zur Sterilisation von Laborgeräten mittels Wasserdampf bei 120 °Celsius und 1 bar (atü) Luftdruck.
Befruchtung:	Verschmelzung von männlichen und weiblichen Keimzellen (Ei- und Spermakern) im Rahmen der geschlechtlichen Fortpflanzung.
Begattungsergebnis:	Verhältnis der begatteten Königinnen in Bezug auf die Gesamtzahl der zur Paarung bzw. Besamung angelieferten Königinnen (in %).
Begattungskästchen:	Kleines Kästchen zur Aufnahme des Begattungsvölkchens. Das Kästchen enthält einen Raum für Wabe(n) mit Bienen, Futter und eine ausreichende Lüftung für Transport.
Begattungsvölkchen:	Kleiner Kunstschwarm zur Unterbringung der Königin für die Paarung.
Begattungszeichen:	Wird vom Drohn bei der Paarung in die Königin übertragen und verbleibt nach Abschluss der Paarung in der Stachelkammer der Königin. Es besteht aus Sekreten von 3 männlichen Anhangsdrüsen: Mucusdrüse, Bulbusdrüse und Cornualdrüse.
Belegstelle:	Einrichtung zur kontrollierten Paarung von Königinnen und Drohnen
Belegstellenbuch / Belegstellentagebuch:	Zusammenstellung von Formularen, in die alle erforderlichen Angaben über angelieferte und abgeschickte Begattungsvölkchen auf einer Belegstelle eingetragen werden.
Belegstellennachweis:	siehe Paarungsnachweis

Besamungsbuch:	Zusammenstellung von Formularen, in die bei der Besamung alle wichtigen Angaben über die besamten Königinnen und die verwendeten Drohnen eingetragen werden.
Besamungsstelle:	Einrichtung, an der künstliche Besamungen durchgeführt werden.
Beweiseln:	Zusetzen einer Königin in ein Volk ohne Königin
Bipotente Eier:	können sich entweder zur Arbeiterin oder zur Königin entwickeln.
Blätterbeute:	Hinterbehandlungsbeute, die Waben stehen senkrecht zum Flugloch (Kaltbau).
Bresslau'sche Samenpumpe:	Dosierventil vor dem Eingang in die Spermatheka. Spielt eine Rolle bei der Einwanderung der Spermien nach der Paarung und dosiert die Menge der Spermien, die jeweils für die Befruchtung eines Eies aus der Spermatheka entnommen wird.
Brutableger:	Neues Volk, das aus Brutwaben aus einem oder mehreren Völkern gebildet wird.
Bulbusdrüse:	Männliche Anhangsdrüse, die die Chitinspangen und eine Membran produzieren, die zusammen eine Röhre bilden, in die der Mucus (Schleim) während der Paarung aufgenommen wird.
Chitin:	Gerüstsubstanz, die chemisch der Zellulose nahe steht und die das Außenskelett von Insekten bildet.
Chromosom:	Träger der Gene im Zellkern und somit Träger der Erbinformationen.
Chromosomensatz:	bezeichnet die Gesamtheit aller Chromosomen einer Zelle. Finden sich in einer Zelle jeweils zwei gleichartige Chromosomen, so hat die Zelle einen zweifachen Chromosomensatz (diploid, 2n), besitzen sie dagegen nur einen einfachen Chromosomensatz, ist sie haploid (1n).
Chronisches-Paralyse-Virus (CBPV):	Virus, welches erwachsene Bienen (auch Königinnen) befällt. Infektion erfolgt vorwiegend über Wunden. Anzeichen: schwarze, zitternde Bienen.
Cordovan-Biene:	Lederfarbene Mutation, die sowohl bei der Carnica als auch bei der Italienerbiene auftritt. Die lederbraune Ausfärbung ist rezessiv, d. h. sie wird nur bei Reinerbigkeit sichtbar.
Cordovan-Test:	Test zur Überprüfung von Belegstellen mittels Cordovan-Königinnen und Cordovan-Drohnen.
Cornualdrüse:	Männliche Anhangsdrüse, die ein orangefarbiges Sekret produziert, das am Ende der Paarung als äußerste Schicht auf dem Begattungszeichen liegt.

ANHANG

Crossing over:	Chromosomen können während der Teilung der Keimzellen, also während der Meiose, auseinander brechen und sich neu zusammensetzen. Dabei erfolgt ein Stückaustausch zwischen väterlichen und mütterlichen Chromosomen.
Diploid:	zweifacher Chromosomensatz (2n)
Dorsalhaken:	Haken zum Öffnen der Stachelkammer bei der künstlichen Besamung, wird an der Rückenseite angesetzt.
Dorsalseite:	Rückenseite
Drohnenabsperrgitter:	Gitter mit einem Stababstand von 5,2 mm, das ein Passieren von Arbeitsbienen und Königinnen ermöglicht, nicht dagegen von Drohnen.
Drohnenbrütig:	Königin legt nur unbefruchtete Eier
Drohnenpflegevolk:	siehe Pflegevolk
Drohnenrahmen:	Rähmchen, an dessen Oberträger ein schmaler Mittelwandstreifen befestigt ist. Die Bienen füllen in der Saison das Rähmchen mit Drohnenzellen aus.
Drohnenvolk:	Volk, das auf der Belegstelle / bei der Besamung die Drohnen liefert.
Drohnenwabe:	Ausgebaute Wabe, die nur Drohnenzellen aufweist.
Dröhnerich:	Veralteter Begriff für Drohnenvolk.
Edisonite:	wie Mucasol
Ejakulation:	Ausstoßung von Sperma und Mucus.
Einwabenkästchen (EWK):	Begattungskästchen mit einer Wabe und beidseitigen Glasscheiben für die Kontrolle. Auf vielen Belegstellen vorgeschrieben.
Einweiseln:	Zusetzen einer Königin in ein Volk.
Endophallus:	Häutiges männliches Begattungsorgan, das zusammengefaltet im Innern (endo) des Hinterleibs liegt. Während der Paarung wird er mit Hämolymphe „aufgepumpt" und umgestülpt, sodass dabei die innere Schicht nach außen gelangt.
Entweiseln:	Herausnehmen der Königin.
Erblichkeit:	Anteil (in %) an der Ausprägung eines Merkmals/Eigenschaft, der erblich ist .
Eversion:	Ausstülpung des Begattungsschlauches
Exkremente:	Ausscheidungen

F1-Königin:	Erste Filialgeneration, im imkerlichen Sprachgebrauch Königin, die aus einem geprüften Zuchtvolk nachgezogen wurde und sich am Stand (frei) gepaart hat.
F1-Volk:	Volk mit einer F1-Königin.
Feglingskasten:	Kasten mit einer seitlich angeordneten Schütte, in den hinein Bienen von Waben abgefegt werden. Durch ein Absperrgitter können Drohnen bzw. Königinnen nicht ins Kasteninnere gelangen.
Fehlpaarung:	Paarung ausschließlich mit fremden, unerwünschten Drohnen.
Futterkranzprobe:	Probe von Honig / Futter, die einem Bienenvolk zwecks Untersuchung auf Faulbrutsporen entnommen wird.
Gattenvolk:	Drohnenvolk auf der Belegstelle oder für die künstliche Besamung. Begriff, der in dem Zuchtwesen Schleswig-Holsteins oft verwendet wird.
Gen:	Kleinste Einheit der biologischen Erbinformation.
Gesamtzuchtwert:	Zuchtwert, in dem alle ermittelten Einzelzuchtwerte (für die verschiedenen Leistungen / Eigenschaften) nach vorgegebener Gewichtung zusammengefasst werden.
Geschwistergruppe:	Gruppe von Völkern, die über Königinnen verfügen, die aus demselben Zuchtvolk gezogen wurden.
Haploid	Einfacher Chromosomensatz (1n).
Haplo-diploide Geschlechtsbestimmung:	Ein besonderer Fall der Geschlechtsbestimmung. Kommt bei vielen Hautflüglern, also auch bei der Honigbiene vor. Dabei schlüpfen aus unbefruchteten Eiern männliche Drohnen, aus befruchteten Eiern dagegen Weibchen, die sich je nach Ernährung zur weiblichen Königin oder Arbeiterin weiterentwickeln.
Heterosis:	Leistungssteigerung, die durch die Kreuzung unterschiedlicher Linien oder Rassen entsteht. Diese leistungssteigernden Effekte lassen in den Folgegenerationen nach, sind also nicht erblich.
Hinterbehandlungsbeute:	Bienenkasten mit beweglichen Waben. Die Bearbeitung erfolgt von der hinteren (dem Flugloch gegenüberliegenden) Seite.
Hoden:	(Testes) männliche Keimdrüsen, die die Spermien produzieren.
Hybrid:	Produkte der Kreuzung zwischen unterschiedlichen Linien oder Rassen (in der Bienenzüchtung allgemein Produkt der Kreuzung zwischen geographischen Rassen).
Hymenoptera:	(Hautflügler) sind eine Ordnung der Insekten.

ANHANG

Iltis:	Schmaler Käfig mit beidseitigem Gitter, der in eine Wabengasse geschoben werden kann.
Instrumentelle Besamung:	siehe künstliche Besamung.
Inzucht:	Paarung naher Verwandter, in der Tierzucht speziell die Kreuzung naher Verwandter, um genetisch möglichst reinerbige Inzuchtlinien zu erhalten. Das Maß für die Inzucht ist der Inzuchtkoeffizient bzw. Inzuchtgrad.
Inzuchtgrad:	Maß für Inzucht (in %). Da ein Bienenvolk aus 2 Generationen besteht (Königin und Arbeitsbienen), gibt es sowohl einen Wert für die Königin als auch einen Wert für die Arbeitsbienen.
Kalkbrut:	Krankheit der Brut, hervorgerufen durch einen Pilz (Ascosphaera apis).
Kaste:	Bei den Honigbienen gibt es zwei weibliche Kasten, fruchtbare Königin und unfruchtbare Arbeiterin, die sich in ihrem Körperbau und ihren Aufgaben im Sozialverband unterscheiden. Ein Drohn ist keine Kaste sondern das männliche Geschlechtstier.
Kirchhainer Kästchen:	Mehrwabenkästchen aus Schaumstoff mit 4 Topbars und schrägen Wänden.
Königinnen determinator:	Ein bestimmtes Protein im Weiselfuttersaft, das den Hormonhaushalt einer dreitägigen Larve ändert, so dass sie sich zu einer Königin entwickelt. Es ermöglicht die Anlage von großen Eierstöcken, sowie später auch die Entwicklung anderer königinnentypischer Eigenschaften.
Körbericht/ Körschein:	Nachweis der Körung mit allen erforderlichen Angaben über Abstammung, Leistung/Eigenschaften (ggf. Zuchtwerten) und Merkmalen.
Körklassen:	Einteilung der Körung nach Klassen, wobei die Einteilung nach den Zuchtwerten erfolgt. Av: Bei der Zuchtauslese wurde Varroatoleranz berücksichtigt, Varroazuchtwert > 100 % 3 weitere Zuchtwerte > 100 % 4. Zuchtwert > 95 % A: Alle Zuchtwerte (außer Varroazuchtwert) > 100 % B: Durchschnitt aller Zuchtwerte > 100 % P: Nur für Probezuchten zur Nachzucht freigegeben, Material soll nicht abgegeben werden.

Körung:	Feststellung der Nachzuchtwürdigkeit eines Volkes gemäß den Zuchtrichtlinien des Deutschen Imkerbundes.
Kryokonservierung von Sperma:	Einfrieren von Sperma in Stickstoff bei -169 °C, (kryo griechisch = trocken konservare lateinisch.= aufbewahren).
Künstliche Besamung:	Injektion von Drohnensperma in die Eileiter der betäubten Königin mit einer feinen Spritze.
Kunstschwarm:	Königin mit Bienen, die von einem oder mehreren Völkern abgefegt wurden.
Linie:	siehe Zuchtlinie.
Lochhaken:	Dorsalhaken mit Loch zur Aufnahme des Stachels.
Magazinbeute:	Bienenkasten mit beweglichen Waben, bestehend aus mehreren Räumen (Zargen), die beliebig über- oder untereinander angeordnet werden können.
Mehrwabenkästchen (MWK):	Begattungskästchen mit mehreren Waben.
Meiose:	(Reifeteilung oder Reduktionsteilung) ist eine besondere Form der Teilung des Zellkerns bei diploiden Zellen. Die Meiose erfolgt in mehreren Schritten: 1. Verdoppelung der Chromosomen, 2 Trennung von Chromosomen von Vater und Mutter (2 Zellen) 3. Trennung des Chromosomenpaares (4 Zellen).
Merkmalsbeurteilung:	Feststellung der Rassezugehörigkeit anhand von bestimmten, in den Zuchtrichtlinien festgelegten Körpermerkmalen von Arbeitsbienen und Drohnen eines Volkes.
Merkmalskontrolle:	Überprüfung der Rassezugehörigkeit, dadurch Erkennung von Paarungen mit anderen geographischen Rassen.
Mini-Plus:	Kleine Magazinbeute aus Schaumstoff zur Ablegerbildung oder Überwinterung von kleinen Völkern mit 6 Waben 21,5 cm x 16,0 cm.
Mischpaarung:	Paarung sowohl mit erwünschten als auch mit fremden Drohnen.
Mitose:	einfache Zellteilung
Monogamie:	Paarung mit nur einem Partner. Bei den Honigbienen sind die Drohnen monogam, denn sie sterben nach der Paarung. Die Königinnen dagegen sind polygam, sie paaren sich mit vielen Drohnen.
Mucus:	Schleim

ANHANG

Mucasol:	Kraftvoller, alkalischer Schnellreiniger zur Reinigung der Glaskapillaren. In der Apotheke erhältlich.
Mucusdrüse:	(Schleimdrüse) erzeugt den weißen Mucus, den Hauptbestandteil des Begattungszeichens.
Mutante:	Träger einer Mutation
Mutation:	plötzliche Änderung einer Erbanlage
Nachschaffungszelle:	Über Arbeiterbrut angesetzte Weiselzelle, z. B. bei Verlust der Königin.
Nosemose (Nosema):	Krankheit der erwachsenen Biene. Erreger ist ein Kleinsporentierchen (Nosema apis bzw. Nosema ceranae), welches die Darmwand zerstört.
Oogenese:	Die Entwicklung zum Ei.
Ovidukt:	Eileiter
Paarungsnachweis:	Unterer Teil der Zuchtkarte mit Angaben über Beleg-/Besamungsstelle, Abstammung der Drohnenvölker und Beginn der Eiablage.
Parthenogenese:	(Jungfernzeugung oder Jungferngeburt) ist eine Form der eingeschlechtlichen Fortpflanzung. Dabei entstehen die Nachkommen aus unbefruchteten Eizellen.
Patrilinie:	Vatergruppe. Innerhalb einer Vatergruppe teilen die Arbeiterinnen 75 % ihrer Erbanlagen.
Pflegestimmung:	Bereitschaft des (Pflege-) Volkes, Königinnen bzw. Drohnen aufzuziehen.
Pflegevolk:	Bienenvolk zur Aufzucht von Königinnen oder Drohnen. Dabei stammt der Zuchtstoff (für Königinnen bzw. Drohnen) aus einem anderen Volk.
Pheromon:	Chemische Botenstoffe zur Kommunikation zwischen Artgenossen. Sie werden von einem Individuum produziert und freigesetzt und bewirken in den Sinneszellen des Empfängers einen Reiz. Ein Beispiel sind die Botenstoffe der Bienenkönigin, die in ihren Mandibeldrüsen produziert und in den Stock abgegeben werden. Die Hauptkomponente in diesem Gemisch ist das Pheromon 9-Oxo-trans-2-Decensäure.
Polygamie:	Paarung mit vielen Partnern. Bei den Honigbienen sind die Königinnen polygam, sie paaren sich meist mit mehr als 10 Drohnen. Die Drohnen dagegen sind monogam, denn sie sterben nach der Paarung, (s. oben).

Population:	Paarungsgemeinschaft mit gemeinsamen Genpool, isoliert von anderen Paarungsgemeinschaften. In der Bienenzüchtung allgemein geographische Rasse oder Zuchtrasse (z. B. Buckfast).
Populationsgenetik:	Zweig der Genetik, der Vererbungsvorgänge innerhalb von Populationen untersucht.
Pyrethroide:	Synthetische Insektizide, die an die Hauptwirkstoffe des natürlichen Insektizides Pyrethrum angepasst sind und bei denen das natürliche Insektizid Pyrethrum chemisch verändert wurde. Zwei Typen (Flumethrin und Fluvalinat) werden zur Bekämpfung der Varroamilbe eingesetzt.
Rasse:	Bei den Bienen durch natürliche Auslese entstandene unterschiedliche Formen einer Art (geographische Rasse). Zeichnen sich aus durch bestimmte Eigenschaften und Körpermerkmale.
Räuberei:	Eindringen von fremden Bienen in ein Volk, die die Honigvorräte rauben. Meist mit Abstechen vieler Bienen verbunden.
Reinpaarung:	Paarung ausschließlich mit erwünschten Drohnen.
Reinzuchtgebiet:	Gebiet mit einheitlicher Zuchtpopulation (geographische Rasse).
Reinzuchtkönigin:	Königin, die aus einem geprüften (gekörten) Volk nachgezogen und mit Drohnen der gleichen Rasse / Population kontrolliert gepaart wurde.
Rekombination:	Eine neue Kombination von Allelen, die dadurch entsteht, dass Chromosomen bei der 1. Reifeteilung zerbrechen können. Die Bruchstücke eines Chromosomenpaares setzen sich anschließend neu zusammen (s. oben Crossingover).
rezessiv:	Eine Erbanlage wird im Erscheinungsbild von der (dominaten) zugehörigen Anlage im anderen Chromoson des Chromosomenpaares unterdruckt
Sammelbrutableger:	Ableger, der aus Brutwaben mehrerer Völker zusammengestellt wird.
Schutzbereich:	Bereich im Umkreis der Belegstelle, in dem keine oder nur bestimmte Völker vorhanden sein dürfen. Schutzhaus/Schutzkasten:Kleiner, gut isolierter Kasten zur Aufnahme von zwei Einwabenkästchen.
Schwarmstimmung:	Vorbereitungen im Bienenvolk für das Schwärmen, Ansetzen und Bestiften von Weiselnäpfcher.
Schwarmträgheit:	Genetisch bedingte Unterdrückung der natürlichen Vermehrung eines Bienenvolkes durch Volksteilung (Schwärmen).
Selektion:	Fortgesetzte Auslese in Richtung auf das Zuchtziel

ANHANG

Selektionskriterien:	Eigenschaften und Merkmale, die bei der Auslese berücksichtigt werden.
Sexlokus	Ort auf dem Chromosom, auf dem das Sexallel liegt.
Sexallele	Verschiedene Formen des geschlechtsbestimmenden Gens. Es kommen bis zu 53 Sexallele in einer Population vor, weltweit sind es mehr als 100.
Sexfaktor	s. Sexallel
sexuelle Fortpflanzung:	Verschmelzung vom haploiden Eikern mit dem haploiden Spermakern.
Siebkasten:	Kasten zur Trennung von Arbeitsbienen und Drohnen.
Sperma:	Samenflüssigkeit.
Spermahomogenisierung:	Mischtechnik, bei der die Spermaportionen vieler Drohnen gleichmäßig durchmischt werden.
Spermatheka	(Samenblase) speichert die Spermien lebend bis zu 5 Jahren. Dabei spielen sowohl das Sekret der großen Spermathekaldrüse als auch die einschichtige Zellschicht und das Tracheennetz eine wichtige Rolle.
Spermiogenese	Entstehung der Spermien.
Sperrgebiet:	Vom Amtstierarzt festgelegtes Gebiet um einen mit anzeigpflichtiger Bienenkrankheit befallenen Bienenstand. Innerhalb des Sperrgebiete stehen die Völker unter amtstierärztlicher Beobachtung.
Stachelkammer:	Kammer im Hinterleib der Königin, die durch die letzte Bauch- und Rückenschuppe gebildet wird und in deren Mitte der Stachelapparat sitzt.
Standbegattung:	Freie Paarung der Königin am Stand, ohne dass der Imker Einfluss auf die Drohnen nehmen kann.
Stifte:	Von der Königin abgelegte Eier.
Stille Umweiselung:	Volk zieht sich eine neue Königin (vom Ei bereits zur Königin bestimmt) ohne zu schwärmen.
Stopperlösung:	Lösung, die das Eintrocknen von Sperma an der Besamungsspitze verhindert (z.B. physiolog. Salzlösung nach Hyes, Kiew-Verdünner oder Tris-Puffer).
Superschwestern / Halbschwestern	75% miteinander verwandt, sie haben dieselben Eltern. 25% miteinander verwandt, sie haben dieselbe Mutter aber unterschiedliche Väter (da ein Drohn haploid ist, ist das Verwandtschaftsverhältnis anders als z.B. beim Menschen).

Testes:	s. Hoden
Thorax:	Bruststück, trägt drei Beinpaare und zwei Flügelpaare.
Toleranzbelegstelle:	Belegstelle mit vielen Drohnenvölkern, die nicht (oder nur eingeschränkt) gegen die Varroamilbe behandelt sind. Über die natürliche Selektion (geschädigte Drohnen gelangen nicht oder nur selten zur Paarung) wird ein Zuchtfortschritt hinsichtlich Varroatoleranz erwartet.
Toleranzzucht:	Zuchtauslese / Selektion mit dem Ziel, ein Gleichgewicht zwischen Wirt und Parasit zu erreichen, ohne dass der Parasit (Varroamilbe) seinen Wirt (Bienenvolk) tötet.
Tracheen:	(Luftschläuche) sind verzweigte Kanäle, die die Luft direkt zum Gewebe der Gliederfüßler bringen. Sie übernehmen den Gasaustausch, also den Transport von Sauerstoff ins Gewebe und den Abtransport von Kohlendioxid.
Trogbeute:	Bienenkasten mit beweglichen Waben. Der Honigraum befindet sich nicht über dem Brutraum sondern dahinter.
Trommelraum:	Zusätzlicher Raum ohne Waben über oder unter dem Volk, in den sich die Bienen - z. B. bei einer Wanderung - zurückziehen können.
Umlarven:	Übertragen von jungen Arbeiterinnenlarven in Weiselnäpfchen.
Umweiseln:	Austausch einer Königin eines Volkes.
Valvula vaginalis:	(Scheidenklappe) ein muskulöser Zapfen zwischen Scheide und Eileiter. Er kann von der Königin aktiv bewegt werden. Er hat eine wichtige Funktion bei der Übertragung des Spermas während der Paarung sowie bei der Füllung der Spermatheka und bei der Eiablage.
Varroamilbe:	Parasit, der sowohl die Biene als auch die Bienenbrut schädigt.
Varroose:	Bienenkrankheit, hervorgerufen durch die Varroamilbe.
Vatervolk:	Zuchtvolk, aus dem die Königinnen für die Drohnenvölker der Belegstelle /künstliche Besamung nachgezogen werden.
Ventralhaken:	Haken zum Öffnen der Stachelkammer bei der künstlichen Besamung, wird an der Bauchseite der Königin angesetzt.
Vesicula seminalis:	(Samenvesikel) eine paarig angelegte Geschlechtsdrüse beim Drohn, die über ihren Ausführgang im Begattungsorgan mündet. Beim Drohn dient sie der Speicherung und sexuellen Reifung der Spermien.
Verbrausen:	Tod des Bienenvolkes durch Überhitzung.

ANHANG

Verdünnerlösung:	Lösungen, die bei der künstlichen Besamung als Stopperlösung oder zur Verdünnung von Sperma verwendet werden. Folgende Lösungen werden verwendet: (nach MORITZ)

       Physiologische Salzlösung nach Heyes
       0,9 % in NaCl,
       0,2 % KCl,
       0,2 % CaCl,
       0,1 % $NaHCO^3$,
       pH Wert 8,5

       Ebersperma- oder Kiewverdünner
       0,04 % KCl,
       0,21 % $NaHCO^3$,
       0,3 % D-Glukose,
       2,43 % Trinatriumcitrat 2-hydrat,
       0,3% Sulfanilamid,
       pH Wert 8,7

       Tris-Puffer
       1,1 % NaCl,
       0,1 % D-Glukose,
       0,01 % Arginin,
       0,01 % Lysin,
       0,61 % Tris,
       PH Wert 8,8

Die oben genannten Substanzen werden in sterilen destilliertem Wasser gelöst. Der exakte pH Wert wird mit einem Tropfen NaOH auf den angegebenen Wert eingestellt. Die Lösungen sind in der Apotheke erhältlich.

Vorbauscheibe:	Runde Scheibe vor Ableger- oder Begattungskästchen mit zwei Öffnungen. Die kleine Öffnung ermöglicht nur Arbeitsbienen ein Passieren, die große hingegen Arbeitsbienen, Drohnen und Königinnen. Die Scheibe wurde benannt nach ihrem Erfinder "Vorbau".
Wabengasse:	Raum zwischen zwei Waben. Die Größe dieses Abstandes zwischen den Waben ist sehr wichtig (bee space), damit Bienen ohne Behinderung beide Waben belaufen und andererseits noch von der einen auf die andere Wabe wechseln können.
Waschflasche:	Apparatur zur Regulierung der Kohlendioxidzufuhr während der Besamung. Das Gas wird in die verschlossene, mit Wasser gefüllte Flasche geleitet. Über die Blasenbildung wird die Gasmenge, die über ein Röhrchen im Verschluss der Flasche abgeführt wird, gesteuert.

Weisellos:	ohne Königin
Weiselnäpfchen:	Anfang einer Weiselzelle (natürlich oder künstlich).
Wirtschaftskönigin:	Königin in einem Wirtschaftsvolk. Sie ist in der Regel aus einem ausgelesenen Zuchtvolk nachgezogen aber nicht kontrolliert gepaart.
Wirtschaftsvolk:	Volk, das zur Honiggewinnung / Erzeugung von Bienen und Brut eingesetzt wird und in der Regel über keine kontrolliert gepaarte Königin verfügt.
Zuchtauslese:	siehe Selektion
Zuchtbuchnummer:	Nummer, unter der die Königin im Zuchtbuch ihres Züchters registriert ist, meist mehrteilig (Code Landesverband, Code Züchter, lfd-Nr. im Zuchtbuch, Jahr).
Zuchtfortschritt:	Genetische Verbesserung im Hinblick auf das Zuchtziel.
Zuchtkarte:	Ausweis der Königin mit Zuchtbuchnummer und Angaben über Züchter, Abstammung, Anpaarung und Beginn der Eiablage.
Zuchtlinie:	Teilpopulation einer Rasse mit einheitlichem Zuchtziel, die sich bezüglich dieses Zuchtziels von den anderen Vertretern der Rasse unterscheidet.
Zuchtmaterial:	Das zur Zucht geeignete Tiermaterial (Volk, Königin, Eier oder Larven).
Zuchtrichtlinien:	Regelwerk für das Zuchtwesen im Deutschen Imkerbund.
Zuchtstoff:	Eier oder jüngste Larven aus Arbeiterinnenzellen des Zuchtvolkes.
Zuchtvolk:	Bienenvolk, das den Zuchtstoff für die Aufzucht neuer Königinnen liefert.
Zuchtwert:	Genetische Über- oder Unterlegenheit der Königin für das jeweilige Merkmal. Der Zuchtwert wird in % angegeben, wobei 100 % dem Durchschnitt der Population in den letzten 5 Jahren entspricht.
Zuchtwertschätzung:	Ermittlung der Zuchtwerte für eine Königin auf Grund der Leistungs- und Eigenschaftsbewertungen.
Zuchtziel:	Erstrebtes Endergebnis der Züchtung.

STICHWÖRTER

Stichwortverzeichnis

Bezeichnung	Seite
A. m. capensis	111
A. m. sicula	111
Abdomen	260
Abernten	200
Ableger	193, 195, 200 ff, 243, 250, 285
Absperrgitter	67, 89, 194 ff, 204, 210, 220, 224, 246 ff, 251, 271, 279
Abstammungsnachweis	170, 232, 289
Abstammungsschema	180
Abstammungsunterlagen	291
Akutes Bienenparalyse-Virus	217
Alarmpheromon	33
Ameisen	13, 28, 38, 125, 129, 130, 222
Ameisensäure	203
Amerikanische Faulbrut	217, 291
Anerkennung/Belegstelle/ Besamungsstelle	163, 172 ff, 233, 288, 292
Anomalie	226
Antibiotika	258
Apidea	251
Apimondia	165
Apis cerana	67
Apis koschevnikovi	67
Arbeitsgemeinschaft Toleranzzucht (AGT)	170
Arbeitsplatz f. Besamung	253, 254, 276
Arbeitsteilung	131, 134, 135
Ätzkalilauge	211
Aufstellung	184, 198, 221, 242, 278
Aufzucht	14 ff, 23, 35, 38, 43, 49, 55, 130 ff, 142, 144, 178, 187, 188, 191, 192, 201, 209, 243, 245, 251, 264, 275, 277, 278, 295
Aufzuchtbedingungen	144
Ausflugszeit	63
Austrian Carnica Association (ACA)	170, 172
Ausziehen	212, 221, 226

Bezeichnung	Seite
Autoklav	258, 259
Baurahmen	190, 194
Beanstandungen	229
Befallskontrolle	203
Befruchtung	29, 34, 38, 41, 44, 59, 126, 128, 145
Begattung	181, 204, 224, 235, 242
Begattungsergebnis	162, 180, 206, 229, 233
Begattungskästchen	209, 211 ff, 216, 223, 226, 228, 251, 271, 279, 280
Begattungsorgan	57 ff, 99, 100 ff, 109, 140
Begattungsvolk/-völkchen	23, 177 ff, 185, 194, 198, 199, 201, 204 ff, 209, 214 ff, 228, 243, 253, 271
Begattungszeichen	18, 28, 59 ff, 101 ff, 124, 138, 140
Begleitbienen	213, 280
Belegstelle	11, 22 ff, 76 ff, 89, 111, 136, 153 ff, 161ff, 171 ff, 184 ff, 193 ff, 227 ff, 262, 271 ff, 288 ff
Belegstellenbetrieb	175, 177, 201, 239
Belegstellenbuch	206, 220, 229, 233, 289, 290
Belegstellengebühr	178, 213, 217
Belegstellenleiter	166, 178, 184, 197, 200, 206, 215 ff, 223 ff, 288, 291
Belegstellennachweis	216
Belegstellenordnung	177
Belegstellenschutz	167, 173, 175, 176
Belegstellenstandort	172
Belegstellentagebuch	227, 230
Berichterstattung	206, 233, 234, 292
Besamung	154, 159, 187, 193, 244 ff
Besamungsaktion	245, 274 ff
Besamungsbuch	284, 288, 289, 290, 292
Besamungsergebnis	251, 271, 285
Besamungsgerät/-apparatur	24, 244, 253 ff, 259
Besamungsspritze	105, 120, 123, 253 ff, 258, 269

Bezeichnung	Seite	Bezeichnung	Seite
Besamungsstation	245, 262, 274, 291	Dampfdrucktopf	258
Besamungsstelle	24, 207, 245, 248 ff, 275, 285, 288 ff	Diploid	16, 34, 41 ff, 49, 111, 129, 130
Besamungstechniker	271, 288 ff	DNA Analyse	240
Besamungsvorgang	265 ff	DNA Untersuchung	24
Beschickung	162, 178, 184, 193, 205, 207, 208, 211, 214, 216, 217, 239, 241, 274, 291, 293	DNA Vaterschaftsanalyse	88
		Dorsalhaken	255, 266 ff
		Drohnenableger	195, 249 ff
		Drohnenabsperrgitter	196
Bienengemisch	226	Drohnenansammlung	81, 91, 95, 96
Bienenkrankheiten	155, 201, 234	Drohnenanzahl	20, 93, 139
Bienenrasse	54, 111, 149, 151, 157, 158, 160, 225, 234, 296	Drohnenaufzucht	159, 203, 245
		Drohnenbrütigkeit	142, 285
Bienenseuchenverordnung	217, 291	Drohnendichte	184, 186
Bienentransport	179	Drohneneier	36, 140, 225, 277
Blätterstock	195	Drohnengröße	146
Bodenlüftung	210	Drohnenpflegevolk	188, 192 ff, 200
Breslausche Samenpumpe	33 ff, 122	Drohnenpopulation	72, 96, 107
Brutableger	195, 202, 249	Drohnenrahmen	189 ff
Brutausfall	46	Drohnensammelplatz (DSP)	11, 17, 19, 27, 46 ff, 64, 69, 70 ff, 107, 110, 114, 140, 143, 150, 168, 173, 185
Brutentnahme	193, 202		
Brutlücken	250, 272 ff, 289		
Brutpflege	43, 49, 146		
Buckfast	156, 160, 167, 184, 296	Drohnenschlacht	37, 63
Bulbus (Zwiebelstück)	19, 60, 100 ff, 114	Drohnensperma	272, 275, 284
Bulbusdrüse	61, 114	Drohnenvolk	154, 159 ff, 177 ff, 209, 221, 229, 232 ff, 246 ff, 264, 271, 275 ff, 288 ff
Bulbussekret	102 ff, 114		
Carnica	20, 53, 96, 111, 114, 115, 150, 154, 159, 167, 170, 182, 184, 206, 225, 234, 235, 236, 237, 240, 243, 277, 293, 294, 296	Drohnenwabe	188 ff, 246 ff, 277
		Drohnenzucht	187 ff, 194, 250
		Drohnenzusammensetzung	95
		Dröhnerich	181
		Druckflasche	252, 255
Cervix	100 ff, 106	Dunkle Biene	149, 150, 154, 160, 206, 234, 237, 277, 293, 294
Chitinplatte	27, 103		
Chitinspange	19, 60, 103 ff, 112, 114		
Chromosom	41 ff, 272	Edisonite	258
CO_2-Narkose	244, 252, 255, 269, 281, 284, 285	Eiablage	20, 29, 35, 54 ff, 77, 127, 137, 140ff, 200, 204, 210, 218, 222 ff, 251, 271, 279, 285, 290, 295
Cordovan-Biene	235 ff, 239, 271		
Cordovan-Test	235, 237, 238, 240	Eier	15, 20, 22, 30 ff, 55, 77, 108, 118, 124 ff, 180, 183, 191, 194, 225, 273
Cornua	100, 103		
Cornualdrüse	61, 62, 140		
Crossing over	240	Eierstock	38, 52, 54, 119, 137

STICHWÖRTER

Bezeichnung	Seite
Eikern	34, 42 ff
Eileiter	19, 33, 101, 106, 110, 117 ff, 139
Einfachpaarung	108 ff, 130
Einlaufröhrchen	259, 265
Einwabenkästchen (EWK)	205, 209 ff, 223, 226 ff, 243, 251
Einwegspritze	258, 259
Eiproduktion	137
Ejakulation	260
Endophallus	20, 57 ff, 99 ff, 112, 113, 114
Entweiselung	200, 246
Entwicklungszeit	35, 55
Erbanlagen	14, 31, 38, 43, 46, 129, 130, 132
Erblichkeit	149, 154
Erdmagnetfeld	81
Erwärmung von Drohnenbrut	21, 144 ff
Eversion	260
F1-Volk	241, 242
Farbmarkierung	24, 46, 73, 93, 116
Fehlpaarung	165, 287
Fernorientierung	79, 81, 82
Flugdauer	48, 57, 72, 82, 136, 146
Flugentfernung	76
Fluggeschwindigkeit	48, 94
Flughöhe	68, 70, 73, 96, 114, 140
Flugkäfig	256, 260, 283
Fluglochverschluss	210
Flugraumexperiment	66
Flüssigfutter	188, 211, 223
Freistände	198
Fremdpaarung	77, 161, 237, 240
Friedfertigkeit	21, 149 ff, 197,
Fruchtbarkeit der Königin	21, 142
Futter	190, 200, 212, 214, 218, 223, 257, 260, 280, 283
Futterkammer	211, 212, 224
Futterkranzprobe	201, 233
Futterteig	188, 190, 211, 214, 256, 270
Fütterung	199

Bezeichnung	Seite
Gattenvolk	181
Geländeeinschnitt	80
Geländeform	79, 81, 95
Gen	118, 129, 130
Genitalöffnung	99, 102
Genitaltrakt	100, 104
Gesamtzuchtwert	155, 207, 208
Geschlechtsbestimmung	16, 40 ff, 129
Geschlechtsbestimmungsmechanismus	272
Geschlechtschromosom	41
Geschlechtsöffnung	98, 102, 106, 109, 110
Geschlechtsorgan	58, 60
Geschlechtsreife	17, 23, 35, 38, 56, 179, 229, 245, 277
Geschlechtsverhältnis	108
Gesetzlicher Belegstellenschutz	173, 175
Gesundheitszeugnis / -bescheinigung	201, 216, 233, 234, 291
Gesundheitszustand	197
Glaskapillare	254, 261, 272
Halbschwester	132
Haltung von Drohnen	187, 199, 245, 249 ff
Hämolymphe	99
Handsonde	267
Haplo-diploide Geschlechtsbestimmung	16, 41, 129
Hautflügler	38, 41, 129 ff
Heidebiene	53
Heterosis	160, 287
Hochgebirgbelegstelle	166, 197, 214, 241
Hochzeitsflug	15 ff, 20, 26, 28, 33, 35, 40, 46, 54, 64 ff, 108 ff, 117, 120 ff, 127, 133, 140 ff, 158, 222
Hoden	56 ff
Hofstaat	31
Honigfutterteig	199, 223
Honigleistung	149 ff, 207, 232
Horizonteinschnitt	79, 80 ff, 94
Hörnchen	60, 100, 103 ff, 114, 140
Hummel	38, 129 ff
Hybrid	96, 160

Bezeichnung	Seite	Bezeichnung	Seite
Hygiene	136	Körpermerkmale	150, 184
		Körung	179, 182, 243, 277
Iltiskäfig	280	Krankheitstoleranz	168
Infektion	97, 127	Kryokonservierung	272
Inselbelegstelle	153, 162 ff, 170, 176 ff, 186, 204, 209, 217, 232, 287, 293,	Künstliche Besamung	22 ff, 61, 105, 117, 122, 124, 127, 139, 146, 154, 187, 193, 244 ff, 287, 293, 294
Instrumentelle Besamung siehe künstl. Besamung		Laborreiniger	259
Invertzuckerteig	223	Landbelegstelle	153, 161 ff, 170, 177, 186, 223, 239 ff, 248, 287
Inzucht ff	16, 24, 40, 46, 88, 206, 272	Landbiene	25, 150, 296
Inzuchtanfälligkeit	277	Larven	155, 191, 223, 225, 273, 277
Inzuchtgefahr	250	Larvenfutter	39
Inzuchtgrad	155, 184, 207, 246, 275, 285	Lebensdauer	285
		Leistung	150, 155, 160, 182 ff, 206, 232, 235, 243, 285 ff, 291, 295
Inzuchtschaden	40, 44, 45		
Inzuchtvermeidung	72, 136		
Italienerbiene	41, 114, 149, 154, 162	Leistungsprüfung	151, 264, 274, 275, 293
Italienerdrohn	108	Lichtverteilung	81
		Linienbelegstelle	164 ff, 175, 182 ff, 205, 217, 232
Jahresfarbe	209, 217		
Jungfernzeugung	40, 108	Linienzucht	240
		Lochhaken	268, 269
Kalkbrut	155, 168	Lohnbesamungsstelle	291
Kaltlichtlampe	255		
Kannibalismus	36, 43	Magazin	194 ff, 248
Kaste	32, 49	Mehrfachpaarung	11, 20, 46, 110, 129 ff, 134, 150, 162, 262
Kastendetermination	51		
Kellerhaft	195, 214	Mehrwabenkästchen	205, 213 ff, 220, 227, 231, 243, 251, 279
Kieferdrüse	33		
Kiew-Lösung	263	Mehrwabenkästen	215, 217, 220
Kirchhainer Kästchen	251	Meiose	43
Kohlendioxid-Narkose	252	Mellifera	154, 182, 184, 237
Kolbenbesamungsspritze	254	Merkmalskontrolle	162
Königinnendeterminator	51	Merkmalsüberprüfung	240
Königinnenhalter	254 ff, 265, 269	Merkmalsuntersuchung	151, 234, 243, 277
Kontrolle von Besamungsstellen	291	Milchsäure	203
		Mini-Plus	251
Kopulation	18, 19, 97, 104 ff, 110, 114, 115, 125, 137, 140, 141	Mischpaarung	165, 240
		Monogamie	18, 19, 107
Körbericht	233	Mucasol	258
Körformel	232, 291	Mucusdrüse	59, 114, 140
Körnachweis	289	Mucus (Schleim)	59, 100 ff, 114

STICHWÖRTER

Bezeichnung	Seite
Mutante	110, 235, 236
Nachfüttern	222, 223, 231
Nachschaffungszelle	51, 200, 226
Nahorientierung	79, 81, 84
Narkose	252, 255, 269, 270, 281, 284, 285

Bezeichnung	Seite
Narkoseeinrichtung	253, 255, 256
Nosema	211, 214
Ökotyp	53
Orientierung	12, 17, 62, 65, 79 ff, 94
Orientierungsflug	17
Ovidukt	100, 269
P3-Lösung	211
Paarung	5, 10, 13, 14 ff, 28 ff, 59, 61 ff, 67 ff, 78, 82, 94, 96 ff, 126 ff, 135 ff
Paarungschance	48, 108
Paarungsdistanz	11, 76
Paarungserfolg	20, 72, 136
Paarungsflug	13, 17, 20, 26, 28, 48, 54, 62, 64, 65, 66, 67, 69, 72, 82, 94, 118, 127, 136, 137, 138 ff
Paarungskontrolle	10, 14, 21
Paarungsnachweis	206, 231, 232, 291
Paarungsreihenfolge	124
Paarungssicherheit	171, 242
Paarungsstimmung	140
Paarungsverhalten	11, 13 ff, 29 ff, 40, 71
Parthenogenese	40, 108
Patriline	132
Pestizide	126
Pflegestimmung	250, 277
Pflegevolk	191, 194, 209, 213, 278
Pheromone	15, 31, 33, 64, 68, 83, 95
Pheromonfalle	74, 85
Plakalack	248
Pollenversorgung	188

Bezeichnung	Seite
Population	22, 41, 72, 84, 87, 96, 107, 111, 136, 151, 154, 158, 159, 166, 175, 242, 274, 296
Populationsgenetik	149
Probezucht	289
Puppenphase	21, 56, 57, 144, 145
Pyrethroid	201
Rassebelegstelle	165, 166, 167, 175, 184, 193, 205, 206, 240, 293
Rassenkreuzung	160
Räuberei	199, 277
Raumfähre (Drohn)	18, 97, 104
Raumstation (Königin)	18, 97, 104
Reifeteilung	240
Reinigungsflug	58, 62, 65
Reinpaarung	151, 161, 237, 240
Reinzuchtgebiet	243
Reinzuchtkönigin	193
Rekombination	240
Riesenhonigbiene	82
Rückfangmethode	84, 87
Rücksendung von Begattungseinheiten	206, 228 ff
Salzlösung	258
Samenblase	19, 54, 102, 123, 125, 236, 266, 285
Samenpaket	118, 120
Samenvesikel	21, 57 ff, 144
Sammelbrutableger	202, 203
Sanftmut	155, 207, 232, 287
Scheidenklappe	100 ff, 106, 117, 122, 123, 244, 266
Scheidenöffnung	268
Schlüpftermin	195, 281
Schutzbereich	22, 165 ff, 173 ff, 186, 233, 234
Schutzhäuschen	161, 179, 210 ff, 228, 229
Schwarm	16, 27, 32, 49, 53, 83, 226, 227
Schwärmen	32, 52, 200
Schwarmneigung	149, 153, 207, 232
Schwarmstimmung	153, 188, 191, 193, 200, 213

Bezeichnung	Seite	Bezeichnung	Seite
Schwarmzeit	35	Spezialisierung	134, 135
Sekret (männl. Sekrete)	19, 58 ff, 99, 100 ff, 112, 114, 140	Stachel	10, 12, 27, 28
		Stachelapparat	33, 123, 266, 268
Selektion	150 ff, 168, 202, 205, 240, 296	Stachelgreifer	268
		Stachelhaken	255, 266
Sex Allel	41 ff	Stachelkammer	18, 19, 28, 98 ff, 109, 111, 114, 140, 254, 255, 266 ff
Sex-Faktor	43 ff, 250, 272		
Sex Lokus	41 ff	Standbegattung	22, 25, 158, 171, 205, 293
Sexuallockstoff	18, 64, 68, 83, 96, 106	Stereomikroskop	253, 255
Sicula	154	Sterilisation	258
Sodalösung	211	Stifte	223 ff, 280
Soziobiologie	129, 132	Stopperlösung	258, 259
Spedition	179, 214, 228	Superorganismus	32
Sperma	24, 100, 105, 114 ff, 127, 139, 144, 146, 187, 236, 243, 248, 256 ff, 269 ff, 275, 278, 282, 290	Superschwestern	132
		Tageszeit	17, 65 ff
		Tellbiene	225
Spermaaufnahme	251 ff, 278 ff, 294	Temperatur	54, 63, 64, 70, 80, 144, 179, 214, 222, 228, 251, 271, 272, 275, 276, 282, 283
Spermagewinnung	248, 259, 260		
Spermahomogensierung	24		
Spermakanal	122, 123, 124		
Spermakern	34, 43	Terminplanung	191, 245, 275
Spermamenge	20, 110, 117, 139, 142, 144, 261, 269, 278, 281, 282 ff	Thermik	80
		Thymol	202, 203
		Tiefkühlung	127
Spermamischtechnik	258, 262, 263, 264, 274, 286, 289, 294	Toleranzbelegstelle	155, 168 ff, 182, 186, 187, 202, 208
Spermamischung	262	Tracheen	256
Spermaportion	120 ff, 128	Tracheenmilbe	217
Spermapresse	122	Tracheennetz	126
Spermaspeicherung	125	Trachtmangel	187, 199
Spermatheka	19, 20, 29, 33, 41, 44, 110, 117 ff, 122 ff, 138 ff, 146, 237, 251, 252, 262, 264, 266, 271, 273, 285	Tränke	199
		Transport von Begattungseinheiten	178, 179, 188, 197, 204, 211, 213, 214, 215, 216, 218, 219, 228, 231, 251, 278, 291
Spermaübertragung	99, 101, 106, 140		
Spermavorrat	142		
Spermazählung	59, 144	Transport von Drohnenvölkern	197, 251
Spermien	19 ff, 24, 29, 33, 34, 38, 41 ff, 54 ff, 77, 100, 107, 110, 117 ff, 138 ff, 169, 197, 251, 262 ff, 271, 285	Transportgestell	214, 215, 216, 219, 228
		Tris-Puffer	258, 263
		Trogbeute	188
Spermienzahl	21, 143, 144, 146, 168	Trommelraum	188, 197
Spermiogenese	57	Überhitzung von Drohnebrut	21, 145, 197, 251
Sperrgebiet	217, 291	Überwinterung der Drohnenvölker	205

STICHWÖRTER

Bezeichnung	Seite
Umweiselung	166, 167, 177, 205, 241, 242
Umweltfaktor	187
Unterkühlung	21, 144, 145
Urkeimzelle	57, 146
Vagina	100, 122, 123
Varroabefall	21, 146, 169, 170, 201, 203
Varroabehandlung	201
Varroamilbe	168, 201
Varroatoleranz	155, 182, 207, 208
Varroazide	126
Varroose	14, 148, 155, 168, 169, 201, 202, 205
Vaterlinie	20, 125, 127, 131 ff, 141, 144
Vaterschaftsanalyse	24, 88, 111, 124, 127
Vatervolk	142, 161, 181, 182, 206, 232
Ventralhaken	255, 266, 267, 269
Verbrausen	215, 228
Verdeckelte Brut	195, 202, 203, 223, 271
Verdrängungszucht	25
Verdünner	258, 259, 262, 263, 266
Vereinsbelegstelle	171, 206
Verflug	177, 201, 209, 246
Verletzung	279
Verlustursache	227, 230
Vermischung der Spermien	128
Verpuppung	49, 57
Verwandtschaft	20, 44, 88, 129 ff
Verwandtschaftserkennung	132
Vesikel	58
Vibrationssignal	52
Vitalität	168, 272
Vorbauscheibe	210, 220, 223, 228
Wabengasse	251, 270, 271, 281
Wabensitz	150, 155, 197, 207
Wächterbiene	135
Wahlverhalten	92, 95

Bezeichnung	Seite
Wanderung	61, 145, 147
Wärmebehandlung	148
Waschflasche	255, 256, 265

Bezeichnung	Seite
Wasserstrahlpumpe	258
Wechsel der Drohnenvölker	204, 229
Weiselfuttersaft	49, 50 ff
Weisellos	224, 225, 227, 228, 232, 251
Weiselnäpfchen	224, 225
Weiselzelle	28, 34, 51 ff, 195, 205, 225, 243
Weltraumstation	18
Wespen	38, 64, 129
Wetterbedingungen für Hochzeitsflüge	17, 64, 137, 142
Windschutz	221
Wirtschaftskönigin	206, 294
Wirtschaftsvolk	171, 205, 243
Wollfett	222
Zahl der Paarungen	20, 111, 139 ff, 148
Zeichnen	209, 248, 283
Zeitsinn	65
Zentrifuge	258, 263
Zuchtbuchnummer	180, 207, 232, 281, 284
Zuchtfortschritt	153, 155, 159, 171, 182, 208, 294, 296
Zuchtkarte	197, 206, 216, 229, 231, 232, 281, 284, 289, 291
Zuchtlinie	164, 184, 206, 229
Zuchtmaterial	155, 241, 243, 244, 272, 294
Zuchtplanung	184, 205, 207, 208
Zuchtpopulation	154, 165 ff, 173, 182, 184, 197, 233, 272
Zuchtprogramm	264, 272, 274, 289, 294
Zuchtrichtlinie	22, 25, 149, 163, 175, 178, 182, 184, 229, 233, 242, 245, 288, 292
Zuchtrichtung	175
Zuchtvolk	154, 171, 182, 194, 216, 241, 243, 278
Zuchtwert	154 ff, 182 ff, 207, 232, 246, 275, 285, 291, 294
Zuchtwertschätzung	149, 154, 155, 156, 157, 164, 167, 170, 171, 184, 206, 208, 232, 243, 264, 274, 287, 289, 293
Zuflug	186, 196, 198, 204, 248, 250

Namensverzeichnis

Name	Seite
Adams, J.	111
Alber, M.	76
Andersen	257
Baer, B.	127
Baudry, E.	88
Berg, St.	62, 114, 146
Bienefeld, K.	126, 154, 156, 287
Blantar, V.	172
Böttcher, F.-K.	239
Brausse, J.	262
Bubalo, C.	146, 169
Büchler, R.	77, 163, 168, 170, 203, 239, 240
Busch, W.	66
Butler, C.	95
Camargo J.M.F.	266
Chevalet	159
Cole, J. A.	84
Collins, A.	127
Colonello, N. A.	140
Cornuet J.M.	159
Duay, P.	146, 147
Dustmann, J.	77, 152, 153, 240
Dzierzon, J.	40, 41, 108, 149
Englert, E.	140, 198
Fiatli	146
Franck, P.	111, 124, 127, 133
Fyg, W.	19, 102, 125, 126
Gary, N. E.	68, 95
Gencer H. V.	146
Goetze, G.	150, 151, 161
Golz, W.	158
Goncalves	266
Gries, M.	84
Hamilton, W. D.	129
Hammann, E.	54
Harbo J. R.	285
Hartfelder, K.	140
Hasselmann, M.	42
Hyes	258
Janscha, A.	5, 109
Jean-Prost, P.	70
Kablau, A.	145
Kaftanoglu O.	262
Kaissling, K. E.	71
Kessler, W.	162, 163
Klatt, G.	76
Koeniger, G.	1, 2, 5, 84, 114, 122, 126, 137, 140
Koeniger, N.	1, 2, 5, 35, 57, 67, 84, 137, 140
Kreyenbühl, F.	150
Kruber, W.	274
Kühnert, T.	263
Laidlaw, H.	244
Loper, G.	95
Mackensen O.	244, 254, 255
Maul, V.	225, 238, 239, 251
Moritz, R. F. A.	111, 123, 124, 135, 159, 263, 280
Morse, R. A.	68
Neumann, P.	140
Ohe, W. v. d.	240
Page, R.	135
Pechhacker, H.	11, 77, 89, 146, 166, 168, 169, 198
Peer, D. F.	76
Peng Y. S.	262
Peschetz, H.	150, 161
Pettis, J.	126
Pflugfelder, J.	15, 27, 53
Poole	272
Praagh, J. van	81, 84

NAMENSVERZEICHNIS

Robinson, G. E.	135	Taber, S.	127, 272
Rowell, S.	77	Tharelho, Z. V. S.	145
Rueppel, O.	82	Tiesler, F.-K.	1, 2, 5, 77, 152, 153, 163, 290
Ruttner, F.	5, 11, 19, 46, 63, 68, 69, 71, 74, 75, 77, 79, 84, 89, 92, 95, 110, 117, 118, 119, 122, 123, 151, 152, 195, 239, 244, 245, 266	Triasko, V. V.	110
		Vallet, A. M.	84
		Verma, L. R.	126
Ruttner, H.	5, 11, 46, 68, 69 75, 77, 79, 84, 92, 95, 110, 151, 195, 239	Wegener, J.	127, 272
		Weiss, K.	36, 37
Schley, P.	254, 255	Williams, J.	74
Schlüns, H.	125 140, 141, 144	Woyke, J.	77, 102, 110, 117, 118, 242, 251, 271, 280
Seehusen, I.	85, 86		
Sklenar, G.	150, 159, 161	Wriesnig, J.	150
Solignac, M.	88, 124		
Szabo T. I.	285	Zander, E.	57, 161, 210
		Ziegler-Himmelreich, S.	144

Danksagung

Experimentelle Arbeiten über Paarungsbiologie sind auf eine kurze Saison begrenzt. In dieser kurzen Zeitspanne werden viele Königinnen und Drohnen benötigt. Den Imkern des Instituts für Bienenkunde in Oberursel, M. ULLMANN, W. WÜRKNER und W. GÖTZ ist es stets gelungen, diese hohen Anforderungen zu erfüllen: viele Königinnen aufzuziehen und in Begattungskästen rechtzeitig bereit zu stellen. Unser Dank gilt auch der Arbeitsgruppe von Prof. Dr. H. PECHHACKER im Institut für Bienenkunde in Lunz am See, besonders W. LEICHTFRIED für die Bereitstellung der vielen Drohnenvölker. Der tatkräftigen Mitarbeit von H. PECHHACKER ist zu verdanken, dass wir für mehr als 10 Jahre in einem isolierten Tal in Gschöder (Steiermark) Experimente durchführen konnten, deren Ergebnisse wesentlich zu unserem Buch beigetragen haben. Voll Dankbarkeit erinnern wir uns an die vielen begeisterten Studentinnen und Studenten aus dem In- und Ausland, die Jahr für Jahr frühmorgens Tausende Drohnen in den Völkern farblich markiert und nachmittags mit Ballon und Netz auf dem Sammelplatz gefangen haben. Dr. S. BERG und Dr. M. GRIES waren im Rahmen ihrer Dissertation an vielen Freilandarbeiten beteiligt und haben wichtige Befunde zur Fortpflanzungsstrategie von Drohnen beigetragen. Dafür danken wir. Frau C. RAU danken wir für zahlreiche Fotos und die sorgfältige Durchsicht mehrerer Varianten des Manuskripts, sowie K. VOLLE für das Korrekturlesen. Dr. V. MAUL, Prof. Dr. M. HASSELMANN und Prof. Dr. K. HARTFELDER gaben uns Hinweise auf aktuelle Entwicklungen in ihren jeweiligen Fachgebieten.

Besonderer Dank gilt auch der Polytechnischen Gesellschaft und Prof. Dr. B. GRÜNEWALD für einen Arbeitsplatz im Institut für Bienenkunde in Oberursel und den Zugang zu wichtigen Sonderdrucken aus „vor elektronischen" Zeiten.

Dauerhafte Erfolge in der Bienenzüchtung sind nur möglich, wenn engagierte Züchter – begleitet von bienenwissenschaftlichen Instituten – in einem gut organisierten System, in das Belegstellen und künstliche Besamung fest eingebunden sind, zusammen arbeiten. Die aus dieser Zusammenarbeit gewonnenen Erfahrungen liegen dem zweiten Teil dieses Buches zugrunde.

DANKSAGUNG

Prof. Dr. J. DUSTMANN als früherer Leiter des Bieneninstituts Celle förderte mit seinen Mitarbeitern insbesondere der Imkermeisterin E. ENGLERT die Zuchtarbeit über die Inselbelegstellen. Dr. R. BÜCHLER/Kirchhain initiierte die Toleranzbelegstellen zur Zucht widerstandsfähiger Bienen und lieferte die Grundlagen für ein besonderes Management der Drohnenvölker. H. LENGERT als Leiter einer der am stärksten frequentierten Inselbelegstelle Norderney steuerte viele Erkenntnisse für einen reibungslosen Belegstellenbetrieb bei. T. KÜHNERT/Oberursel, C. u. A. WINKLER/Hohen Neuendorf und Prof. Dr. P. SCHLEY/Giessen gaben wertvolle Hinweise zum Kapitel "künstliche Besamung". Imkermeister G. MACHA/Schwanewede verfügt über umfangreiche Kenntnisse bei der Aufzucht, Haltung und Pflege der Drohnen, insbesondere für die Besamung. Auch diese Erfahrungen konnten wir mit aufnehmen, ebenso wie die des Züchters H. D. FEHLING/Tostedt, der jährlich hunderte von Königinnen aufzieht.

Die Auswahl der Drohnenvölker erfolgt nach Zuchtwerten die am L. I. B. Hohen Neuendorf unter Leitung von Prof. Dr. K. BIENEFELD berechnet werden.

T. GÜNTHNER, Zuchtobmann im LV. Bayerischer Imker organisiert über viele Jahre die Zuchtarbeit in Bayern mit 27 staatlich anerkannten und geschützten Langbelegstellen. Prof. Dr. G. PRITSCH ehemaliger Leiter des L. I. B. Hohen Neuendorf ist einer der besten Kenner des Zuchtwesens in den "neuen Bundesländern", mit einem gut ausgebauten System von Landbelegstellen, die über einen gesetzlichen Schutz verfügen. Auch auf dieses Wissen konnten wir zurückgreifen.

Allen diesen engagierten Mitarbeitern auf dem Zuchtsektor, die stellvertretend auch für viele andere genannt wurden, sei an dieser Stelle herzlich für ihre Mithilfe gedankt. Dem BUSCHHAUSEN Druck- und Verlagshaus sowie der Dipl. Designerin B. BOESING danken wir für die ansprechende Gestaltung des Buches.

Weitere Informationsquellen zum Thema Zucht

Friedrich-Karl Tiesler und Eva Englert
Aufzucht und Verwendung von Königinnen
2013 Buschhausen, Druck- und Verlagshaus Herten.

Eine planmäßige Aufzucht von Königinnen gehört zu den wichtigsten betriebswirtschaftlichen Maßnahmen am Bienenstand. Hierdurch unterscheidet sich der Bienenhalter vom Bienenzüchter, denn erst durch regelmäßige Erneuerung und Reservehaltung von Königinnen lässt sich der Ertrag eines Bienenstandes erheblich steigern.

Das Buch – von zwei erfahrenen Praktikern geschrieben – schildert anschaulich mit 222 Abbildungen das gesamte Gebiet der Aufzucht von Königinnen. Es wird dabei sowohl auf die Belange des Imkers mit wenigen Völkern als auch auf die des professionellen Königinnenzüchters eingegangen: Begonnen bei der Beschaffung, geeigneten Zuchtmaterials, über den Transport und die Darbietung des Zuchtstoffs, Vorbereitung der Pflegevölker bis hin zum Schlupf der Königinnen und die Beschickung von Belegstellen. Weiter werden das Zusetzen von Königinnen und der Aufbau neuer Völker beschrieben. Der Verkaufszüchter findet darüber hinaus wichtige Ratschläge für den Versand und die damit zusammenhängenden tierseuchenrechtlichen Bestimmungen.

Buschhausen, Druck- und Verlagshaus, Herten
E-Mail: bestellung@buschhausen.de
ISBN: 978-3-9815547-79

Bücher

AGT – Methodenhandbuch
2013 Eigenverlag der Arbeitsgemeinschaft Toleranzzucht im D.I.B., Erlenstr. 9, 35274 Kirchhain

Holm, Egil – Die Veredelung von Bienen
1997 Ehrenwirth Verlag, München

Moritz, Robin – Die instrumentelle Besamung der Bienenkönigin
1989 Apimondia Verlag, Bukarest

Ruttner, Friedrich – Königinnenzucht
1980 Apimondia Verlag, Bukarest

Ruttner, Friedrich – Naturgeschichte der Honigbiene
1992 Ehrenwirth Verlag, München

Ruttner, Friedrich
Zuchttechnik und Zuchtauslese bei der Honigbiene
1996 Ehrenwirth Verlag, München

Schley, Peter – Praktische Anleitung zur instrumentellen Besamung von Bienenköniginnen
1983 Selbstverlag P. Schley, Pohlheim

Weiß, Karl – Zuchtpraxis des Imkers in Frage und Antwort
1986 Ehrenwirth Verlag, München

Zander / Böttcher – Haltung u. Zucht der Biene
1989 Ulmer Verlag, Stuttgart

Filme (als DVD-Video erhältlich)

Dustmann, Schönberger, Tiesler
Aufzucht von Bienenköniginnen C 1801
1992 IWF Wissen und Medien gGmbH*,
37075 Göttingen, Nonnenstieg 72

Dustmann, Kühnert, Schley, Tiesler
Instrumentelle Besamung von Bienenköniginnen C 1746
1990 IWF Wissen und Medien gGmbH*,
37075 Göttingen, Nonnenstieg 72

Büchler, Drescher, Tiesler
Selektion der Honigbiene -
Auslese auf Honigleistung und Verhaltenseigenschaften C 13136
2007 IWF Wissen und Medien gGmbH*,
37075 Göttingen, Nonnenstieg 72

Garrido, Büchler, Tiesler
Selektion der Honigbiene -
Auslese auf Vitalität C 13137
2007 IWF Wissen und Medien gGmbH*,
37075 Göttingen, Nonnenstieg 72

* Im Jahre 2010 wurde das Institut für den Wissenschaftlichen Film / Göttingen aufgelöst. Die Bestände gingen an die Technische Informationsbibliothek Hannover. Dort können die Bienenfilme bezogen oder im Internet herunter geladen werden: Technische Informationsbibliothek / Universitätsbibliothek Hannover German National Library of Science and Technology / University Library Hannover Königsworther Platz 1B, 30167 Hannover, Germany
Tel.: +49 (0)511/762-8138, Fax: +49 (0)511/762-2686
www.tib-hannover.de/de/getinfo